spot

context is all

SPOT 34

膨脹的帝國：俄羅斯土地收集史

作　　者：聞一
責任編輯：李清瑞
特約編輯：裴凡強
美術設計：許慈力
內頁排版：宸遠彩藝
出　　版：英屬蓋曼群島商網路與書股份有限公司臺灣分公司
發　　行：大塊文化出版股份有限公司
105022 台北市松山區南京東路四段 25 號 11 樓
www.locuspublishing.com
locus@locuspublishing.com
讀者服務專線：0800-006-689
電話：02-87123898
傳真：02-87123897
郵政劃撥帳號：18955675
戶名：大塊文化出版股份有限公司
法律顧問：董安丹律師、顧慕堯律師

總 經 銷：大和書報圖書股份有限公司
新北市新莊區五工五路 2 號
電話：02-89902588
傳真：02-22901658

初版一刷：2023 年 2 月
定　　價：580 元
I S B N：978-626-7063-28-6

國家圖書館出版品預行編目 (CIP) 資料

膨脹的帝國 : 俄羅斯土地收集史 / 聞一著 . -- 初版 . -- 臺北市 : 英屬蓋曼群島商網路與書股份有限公司臺灣分公司出版 : 大塊文化出版股份有限公司發行 , 2023.02
面；　公分 . -- (Spot ; 34)
ISBN 978-626-7063-28-6（平裝）

1. 俄國史

748.1　　111020180

膨脹的帝國

俄羅斯

土地收集史

Россия

聞一
——著——

目次

亞洲

歐洲爭霸

烏克蘭

克里米亞

波蘭

高加索

芬蘭

最後幾位沙皇的領土守護與擴張

十月革命後

統治者年表

莫斯科大公

丹尼爾・亞歷山德羅維奇（Daniel of Moscow，Daniil Aleksandrovich，1261-1303，在位期間 1276-1303）

尤里・丹尼洛維奇（Yury of Moscow，Yuriy Danilovich，1281-1325，在位期間 1303-1325）

伊凡一世（Ivan I of Moscow，Iván Danilovich Kalitá，1288 -1340，在位期間 1325-1340），又稱「錢袋伊凡」（Ivan the Moneybag）

謝苗（Simeon of Moscow，Simeon Ivanovich Gordiy，1317-1353，在位期間 1340-1353），又稱「驕傲的謝苗」（Simeon the Proud）

伊凡二世（Ivan II of Moscow，Ivan II Ivanovich Krasnyy，1326 -1359，在位期間 1353-1359），又稱「美男子伊凡」（Ivan the Fair）

德米特里・頓斯科伊（Dmitry Ivanovich Donskoy，1350-1389，在位期間 1359-1389），又稱「頓

斯科伊」（Donskoy）、「頓河王」（Dmitry of the Don）

瓦西里一世（Vasily I of Moscow，Vasily I Dmitriyevich，1371-1425，在位期間 1389-1425）

瓦西里二世（Vasily II of Moscow，Vasily Vasiliyevich，1415-1462，在位期間 1425-1462），又稱「失明的瓦西里」（Vasily II the Blind）

俄羅斯沙皇國

伊凡三世（Ivan III of Russia，Ivan III Vasilyevich，1440-1505，在位期間 1462-1505），又稱「伊凡大帝」（Ivan the Great）

瓦西里三世（Vasili III of Russia，Vasili III Ivanovich，1479-1533，在位期間 1505-1533）

伊凡四世（Ivan IV of Russia，Ivan Vasilyevich，1530-1584，在位期間 1547-1584），又稱「恐怖伊凡」（Ivan the Terrible）、「伊凡雷帝」

費奧多爾一世（Feodor I of Russia，Fyodor Ivanovich，1557-1598，在位期間 1584-1598），又稱「敲鐘者費奧多爾」（Feodor the Bellringer）

羅曼諾夫王朝

米哈伊爾（Michael of Russia，Mikhaíl Fyódorovich Romanov，1596-1645，在位期間 1613-1645），又稱羅曼諾夫一世

阿列克謝（Alexis of Russia，Aleksey Mikhaylovich Romanov，1629-1676，在位期間 1645-1676）

費奧多爾三世（Feodor III of Russia，Fyodor Alekséyevich Romanov，1661-1682，在位期間 1676-1682）

伊凡五世（與彼得一世是共治沙皇）（Ivan V of Russia，Ivan Alekseyevich Romanov，1666-1696，在位期間 1682-1696）

彼得一世（Peter I，Peter Alekseyevich Romanov，1672-1725，在位期間 1682-1725），又稱「彼得大帝」（Peter the Great）

葉卡捷琳娜一世（Catherine I of Russia，Marta Samuilovna Skavronskaya，1684-1727，在位期間 1725-1727），葉卡捷琳娜為俄文名音譯，常以英文名譯為「凱薩琳一世」

彼得二世（Peter II of Russia，Pyotr Alekseyevich Romanov，1715-1730，在位期間 1727-1730）

安娜（Anna of Russia，Anna Ivanovna Romanova，1693-1740，在位期間 1730-1740）

伊凡六世（Ivan VI of Russia，Ioánn Antónovich，1740-1764，在位期間 1740-1741）

伊莉莎白（Elizabeth of Russia，Elizaveta Petrovna Romanova，1709-1762，在位期間 1741-1762）

霍爾斯坦－戈托普－羅曼諾夫王朝

彼得三世（Peter III of Russia，Karl Peter Ulrich von Schleswig-Holstein-Gottorf，1728- 1762，在位期間 1762-1762）

葉卡捷琳娜二世（Catherine the Great，Sophie Friederike Auguste，1729-1796，在位期間 1762-1796），常以英文名譯為「凱薩琳二世」，又稱「凱薩琳大帝」

保羅一世（Paul I of Russia，Pável Petróvich Románov，1754-1801，在位期間 1796 -1801）

亞歷山大一世（Alexander I of Russia，Alexander Pavlovich Romanov，1777-1825，在位期間 1801-1825）

尼古拉一世（Nicholas I of Russia，Nicholas Pavlovich Romanov，1796-1855，在位期間 1825 -1855）

亞歷山大二世（Alexander II of Russia，Alexander Nikolayevich Romanov，1818-1881，在位期間 1855-1881）

亞歷山大三世（Alexander III of Russia，Alexander Alexandrovich Romanov，1845-1894，在位期間 1881-1894）

尼古拉二世（Nicholas II of Russia，Nikolai Alexandrovich Romanov，1868-1918，在位期間 1894-1917）

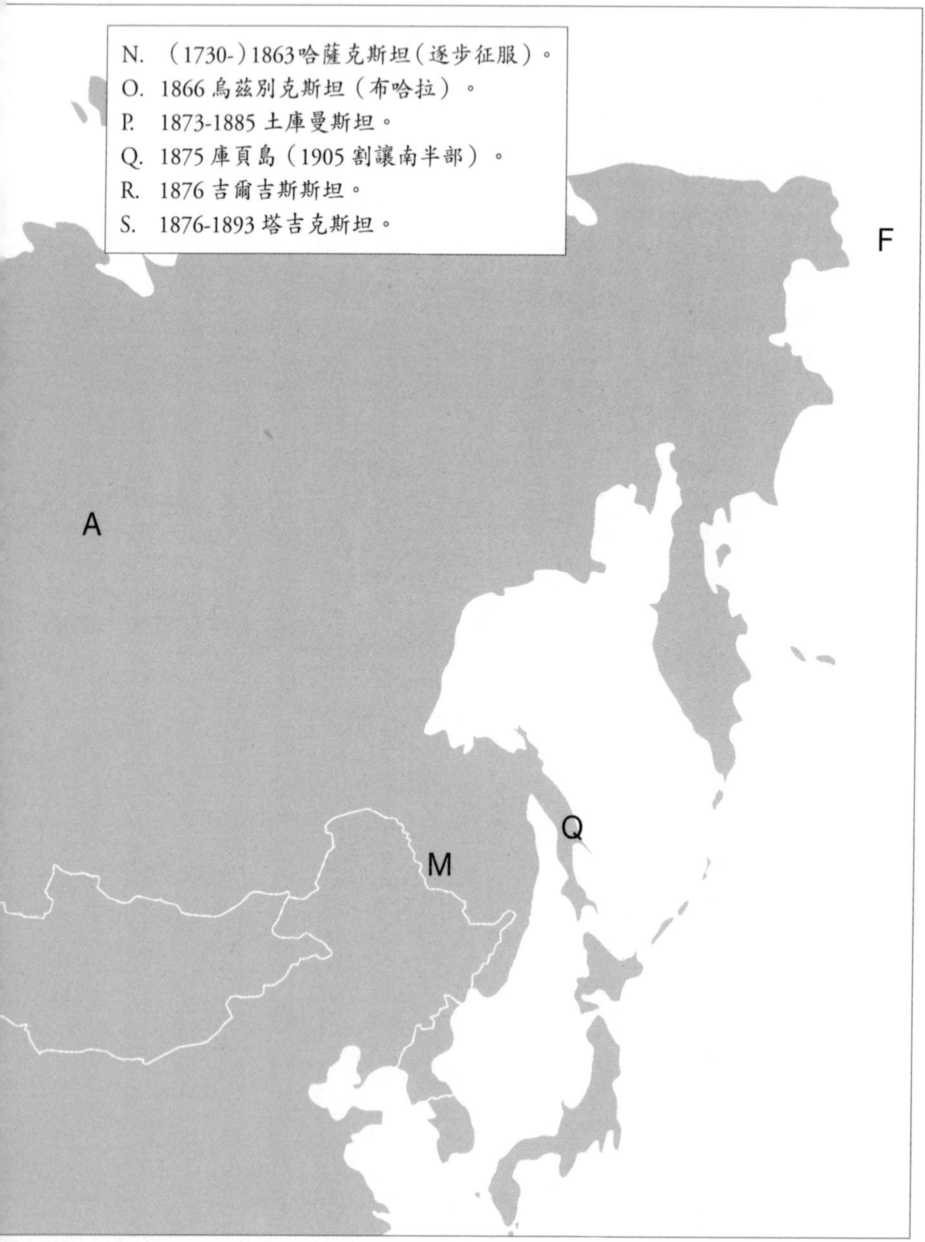
N. （1730-）1863哈薩克斯坦（逐步征服）。
O. 1866 烏茲別克斯坦（布哈拉）。
P. 1873-1885 土庫曼斯坦。
Q. 1875 庫頁島（1905 割讓南半部）。
R. 1876 吉爾吉斯斯坦。
S. 1876-1893 塔吉克斯坦。
F
A
Q
M

俄羅斯帝國版圖

A. 1582-18 世紀末，西伯利亞（逐漸向東）。
B. 1667，斯摩棱斯克、左岸烏克蘭、基輔（暫時）和札波羅結。
C. 1721，立伏尼亞、愛沙尼亞、英格里亞和卡累利阿。
D. 1772，開始三次瓜分波蘭。
E. 1793，右岸烏克蘭與白俄羅斯。
F. 1799，阿拉斯加（1867 出售）。
G. 1801，東喬治亞。
H. 1809，芬蘭。
I. 1810，西喬治亞。
J. 1812，摩爾多瓦。
K. 1813，喬治亞、達吉斯坦、亞塞拜然和亞美尼亞的一部分（高加索）。
L. 1828，厄德爾省、亞塞拜然和亞美尼亞（高加索）。
M. 1858-1860 烏蘇里江以東，黑龍江以北（璦琿條約、北京條約）。

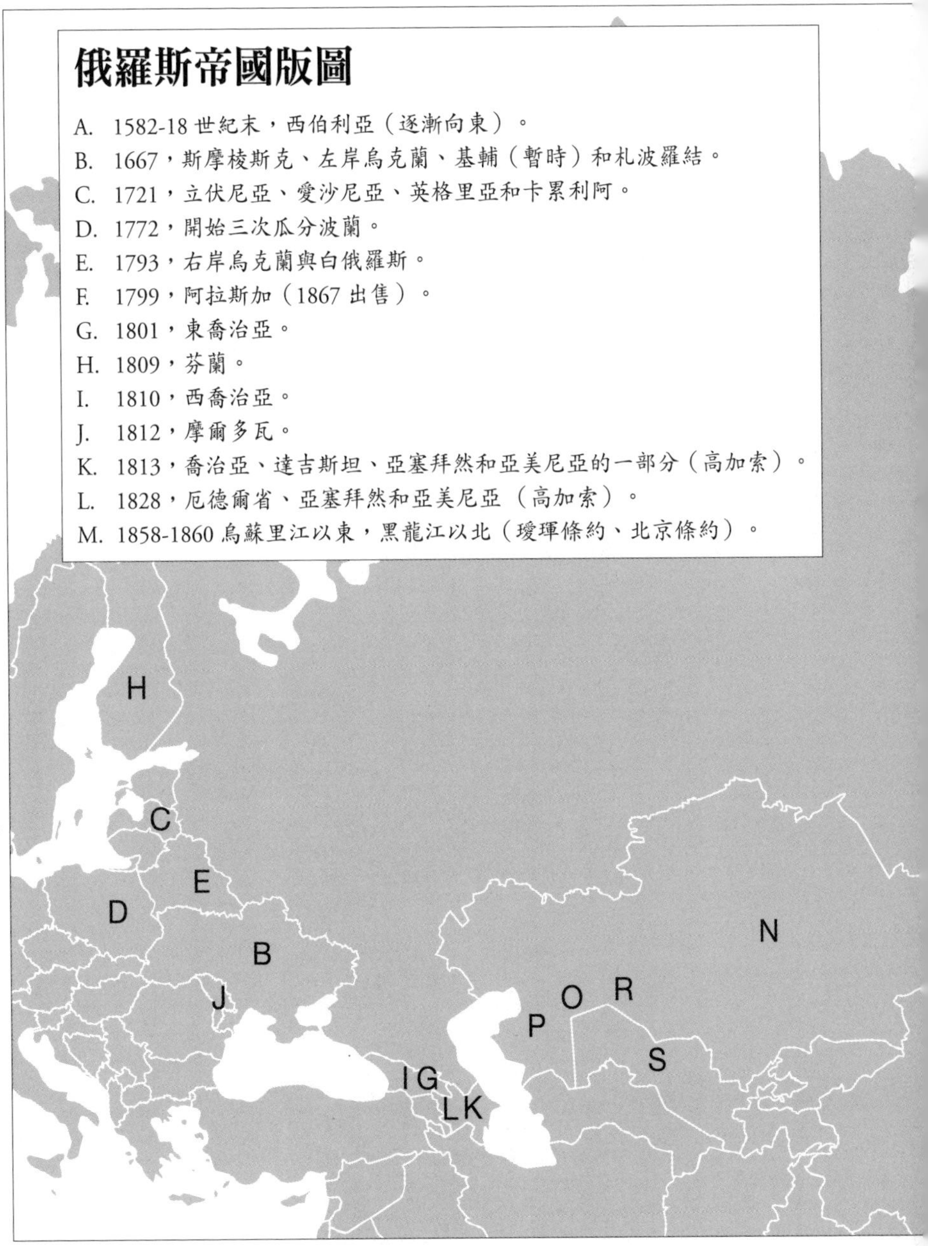

序
膨脹的帝國之路

如果從西元八八二年「古羅斯」的建立算起，俄羅斯這個國家的發展道路經歷了一千一百三十八年；如果從一五四七年伊凡四世加冕為「沙皇」的莫斯科公國算起，俄羅斯這個國家的發展道路經歷了四百七十三年；如果從一七二一年俄國參政院「請求」彼得接受「大帝」這個頭銜算起，俄羅斯國家的發展道路只有兩百九十九年；如果從一九一七年算起，俄羅斯這個國家的發展道路則是一百零三年；而如果從一九九一年蘇聯解體，新俄羅斯聯邦出現於世界舞臺上算起，俄羅斯這個國家的發展道路可以說是還剛剛開始，只有二十九年。但是，不管是一千一百三十八年，還是二十九年，在浩瀚歷史的漫漫長途上，都算是短促的瞬間。[1] 在這雲煙蒼茫、瞬息萬變、禍福難測的國家發展進程中，俄羅斯只有兩個王朝：留里克王朝和羅曼諾夫王朝[2]；和兩個政權：蘇維埃政權和新俄羅斯聯邦政權。

但是，俄羅斯自古至今的發展，卻有著下述幾個明顯的特點：俄羅斯，這是一個在封閉的土地上不斷向外膨脹的內陸國家；一個由內陸國家向海洋擴展和爭奪的國家；一個在世界海洋上展示權威和霸權的國家；一個由地球上的爭奪向宇宙空間爭奪的國家；一個在霸權失落後重奪世界舞臺話語權的國家。在這根主線上，卻聳立著一塊共有的、標誌時代風向的方尖碑——以領土的征服和兼併為起始，以語言和信仰的同化為手段，以權力的臣屬和居民的歸順為橋梁，以君主的集權和帝國的霸權為最終目的。

從「古羅斯」到俄羅斯帝國，這條道路的核心就逐漸演化、發展並最終形成了這個國家獨特的發展道路，一條與世界其他大國的國家發展道路都大不相同的殖民（它的「內部殖民」和西方國家的「外部殖民」的差異）之路——膨脹的帝國之路。

俄羅斯國家的發展道路是從領土兼併開始，

是族人間的內訌和公國間的爭奪，

所打的旗號是「我們都是斯拉夫人」。

古羅斯的領土兼併實際上是由兩個階段組成的。一個階段是「斯拉夫族」人之間的土地爭奪，

1　編注：本書作者定稿於二〇二〇年，故文中以二〇二〇年計算。

2　編注：留里克王朝包含莫斯科大公國、俄羅斯沙皇國。羅曼諾夫王朝之伊莉莎白女皇未婚無子嗣，女皇駕崩後，傳位給彼得一世的外孫彼得・烏爾里希大公，稱彼得三世，開啟了霍爾斯坦－戈托普－羅曼諾夫王朝。如果把此王朝與羅曼諾夫王朝分開來看，那俄羅斯史上就有三個王朝，但若把這個王朝算為羅曼諾夫王朝的一部分，則俄羅斯史上只有兩個王朝。

另一個是在公國的爭霸中，莫斯科公國的集權和「收集」非斯拉夫人土地的爭奪。

第一個階段的爭奪是以建立在基輔的部族聯合體「古羅斯」為中心展開的。從大諾夫哥羅德到基輔之路，就是一條留里克家族以武力和陰謀手段兼併聶伯河沿岸原居民的土地之路，是一條建立家族權力和統治之路。因此可以說，這一階段的爭奪是沿著聶伯河的爭奪、是對聶伯河沿岸土地的爭奪。

在這一爭奪中，在基輔「古羅斯」統治者的眼中，不用說自大諾夫哥羅德至基輔土地上的各部族是正宗的大斯拉夫部族，就連自己，來自波羅的海那一邊的「維京人」或「瓦良格人」，也成了土生土長的「羅斯人」，基輔以南土地上的各個草原部族也被納入斯拉夫人的範疇。因此，在「我們都是斯拉夫人」的旗號下：斯拉夫人是個「統一的大部族」，他們的聯合是理所當然的事，他們土地的一統就是發展之必須。因此，基輔的「羅斯政權」就該統領天下。

作為來自波羅的海那一岸剽悍的武士部族，那個浪跡海洋、劫掠為生的部族，顯然與聶伯河沿岸的原居民不屬於同一個「統一的斯拉夫大部族」，而散居在沿河土地上的各個部族也並不是一個完整的、統一的斯拉夫大部族。就留里克家族而言，他們跨海而來時的部族與雄霸基輔以後的部族也已經有了極大的差異。前者可以說是「純維京人」或者「純瓦良格人」，而後者已經是開始與沿河不同部族混血的部族了。從未來國家發展的角度來看，這種混血是一種進步，是促使民族形成和真正國家出現的基因。由此可見，古羅斯國家的發展從一開始就具有非一統大斯拉夫性，就具有混血性。

然而，這種兼併最終還是表現為兩個方面，一方面是沿河原居民的土地喪失，另一方面是原居民的土地被集中起來，隨後又將部分土地分封給留里克家族的成員。這種兼併造成了「古羅斯」的出現及其一段時間內的強力、迅猛發展。基輔的「古羅斯」雖然尚不是真正意義上的國家，但是它對沿河原居民的強力一統卻為後來的莫斯科公國、俄羅斯帝國打下了最初的基礎。因此可以說，兼併、分封、再兼併、再分封、家族內訌、爭鬥、一統、再內訌、再爭奪、再一統，這種周而復始的過程，就成了俄羅斯國家最初發展的基本特徵。

特別值得一提的是，古羅斯從拜占庭引進基督教（東正教），成了這個部族大聯盟向真正意義上的國家發展道路轉變的一塊里程碑，一個其後永遠發揮不可替代作用的原動力。一神教的引進是通過強力推行的，儘管有「蜂蜜加克瓦斯」[3]的誘惑，對於羅斯居民來講，捨棄多神膜拜和接受一神信仰卻是一個艱難的、漫長的過程，而這一過程則延伸於俄羅斯國家的整個發展進程之中。由於「古羅斯」是被納入大斯拉夫部族的這個一統概念之中的，東正教的傳入從一開始就具有封閉性，就陷於難以消除的多神膜拜的環境與氣氛之中，因此，東正教從傳入古羅斯時起，就擺脫不了原居民的多種影響，保留有他們不願捨棄的習俗和傳統，因而也就不是君士坦丁堡原來意義上的東正教。

3 編注：克瓦斯（Kvass）是一種流行於俄羅斯、烏克蘭的低濃度，甚至無酒精飲料。西元九八九年，首次出現在古俄羅斯編年史書中。

在這一階段的爭奪中，古羅斯統治者的權威和權力在來自東方的蒙古馬隊面前土崩瓦解，喪失殆盡。金帳汗國[4]的不可一世和羅斯大公的卑躬屈膝使羅斯國家的發展多了一系列深刻的、在其後的歷史進程中難以消除的痕跡與影響，也就是所謂的東方統治的影響。自此，羅斯國家的發展具有了屈辱和驕傲的雙面性，一面是對來自西北方向的瑞典人的英勇反抗和奮戰，而另一方面則是唯蒙古大汗的金牌和誥封是聽。

在這種屈辱和驕傲的雙重環境中，也誕生了兩個源自東正教教義的口號。一個是：「為了羅斯！為了羅斯的土地！」另一是：「誰持劍來犯，必在劍下亡！」這兩個口號是羅斯典型的雙面大公亞歷山大．涅夫斯基（Alexander Nevsky）在與瑞

克里姆林宮與聖母安息主教座堂等教堂位於一處，代表東正教與皇權平起平坐。（John Slava Pei）

典軍隊決戰時，對自己所統領的士兵的呼籲和動員。這個涅夫斯基把波羅的海沿岸的土地看成是應該歸屬於羅斯的土地，由此要為這羅斯的土地而戰，而「誰持劍來犯，必在劍下亡」則是警告瑞典人，你們要搶奪屬於羅斯的土地，你們就得死。於是，這兩個口號實際上揭示了這個時代羅斯兼併土地的實質，就像鮮血流貫人的全身，這口號也附著於俄羅斯國家的全部歷史進程之中，不僅千年不衰，而且愈益強化和鏗鏘。

第二階段的爭奪是以東北羅斯的興起，和莫斯科公國一統天下為中心展開的。隨著曾經一統的基輔「古羅斯」衰落和解體以及土地的再分割（而不是分封），這個時期的土地爭奪已經發展成為對兩條河流（聶伯河和窩瓦河）沿岸土地的爭奪，且統治者的目光也逐漸轉向了更廣大的地區。而沿著窩瓦河的爭奪雖往東南下不遠，但那種屯兵戍邊的矛頭已經顯現。

這一時期，羅斯大公們對金帳汗國的表現是雙面的，一面是對大汗俯首貼耳，一面是在自己公國中張揚跋扈。而這種雙面表現，演變成了莫斯科公國歷代大公們一種重建自己一統權力的策略。在遠離金帳的自己公國內，大公們對蒙古可汗不斷以金銀賄賂蒙蔽其眼睛、以美色獻寵喪其意志，而實際上將以金帳汗國名義徵收的賦稅大量截留，強化自己的實力，同時也將部分錢財用來收買人心。這種重建一統權力的進程，在有「錢袋」之稱的莫斯科大公伊凡一世時期達到了頂

4　編注：金帳汗國（Golden Horde，一二四二至一五〇二年）即欽察汗國，是蒙古四大汗國之一，建立於蒙古帝國西北部。

峰，這位大公也因此打敗了由金帳汗國首都薩萊的大汗冊封為「全羅斯大公」的特維爾（Tver）大公，兼併了特維爾的土地，當上了新的「全羅斯大公」。

這種重建一統權力的手段實際上成了合併羅斯各地的土地，建立一個一統國家的方略，而在一四八〇年之後，一個可以稱得上國家的莫斯科公國在東北羅斯形成。土地兼併，統治集權，施政嚴酷，疆界開拓等，成了莫斯科公國進一步發展的大計。於是，伊凡三世有了權力的象徵，開始使用刻有雙頭鷹形象的徽章，有了可以施政的法典《伊凡三世律書》（Sudebnik，一四九七年法典）。而到了瓦西里三世時，有了宮廷、衙門，有了杜馬[5]，而更重要的是作為國家統一基礎的土地兼併就達到了「羅斯國家統一」的程度，莫斯科公國疆土的面積達到了兩百八十萬平方公里，是一四六二年的六倍半。於是，俄羅斯民族形成，而這個民族也有了大俄羅斯族、小俄羅斯族、白俄羅斯族和黑俄羅斯族之分，有了「俄國」這個國家名稱，而伊凡四世則成了俄國國家發展道路上的第一位「沙皇」。

這位沙皇把羅斯的、莫斯科公國的集權規則用非常生動的語言表達了出來，「除了來自上帝的權力，沒有別的權力」、「誰反對這種權力，誰就是反對上帝」。東正教發展成為與國家權力平起平坐的國教，使莫斯科成為國家的「宗教首都」，聖母安息主教座堂和沙皇的宮廷同處於克里姆林宮中心位置的格局，所有這一切使得伊凡四世表達的話語凝結成為「君權神授」的理念，而這一理念為其後的歷代沙皇所遵奉，成為俄羅斯國家的發展準則，並最終形成具有俄國特色的沙皇極權專制理念和統治方略。

擴張領土是俄羅斯國家發展成帝國的必由之路，是這個「膨脹帝國」的「俄國化」之路的肇始，而所打的旗號是「自古以來就是斯拉夫的土地」，「這是俄國沒有而又需要的土地」。

經過三代君主的統治，羅曼諾夫王朝在國家的發展道路上取得了大大超越於留里克王朝的成就：建立起高度集權的沙皇君主專制；大貴族和大地主出現，他們的利益得到了君主的維護；東正教成為國家和民族統一的思想基礎，並成為俄國歷史向前發展的動力之源；編年史、莊園建築、聖像畫派、戲劇等文化樣式的繁榮，促進了國家進一步的文明開化，所有這一切都表明：國家需要更廣闊的疆界，民族需要更浩瀚的生存空間，君主需要更大、更強烈的集權。於是，封閉於兩河沿岸開始膨脹的莫斯科公國，要突圍；要尋找國家發展的新方向、新道路、新業績。

彼得一世為俄國打開一個面向西方的窗口；面向海洋，在爭奪海洋霸權之路上，使俄國成為海上強國的決策，就成了俄羅斯國家進一步發展的轉捩點。彼得一世的建國方略集中在三點上：一是，爭奪出海口，為俄國打開封閉之門，讓海洋之路來擴大國家的疆界，以期進一步實行「外部殖民」的大計；二是，沿窩瓦河向東南進行重點開發，把屯兵戍邊作為開拓新邊疆的決策手

5 杜馬來自俄文動腦筋、思考的動詞，後被引申為議會。

段；三是，西向波蘭，南向北高加索，東向烏拉爾和西伯利亞進行「探險」、「拓荒」、「墾殖」，也就是「內部殖民」或「內部墾殖」的肇始。這種國家發展決策歸結為「大窩瓦河計畫」：彼得一世希望以窩瓦河為中心、將建國方略的三個方面組成一個完整的系統，而這個計畫的核心就是擴展疆土，把一個封閉的公國發展成在世界舞臺上擁有發言權的帝國。

建成新首都聖彼得堡、擁有波羅的海出海口，飄揚著白藍紅三色旗的俄國海軍艦船在波羅的海游弋，使俄國的突圍取得了重大勝利。面對這種情景，荷蘭、英國等海上強國也不得不唏噓而歎。但是，彼得一世對黑海口的爭奪卻未能成功，這成了他耿耿於懷、死不瞑目的未竟之願。而沿窩瓦河的屯兵戍邊卻是彼得對俄羅斯國家發展的重大貢獻。這種屯兵戍邊由幾項工作串聯在一起：派士兵去尚未控制的土地，隨士兵而去的是大量的移民，士兵築壘建堡與移民經濟開發糅合成一個整體，屯兵的進程是擴張土地的進程，戍邊的目的是不斷地開拓俄羅斯國家的新邊疆，是膨脹帝國之必須。隨著新邊疆的開拓，俄羅斯帝國的政治制度逐步確立起來，新土地上的居民被迫接受的東正教、俄語、俄羅斯習俗成為唯一的生活準則。窩瓦河沿岸築起的克里姆林[6]就是這種屯兵戍邊的標誌物。但是，對彼得一世遺憾的是，鑑於未能取得黑海出海口，克里姆林只修建到了窩瓦河下游的阿斯特拉罕，再往南就沒有交織著帝王專制情懷和東正教風情的克里姆林了，俄羅斯國家的新邊疆也就止於窩瓦河下游的荒涼河灘之上。這是俄羅斯帝國的「探險」、「拓荒」、「墾殖」的一個方向。

就彼得一世帝國的國家發展方略來說，取得最大進展的是「西向波蘭」，彼得不斷插手那裡的事務，像是處理自己土地上的國政，並最終（在葉卡捷琳娜二世時瓜分波蘭）成為波蘭實際上的統治者。在國家的發展上來說，彼得的西向波蘭應該是一種「外部殖民」，但對於彼得來講，波蘭是俄國的利益所在，應是俄國的土地，所以這種外部殖民就演變成為特殊的「內部殖民」。至於南方的北高加索，和神祕莫測的東方土地上的殖民卻進展較慢，南向的北高加索以征伐為主，東向的烏拉爾和西伯利亞則以經濟開發和新土地的探險為主。這一進程雖也不斷受當地原居民的抗議、騷亂，甚至起義所阻，但在這一方向上所逐步出現並興起的工礦業，竟成了俄羅斯帝國未來發展的基地和潛在源。

總的來講，無論是在哪個方向上的內部殖民，都是俄羅斯帝國的國家發展要略，對作為帝國「大帝」的彼得來說，內部殖民的所有土地，不管是屯兵戍邊的，還是開發探險而來的，都不過「自古以來就是斯拉夫人的土地」，而現在俄國需要掌控的土地；都不過是現在雖不臣屬於俄國，但卻是俄國迫切所需要的土地。這一時期的俄羅斯國家沿著上述三個方向發展，因此帝國的內部殖民就有了「俄國化」這個概念，就有了共同特點，即都強調共同的「斯拉夫民族」概念，因而語言和信仰的同化，就成為殖民不可或缺的手段；都強調權力的臣屬和居民的歸順，因而俄羅斯帝國的權勢和俄羅斯民族的優越就成為征服的前提；都強調君主集權和帝國霸權，因而君主絕對專制就成了俄羅斯帝國發展的核心。

6　在俄語中為城堡的意思。

如果說彼得一世時期的俄國，更多是在聶伯河和窩瓦河兩河沿岸內部殖民的基礎上發展的話，到了伊莉莎白女皇和葉卡捷琳娜二世時（尤其是在葉卡捷琳娜二世時期），內部殖民的概念就大大擴大化，由兩河沿岸伸延到了俄國的「新邊疆」——烏克蘭的東南部、克里米亞以及黑海的沿岸。至於外部殖民，則因為三次瓜分波蘭、二次俄土戰爭及兼併克里米亞，而膨脹了帝國的國家發展動力，內部殖民和外部殖民並行發展，成了俄羅斯帝國國家發展的根本性戰略，而俄國化，則成為國家發展路線中的精髓所在，並為一系列法律所固定。於是，彼得一世時期的三個殖民方向就發生了變化：強化了西向波蘭的殖民，於是西烏克蘭的歸屬問題成為新的焦點；多了一個西南向的黑海爭奪與殖民方向，於是對克里米亞的爭奪，導致了兩次俄土戰爭。在外部殖民上，葉卡捷琳娜二世所強調的是無限制地擴張俄羅斯帝國的領土。對於她來講，俄羅斯帝國的疆界再大也不算大，俄羅斯帝國的土地再多也不算多，她終身所追求的是一個版圖更大的帝國，而這個帝國疆界的擴展應是永無止境的，帝國的膨脹是個永恆的規律。她的那句名言揭示了她在「開明專制」下施政的實質：「要是我能活到兩百歲，整個歐洲必將置於俄國的統治之下。」

在俄羅斯帝國的國家發展中，烏克蘭的俄國化是一個非常突出的進程，它全方位地展現了俄羅斯帝國國家發展的勝利和失敗、光榮和恥辱。葉卡捷琳娜二世繼承了彼得一世的國家發展戰略，繼續了向南部和東南部新邊疆的開發工作。烏克蘭的東南部和頓河地區是這種戰略的新方向。總的來說，烏克蘭的俄國化成了這位女皇膨脹帝國的新方向，它是由女皇鼓勵俄國中部的農奴，和那些不堪剝削的居民，向荒無人煙的烏克蘭頓河地區和東南部移民、吸引外國資本和專家到東南部開發開始的。其後果一是造就了哥薩克（多族裔群聚的社群，來源可能為脫逃之農奴，或追求自由的一般平民）和哥薩克問題，造就了「蓋特曼」（Hetman，由選舉產生的終身職哥薩克酋長）；二是興起了東南部的工礦業、使原本的「蠻荒之地」變為邊陲重鎮。在一七八三年兼併了克里米亞，一七九三年兼併了烏克蘭的全部土地，於是以女皇名字命名的「新俄羅斯地區」（黑海與克里米亞半島北岸，及亞速海地區）就成了這時烏克蘭俄國化的頂峰，新俄羅斯成為高高飄揚在帝國上空，展示權勢與強力的一面大旗：來自中央的官員建立起俄國式的政治制度，俄國統帥及其軍隊，還有憲兵員警實施起俄國式的管理，大量的俄羅斯族人遷居到烏克蘭，隨之而來的是他們的信仰、禮儀、習俗和道德標準，進而，那些在彼得一世時期就已經開始俄語化的地名被全部俄語化，連人的名字也俄語化。於是，來自聖彼得堡的聖諭就是：俄語是種比烏克蘭語形成地更早、更好的語言，俄國文化是比烏克蘭文化出現地更早、更優越的文化。再其後，因葉卡捷琳娜二世移民政策所造就的哥薩克、蓋特曼問題，成了帝國維護新邊疆必須要盡全力除去的毒瘤，於是，「非哥薩克化」或「去哥薩克化」成了進一步強化俄國化的關鍵國策。

與此同時，波蘭的俄國化也進入了更強化的階段。波蘭俄國專制制度的建立是更為直接的，波蘭的土地更多地被俄國兼併，俄國皇親直接執掌波蘭的治理大權，波蘭語被禁止，信仰天主教的波蘭人不得擔任公職。波蘭俄國化的進程與烏克蘭俄國化的進程，有著相同的特徵：疆界一體化，政權、軍隊、語言、教育，乃至信仰與生活習俗全面俄國化。葉卡捷琳娜二世本人對波蘭的刻骨厭惡，和鄙視充分揭示了這種俄國化的實質：她要臣屬將波蘭國王的寶座帶回來當自己的馬桶蓋！因此，無論是烏克蘭的俄國化，還是波蘭的俄國化，帝國國家發展政策所主導的是俄羅斯民族、文化與國家發展進程絕對優越，帝國膨脹絕對優先。

早在十五世紀兩河（聶伯河、頓河）沿岸的各部族發展成為不同的民族時，俄國的統治者就將各民族分為大小、主次、優劣的不同等級。在俄羅斯帝國統治者對俄羅斯族的排序中，排第一位的是「大俄羅斯」，其次是「小俄羅斯」（即烏克蘭），再其次是「白俄羅斯」，最後是「黑俄羅斯」。俄羅斯族是大民族、主民族、優等民族，是理當在這片土地上當主宰民族的民族，是其他民族必須聽命的民族，因為其他民族是在俄羅斯民族形成之後，或者在俄羅斯民族形成的影響下形成的，因為俄羅斯民族的語言和文化，是其他民族語言和文化形成的源泉和基礎。在這種民族優劣論中，對於女皇葉卡捷琳娜二世來說，小俄羅斯是最讓她棘手的問題，而其中的哥薩克、蓋特曼又是她最為深惡痛絕的那部分人。因此，她要一勞永逸地解決小俄羅斯的問題，這成了她向南開拓新邊疆國策核心決策。關於這一決策，她在一七六三年任命維雅澤姆斯基（Alexaander Vyazemsky）為參政院總檢察長時，給他的一份密令中陳述得十分清楚：「小俄羅斯，利夫蘭（利伏尼亞）和芬蘭是以核准的特許權掌管的省分，它們應處於隔離的狀態，而現在突然在各方面遭到了破壞，這是極為下流無恥的；然而，把這些省分稱為外國並據此對待他們更是錯上加錯，是絕對的愚蠢之舉。這些省分，以及斯摩棱斯克省，必須以最易掌控的手段進行整頓，使它們俄國化，並要讓它們不能再像狼一樣在森林中覬覦張望。如果頭腦清醒者被選定為這些省分中的長官，事情就非常好辦；當在小俄羅斯不再有蓋特曼，那就應該盡力做到讓蓋特曼的時代和名字消失，而這不僅僅是涉及已經列入爵位的某個人。」

在這裡，帝國統治者的態度是將小俄羅斯和其他的小民族，看成是覬覦大俄羅斯，在森林中徘徊的狼，她讓烏克蘭土地上的蓋特曼時代和名字消失的決策，不僅影響了她那個時代俄羅斯帝國的發展進程，而且深刻影響和左右了帝國未來的發展，並充塞於俄國化的全部進程之中。

彼得一世的俄國化，始於大部疆土處於封閉狀態之中的俄國，而女皇葉卡捷琳娜二世的俄國化則進展成為繼波羅的海之後，在黑海突圍的俄羅斯帝國面向更廣闊世界的發展，內部殖民和外部殖民並行成了一個不斷開拓新邊疆、帝國膨脹的進程。然而，此時俄羅斯國家的發展進程仍然主要被局限於歐洲的土地之上。而在女皇的孫子——亞歷山大一世時期，情況發生了重大變化，這位君主先自由後反動的政策，深刻影響了波蘭的俄國化進程：先是「給波蘭一部獨立自主的憲法」，後又使波蘭再度失去獨立自主權的顯著變化。與此同時，俄羅斯帝國本身不斷地與鄰國為爭奪領土而進行戰爭，隨之，俄羅斯帝國疆界不斷向高加索、向黑海、向巴爾幹的擴張，帝國愈益膨脹，帝國也就擴展和深化了自黑海至巴爾幹廣大地區內的外部殖民和俄國化進程。亞歷山大一世在位期間，隨著歐洲盟主地位確立，開始了俄羅斯帝國走向世界霸主道路的時期。

這種霸主道路在尼古拉一世時嚴重受挫。這位沙皇是一個夢寐以求要將所有斯拉夫民族都統一在他的大旗下、建成一個大俄羅斯帝國的帝王。他崇尚窮兵黷武，終身以修築碉堡和軍事要塞為爭奪新土地的手段，而對北高加索的征服，成了他統治時期主要的殖民和俄國化方向，與帝國膨脹的主要走向。一八二七年，他任命帕斯克維奇（Ivan Paskevich）為征剿北高加索山民的總司令，給他的指令是：「一勞永逸地征服各族山民，徹底消滅一切不臣服者。」這場將要持續三十年的高加索戰爭，使俄羅斯帝國對北高加索地區的殖民和俄國化進程嚴重受阻，並且最終導致北高加索的俄國化進程沒能達到他所期望的「斯拉夫大帝國」目標。所以，他在一八五五年因土地的爭奪和俄國化的慘敗而服毒自殺（此說法無法證實），他臨終時對繼承人亞歷山大二世的悲涼遺言：「為俄羅斯服務吧。我本想把最困難、最沉重的擔子擔起來，把一個和平的、一切安排就緒的、幸福的王國留給你，但上帝卻作了另一種安排。」沒有實現俄國化的斯拉夫大帝國宏願，死難瞑目。

亞歷山大二世是俄羅斯國家發展中進行殖民和俄國化的另一個標誌性人物。他在這方面的追求和所做的努力就是將俄羅斯帝國的疆土擴展到西伯利亞和遠東地區，將這些新邊疆徹底的俄國化。他的業績和成就與其說是可以和彼得與葉卡捷琳娜兩大帝相提並論，不如說是大大地超越了這兩位先皇。他以戰爭手段結束了長達三十年的高加索戰爭，以增強軍事實力為由，大大強化了葉卡捷琳娜二世開始的烏克蘭頓涅茨克地區的經濟發展，使之成為帝國的軍工基地，以「自願臣屬」的名義兼併了哥薩克的土地和中亞的一系列汗國，以「科學探險」實質上是軍事討伐的手段，以外交友好的幌子，逐步蠶食西伯利亞和遠東的土地，把新邊疆擴展到阿穆爾、烏蘇里江和太平洋沿岸，最終，俄國化的進程就擴展到西自巴爾幹東至烏蘇里的廣闊地區，使俄國成了橫跨歐亞兩洲、有著數千公里海疆——這樣極為膨脹了的大帝國。

亞歷山大二世的「偉績」如今仍鐫刻在聖彼得堡「喋血教堂」（Church of the Savior on

Blood）——基督復活大教堂，外牆周圍的二十塊石板上，其中第七塊：「將阿穆爾邊區和烏蘇里邊區併入俄國。一八五八年五月十六日《瑷琿條約》。一八六〇年十一月二日《北京條約》。」第八塊板：「一八六一年二月十九日將農奴從奴隸依附地位中解放出來。」第十三塊板：「征服高加索。一八五九年八月二十五日攻占古尼布和俘虜伊瑪目．沙米勒（Imam Shamil）。一八六四年五月二十五日結束高加索戰爭。」第十六塊板：「俄國奪回在黑海上的霸權。」第十八塊板：「為解放巴爾幹的基督徒而戰。」第二十塊板：「一八六〇至一八六一年征服中亞。」

亞歷山大二世帝國的出現就是外部殖民和內部殖民合力的結果。殖民的核心就是俄國化，而這種俄國化在不同的方向上實施，有著一定程度的差異。在波蘭，則強調了政治結構和統治權力俄國化；在芬蘭，則是赤裸裸的兼併，是「我用我的軍隊征服的國家」；在北高加索，則是征伐和懷柔相結合的政策；在南高加索，則是「以自願臣屬」為名，兼併一系列汗國；而在西伯利亞和遠東，則是以大量的俄羅斯移民遷居、「科學探險」和談判締結「和約」，三管齊下的辦法開拓新邊疆。總之，帝國俄國化政策的核心始終是以俄羅斯族的大民族優越性、大文化優越性、大信仰優越性和大政治結構優越性為基礎。對小俄羅斯以及其他「等而下之」，甚至「列不上等級」的民族，帝國的統治者一直是不予憐憫和姑息的。一八六三年，帝國在征討拒不臣屬的哥薩克等小俄羅斯民族時，內政大臣瓦魯耶夫（Pyotr Valuev）說過這樣的狠話：「現在沒有任何特殊的小俄羅斯語，過去沒有過，將來也不可能有。」

除了勝利和榮譽外，建立在強力殖民和俄國化基礎上的俄羅斯帝國也隨時面臨日益深化的矛盾與裂變。小民族的民族意識覺醒和獨立自主的要求日盛一日，小民族自成一統的文化（信仰的、語言的、習俗的、道德的）生命力對大民族自稱唯一優越性的挑戰愈益強烈，小民族地區發展上與大民族地區的差異愈來愈大，發達與落後、文明與不開化之間的鴻溝愈深，小民族要從俄羅斯帝國突圍而去的離心力愈強，和大民族的為保持小民族牢固不變的向心力、忠誠與臣屬關係所施加的壓力、威脅力和武力也愈益強化，由是，小民族的不滿、抗爭、暴動、起義和戰爭就成了大民族民心不穩、社會動蕩、統治權威下降、政治制度處於風雨飄搖之中的溫床和潛力。最後是，民族分裂、社會變革以及國家解體。

世界歷史上沒有千年不衰的帝國，俄羅斯國家發展道路上形成的以殖民和俄國化為基石的帝國也不會永存。俄羅斯帝國的衰落和最終的解體，蘇聯的盛極而衰直至解體，證明了這一點，它們都是這個國家發展道路上「收集領土」的殖民政策，和統治者權力極度集中所導致的最後結果，也就是俄羅斯國家發展道路上日積月累的大小民族矛盾深化與裂變的最終結果。

從「土地收集」、「聯合」、「自願臣屬」、「兼併」

到「拓荒、探險」的「內部殖民」，

「這些土地不在俄羅斯的疆界之內是歷史的最大不公」

以及「為了俄羅斯的利益而寸土不讓」。

在俄羅斯的史學著作裡，土地收集、聯合、自願臣屬、兼併，有著不同的概念和實質性區分。

從古羅斯伊始的八八二年到俄羅斯帝國崩潰的一九一七年間的一千零三十五年中，這個不斷膨脹的國家之土地收集經歷了四個時期，第一個是土地「收回」時期，第二個是土地的「聯合」或「合併」時期，第三個時期是「拓荒、探險、移民、墾殖」的殖民時期，第四個是他國他方土地納入俄國版圖的自願臣服或「自願併入」時期。四個時期有重疊之際，亦可看做是四種土地收集的方式。

所謂土地收回時期，是指一四八〇年後，莫斯科公國的君主們將被金帳汗國占有的土地收回，歸屬莫斯科的治下。這個概念是根據古羅斯[7]的土地包括了從維京人登陸的大諾夫哥羅德的土地，沿聶伯河南下，直至該河下游的草原地區，甚至將後來興起的東北羅斯的土地也歸屬此列。既然，蒙古韃靼人占領的是「我們祖先的土地」，那在金帳汗國敗亡後，將它們收回，就是天經地義的事。

所謂土地的聯合或併入時期，指的是莫斯科公國將從金帳汗國分裂出的諸多小汗國土地強行併入公國版圖的進程。這時收集得來的土地，擴展到了窩瓦河兩岸，南至「蠻荒」草原，西到聶伯河西界的邊陲之地，東達烏拉爾山以西的地方。在這裡，有個重要的概念，那就是這些聯合或

7　在俄國著作裡，用的是「基輔羅斯」。但在當時的典籍裡，包括著名的、被俄國人承認的《往年紀事》（Primary Chronicle）裡，並沒有基輔羅斯這個國名。基輔羅斯這個名稱是後來的史學家創造出來，有別於後來的莫斯科公國、俄羅斯帝國等的歷史分期詞語。

併入的土地並不是祖先的土地，所以，土地收集不是「收回」，而是聯合或併入。另一個同樣重要的概念是，這種聯合或併入並不是以和平的方式，而大都是以征伐、戰爭的手段進行。對從金帳汗國分裂出來而又獲得強勁發展的四大汗國（指的是喀山、阿斯特拉罕、西伯利亞與克里米亞）的聯合或併入，尤其是對喀山汗國的多次征討，就是刀光劍影，充滿血腥的。最終的結果是，東北羅斯的大公拼殺出了一個強盛的、封閉的內陸國家——莫斯科公國。

而拓荒、探險、移民、墾殖的殖民時期，是指從彼得一世起至尼古拉二世止的時期。彼得一世首開了對遙遠東方土地的拓荒與探險，他治下的第一支「探險隊」成為征服西伯利亞、遠東和更遠海疆的征伐隊伍先驅。而這一時期也正是歐洲列強向遙遠的、未知海洋大進軍和海外殖民蓬勃發展的時期。彼得一世「打開通往歐洲的窗戶」與世界舞臺上的「地理大發現」，是一個新時代的兩個側面。一面是擁有海洋之路的歐洲列強面向世界的進軍和殖民，另一面是沒有海洋，更沒有遠航艦隊的俄國只能向內發展，向陸地可通達的土地膨脹。

到了伊莉莎白女皇時期，這種向內的發展和膨脹，就開始了一個新的趨勢：構築要塞，屯兵守土，移民開墾，拓荒化民等糅雜在一起的收集新土地措施。到了葉卡捷琳娜二世時期，這種構築要塞、屯兵守土、移民墾殖和拓荒化民的措施，就在高加索地區發展並完善成為一種稱之為俄國化的系統政策。在這個系統政策中，化民是核心，守疆和移民是主線，膨脹國土是第一要素，並最終形成了以「狼牙狐尾」的手段來墾殖新土地之路。

尼古拉二世時，隨著經濟發展，人口迅速增加，俄羅斯帝國對新土地的渴求就愈益迫切，於是，向廣漠的、豐饒的東方土地擴展就成為急需。隨之，將在歐洲地區猛增的居民遷移至這些新土地之上，讓他們定居、農耕、墾殖，為帝國的經濟發展提供源源不斷的人力、資源和財富。結果是，在東西伯利亞、遠東和濱海地區的移民、墾殖就迅猛發展起來，而西伯利亞大鐵路的修建和運營，就將這種移民、墾殖組成了新的內部殖民鏈條。所以，尼古拉一世敢於說：「只要俄國國旗升起了，就不能再落下！」即使在日俄戰爭失敗後，那位羅曼諾夫王朝的末代沙皇也敢於說：「對敵人，寸土不讓！」

所謂他國他方土地納入俄國版圖的自願臣服或自願併入的時期，這一時期是與第三個時期並行發展的。而在亞歷山大二世統治時期，這種自願臣服、自願併入則是以武力征討和戰爭兼併的形式進行。在霸權、霸主地位之下，他方他國的土地皆是俄羅斯帝國的土地。對於這位帝王來說，沒有帝國軍隊不可翻越的高山峻嶺，不可渡過的急流大川，不能跨過的邊界國土，一切皆隨我之需要，一切皆可歸我帝國所有。亞歷山大二世將國土膨脹到了頂峰，將俄羅斯帝國的疆土基本定格在了他的征討和戰爭的偉業之上。對於羅曼諾夫王朝來講，他留下的是一個真正的帝國，一個在陸地上無法再膨脹的膨脹帝國。而亞歷山大二世的移民、墾殖更具外向性，他治下的殖民更多的是面向他國他方土地的，是一種掠奪性的外部殖民。

對於莫斯科公國和羅曼諾夫王朝來講，帝國的強盛與發展是與收集土地密不可分的。在他們看來，這種持續了千年的收集土地進程是正確的、正義的、公正的，是君權神授的偉大使命，其核心理由是：一、收集的土地自古是屬於斯拉夫人的，是我們的祖先的；二、收集的土地是俄國的「探險家」、「拓荒隊」首先發現的，是這些探險與拓荒的先驅者歷經千難萬險找到的；三、收集到的土地都是蠻荒之地，都是未經開發的，是俄國人首先在這些土地上農耕、墾殖、經營和教化野蠻的原居民的；四，俄國的「墾殖」是在自己的土地上進行的，不是侵略他人的土地，不是剝奪他人的資源和財富，是一種內向的與內部的殖民；五、收集的土地是俄國沒有的，但卻是為了帝國的利益所必須的；這些土地不在俄國的疆界之內，就是歷史最大的不公正。所以，為了俄國的利益，對這些土地俄國是寸土不讓的。

但是，無論是收回「自古屬於俄國的土地」，聯合和併入新的土地，還是以首先發現、進行殖民或是為了俄國的利益所收集到的土地，都是俄羅斯帝國發展、強盛的基礎，都是俄國疆土不斷擴大、帝國不斷膨脹的源泉。因此，也許可以說，一部俄國史就是一部帝國疆土擴展史，一部膨脹的帝國發展史。

結論：俄羅斯帝國的發展道路是一條獨特的「殖民之路」，是一條以「收集」新土地、拓展疆土為核心的帝國膨脹之路。

在俄羅斯帝國的官方文件中，墾殖或殖民（колонизация）這個詞的意思是移民、墾荒和化民，是個源於法文的詞彙。這種由國外移民，到俄國來墾殖人煙稀少的荒地的墾殖方案，是伊莉莎白女皇的寵臣法國人拉・切塔迪侯爵（Jacques-Joachim Trotti, marquis de La Chétardie）提出來的，他的本意是想將他的同道者、且在法國遭到鎮壓的那些法國人移居到俄國來。俄國歷史上第一個完整的墾殖或殖民計畫雖然被女皇核准，但因為頻繁的戰爭而未能全面實施。到了葉卡捷琳娜二世時，這位女皇擬定了一系列措施和對移民的優惠政策，將德國的大量居民移居進俄國，讓他們來開墾窩瓦河沿岸未經開發的土地。從伊莉莎白女皇到葉卡捷琳娜二世，這種引進他國居民來墾殖的措施，被後來的史學家稱之為「內部殖民」或「內部墾殖」。

而實際上，在俄羅斯國家的全部發展進程中，移民、墾殖和化民的絕大部分內容，並不是從國外移民，來俄國境內殖民、墾荒，而是將本國的居民從人口密集的地區遷移至蠻荒草原或是未經開發之地，用俄羅斯居民的東正教信仰來開化當地連農耕都不知為何物的「野蠻」原住民。俄羅斯史學家們也把此稱為內部殖民或內部墾殖。就殖民這個本意上講，俄國史學著作最早使用的是「開墾荒地和人煙稀少之地」。而所謂的開墾荒地和人煙稀少之地，就是不斷收集新土地，把疆土膨脹至遠方和更遠的地方。因此，內部殖民或內部墾殖的全部含義就是用殖民的方式來對新收集的土地進行管理，就是將伊莉莎白女皇和葉卡捷琳娜二世的外部殖民或外部墾殖，與收集土地為主、擴張疆土為核心的內部殖民或內部墾殖，納入了同一個範疇，進而強調俄羅斯國家發展道路的特殊性，就在於其內部殖民和外部殖民的特殊性。

事實上，伊莉莎白女皇到葉卡捷琳娜二世期間，蓬勃發展的內部移民或內部墾殖與收集土地為主、擴張疆土為核心的內部殖民或內部墾殖，並不是同一個意義。前者更多關注的是俄國經濟的發展和國家對新擴張地區的管理，當然，這種殖民或墾殖也是以新土地的收集和國土的膨脹為先決條件的。而後者，則首先著眼於新土地收集、疆土膨脹和帝國勢力的強盛。這時的土地收集、疆土膨脹不僅是先決條件，而且是內部殖民或內部墾殖的基礎和原動力。而更為重要的是，後者的內部殖民或內部墾殖是從八八二年開始，延伸並貫穿於俄羅斯國家發展的全部進程之中的。

對於世界上那些老牌帝國主義國家來說，它們對土地的爭奪是赤裸裸的，毫不掩飾地，所以它們把對新土地的征服直率地叫作占領、掠奪，或者更巧妙些，稱為「發現新大陸」或「地理大發現」。而俄羅斯帝國的殖民之路，無論是內部殖民還是外部殖民，所打的旗號都是，「自古以來就是俄國（斯拉夫人、我們祖先）的土地」，「俄國的利益所在，因此俄國殖民這些土地是合法的，正義的，是俄羅斯民族對這些土地上小民族的幫助、拯救、解放」。

俄羅斯大民族的君權神授使命感，決定了俄羅斯國家殖民的根本目的，就是要讓被殖民的民族和國家，有一種確認無疑的臣屬感、歸屬感，要讓這些民族對這種殖民自願接受、熱烈擁戴，即使是「暫時擱置」也是充滿了最後會被接收臣屬、歸屬的感情和希望，並且承認臣屬、歸屬俄羅斯是歷史之必然，是這些小民族和國家的自我拯救之路。俄羅斯國家殖民之路所體現的臣屬感、歸屬感，包括政治上的、信仰上的，文化上的、經濟上的、社會上的。政治上的臣屬、歸屬是前提；信仰上的臣屬、歸屬是首當其衝的手段；文化上的臣屬、歸屬是徹底的兼併之途；而經濟上的和社會上的臣屬、歸屬則是求得被臣屬、歸屬民族，和國家的最終接受俄羅斯國家的發展模式和道路。說得再簡潔一些就是：俄羅斯國家的殖民之路就是由內向外的擴展、征服，而在這種擴張征服中，帝國的中央集權意志超越於文化上的差異：民族的、語言的、信仰的不同。因此，政治的、行政的擴張總是為先，文化和文明的被殖民則是最終結局。

在俄羅斯國家千年殖民之路的旗號上，永遠打著這樣永不褪色的標誌：「我們都是斯拉夫人」、「我們都是俄國人」、「我們都是為俄羅斯利益而戰的人」；都有著不變的決策原則和行動準則：「自古就是斯拉夫人的土地」、「自古就是俄羅斯人的利益所在」、「這些土地不屬於俄羅斯就是歷史最大的不公正」，俄羅斯「大民族」的先進、優越和文明決定了對其他「小民族」統治、集權和凌駕的必然性。

這種殖民之路是建立在民族的紛爭關係之上的，因此俄羅斯國家發展之途上的民族問題，就是一個始終不斷帶來麻煩、困境、苦難的問題。民族的兼併和分裂、親近和相向，恩怨和情仇，這一切就造成了疆土的紛爭不斷，為疆土的爭奪而進行的戰爭也不斷；被兼併和征服土地上的民族抗爭和民族主義浪潮此起彼伏。

所謂大俄羅斯主義，或者俄國沙文主義，其內涵顯然包括下述幾個主要的方面：在民族的形成上，俄羅斯民族的起源都早於那些被征服的和臣屬的民族，因此俄羅斯民族是孕育了、發展了其他民族的優秀民族，是可以凌駕於、統領於其他小民族的「大民族」；在民族語言上，俄語的形成早於那些臣屬的和被征服的民族的語言，是最偉大的語言，最優美的語言，是所有臣屬和歸順俄羅斯的國家和人民都必須使用的語言；在民族的信仰上，俄羅斯的東正教信仰是最好的信仰，是所有民族都必須接受的信仰；在國家政治制度上，俄羅斯的政治結構、發展模式是最好的，是臣屬的和被征服的民族，必須接受和不可更改地要模仿和實施的；在國家的領導問題上，俄羅斯的政治精英是可以成為、且必須成為臣屬的和被征服的領土上的統治者的，保證這種統治是俄羅斯帝國利益之所需。

縱觀俄羅斯帝國膨脹之路的全部進程，就不難看出這就是在臣屬的和被征服的新疆土上的俄國語言化、俄國信仰化、俄國傳統化、俄國政治結構化、俄國發展模式化、俄國統治精英化，最後是居民的俄國意識形態化。正是因為如此，俄羅斯國家發展道路上始終存在兩個無法擺平的進程，一個是西向的殖民和東向的殖民進程。傳統上，俄羅斯國家更著重於西向的殖民，而較為淡薄於東方的殖民。或者說，西方，俄羅斯國家的西部邊疆是帝王們、統治者們時刻關注的問題，是他們認為生命攸關的問題。然而，在西向上，當俄羅斯國家的威嚴和尊榮受到嚴重挑釁，而俄羅斯國家又一時無力抗爭時，俄羅斯國家的發展方向就會在瞬間轉向東方，以移民和殖民的手段，在東方恢復自己的實力，然後，揮戈一擊，再轉向西方。俄國歷史上有一系列這樣的例子，而亞歷山大二世的外交政策的轉向東方是最為典型的，為了能在西部邊界和越過西部邊界的土地上重振殖民之威，他甚至不惜以最低廉的價格將阿拉斯加賣給美國，試圖建立一種對抗西向上其他強國的爭奪和進逼的新聯盟。

另一個是，在俄羅斯帝國的發展之途上，隨著殖民（尤其是東向上）的進程，是大量地向新土地上移民。但是，殖民的政治利益和移民的經濟利益是不對等的、不平衡的。換言之，俄國的殖民與其說是為經濟利益所驅使，不如說是為俄國的外交軍事利益，和國內的政治局勢所決定的。因此，俄國殖民的戰略意義是首位的，移民的利益幾乎根本不在政府的考慮之列。移民是屯田、戍邊、建立哥薩克村落和邊防要塞，因此殖民主要是農業的殖民，而不是工業的殖民。在工業方面，為了滿足殖民的戰略需求，只有軍事工業得到發展。從彼得一世，到葉卡捷琳娜二世，再到亞歷山大二世，那些負責在東向上殖民和開拓疆土的探險隊長和將軍們，都忠實執行了這種戰略決策，並最終形成了俄羅斯帝國遠東殖民的口號：「必須使那些外部居民的土地置於君主的庇護之下，並且使其永遠處於奴隸地位。」

軍旅出身、長期掌控頓河地區和高加索地區殖民大權，一八九三年起負責遠東殖民事務的阿穆爾省督的杜霍夫柯伊（Sergei Dukhovskoi）在呈給亞歷山大二世的「密折」中這樣寫：「完全有必要發展已經開始加強的烏蘇里哥薩克軍，並將這一措施擴大至阿穆爾地區，還要把為西伯利亞牢固建成為一道銅牆鐵壁的思想，作為已經開始的對外貝加爾湖地區土地利用的根據，以這道銅牆鐵壁來粉碎亞洲黃皮膚種族的一切敵對企圖。」而在史達林（Joseph Stalin）時代「直接工業化」和「農業全盤集體化」初期，國家就有了一份《一九二六至一九三五年遠東地區殖民前景規畫》。這份規畫不僅確認了殖民是國家的國策之一，且強調了這種殖民的戰略意義：「具有長達一萬六千俄里[8]海疆的這種地理位置，賦予邊區極為重要的政治和經濟意義，以及使其有了廣闊的經濟前景。」這份規畫表明了蘇聯時期對西伯利亞和遠東的開發，延續了這個國家殖民開發的傳統政治和戰略意義。在其後數十年的歲月中，那些建造起了銅牆鐵壁式軍事工業的移民——被遷移而來的「富農」，「大清洗」（始於一九三六年八月，終於一九三八年三月的政治鎮壓和迫

8　一俄里約等於一．〇六六八公里。

害運動）的對象——反對派和政治犯，叛徒、間諜和「人民公敵」，還有被從歐俄大城市動員而來的大俄羅斯居民，是這種土地開發的真正勞動大軍，但他們的處境和遭遇，卻與銅牆鐵壁建成後的政治與戰略意義不可同日而語。不過，這些已經不是本書所要闡述的問題了。

總之，本書所要闡述的是：俄國的內部殖民或內部墾殖是以土地的收集為核心，疆土的膨脹為底線、奪取更多國家利益為準則的國家發展方略。它與同一時期出現的發現新大陸、進軍新土地的世界性掠奪熱潮，沒有什麼本質的區別。這兩者之間如果有什麼差異的話，那也只是地理位置上的。歐洲列強處於狹小的陸地之上，同時面對海洋，又有堅船利炮，所以它們面向海洋，去爭奪更大的生存空間；而俄國封閉於陸地之上，面對的又是無邊無際的土地，不僅遠離海洋，更無堅船利炮，所以它的目光所及只是陸上土地的擴張。當然歷史的進程並沒有永遠定格在這一點上。待到歐洲帝國們的實力衰微，再也不能稱霸於海洋之上，而俄羅斯帝國則發展到了擁有波羅的海、黑海、北海、太平洋的出海口，不僅有了堅船利炮，且擁有了海上霸權之路的強大手段和武器時，天下就斗轉星移了。當然，帝國的膨脹進程也不會永遠定格在這新的一點之上！

羅斯本部

01 在大諾夫哥羅德的天空下

站在大諾夫哥羅德市保存完好、宏偉的克里姆林宮古老城牆上，放眼望去，腳下是平緩流淌又一瀉而去的沃爾霍夫河。沃爾霍夫河自南邊的伊爾門湖流出，北向流入拉多加湖。一千一百多年前，這裡還是混沌一片，談不上什麼城堡，更沒有大諾夫哥羅德這個名稱，到處是潛藏危險的沼澤和密不透風的莽林。只有沃爾霍夫河沿岸、伊爾門湖周邊的土地上，居住著一些古老的部族。這些部族的人膜拜自然現象，封山川草木、魚蟲鳥獸為圖騰。沃爾霍夫河穿越叢林的咆哮聲，伊爾門湖水的浩瀚與變幻都被他們視作神聖。沃爾霍夫河是這片土地的母親河，而伊爾門湖及其歸屬拉多加湖則被當地居民奉為「神湖」。時至今日，這兩個湖還被俄羅斯人稱為「傳奇之湖」。

這兩個湖所以被稱為「傳奇之湖」，顯然與俄羅斯這個國家傳奇式的立國密切相關。西元八六二年，伊爾門湖地區的土著部族楚德人等邀請波羅的海那邊的瓦良格人（也稱為維京人）來幫助管理自己的土地。瓦良格的留里克家族來了，率領這支家族隊伍的是其首領留里克（Rurik），他的兩個弟弟、家屬、親戚、士兵都來了，甚至與留里克家族八竿子也打不著關係的人都紛至沓來。當年，他們乘船越過波羅的海，穿越拉多加湖，然後再順河而下，在離伊爾門湖約兩公里的地方上岸，安營紮寨。大概也就是在這裡，楚德等當地居民列隊相迎，向他們獻上了珍貴的毛皮和獵物，希望他們能使自己的土地管理有序、平安豐饒。現在，在留里克登岸的這處地方，還聳立著一座孤零零的城堡，人們就叫它「留里克城堡」，從這個城堡的用材和結構上來看，顯然不是一千一百多年前留里克人建造的，而是後人為崇聖而建的。就像時至今日，連俄羅斯人自己也不清楚大諾夫哥羅德是何時何人所建，這「留里克城堡」也是一個傳說與歷史交織在一起的謎。不過，大諾夫哥羅德人對這個謎的信任千年不變，對那些「海外來客」瓦良格人的到來，並成為自己國家的創立者深信不疑。

楚德人的邀請本來是有條件的：留里克來幫助管理，但土地仍然是屬於當地人的，更為重要的是，留里克不享有徵收「貢賦」的特權。但瓦良格人在大海上闖蕩慣了，練就了一副不受約束掣肘的性格。來了就是主人，而當土地和貢賦成了留里克家族「自古以來」就有的財產時，楚德人、還有其他部族的人就消失不見了。於是，留里克開始沿沃爾霍夫河收集土地，並把這些五花八門的土地稱為是「自己的」，分封給自己的弟兄。從此，留里克的人馬不僅再也沒有離開過這片土地，且收集的土地與日俱增，從楚德人獻上的這塊沼澤和莽林之地，到留里克的親屬奧列格（Oleg of Novgorod）以「陰謀和殺伐的手段」（俄國正史史家的用語）收集了「基人」（Kyi）的居住地——基輔後，立朝立國，也就開始了一個弟兄相傳，子侄爭奪的大公更迭進程。自留里克王朝的基輔羅斯下至羅曼諾夫王朝，後代兒孫皆奉八六二年為開國元年，同誦瓦良格人為羅斯、俄羅斯人的始祖，並繼續開疆拓土，終使伊爾門湖周邊的這塊彈丸之地演變成為泱泱大國。

證明這一歷史的，不僅有留里克城堡，而且有俄國人自己樹立的一方紀念碑，一方紀念俄羅斯人傳奇立國事蹟的刻石。這座碑挺立於大諾夫哥羅德克里姆林宮中心的一處廣場上，與不遠處的聖索菲亞教堂相向而立。它高達十五．七公尺、重達一百噸（其中青銅部件六十五．五噸），名為「俄國千年紀念碑」（Millennium of Russia）。

「俄國千年紀念碑」立於一八六二年，耗資四十萬盧布，是當時俄羅斯最昂貴的紀念碑。（iStock ／ Kalichka）

從廣場的這頭，向「俄國千年紀念碑」望去，它的主體是個碩大的球形物。在古老的「基輔羅斯」和莫斯科公國期間，這個球可是個了不得的聖物。每個大公、沙皇舉行登基典禮時，都得有三樣東西隨身在場：皇冠，金球和權杖。在這三樣東西中，金球是最具專制皇權寓意和符號的象徵物。「俄國千年紀念碑」的主體就是這個金球，它表明千年的俄國是個專制皇權的國家。而在這個球的上面，也就是紀念碑的頂端是兩個人像：站立的是天使，他手執高達三公尺精緻雕刻的十字架，他的面前是一位身穿民族服裝的頂禮膜拜的女人。這是一個精心設計的畫面：傲視宇宙的天使代表東正教，而女人則代表虔誠信奉的俄國。這組雕像表達的是俄國的立國根基——政教合一。這個高聳於雲天之上的石碑向這個國家臣民的昭示不言而喻，「皇權神授」、「朕即國家」，是專制皇權的核心和基礎，神聖不可侵犯。

儘管在羅曼諾夫王朝期間，運用「皇冠、金球和權杖」來裝點登基盛典的儀式不再，但金球的符號和象徵的概念還是傳承了下來。所以，亞歷山大二世選擇了用金球和「政教合一」的雕像作為紀念碑的主體。這用意很明顯：在這個碑中間的顯著部位立有六組雕像，第一組以留里克大公為中心，表述的就是「瓦良格人被請來」和「羅斯於八六二年建立」。第二組是弗拉基米爾大公（Grand Duke of Vladimir），表述的是「羅斯於九八八至九八九年接受洗禮」，開始了東正教成為俄國國教的百年征途。第三組是「德米特里．頓斯科伊[1]大公」，表述的是「一三八〇年的『庫里科沃之戰』成了從蒙古韃靼人桎梏下解放出來的象徵」。第四組是「伊凡三世」，表述的是「將莫斯科周邊俄羅斯的大部分土地合併和俄國專制統治的建立」。第五組是「米哈伊爾．羅曼諾夫、波扎爾斯基（Dmitry Pozharsky）公爵和庫茲馬．米寧（Kuzma Minin）」，表述的是俄國「混亂時期」（Time of Troubles）[2]結束和羅曼諾夫王朝建立。第六組是「彼得一世」，表述的是「俄羅斯帝國的偉大創立者」「打開面向世界窗口」的偉業。

俄羅斯有千年歷史，執政的不只是這六位袞袞大公和沙皇。而在這碑的主體上只鐫刻了這些

1 意譯過來是「頓河的德米特里」，有人譯成「頓河王德米特里」。但這個譯法太中國化，因為莫斯科公國沒有「王」的建制和尊號，而在德米特里的時代，莫斯科公國的公也沒有稱王稱霸的條件和現實環境。

2 一五九八至一六一二年間，由於沒有「正統的沙皇」，西方史書上也將之稱為「空位時期」。

精選出來的大公、沙皇、將帥。他們高大、雄偉、不可一世的形象似乎是在告訴世人：這是俄國歷史上最重要的、最具決定意義的時期，是最偉大的和承前啟後的大公、沙皇、將帥。

這六位統治者面對著不同的方向——他們執政時收集土地的方向。留里克處於中軸線上，從大諾夫哥羅德，下至基輔，他收集了「基輔羅斯」最早的土地。而弗拉基米爾大公以戰功接受東正教洗禮，將羅斯收集到的土地擴展到了克里米亞半島，遠及與拜占庭相交的黑海之邊。德米特里·頓斯科伊面向東方，他鏖戰的是蒙古人，期待有朝一日將被蒙古人占領的「羅斯土地」重新囊括於自己的麾下；庫里科沃一戰使歷代收集來的土地成了未來莫斯科公國的基礎。伊凡三世尊號「全羅斯的君主」，啟用刻有羅馬雙頭鷹形象的徽章，開啟了「繼承羅馬」的先例；又金戈鐵馬、剛柔相濟，全力收集從「金帳汗國」分裂出的四大汗國的土地。他留給兒子瓦西里三世的政治遺產是為莫斯科收集更多土地。羅曼諾夫的開國之君——第一代羅曼諾夫沙皇，他的眼光已經越出了莫斯科公國的疆域，在以戰爭爭奪和收集西部土地的同時，開始面向東方，以「開拓和探險未知土地」——「內部殖民」的手段，向烏拉爾、西伯利亞、遠東收集土地。而彼得一世則把面向西方作為施政重點，收集波羅的海沿岸的土地，打開通向先進歐洲國家的窗戶和通途，把一個封閉於內陸之中的莫斯科公國帶向了遼闊深邃的海洋，帶上了刀光劍影的世界舞臺。

「俄國千年紀念碑」所要告訴人們的也許是兩點：一是，儘管土地原本不是我的，但我來了，就是我的土地。我的腳踏到了哪裡，那裡的土地就是我的。二是，我的需要，我的利益，我的開發探險隊的所向，我的軍隊和武力所及，皆是我的土地。

「收集土地」這個詞語是相當微妙和深奧的。微妙就在於它擯除了俄國土地的增多和疆域的擴張不是兼併的，不是占領的，不是蠶食的，而是歸順的、臣服的、自願加入的、探險和開發的。深奧就在於它在通俗的表達下潛移默化地傳達了關於沙俄帝國疆域的兩個核心概念，一是，收集來的土地自古以來就是屬於俄國的，因此不管何時何地，何公何皇對土地的收集都是收集「俄國的」土地，而不是他人的土地；二是，收集來的「俄國」土地，不管近在咫尺還是遠在天涯，都是雖遠必得、寸土不讓的。

據俄國人自己說，「收集土地」這一詞最早是俄國著名歷史學家索洛維約夫（Sergey Soloyyov）在他有關俄國史的鴻篇巨制裡提出來的。不過，索洛維約夫指的是「金帳汗國」瓦解後，莫斯科公國的大公們把莫斯科周邊的土地合併起來的進程。而這個詞語是他在這「俄國千年紀念碑」之後使用的，與亞歷山大二世建立這座紀念碑沒有什麼關係。在「俄國千年紀念碑」上所體現的這種「收集土地」原則，和以此來畫分俄國歷史時期的概念，應該說是亞歷山大二世及他治下的官員和文化精英們的想法和理念。

「俄國千年紀念碑」是沙皇亞歷山大二世建立的，建成那年是一八六二年，正是留里克王朝「立國」一千週年，也是這位沙皇頒布「解放農奴宣言」的第二年。此年此時的亞歷山大二世正春風得意，躊躇滿志，身在冬宮，心懷天下。但他的宏遠偉業卻在一八八一年被俄國民意黨人中斷。冬宮附近格里博耶多夫運河邊上矗立著一座「喋血教堂」，是亞歷山大二世遭民意黨人暗殺的地方，這是他的兒子亞歷山大三世為他修建的。教堂外牆上有二十塊赭紅色的大理石板，使這座教堂實際上就是亞歷山大二世的記功碑，或說是亞歷山大二世統治下俄國歷史的刻石。

在序文裡已介紹過那些石板上刻下的文字，如果把那些石板上的文字和「俄國千年紀念碑」主體上六位大公、沙皇、統帥的雕像聯繫起來，不難看出亞歷山大二世建立紀念碑的真實含義：歌頌歷代祖先收集土地的豐功偉績，並將這種收集土地的統治方法刻石為治國聖訓，要後代統治者應對此效法而立。也許還可以看出，這種紀念碑與其說是為俄國而立，不如說是亞歷山大二世為自己所立，是他自己將先祖開拓的收集土地之業，推到前所未有的高峰的紀念碑。

那是一八六二年九月八日（俄曆）的事，「俄國千年紀念碑」隆重揭幕。當時，在大諾夫哥羅德，舉行了盛大的宗教遊行，全城顯貴齊集於紀念碑前，祈禱、祝聖、禮拜、飲宴，亞歷山大二世也親臨現場，隨行的是俄國皇室全部大員和精英。六十二門大炮發出震耳欲聾的轟鳴，炮聲所宣示的是由收集土地而成的大國不可一世，所希望的是羅曼諾夫王朝的後代帝皇們皆要循此收集土地之路浩蕩而行。從這時起到一八八一年三月一日（俄曆）的將近十九年間，亞歷山大二世本人英勇頑強繼承祖先的聖訓，不屈不撓繼續收集土地的偉業，這正如「喋血教堂」四圍外牆上的刻石所示：一八六四年結束了他的先人未能結束的、長達三十年的高加索戰爭，奪回了失去的黑海的海上霸權，勢力擴展到了巴爾幹，成為歐洲霸主……但他建立的「俄國千年紀念碑」不可能再鐫刻上他的英雄形象和帝王之盛名，滄桑歲月讓這紀念碑最終成了俄國的編年史冊，打開在這羅斯的建國之地，歷經雨雪風霜、陰霾陽光，讓後來人面對塵埃，面對風雨任意評說。

02 納貢、告密、金錢、買賣和聯姻

伊凡一世

莫斯科公國何以成了俄羅斯土地上「俄國土地收集」的主要肇始者，並成為未來俄羅斯國家的實際起源，和真正的基礎？

十四世紀三〇至四〇年代莫斯科公國第三代大公，他是崛起時期的第一位大公、最強悍、為公國收集土地最多的大公。這個大公的名字叫伊凡．卡里達。不過，這「卡里達」只是他的綽號，俄語中，「卡里達」者，錢袋的意思。

關於這個大公有許多傳說，甚至神話，但所有的傳說和神話都基於一個不爭的事實，那就是他為羅斯、為未來的俄羅斯國家收集土地的豐功偉績。那是六百九十多年前的過去，一個遙遠的、金帳汗國大汗統治下的歲月，是錢袋伊凡從弗拉基米爾大公躍升為莫斯科公國大公的年代。

自從一二四〇年蒙古大軍橫掃了莫斯科周邊的東北羅斯地區，並且就在大隊騎兵即將抵達大諾夫哥羅得城下時，卻奇異地不再向西挺進，也不願在這塊森林密布、沼澤遍地、各種兇猛野獸出沒的西北部土地多作停留，而是急速南下，直奔窩瓦河下游無邊無際的草原，並在離現在阿斯特拉罕以北約一百三十公里的地方，設置了蒙古人統治的最高機構——「金帳」，史稱「拔都薩萊」。於是，「金帳汗國」就挺立在了羅斯南疆的土地之上。俄羅斯人常說，從一二四〇年到一四八〇年，兩百四十年中俄羅斯處於金帳汗國的「桎梏」之下，但實際上金帳汗國的大汗們並沒有親自去桎梏這片土地上的居民，而是在紛爭內訌不斷的羅斯大公中尋找最聽話、最能為自己效力的大公，利用他們去履行治理的職責，即採取了「以羅斯人制羅斯人」的政策。

金帳大汗們的基本措施：一是頻繁地動用騎兵沿聶伯河和窩瓦河奔襲[1]「羅斯的土地、居民點，為的是快速獲取錢財和勞動力，搶到手就走，他們並不在奔襲的地點長久停留；二是派遣自己的全權使者——「八思哈」前往各公國，對大公的施政進行監督，而實際上這些大員更多的是關注各個公國的大公們對納貢的收集，和準時將貢賦押解至薩萊；三是將最聽話的、最能效力的大公提升為有權管理其他公國的「全羅斯的大公」，發給「金牌」表示對這位大公代替自己行使權力的認可。金帳汗們常常變換發給金牌的對象，目的是使各個大公為爭奪金牌不斷紛爭內訌，這樣來保證薩萊的金帳長治久安。

於是，爭奪金牌、爭奪全羅斯大公的地位，就在這東北部的土地上殘酷地、此起彼伏地進行。到十四世紀三〇年代時，無論是羅斯土地上的金帳汗國統治，還是羅斯東北部土地上的各公國都發生了實質性的變化。在經過將近九十年的占領後，金帳汗國已經不是拔都時期的汗國了。遠離故土，沒有了來自東方的人力、財力、軍力的支援，金帳汗們只能靠羅斯的一切來支撐了。薩萊的周圍出現了大大小小的汗國，蒙古人自己為土地的瓜分、財富的支配、權力的爭奪也是紛爭四起、血親相拼、四分五裂了。金帳汗國的「以羅斯人制羅斯人」的政策也無形中削弱了不少。更致命的是，蒙古人與羅斯人及其他部族人的聯姻使蒙古人不再是純粹的蒙古人了，他們走上了不可抗拒的被同化之路。而羅斯東北部的各公國也乘機獲得了發展，相互間爭奪羅斯土地最高管轄權的「金牌」之爭，也重新激烈起來。同樣重要的是，羅斯土地上羅斯人與其他部族的融合也在快速進展，那種語言上的一體、族姓上的認同、信仰上的東正教化也在逐步歸一，羅斯人、烏克蘭人、白俄羅斯人等也在民族形成之路上蹣跚地，但堅定地前進。

到月即別汗（Özbeg Khan）時，四分五裂的金帳汗國重新聯合在了一起，成了金帳汗國的中興時期。這位大汗還把金帳汗國的「首都」搬到了窩瓦河下游支流阿赫圖巴河左岸，史稱「新薩萊」。他定伊斯蘭教為國教，羅斯的東正教受到排擠和迫害。而在東北羅斯，這時有幾個較強的公國竄起：特維爾公國、弗拉基米爾公國、蘇茲達爾公國、諾夫哥羅德公國和莫斯科公國等。這其中特維爾最強，莫斯科較弱，而弗拉基米爾公國則有著強大的家族勢力。

一開始，月即別汗把誥封金牌賞賜給了特維爾大公。各公國大公不服，為爭奪金帳汗的金牌進行了殘酷的鬥爭。一二四〇和一二四二年間，弗拉基米爾大公的兒子亞歷山大先後在涅瓦河上和楚德湖上打敗了瑞典軍隊和日爾曼騎士團，因在陣前高呼「誰持劍來犯，必在劍下亡」而威震東北羅斯，得名「亞歷山大・涅夫斯基」（意即「涅瓦河上的亞歷山大」）。次年，即一二四三年，月即別汗又將金牌賞賜給了亞歷山大的父親。亞歷山大繼承了父親的封號，但他不得不任憑

1　編注：奔襲為軍事術語，指從較遠距離，以快速且機動方式對敵方實施襲擊，快打快撤。

金帳汗呼來喝去。最後一次被大汗傳至薩萊，受百般凌辱，憤而回歸自己的公國，悲切和病痛交加死於歸鄉之途。

亞歷山大死後，金帳汗國又把金牌賞賜給了特維爾大公，並正式封他為「全羅斯的大公」。而這時，弗拉基米爾公國亞歷山大的孫子——後來的錢袋伊凡接位。他與自己的父親、祖父不同，他的政治宏願是：打敗特維爾大公，將金帳汗的金牌和「全羅斯的大公」封號奪為己有。這就決定了自己的命運有別與他的父親和祖父。

伊凡從小就善於察言觀色，極為機巧。當薩萊的金牌召喚父親去金帳時，他也曾多次隨同前往。在金帳，他的虔誠、恭敬、機敏、通達，讓月即別汗大為賞識。一三二〇年，月即別汗封他為諾夫哥羅德大公。他當即攜帶大量的金銀財寶、珍貴皮毛等貢品親赴薩萊，向蒙古汗表示感謝和效忠。隨後幾年他也攜帶大量的金銀財寶，主動常去薩萊，給月即別汗納貢問安。

在與蒙古汗接觸中，錢袋伊凡深刻懂得了納貢對蒙古汗的決定性意義，羅斯俗諺曰：「錢能通鬼神。」而伊凡摸索出的真理是：「錢更可通蒙古大汗。」他也觀察到，能獲得誥封金牌的大公都是納貢的忠實執行者，要想取得金牌，就得有錢，就得向薩萊大量地、準時地納貢。特維爾大公所以能成為「全羅斯大公」，就在於他給了月即別汗豐厚的納貢，大汗這才給了他收集納貢的全權。於是，伊凡的政治目標就變成了：將特維爾大公拉下馬來，將特維爾的土地收集到莫斯科名下，使莫斯科公國成為獲得薩萊金牌的「全羅斯大公」的公國。

歷史的機遇幫助了伊凡。一個機遇是，一三二五年，特維爾大公犯了一個愚蠢的錯誤：他將收集起來的貢金放給商人，收取巨額高利貸，然後才給薩萊送去。可睜大眼睛死盯著特維爾大公的伊凡卻如獲至寶，隨即去了薩萊，見了月即別汗。他巧言令色、委婉不張地將特維爾大公的行為密告了月即別汗。與此同時，大汗也收到「八思哈」的密報。盛怒的月即別汗將特維爾大公金牌宣至薩萊，收回了他的「全羅斯大公」金牌，厲聲斥責。站在同一大帳之下的伊凡面對特維爾大公的危險境地，冷眼相加，不致一詞，還時不時地給月即別汗旁敲側擊幾句。終至特維爾大公死於薩萊。另一個機遇是，伊凡是父親的第三個兒子，本無繼承之權。但在父親死後，其長兄也亡故，他就獲得了繼承之權。一三二五年，伊凡登上了莫斯科公國的大公之位。

月即別汗對特維爾公國嚴加懲治，公國隨即爆發了對抗金帳汗國的暴動。一三二八年，月即別汗決定對特維爾實施懲罰性軍事征討，下令其他的公國必須派軍隊參加。伊凡積極參加了這次軍事征討，可謂下手最狠，最為無情，對金帳汗國貢獻最大。為此月即別汗對他大加封賞：把莫斯科北面的科斯特羅馬和西部的大諾夫哥羅德都交給他管理。月即別汗還給了他一個特殊的賞賜，就是把金帳汗國當年橫掃「基輔羅斯」後搶到手的莫諾馬赫王冠給他戴在了頭上。這是金帳汗國的大汗們從沒有做過的事，也是羅斯大公們從未享受過的榮譽與信任。

伊凡是個絕對精於計算的人。他需要大量的錢財，一方面他不斷對莫斯科公國的居民增稅，徵收的手段極其嚴酷，對不納稅或納稅數額不足者從不寬容。另一方面，他將收入極豐的皮毛交易集於己有，嚴厲打擊流竄商販、搶劫者、盜匪，同時修建道路，使皮毛貿易盛極一時，貿易的巨額利潤也歸於伊凡之手。伊凡並不吝惜錢財，他對金帳汗國的貢金不僅從不私下扣留或遲緩呈送，而是既準時又足額地運抵薩萊，還常常在大汗規定的納貢金數額之外再添加許多。他還經常親自押送貢金，隨身帶去大量的珍寶和皮毛，到薩萊叩拜月即別汗。三年後，月即別汗又將弗拉基米爾公國的土地交給他，封他為弗拉基米爾大公。

當時，在莫斯科公國的土地上有數量相當多的貴族莊園和小的公國，他們並不聽命於伊凡，但他們愛錢。伊凡就用大量的金錢去「購買」他們的土地，先後購買了烏格里奇、加里奇和別洛焦爾斯克。當然，單用金錢也有時難以買到土地。伊凡不得不同時使用另一種手段——聯姻。聯姻歷來就是各公國為停止彼此間的紛爭，求得一時安息所常用的手段。但伊凡使用聯姻的手段目的很單一，就是「為了你那塊土地」。伊凡有四個女兒。其中三個女兒成了他這種聯姻的工具。伊凡將一個女兒嫁給了莫斯科北部的羅斯托夫公國的大公，另一個女兒嫁給雅羅斯拉夫爾大公，第三個女兒嫁給了別洛焦爾斯克大公。他的一個兒子娶了加里奇公國的大公之女。伊凡嫁女或娶媳時都有一個先決條件——他要擁有和自己的女婿（公國的大公）共同管理該公國的權力。由於這種購買加聯姻所收集來的土地使莫斯科公國成了東北羅斯的實際掌控者，這一切充分顯示了伊凡的戰略野心。

但是，莫斯科西北部的大諾夫哥羅德不允許自己的土地外賣給莫斯科。伊凡覬覦於大諾夫哥羅德的土地已久，目的不達他坐臥不寧。狡詐機智幫了伊凡的忙，他招來莊園的貴族主人，對他們說，你們去購買大諾夫哥羅德的土地，我用莫斯科郊區的好地和你們交換；我去管理你們購買的大諾夫哥羅德的土地，你們可以自己來莫斯科建築集鎮；我給你們優惠；你們還可以把可靠的人帶來，自行管理建起的集鎮。這種一箭雙雕的做法，一方面讓伊凡的力量擴展到了大諾夫哥羅德，另一方面莫斯科城郊出現了一系列「優惠村鎮」——「斯洛博達」（Sloboda），它們的忠誠和實力成了伊凡保衛公國的強有力的屏障。

伊凡執政伊始時，如今輝煌萬千的克里姆林宮還是一座沒有多少建築的防衛碉堡——「克里姆林」，山丘上的一切還剛剛開始建造。在那個歲月，羅斯土地上東正教還不是一個獨立的教區，沒有大牧首，羅斯的最高宗教領袖是都主教[2]，而且都主教的駐蹕之地遠在弗拉基米爾公國的首府。伊凡的過人之處似乎就是他認識到了東正教的重要性。在收集土地的進程中，他說服都主教彼得（Saint Peter of Moscow）把駐蹕之地遷到莫斯科來。就在伊凡接掌大公位的一三二五年，彼得答應了他的請求，把都主教府遷到了莫斯科。

伊凡和彼得都是審時度勢之輩。都主教府落定莫斯科，這對莫斯科國家來說是件轉折性的重大事件。從此，公國的皇權和東正教的教權再也難以分開，伊凡收集土地的進程就在這種政教不分中快速向前推進。都主教彼得的聰明睿智還在於他向伊凡建議：「孩子，你聽我說，在你的城市裡，為最神聖的聖母建造一座教堂吧，你將會比其他的大公更有名聲，你的兒子們、孫子們將世代延續這種榮光；而這城市也將在羅斯所有的城市中被讚頌傳揚；聖徒們也將居住在這裡。它的手臂將高高舉起，驅盡簇擁而來的敵人，在這個城市裡上帝將得到讚頌；而我的遺骸也一定要

2 獨立教區的宗教領袖叫「大牧首」，下一級即為「都主教」。

埋在這教堂之中。」於是，伊凡從一三二八年起到一三三三年，大把花錢，大興土木，建造了橡木圍牆，牆中的高丘上建起了聖母安息主教座堂，讓都主教府和大公府同處於一個山丘之上，其堅固，其雄偉，其防禦力量之強在當時整個羅斯土地上無與倫比。這橡木城堡和其中高聳的聖母安息主教座堂也就成了伊凡收集土地的豐碑。

在十五年的統治中，伊凡從祖輩接受的僅僅是弗拉基米爾公國的土地。一三二八年，月即別汗將東北羅斯的土地一分為二，西部的諾夫哥羅德、莫斯科和科洛姆納給了伊凡，而東部的弗拉基米爾和窩瓦河沿岸則給了蘇茲達爾的大公。一三三二年，伊凡將東部各地區歸為己有，兼併了莫斯科以南幾個小公國的土地。當他坐鎮莫斯科之後，無所不用其極的土地收集，使疆土北擴至窩瓦河一線，南延至科洛姆納，西經莫紮伊斯克直至大諾夫哥羅德的土地，讓一個曾經弱小的莫斯科國家變成了一個強大的莫斯科公國，獨處東北羅斯之尊，而伊凡自己也就成為東部羅斯不可替代的統治者。所以，他的孫子，赫赫有名的德米特里·頓斯科伊曾經列敘了爺爺收集土地的名稱，並把他稱為「羅斯土地的收集者」。俄國著名的史學家卡拉姆津（Nikolay Karamzin）寫過：「『土地收集者』這個頭銜是莫斯科人給他的。」卡拉姆津在《俄羅斯國家史》（History of the Russian State）中這樣描寫過他的死亡：「公國居民與他告別，淚水浸濕了棺木，讚頌他的仁慈，一致同意給他尊封為：『羅斯土地收集者』和『君父』。」

錢袋伊凡的本名叫伊凡·丹尼洛維奇。因為所擁有的財富太多，「錢袋」一詞準確地表達出了他的實質，結果是幾乎所有的俄國史書上都直寫「錢袋伊凡」，而他的真名卻被人們淡忘了。

他錢袋裡絕對多數的錢都用來收集土地了，只是拿出了幾個小錢在出巡時、在羅斯的古老節日時，賞給街邊簇擁而來的乞討者。這種同情的施捨被刻意渲染，成了他的仁慈和愛民的象徵。最初弱小公國的地位決定了伊凡不可能用武力征戰的方式去兼併土地，於是他用了納貢、金錢、告密、買賣和聯姻的手段。不惜一切地收集土地，竭盡全力地擴大莫斯科公國的疆土，這不是他留給後代大公、沙皇、執政者的不可更替的治國遺訓嗎？

在俄國史書上，錢袋伊凡被讚頌為是莫斯科公國的奠基者，是「伊凡一世」。所以，亞歷山大二世沒有忘記他，錢袋伊凡的仁慈形象鐫刻在了「俄國千年紀念碑」上。

03 恪守祖訓：守成與爭奪

伊凡一世——謝苗——伊凡二世

在莫斯科馬涅什廣場和紅場之間有道門，這是進入莫斯科紅場的主要通道。蜂擁而至的遊客大都是從這裡進入紅場的。說是門，實際上是一座教堂——東正教教堂建築中特有的「門上教堂」。不過對於非東正教信仰的人來說，幾乎沒有人會去注意這個小巧的教堂。可是，卻是沒有哪一位遊客不會注意到這門前的一方標誌——「莫斯科零公里處」！

「莫斯科零公里處」被平鋪在教堂前的地面上，四周有一圈字：「俄羅斯聯邦公路零公里處」。也就是說，從莫斯科通往俄羅斯各地的公里數都是從這裡計算的。現在，這青銅「零公里處」卻有了一個現代的神話：你站在圓的中心，背對教堂，閉著眼睛，用左手向左肩後扔一枚硬幣，並默許自己的願望，願望就能實現。

回到了為了在圓中心稱雄和獨霸各公國紛爭不止的那個莫斯科公國的遙遠年代。錢袋伊凡當「全羅斯大公」的那個年代，莫斯科還遠沒有成為一個國家的中心，也沒有這個「零公里處」。不過，有一點卻是真的，那就是在現在這個青銅圓的東北方向，離克里姆林宮約兩百公里的地方是弗拉基米爾公國；而在西向約五百公里處是大諾夫哥羅德公國。弗拉基米爾公國是留里克家族的基地，歷來是分封給最可靠、最有實力的子孫，而大諾夫哥羅德則是一個靠「為制會」（Veche）來實施大公和監督大公權力的公國。金帳汗在冊封掌管全羅斯的大公時，必須同時讓這個大公兼領弗拉基米爾大公的頭銜和掌管大諾夫哥羅德的權力。

錢袋伊凡就是這樣一個統領全羅斯的大公。但在經濟實力上這兩個公國仍可與莫斯科公國抗衡，甚至還有超越之處。錢袋留給子孫的就是這樣一個莫斯科公國，一個這兩個公國實際上隨時準備與之抗爭、敵對和離散的強大力量。此之，東北方的蘇茲達爾公國和西北方的特維爾公國隨時都在覬覦全羅斯的最高權力。一三四〇年，當錢袋伊凡一死，各公國馬上準備行動，要把他收集

莫斯科零公里的地面標誌。（John Slava Pei）

來的土地歸為己有。他們紛紛迅疾遠赴薩萊，希冀月即別汗能重新考慮全羅斯大公的歸屬問題。

錢袋伊凡的長子謝苗繼承了莫斯科公國的大公位。他也毫不示弱，不捨初衷，恪守祖訓成了他執政的行動指標。他也迅疾攜帶需按時交納的貢金和大量金銀財寶趕到了薩萊。月即別汗大喜，馬上冊封他為全羅斯的大公，賞賜給他的權力甚至超過了他的父公。謝苗馬上利用這一權力，一回到莫斯科，就把所有公國的大公招來，牽著他們的手，讓他們在「先全羅斯的大公」的棺木旁親吻十字架，宣誓效忠於自己：「團結一致，簇擁他繼承父位，同仇敵愾，共用天下。」

有了這樣一個共同的誓約，謝苗決心首先懲治大諾夫哥羅德，因為這個公國的為制會制度與君主集權相向而立。他先用父親的做法：對諾夫哥羅德的大公先禮後兵，往那裡派去了自己的使節——地方長官。這些使節一到就驅趕居民，搶劫財物，試圖用恐懼、剝奪的辦法讓諾夫哥羅德徹底馴服，對其土地進行實際的監管。但這樣的暴行引起了諾夫哥羅德人的不滿，他們在為制會上通過了一份致謝苗的信。信中措辭激烈，表達了大諾夫哥羅德人對莫斯科大公傳統的不遜：「你還沒有在我們這裡坐上公位，而你的波雅爾（Boyar）[1]們已經在胡作非為了！」謝苗當然不會容忍這種放肆行為，讓親吻十字架的各公國派遣軍隊，組成一支大軍征討大諾夫哥羅德。

大諾夫哥羅德人見大兵壓境，又在為制會上通過了一份請求謝苗原諒的公文。謝苗同意原諒，但卻對諾夫哥羅德人採取了征服者對被征服者的做法：要他們繳納屈辱的賠款——「人頭稅」。更重要的是，謝苗對大諾夫哥羅德的公侯們極盡鄙視和侮辱之能事：要他們穿上庶人之衣、披頭散髮、赤足匍匐而行，見了謝苗要下跪，要卑躬屈膝、流淚痛哭向謝苗祈求原諒。謝苗十分滿足和享受自己的威嚴、震懾和恐懼的力量，對於自己是強者的感覺十分驕傲，於是，他就有了一個綽號叫「驕傲的謝苗」。

征服大諾夫哥羅德後，謝苗收集土地的主要方向就是尚沒有歸順的一系列小公國的土地。與錢袋伊凡不同，謝苗自認為國大君威，就主要採用以軍隊恐嚇、威脅和征討的辦法來收集土地。為了保證對小封地的爭奪，謝苗絞盡腦汁，想方設法，離間各小國的公侯，不斷挑起各封地的內訌。與此同時，謝苗繼承父親巴結金帳汗的做法，在位十二年，五次親到薩萊，對金帳汗極盡卑躬屈膝之能事。換來的是金帳汗給他金牌，給他新的權力，但謝苗的城府很深，從薩萊返回莫斯科後，就不太把金帳汗放在心上，所作所為是「我在北疆，『汗令』有所不受」。所以，在當大公的最初幾年，謝苗不僅讓大諾夫哥羅德奴隸般的降服，而且將特維爾公國境內的一些小封地奪為己有，使莫斯科公國的土地穩步擴大。

在收集土地的過程中，謝苗碰到了兩大麻煩，妨礙他將莫斯科公國的土地擴展得更大更遠。一是，西部的立陶宛新大公執政，開始與謝苗爭奪西部的土地，首當其衝的是大諾夫哥羅德。在整個十四世紀的中期，立陶宛奪得了勒熱夫、布良斯克，甚至一度在特維爾和梁贊兩個公國的支持下，其軍隊打到了莫斯科的郊區，後火焚劫掠而歸。另一是，與他保持良好關係的月即別汗死亡，新大汗是札尼別（Jani Beg）。金帳汗國內部群汗四起，爭奪大汗位，開始了一個爭奪、廝

1 編注：波雅爾為僅次於大公的貴族頭銜。

殺和分裂的混亂時期。在此期間，立陶宛大公又數次欲與金帳汗結盟，征服莫斯科公國。一次，當立陶宛大公派使節去薩萊，要求札尼別汗的援助時，高傲的謝苗反應極快，火速親自攜帶珍寶趕赴薩萊，對金帳汗說：「立陶宛人是陰險狡詐的異教徒，他們不僅是歸順於大汗的羅斯的敵人，也是金帳汗國的敵人！」

由於金帳汗國內部分崩離析，與立陶宛人在西部邊界爭奪，而在西北邊界，瑞典人又不斷覬覦於大諾夫哥羅德和更西部的普斯科夫，謝苗本可與立陶宛和瑞典人奮力鏖戰，為莫斯科公國保住和收集更多的土地。但是，一三五二年，「黑死病」——鼠疫傳到了莫斯科西部的普斯科夫，並以極快的速度在莫斯科公國大面積傳播。這種讓人在一、兩天，甚至幾小時內就死亡的可怕疾病並不受「君權神授」的君主，和至高無上的東正教之約束。在很短的時間內，「黑死病」幾乎是徹底中斷了莫斯科公國的歷史進程：一三五三年三月，羅斯都主教費奧格諾斯特（Theognostus of Kiev）病死，謝苗的兩個兒子喪生。下一個月，謝苗本人被鼠疫奪走了生命，只剩下了謝苗二十八歲的弟弟伊凡熬過了這次天災人禍。

所以，謝苗收集的土地基本上是在守成的基礎上進行的。此時，莫斯科公國的土地沒有能越過奧卡河的西岸。但是，其父錢袋伊凡留下的收集土地的重大遺訓，他恪守得十分精緻和完美。這個遺訓就是：對金帳汗卑躬屈膝地奉承，不惜手段讓同族系的大公們俯首貼耳於自己。

謝苗把一個守成與爭奪中的莫斯科公國留給了他的弟弟伊凡，因為祖父錢袋伊凡是一世，所以這個伊凡就成了二世。有趣的是，謝苗並沒有「幾世」名分。錢袋伊凡留給子孫們的，實際上是一個全新的「王朝」，一個承前（「基輔羅斯」）繼後（羅曼諾夫王朝）的「王朝」，是一個不是叫「伊凡」，就是稱「瓦西里」君主的「王朝」，一個在收集土地上為羅斯、俄羅斯留下豐功偉績的「王朝」——莫斯科公國。在這個「王朝」中計有四個伊凡，從一世到四世；三個瓦西里，從一世到三世；另外兩個公沒有「世」的名分，一個就是這個守成與爭奪的謝苗，另一個是莫斯科公國歷史進程中的關鍵人物、有如雷名聲的德米特里·頓斯科伊。

在俄羅斯國家的歷史上，雄主之後必然是懦弱無能者繼位，這幾乎是個難以更改的規律了。在謝苗艱難的守成和爭奪土地之後，伊凡二世成了莫斯科公國最弱的一位大公。他長得英俊，享有「美男子」伊凡[2]的綽號，但卻是空有一副好皮囊。他弱到連自己的公位都保不住。金帳汗國的札尼別汗在謝苗死後將大公的「金牌」轉給了別人。但是，東正教的力量幫助了他。

莫斯科公國的土地上只設有東正教的都主教，都主教費奧格諾斯特駐蹕於莫斯科，他和謝苗關係非常好。所以，謝苗在遺囑中，要繼位者伊凡二世精誠團結，遵從父親遺訓，聽從幫助先父的波雅爾和新都主教阿列克塞（Alexius）的話，「讓對先人的記憶、燭光在靈柩之上永不熄滅！」在與立陶宛的爭奪中，莫斯科公國的新都主教阿列克塞曾被擄至立陶宛大公占領下的基輔，他在那裡設立了都主教府。被羈押兩年後，阿列克塞逃回莫斯科，巧妙地利用各公國之間的傾軋、內

2 編注：伊凡二世的別稱「美男子伊凡」在俄語是用 Красный，意為紅色（俄語中亦有出眾外表之意），所以也有「紅色伊凡」的稱號。

訌的狀態，說服伊凡二世將離散至其他公國效勞的波雅爾召回莫斯科。他還數次親赴金帳，通過貢獻金銀財寶、為汗的眷屬治病拉攏關係等辦法，取得了大汗的信任，最終做到了讓金帳汗將弗拉基米爾公國大公位和全羅斯大公的金牌重新給了伊凡二世。伊凡二世還有了可以審判其他羅斯大公的權力。在當大公的第六年，一三五九年，伊凡二世去世，不過他畢竟還是將東北部的科斯特羅馬，和東部的季米特洛夫的大片土地收集到了莫斯科公國之中。

都主教阿列克塞的東正教力量不僅幫助伊凡二世登上了大公之位，為他與立陶宛大公國的爭奪西部布良斯克、基輔一線的土地出謀畫策，而且更為重要的是，他精心為莫斯科公國培養了一個與伊凡二世完全不同的繼承人，一個強硬的、尚武的德米特里·伊凡諾維奇[3]，即未來以德米特里·頓斯科伊的尊號而威震羅斯土地的那個大公。儘管此時，德米特里才九歲，但都主教阿列克塞的「攝政」已經在為他將來收集土地準備新篇。

如果說，莫斯科公國的先祖是依靠納貢、金錢、聯姻、武力、恫嚇、征討為手段來收集土地的話，那錢袋的兩個兒子卻不得不因形勢所迫，限於自己力量的不足，而更主要的是依靠對金帳汗國的順從和巴結，並借助與都主教的親密關係，和利用東正教的力量。而在伊凡二世為君主的六年中，東正教對羅斯土地的收集愈益頻繁地插手，愈益起到重大的作用。在羅斯土地的收集中，大公的力量和教會的力量愈益緊密結合，並逐漸形成一股融為一體的合力。

3 編注：俄國人的姓氏由三個部分「名字、父稱以及姓氏」組成，以「伊凡諾維奇」為例，代表是「伊凡之子」的意思。

04 都主教攝政，金帳汗權謀，大公運籌帷幄

德米特里．頓斯科伊

一三五九年，父親伊凡二世去世時，德米特里才九歲，還未成年。雖然也按照慣例，他馬上去薩萊叩見金帳大汗。但是，大汗顯然瞧不起這個乳臭未乾的孩子，沒有把弗拉基米爾公國的金牌給他，而是給了蘇茲達爾－下諾夫哥羅德的大公。金帳汗國的大汗走馬燈似地換人，立陶宛大公國不斷爭奪莫斯科公國西部土地，各公國之間的內訌和奪地之爭頻起，所有這一切讓德米特里面臨一個動蕩不安的局勢：他先祖收集的莫斯科公國土地，面臨可怕的分解、重組過程。這時，他父親信任、大權在握的都主教阿列克塞「攝政」。阿列克塞整日對德米特里絮叨的是：必須繼續執行先祖把羅斯的土地收集於莫斯科周圍的政策。在德米特里繼位的最初幾年，這位都主教決策一切，操縱一切，實際上成了莫斯科公國事實上的大公。

阿列克塞在輔佐德米特里的父親時，所運用的教會力量，主要是他個人作為羅斯和基輔都主教的身分和威望。而在攝政德米特里時，作為「攝政王」和「國師」的阿列克塞，就宣稱東正教是唯一的正宗信仰，用於爭奪和收集土地於莫斯科周圍的神聖工具。與莫斯科爭奪西部土地的立陶宛，是信奉「一系列宗教」[1]，主要的是天主教，但也包括「異教」的大公國。阿列克塞抓住

了這一點，到處宣揚立陶宛是個與基督世界背道而馳、與羅斯人信奉的神相對抗的「異教徒國家」。阿列克塞巧妙地將宗教問題提升到了莫斯科和立陶宛關係的首要位，表面上看來，所要解決的似乎只是宗教信仰的問題，而在這個旗號下，東正教成了德米特里收集土地的強大力量。這時，斯摩棱斯克公爵、特維爾公爵以及特維爾主教與異教徒（立陶宛人）結盟，阿列克塞借此將他們逐出教門。阿列克塞還對不歸順或倒戈的其他公國進行懲罰，斥責他們是「異教徒」，是東正教的敵人。這位精於謀略的都主教把東正教當作了收集土地的大旗，將其披與己身作為虎皮。在阿列克塞的運籌帷幄之下，東正教的力量更深層次地、更強大地融入莫斯科公國大公的權力之中。把東正教的勢力和影響擴大至莫斯科公國所收集的土地，這是阿列克塞作為「攝政王」對莫斯科公國不可磨滅的貢獻。

不過，阿列克塞還是十分明白，要想保住莫斯科公國收集到的土地，關鍵是必須要把弗拉基米爾大公的金牌拿到手。而這時，雖然金帳汗國內部為汗位的爭奪十分激烈，但在整體上位於新薩萊的這個金帳汗國仍然十分強大。因為爭奪大汗寶座，金帳汗國分裂成了一系列的「烏盧斯」（Urus）——獨立於大汗的封地。其中最強大的是「克里米亞烏盧斯」，也稱「黑海沿岸烏盧斯」，但是，對於羅斯土地的爭奪與控制，是哪個汗也不會退讓的。

這期間，先後有成吉思汗各個支系二十五個子孫在薩萊相繼粉墨登場，他們在自己的生死鬥爭中也逐漸把自己的注意力重新集中到了莫斯科公國，以及整個東北羅斯的土地之上。金帳汗素以謀略狡黠而霸羅斯的南疆，而在阿列克塞攝政的德米特里初期，這些大汗們的權謀就集中到一點：通過各公國的內訌和強搶土地，削弱莫斯科公國統領全羅斯的力量和威信。「金牌」的賞賜、撤回和轉手成了這一權謀的重要手段。尤其是馬麥汗（Mamai）的野心更大，他希望借助於莫斯科公國逐漸強大的力量使自己最終成為金帳大汗。

一三六一年，當握有重大軍權的馬麥汗成為金帳汗國的實際統治者時，阿列克塞來到薩萊，為金帳汗將弗拉基米爾大公金牌還給德米特里進行遊說。他對馬麥汗說，只有和德米特里結盟，馬麥汗才能戰勝成吉思汗的其他族系子孫，而成為薩萊的真正統治者——金帳大汗。阿列克塞的話擊中了馬麥汗的軟肋，因為他自己（可能）並不是成吉思汗的後代。一三六二年，德米特里十二歲，阿列克塞遊說成功。金帳馬麥汗決定把弗拉基米爾公國的金牌轉給德米特里。阿列克塞馬上帶著德米特里急赴金帳汗所在的「克里米亞烏盧斯」，晉見馬麥汗。在那裡，由重權在握的馬麥汗把弗拉基米爾公國的金牌賜給了德米特里。一三六三年，德米特里坐到了弗拉基米爾公的位置上。阿列克塞還做到讓馬麥汗將弗拉基米爾的貢賦額減少。但是，金帳的政治局勢動蕩不定，擁地自立的大小可汗們紛紛登場，指責馬麥汗將金牌給德米特里是為了保住自己的大汗位。於是，這些可汗和馬麥汗進行了多次的較量，隨之，弗拉基米爾公國的金牌也就在莫斯科和蘇茲達爾－下諾夫哥羅德公國之間幾經易手，直到一三六六年，這金牌才最後花落莫斯科。這一年，德米特里十六歲，到了成年親政的年代了。

1　編注：亞伯拉罕諸教，指世界三大同源的一神教。

一三六八年，阿列克塞藉東正教之名，把反覆對抗莫斯科的特維爾大公召到莫斯科，一到莫斯科，這位大公就被捕下獄。金帳汗的政策是不能讓莫斯科把周邊的土地都收集為己有，強大到無法控制，於是就派特使迫使德米特里放了特維爾的大公。都主教的攝政和金帳汗的權謀交織著，成了一幕幕的大劇，年復一年的在羅斯的土地上上演。而在這歲月的交替之中，親政的德米特里不僅趕走了敵對的大公，還將他們的封地陸續歸於莫斯科公國。從莫斯科公國伊始起，所謂收集其他人的、其他大公的土地，首先就是大兵入境，火燒劫掠，把對方的土地夷為平地。這是莫斯科公國的傳統。比起自己軟弱的父親，年輕氣盛的德米特里當然不會改變這種收集土地戰爭的性質和格局。在一三七〇年前後的數年中，德米特里在與立陶宛爭奪西南部的土地時，就將斯摩棱斯克和布良斯克一帶夷為平地。

位在莫斯科東北的謝爾吉耶夫鎮，當地的著名建築為謝爾蓋聖三一大修道院，修道院牆外有聖謝爾蓋的紀念像。（iStock／Ilona5555）

一三七八年是德米特里與馬麥汗庫里科沃之戰的前兩年。這時德米特里二十八歲。從執掌莫斯科大公位至一三七八年的十九年中，德米特里在阿列克塞和東正教力量的幫助下，用權術、武力和聯姻的手段，先後徹底地將弗拉基米爾、特維爾、蘇茲達爾、羅斯托夫、斯塔羅杜布的土地收集到莫斯科公國的疆界之內。此外，還將佩列雅斯拉夫、白湖、加利奇、烏格里奇、季米特羅夫、梅曉拉的部分地區，以及遠至科斯特羅馬以北，甚至更北的科米地區集中於己手。他甚至將莫斯科公國的影響擴大至了窩瓦河－卡馬河一帶的保加爾地區。在莫斯科四周的各個公國和大小封地中，只有南部的梁贊公國是一隻「白烏鴉」[2]，久不歸順。

阿列克塞攝政的結果是培養出了一個順從而又叛逆的莫斯科大公。在東正教的力量中，除了阿列克塞，還有一位德高望重的修士聖謝爾蓋・拉多涅日斯基（Sergius of Radonezh）深受德米特里的崇敬。在接近成年的那段時間，德米特里對阿列克塞的攝政和掌握重權愈來愈不滿。在與馬麥汗的庫里科沃之戰前，德米特里沒有向阿列克塞，而是向拉多涅日斯基請求神的保佑。德米特里最終也拒絕了阿列克塞指定的都主教繼承人，選用了自己信得過的修士。

阿列克塞給了德米特里終身的訓導：一定要將被金帳汗國霸占的土地收集於莫斯科麾下，但是這也使得德米特里脫穎而出，成為莫斯科公國大公中一個與先祖不同的大公。德米特里不甘心於屈從金帳汗的擺布，總是想法要擺脫金帳汗「金牌」的掣肘，這是自金帳汗國掣肘羅斯起，沒有哪個大公敢這樣想過。德米特里的這種不遜、不甘屈服的心態日益發展，最終成為不可逆轉的

2　俄語中對「異類」的比喻之詞。

反抗意識和行動。一三七一年，金帳馬麥汗為了控制莫斯科，又把弗拉基米爾大公的金牌易手給了特維爾大公、德米特里的侄子米哈伊爾（Mikhail Alexandrovich），同時派使節去召德米特里，要他來金帳接受這個事實。德米特里首次對金帳汗表現出了桀驁不馴的態度，聲色俱厲地傳出話去：「我不會去乞求這個金牌，我也不會讓米哈伊爾去當弗拉基米爾大公，而你，使節，大路朝天，給我回薩萊去！」

為了保住自己收集到的土地，德米特里改變了祖父輩的做法：將表面俯首於金帳汗，而實際上壯大自己的力量以擴大自己土地的傳統政策，改變為用武力與金帳汗抗衡，在保住莫斯科周邊土地的同時，盡力遏制金帳汗向莫斯科公國地區的奔襲，並進而蠶食南部被金帳汗控制的土地。對此，德米特里並不聲張，而是在悄悄地展開行動，與此同時，他不斷鞏固和提升東正教在收集土地中的作用。從一三七〇年代初開始，德米特里就拒絕向金帳汗納貢。馬麥汗決定懲罰德米特里，一三七七和一三七八年，兩次率大軍進逼莫斯科。第一次，金帳軍隊獲勝。第二次，馬麥汗的軍隊攻進了莫斯科，並火燒後棄城而走。德米特里率軍在梁贊的土地上，與馬麥汗的軍隊惡戰一場，取得了勝利。

事情發展的最終結果是，馬麥汗發誓要對莫斯科進行一次新的大討伐。而德米特里也集結了各公國的大軍，於是就有了一三八〇年九月八日的庫里科沃之戰。這場戰爭有幾個沒有的先例：一是，莫斯科的軍隊沒有被迫應戰，而是集大軍於梁贊境內，迎戰馬麥汗於遠離莫斯科的頓河地區；二是，已經被收集進莫斯科公國的各公國都派軍參加了此次大戰，傳統公國間的內訌和紛爭在與馬麥汗決一死戰的關頭暫時消弭；三是，東正教的力量更顯突出：戰前德米特里請求拉多涅日斯基為大軍祈禱，拉多涅日斯基還派出修院中的兩名勇士隨軍作戰。打敗馬麥汗，德米特里返回莫斯科時，莫斯科所有的教堂、修院的鐘聲此起彼伏，響徹雲霄。這鐘聲所宣揚的不僅是大公和軍隊的勝利，而且是對東正教的輝煌和力量的歌頌；四是，這是一場極為艱苦的戰爭，莫斯科軍隊雖然戰勝了馬麥汗，但自己損失慘重，親自上陣的德米特里身負多處重傷，打掃戰場時，幾經尋覓才將他找到；最後，這次戰爭的「副產品」是，梁贊公國被收集到莫斯科公國的名下。

雖然此戰之後，馬麥汗遠逃克里米亞，但汗國的勢力尚存，離莫斯科公國、離俄羅斯這個國家擊碎金帳汗國的桎梏，尚有一百年的艱難歲月！不過，還是應該公正地說，自德米特里起，莫斯科收集土地的行動就不僅僅局限於莫斯科周邊了，遠下南部的草原，北至寒冷的北疆，東越窩瓦河到更遠的地方，就成了帝王們追求更宏圖大略的「收集土地」的夢鄉了。

從俄羅斯帝國到蘇聯，再到新俄羅斯，庫里科沃之戰一直被認為是羅斯人對金帳汗國的第一次武裝較量的神聖之戰，德米特里是偉大的民族英雄。對於德米特里時代莫斯科公國收集土地的行動，逐漸地加了兩個新的形容詞。所謂「收集土地」就是「將羅斯的土地聯合在莫斯科公國的周圍」，就是「將羅斯的土地從金帳汗國的桎梏下解放出來」。於是，莫斯科公國收集土地，擴大疆界就有了更名正言順的理由：「聯合」和「解放」從此與愛國主義和反對侵略密不可分。二〇〇八年，在普丁（Vladimir Putin）兩屆總統期滿時，東正教在俄羅斯得到了空前繁榮的恢復與發展，不僅普丁總統本人成了虔誠的東正教徒，而且到處都在重建和新建東正教堂，那個歷史上

「千頂之城」的斑駁瑰麗再現於莫斯科的上空。也就在這一年，俄羅斯的「民族慈善基金會」為東正教的聖徒——德米特里·頓斯柯伊和聖謝爾蓋·拉多涅日斯基兩人專門制定了一種「為祖國效勞勳章」，頒發給「在勇敢保衛祖國中做出貢獻的神職人員和軍人」。

時光之輪迅速翻轉，眼花繚亂得讓人辨不清歷史的真實面目。收集土地乎，保衛祖國乎，繼承祖訓乎，逐新夢之旅乎？誰能點撥清楚！

05 四面征討收地，一四八〇年

德米特里．頓斯科伊——瓦西里一世——瓦西里二世——伊凡三世

莫斯科東北方的科斯特羅馬，是一個靠窩瓦河的城市。這座城市是當年古老東北羅斯中科斯特羅馬公國的首府。現在，窩瓦河的河水湛藍，正緩緩地從一所教堂前流過。這是一座雄偉的修道院——伊帕季耶夫修道院（Ipatievsky Monastery）。它那碩大的金色蔥頭形頂直插藍天，天空和窩瓦河流水一樣也湛藍一片。如果你乘遊輪駛近這座城市，那你所見到的也一定是這樣一幅充滿瑰麗色彩，和神祕氣氛的景象。說這景象瑰麗和神祕，那是因為這修院曾經是後來俄國羅曼諾夫王朝開國沙皇的「潛龍邸」。從這裡被強行拉到莫斯科、置於沙皇寶座上的「羅曼諾夫一世」曾在這裡度過孤寂的、與世隔絕的流放生活，陪伴他的只有同樣被迫幽居的母親。不過，當年的窩瓦河也許沒有這麼湛藍，伊帕季耶夫修道院也沒有這樣的恢弘；相反，肅殺之氣一定曾籠罩在這荒僻之城的荒僻修院的上空！

在德米特里．頓斯科伊時期，科斯特羅馬是莫斯科收集到東北部最大的一座城市，是德米特里的後方基地和屯兵重鎮。德米特里事實上一開始並沒有想利用這座城市，但是庫里科沃之戰的慘重後果之一，是莫斯科公國軍隊數量銳減、國力衰微到十分困難的境地。那些在庫里科沃之戰

中一時聯合在一起的各公國，再次分崩離析，紛紛倒戈並覬覦於莫斯科的大公之權。更危險的是馬麥汗的死亡並沒有使金帳汗國消失，相反的歷史進程是：金帳出現了一個新大汗，叫脫脫迷失（Tokhtamysh）。他強悍，誓要報庫里科沃失敗之恥。庫里科沃之戰後，德米特里不再向薩萊納貢。脫脫迷失無法容忍羅斯人的這種「背叛」，時刻準備重新奔襲莫斯科。於庫里科沃之戰後的第二年，一三八二年，脫脫迷失親率汗國的全部人馬奔襲羅斯的土地，目的是讓德米特里再次臣服金帳汗國。脫脫迷失不再使用馬麥汗的陣地戰術，而是採用了祖先突然發起的奔襲手段，越過窩瓦河，直撲莫斯科。這時，德米特里麾下沒有多少軍隊，不得不撤離莫斯科，退守到窩瓦河岸邊的科斯特羅馬，把在莫斯科治理公

伊帕季耶夫修道院的中心是聖三一教堂，金黃色圓頂結構使教堂金碧輝煌，也是科斯特羅馬市最重要的城市景觀。（iStock ／ irinabal18）

國的大權交給了他的親戚，一位立陶宛公爵。

在脫脫迷失汗的奔襲下，莫斯科公國旗下的各公國開始改變與德米特里的從屬關係，一些公國觀望等待，一些公國再次兵刃相見，蘇茲達爾－下諾夫哥羅德的大公做得更遠，他幫助脫脫迷失汗攻打莫斯科。他們替脫脫迷失傳出話去：金帳汗只想懲罰德米特里一人，只要讓脫脫迷失汗進城和繳納貢賦，莫斯科和老百姓定會安然無恙。但莫斯科的市民們不相信大汗的話，組織起來準備迎戰。但主持政務的立陶宛公爵及其手下卻對這些傳話信以為真，打開四門，讓脫脫迷失及其大軍進了莫斯科。結果是，立陶宛公爵及其左右被砍死，莫斯科遭屠城，德米特里興建的「白石之城」毀於大火。最後，脫脫迷失放火燒了莫斯科，撤軍返回草原。德米特里在各公國不再支援的情況下，不得不重新臣服於金帳汗脫脫迷失，恢復對薩萊的納貢，並將自己的長子瓦西里（即未來的瓦西里一世）留在薩萊當人質。在這種情況下，脫脫迷失才把弗拉基米爾大公的金牌重新給了德米特里。

德米特里．頓斯科伊生命的最後七年是一段沒有什麼光彩的歲月。他對外屈從於金帳汗，對內全力於公國間土地的再爭奪、再收集。除了重新奪得下諾夫哥羅德、謝爾普霍夫和加利奇之地外，莫斯科公國的版圖沒有再擴大。一三八九年，德米特里去世，在遺囑中他列數了他和先輩所收集到的土地，並將這些土地分給兒子們，並指定長子瓦西里繼承大公位。

他的長子瓦西里一世和其後繼位的瓦西里二世先後統治公國七十三年。在這七十三年中，通過贖買和土地交換兩種方式，莫斯科公國強行奪取了一系列公國的土地。這時的贖買，是由莫斯科大公先以重金從金帳汗買到贖買某處公國土地的權利，然後付錢將非直系親屬關係公國的土地買回來。通過這種贖買而收集到的土地，先後有下諾夫哥羅德、戈羅傑茨、梅曉拉、塔魯薩、穆羅姆等地。而土地交換方式則是在子侄、兄弟的各公國之間進行的，莫斯科所要獲得的是這些公國的土地和種種小封地。通過這種方式，德米特里．頓斯科伊遺囑中分給子侄、兄弟的土地被集中到了莫斯科大公的手中。

到瓦西里二世時，莫斯科公國的疆域之內不再有小封地的存在。在這種收集中，莫斯科大公與其他公爵的爭鬥是極其殘酷的，瓦西里二世為了保全土地的收集，甚至利用了窩瓦河沿岸喀山汗國的軍隊來攻打自己的兄弟公國。可見，莫斯科大公與其他公爵之間的生死拼搏之極端殘忍。瓦西里二世曾經在征戰中挖了自家兄弟的眼睛，而一四四五年，他在利用喀山汗國軍隊的征討中失敗被俘，勝利者恰恰是被自己挖了眼睛的兄弟，於是同樣的厄運降臨到他的頭上：瓦西里二世也被挖去雙眼。因此，俄國的史書用了一個符合的名稱來形容瓦西里二世——「失明的瓦西里」。

瓦西里二世死後，他的兒子繼承莫斯科公國大公位，稱為伊凡三世。瓦西里二世雙目雖然失明，但沒有忘記先輩土地收集的遺訓，東征西討使莫斯科公國的疆域擴大了許多，但是，伊凡三世的目光並沒有停留在父親的遺產之上。西部，與立陶宛的邊界還不穩定，南方金帳汗的奔襲仍未止息，更重要的是東北羅斯還沒有全部囊括於莫斯科公國的帳下。早在瓦西里一世時，在莫斯科的東部，就出現了一個從金帳汗國分裂出來位在喀山的政治勢力，這個位於窩瓦河沿岸的政治勢力逐漸強盛起來，它的占地逐漸向莫斯科公國延伸，愈來愈大，幾乎覆蓋住了莫斯科向東發展的全部通道。瓦西里時代無法解決這個問題，而這個汗國所占有的土地是瓦西里二世的遺產。這是一筆極其豐碩的遺產，伊凡三世不甘心這些土地被喀山汗國所占有。伊凡三世可不是個弱者，從小隨父四處出征，是在軍旅中混出來的能戰之大公。父親在位時，他就曾兩次率軍抗擊過奔襲莫斯科的金帳汗軍隊，並且取得了勝利。

伊凡三世收集土地的總政策是將東北羅斯聯合成一個以莫斯科為中心的國家。而此時，東北羅斯各公國與莫斯科的關係極為微妙，又在很大程度上受立陶宛大公國和金帳汗國的掣肘。為此伊凡三世所全力解決的問題是兩個：一是，徹底解決與立陶宛在西部邊界的爭奪，把那裡的土地集中於自己手中；二是，趁金帳汗國的分裂和衰微之機，利用韃靼人的力量來打垮韃靼人。

關於前者，伊凡三世則採取了修好、聯姻、歸降、賜予大貴族的稱號和種種優惠條件，以及「共為公國之公」等的辦法，來使這些公國的土地重新集結於莫斯科公國。從一四七〇年開始，先後將科斯特羅馬西邊的雅羅斯拉夫爾公國、莫斯科東部的季米特羅夫公國聯合進莫斯科公國。一四七四年，以「共為公國之公」的辦法，受降了莫斯科北部的羅斯托夫公國。而所謂「共為公國之公」，就是說，伊凡三世嚴令羅斯托夫公國，該國庫的半數要由他來控制。

伊凡三世的土地聯合進程，也是他作為大公個人集權、專權的過程。這種聽命於專權的大公、一切為莫斯科公國為中心的政策，令大諾夫哥羅德愈益不滿。在幾代人的時間內，這個大諾夫哥羅德一直不願徹底臣服莫斯科，面對伊凡三世的進逼，於是就轉向與立陶宛結盟，來對抗莫斯科，試圖捍衛自己市民大會的為制會精神：獨立和自由。伊凡三世當然不會容讓，一四七一年六月親率大軍征討諾夫哥羅德，諾夫哥羅德的軍隊大敗，不得不向莫斯科送交巨額賠款，並且將德維納河的一大塊土地「讓給」莫斯科公國。

一四七七年，諾夫哥羅德再起風潮：大諾夫哥羅德提出，其「大公」應與莫斯科大公享有同樣的權力和平等，但遭拒絕。大諾夫哥羅德轉而與立陶宛再結盟。這時，伊凡三世正在土地聯合和大公集權的征途上風風火火，一見此狀頓時無名火起，當即以神聖東正教征戰「異教」天主教的旗號，發大軍進剿大諾夫哥羅德。大諾夫哥羅德遭伊凡三世的大軍圍城多日，在投降與開戰之間的搖擺後，決定按照一四七一年的辦法，向莫斯科賠款、割地以自保。但是，伊凡三世的回答是：「在我的世襲領地不得有『為制會鐘』，在諾夫哥羅德不得有地方長官，這個公國由我親自掌控。」獨立和自由，還是臣服與接受專權，這場莫斯科與大諾夫哥羅德長期以來的分歧與爭鬥，以諾夫哥羅德的徹底失敗而告終：自古以來的為制會制度被廢除，那個標誌著大諾夫哥羅德獨立和自由精神的「為制會鐘」，以及該城的全部檔案被搶奪到了莫斯科。由此，莫斯科公國土地的西部疆界越過大諾夫哥羅德，到達了普斯科夫以西接近波羅的海的沿岸。

而關於後者，伊凡三世則在政策做出了一個重大的轉變：將從拔都時期就建立的，「以羅斯人制羅斯人」的政策，轉變為「以韃靼人制韃靼人」，也就是說伊凡三世轉而利用分崩離析中的金帳汗國內訌和爭鬥，來削弱汗國的力量，逐步將東北羅斯聯合成為一個統一的國家。而這時，薩萊的金帳汗國下已出現了西伯利亞汗國、喀山汗國和克里米亞汗國等幾大汗國，薩萊金帳汗的勢力已經大大衰滅。

伊凡三世乘機首先與克里米亞汗國結盟，並同時竭盡力量，對莫斯科周邊的喀山汗國施加自己的影響。尤其是在對東部的喀山汗國上，伊凡三世一變他父親持續了二十年，對喀山保持平衡狀態的政策，在一四六七到一四六九年、一四七一到一四七八以及伊凡三世的全部統治時間裡，莫斯科對喀山汗國進行了無數次的征戰與討伐，而結果是：伊凡三世以莫斯科的「古老權益」為名，打著「自古屬於俄國的土地」的旗號，組織韃靼貴族莫爾紮在內的「親俄派」去對喀山汗國施加影響，實際上將窩瓦河東岸保加爾公國的土地收為己有，自封為「保加爾公」。

在加緊收集西部和南部各汗國的土地的進程中，立陶宛大公國是伊凡三世首當其衝的敵對勢力。金帳汗多次地奔襲莫斯科都是在與立陶宛有盟約的情況下進行的。隨著金帳汗國勢力的逐漸衰微，它的奔襲地點也離莫斯科愈來愈遠。一四八〇年九月，金帳阿黑麻汗（Ahmed Khan bin Küchük）率軍（包括立陶宛大公的軍隊和隨同而來的克里米亞汗國的軍隊）挺進到莫斯科南部的奧卡河，再從卡盧加的南部到達莫斯科公國和立陶宛大公國的界河——烏格拉河。伊凡三世對一觸即發的戰事猶豫不定，就派使節攜帶重禮去見阿黑麻汗，表示願調停和解。但阿黑麻汗回絕了和解，對伊凡三世的回答是：「你親自來，或者派你的兒子和兄弟來，至少也要派你親信的大臣來！」

伊凡三世拒絕了阿黑麻汗，同時對立陶宛和克里米亞汗國做了工作，使兩國退出了對莫斯科的征討。一四八〇年的烏格拉河之戰，阿黑麻汗大敗，在燒殺劫掠了立陶宛，占有的烏克蘭基輔以南的村社城鎮後，跑回到了更南的草原上。這場戰事的後果對莫斯科公國是轉折性的：一是阿黑麻之後，金帳汗國實際不復存在，它對羅斯的兩百四十年的「桎梏」控制不復存在；二是基輔西部和南部的土地，勒熱夫、托羅佩茨和大盧基被莫斯科占領。立陶宛和波蘭的勢力在這片廣漠的地區大減，曾經效勞立陶宛的各公國和各個封地的王公們又紛紛倒向伊凡三世。在其後的十幾年裡，伊凡三世又將自己收集的土地擴展到了更西部和更南部的各公國和各個封地。

在東南西三個方向上全力收集土地的進程中，伊凡三世並沒有忘記西北方向。為收集西北部波羅的海沿岸的土地，先後與利沃尼亞、立陶宛大公國以及瑞典打了近十年的仗。一五〇五年，伊凡三世去世，他留給繼承者的公國土地：東至窩瓦河東岸的保加爾，西到占了利沃尼亞土地三分之一的車尼戈夫、諾夫哥羅德－謝威爾斯科伊、斯塔羅盧布、戈梅爾、布良斯克、托羅佩茨、姆琴斯克和多羅戈布日一帶，南到了黑海沿岸，而在北部，收集的土地由窩瓦河的北岸，開始伸向極寒的地區。

伊凡三世所收集的土地超過了莫斯科公國的先祖們所夢想過的方案。如果說他的先祖們是在金帳汗國的掣肘下主要是艱難地、悄然地收集土地的話，那伊凡三世則是在一個創建統一國家的夢想下，大張旗鼓地，以莫斯科的「古老權益」為名，以「自古屬於俄國的土地」為旗幟，實施一種四面征討，全方位收地的為主的軍事行動，完成了他那個時代能做到的大國夢。所以，伊凡三世敢於在一四八五年接受了「全羅斯君主」的尊號，一四九七年開始使用刻有雙頭鷹形象的徽章，表示自己是神聖羅馬帝國的繼承者。於是，就有了莫斯科是「第三羅馬」之說。

當窩瓦河上的遊輪從科斯特羅馬向西行，會經過最終被囊括於莫斯科公國之內的雅羅斯拉夫爾、烏格里奇等昔日的公國和家族封地。在這些城市的博物館和展覽館裡都留下了伊凡三世收集土地的足跡。如果再回到大諾夫哥羅德，再仔細看看那「俄國千年紀念碑」，你就會發現，那上面的伊凡三世已是偉岸不可一世，他腳下是被他征服的立陶宛人、韃靼人和波羅的海日爾曼人！如果再看看收藏於博物館中的幾幅油畫，就會發現俄國的畫家們把這位雄主描繪得是如何的強悍和不可一世！

如果再回過頭去，看兩百四十年前被金帳汗冊封為弗拉基米爾大公的先祖亞歷山大・涅夫斯基是如何的屈從於薩萊的權威，這是多麼驚心動魄的一幕！人常說，往事越千年，可從涅夫斯基到伊凡三世只不過彈指兩百四十年！悲情乎？恩仇乎？大國之夢乎？

06 以君主的名義，用韃靼人的力量

瓦西里三世——伊凡四世

無論你如何來到喀山這座城市，從輪船寬闊的甲板上望去，從飛機機翼的夾縫中向下俯視，你眼前都會立即出現一座又一座「韃靼風格」的建築：清真寺、禮拜寺、塔樓、各式建築物。它們那獨具一格的形象與風采，會讓你瞬間忘卻這是一個絕大多數公民都虔誠信奉東正教的俄羅斯！在這些建築中，有當年從金帳汗國分裂而建立起來的喀山汗國禮拜寺，有被伊凡三世收集了土地的保加爾汗國的遺址，也有為紀念伊凡四世征服喀山之戰後、不甘屈辱跳樓而死的喀山汗愛妃紀念塔等。

這些古老的建築經歷過無數滄桑歲月，在風雨中倔強而存，而現時卻在默默地向世人昭示，曾經有這麼一個古老的喀山汗國，以及它與莫斯科公國之間的征戰、降服和抗爭、屈辱的複雜「外交歷史」和恩愛情仇的命運變遷。即使在今天，現代的高樓大廈和光怪陸離的色彩飛速席捲這座城市時，那歷史的回音似乎仍在蒼穹中迴響。這座城市就是喀山，它位於莫斯科以東，離莫斯科零公里的青銅牌七百七十公里處、扼守於浩蕩的窩瓦河的左岸。從最初建立起它就叫喀山，因為它處於喀山河流入窩瓦河的河口之處。二〇〇五年是俄羅斯人認可的喀山建城千年紀念日。這一天，普丁總統發表了熱情洋溢的賀詞，稱喀山是「俄羅斯的第三首都」（Третья столица России）、「俄羅斯的第三城市」（Третий город России）。

伊凡三世死後，瓦西里三世接手莫斯科公國的最高權力。那時，喀山還遠不是莫斯科屬下的「第三城市」。喀山汗國是從金帳汗國分裂出來的四大汗國之一，喀山是這個日益強大起來的汗國首都，它擁有地勢之利，處於莫斯科和東方更廣闊土地的交通要衝之地，買賣的興盛在這裡形成了規模宏大的「窩瓦集市」，這給喀山汗國帶來了巨大的財富。喀山還擁有可以與克里米亞汗國、阿斯特拉罕汗國等結盟、相互利用、借兵對抗莫斯科的潛在政治力量。所以，瓦西里三世的先祖都在竭盡全力，利用戰爭、和談、再戰爭的手段，試圖瓦解喀山汗國。但是，由克里米

位在喀山克里姆林宮的蘇尤姆別卡塔是喀山著名的地標。（iStock ／ scaliger）

亞汗國經阿斯特拉罕汗國，綿延至喀山汗國的這條時有形時無形的壁壘，成了莫斯科公國南下海洋，東達廣闊無垠土地的障礙，成了收集土地不可逾越的鴻溝。

瓦西里三世忠誠地繼承了父親伊凡三世收集土地的政策，以更加頑強的意志、更為殘酷的手段、更為狡詐的外交手腕、更加不惜財力和人力，要衝破這壁壘、跨過這不可逾越的鴻溝。於是，與喀山的戰爭就成了瓦西里三世的首務，貫穿於公國事務的一根紅線。在執政的二十八年中，瓦西里三世與喀山的戰事幾乎持續不斷，其中一五〇五至一五〇七年、一五二三至一五二四年、一五三〇至一五三一年的三次大戰就斷續綿延了七年之久。在這一系列戰爭中，瓦西里三世的政策是進攻性的，原則是對不肯降服的喀山絕不寬恕、退讓。他對喀山採取了三種交錯使用的手段：扶植親信的韃靼人為喀山汗；離間喀山與其他汗國的關係；借助一部分韃靼人來打擊和殺死另一部分韃靼人。總之，他更為賣力地執行伊凡三世開始的「以韃靼人制韃靼人」的政策。

每次對喀山汗國征討後，瓦西里三世除了奪得豐厚的「戰利品」，還要將戰敗的喀山汗年紀幼小的子孫帶回，扣押在莫斯科充當人質。他善待他們，教養他們要忠於莫斯科公國和瓦西里三世本人，讓他們聽話，成為俯首貼耳的「親莫斯科公國派」。待時機到來，瓦西里三世就派他們回喀山，充當聽命於莫斯科的傀儡。莫斯科與喀山的矛盾和衝突幾乎都是源於這根導火索，莫斯科要將自己的人強加於喀山，喀山則不從命。瓦西里三世在戰爭無法取得所要的結果——對喀山土地的收集時，扶植傀儡汗就成了控制喀山不可替代的選擇。而這些傀儡汗大多不成年，都是由瓦西里的「特使」攝政。一五二三至一五二四年和一五三〇年的兩個傀儡汗就是被莫斯科掠奪為人質、在特殊環境裡長大、尚未成年的孩子，所以，「君主特使」攝政下的喀山，就是等待合適時機被莫斯科收集的土地了。

這是控制和收集土地的替用辦法，也是瓦西里三世離間各汗國之間、各汗國與波蘭－立陶宛大公國，以及與莫斯科之間關係的重要手段。在由金帳汗國分裂出的四大汗國中，喀山汗國與克里米亞汗國的關係是錯綜複雜的，它們有時結盟、合作，有時抗爭、敵對。局勢的變化全看兩點，一是看，兩個汗國在覬覦重新控制莫斯科公國的爭奪中，誰的分量大，誰在控制的天秤上占有壓倒的力量；二是看，它們對莫斯科的需求和依存關係。

在相當長的時間裡（一五〇七，一五一六至一五一八年），克里米亞汗的奔襲成了莫斯科公國面臨的最大危險。尤其是一五二〇年開始的奔襲，克里米亞汗的兩萬大軍，越過了以往年分奔襲到的界限，迅疾抵達圖拉，直逼莫斯科。問題的嚴重性還不僅在於克里米亞汗的兵力強大，而是聯合了喀山汗的軍隊，一起向莫斯科進攻。一五二一年，克里米亞汗聯合喀山汗奔襲到了莫斯科的近郊，將那裡搶劫一空，火焚而回。莫斯科公國的軍隊沒有敢正面迎敵，而瓦西里三世面對困境，一度表示，要成為克里米亞汗的「忠實進貢者和僕從」。

而在克里米亞汗的軍隊退去後，喀山汗國成為莫斯科公國東南部最強勁的對手。瓦西里三世的目標仍是要將喀山的土地囊括進公國的版圖，他本想通過「和談」使喀山歸附於莫斯科，但喀山汗拒絕了。瓦西里三世隨即下令在莫斯科與喀山之間的窩瓦河沿岸建造一座座堅固的碉堡工事，防止喀山汗的進犯，進而將城堡工事周邊、窩瓦河沿岸的土地蠶食、囊括到了莫斯科的旗下。

由於這片具有重大戰略意義的土地被莫斯科所控制，喀山汗國對莫斯科的危險就被隔開了一定的距離。對瓦西里三世來說，這真是一箭雙雕的事。與此同時，瓦西里三世還通過邀請喀山汗的子侄們到莫斯科來供職的辦法，將這些子侄的封地歸到莫斯科的名下。

在西部邊界的爭奪上，波蘭－立陶宛公國是莫斯科公國的大敵。瓦西里三世堅決實施父親不可動搖的決策：對立陶宛大公國和波蘭控制下的西部土地，奪得了的絕不放棄，尚未奪得的全力去奪。西部的斯摩棱斯克城扼守於雙方交界處的通道之上，古來就是兵家必爭之地。奪得了斯摩棱斯克城，這一廣大的地區就是囊中之物。因此，攻占斯摩棱斯克就成了瓦西里三世收集西部土地的焦點。瓦西里三世為攻占斯摩棱斯克，與立陶宛和波蘭的戰事不斷。他曾親率大軍兩次圍困斯摩棱斯克，為離間立陶宛和波蘭的關係做了許多工作，但始終未能攻占斯摩棱斯克。第一次（一五一二年），兵敗而回。第二次（一五一四年），他大軍圍城，炮轟斯摩棱斯克，導致該城傷亡慘重，斯摩棱斯克不得不舉白旗投降。為此，舉行了盛大的入城式，瓦西里三世戎裝騎馬進入斯摩棱斯克，同時占領了斯摩棱斯克周邊的一片土地：姆斯季斯拉夫、克里切夫和杜波羅夫地區。但是，斯摩棱斯克並沒有因此歸屬莫斯科，立陶宛和波蘭的軍隊最後奪回了這座城市。瓦西里三世心有餘恨，但力不從心，只能放棄斯摩棱斯克。瓦西里三世在撤退時，將斯摩棱斯克地區的居民強行遷往莫斯科附近的城鎮，同時將莫斯科居民大量遷入斯摩棱斯克地區，精心設計了一個莫斯科大軍他日再來收集土地時，斯摩棱斯克會有一個歡迎和協助的「第五縱隊」。

瓦西里三世在這種土地收集進程中，高舉君主絕對專權的大旗，以極其嚴厲、殘酷的措施懲治原土地的所有者。對於反對他個人專權的屬地公和不滿者，都「以君主的名義」指責他們「不忠於自己」，而予以殘酷的鎮壓。對於莫斯科公國的君主來說，一大心病是「為制會」制度在西北部的存在。大諾夫哥羅德是最大的、最有實力的為制會，這個為制會最終被瓦西里的父親伊凡三世毀掉了。在諾夫哥羅德的西部還有一個類似的「為制會共和國」，這就是普斯科夫「共和國」，它成了瓦西里專權和收集土地的眼中釘。在與喀山汗國、立陶宛和波蘭反覆進行戰爭的同時，瓦西里以「全俄君主的名義」，宣布普斯科夫的人不忠不信，將該地地方長官處死，隨後親臨普斯科夫，按照伊凡三世一四七八年對待大諾夫哥羅德的辦法，奪走「為制會鐘」，將該城約三百戶貴族之家遷入莫斯科附近的村鎮。隨後，他將他們的土地賞賜給忠心於自己的莫斯科親臣、貴族。在普斯科夫之後，他又以「與克里米亞汗勾結」為名，將梁贊公扣押至莫斯科，將其封地收歸己有。梁贊之後，斯塔羅杜布公國和諾夫哥羅德——謝威爾斯基公國均遭遇同樣的厄運：喪國、失地、淪為瓦西里三世的附庸。

隨著瓦西里三世收集土地過程的強化，和收集到的土地數量增大，在這個莫斯科大公國出現了一個新的貴族階層——「土地貴族」，而大貴族的豁免權和特權受到了限制。這個「土地貴族」就成了瓦西里三世集權和專權的強大基礎。比起伊凡三世來，瓦西里三世的集權、專權是制度化了，體制化了。絕對集權、專權不再是君主個人的喜好和追求，而是維護一個「國家」的必要手段。瓦西里三世為此設置了一系列國家管理機構：宮廷、衙門。一五一七年，還組建了議會性質的「杜馬」，它是由五至十人的波雅爾和同樣數目的御前侍臣組成的，是君主最親近的顧問和決策團隊，也是瓦西里三世親信的權力管理機構。瓦西里三世還制定了保證這種君主絕對專權的法律。如果說伊凡三世是開始確立君主專權的話，那瓦西里三世就是確立了「君主專權制」。這種君主專權是金帳汗國給予莫斯科公國的豐碩政治遺產，但是，莫斯科的幾代大公們在潛移默化接受這種東方色彩統治術的進程中，賦予了這種專權以「羅斯的色彩」——不再靠「八思哈」、金牌、賞賜為手段，而是以精心策畫的決策、完整的法律和管理機構、君主個人無限權力為基礎的政治結構。從一個對神的力量和對恐怖手段的絕對信仰和膜拜，到君主對自己的絕對自信，和萬民對君主的絕對服從和讚頌。瓦西里三世終結了一個收集土地的舊時代，開始了一個擴張領土的新時期。一五三三年，瓦西里三世病死，而這時莫斯科國家的疆土面積達到了兩百八十萬平方公里，是一四六二年莫斯科公國領土的六倍半。

莫斯科公國變成了莫斯科大公國，而瓦西里三世手中的權力，超過了世界上大部分的君主，甚至是皇帝。於是，他開始使用新的「御璽」。「御璽」正面鐫刻的是：「大國君瓦西里，上帝恩寵的沙皇，全羅斯的君主」，反面是「弗拉基米爾，莫斯科，諾夫哥羅德，普斯科夫，特維爾，尤戈爾，彼爾姆及其他眾多土地的國君」。

征戰一生，收集土地直至身患絕症而亡，不謂不偉大，不謂不為羅斯鞠躬盡瘁了。但瓦西里三世還是帶著兩個未竟心願撒手人寰。一是，一五三三年，他最後一次進攻喀山汗國，但以失敗告終，喀山汗國始終未能在他執政時成為莫斯科的土地；二是，和立陶宛、波蘭的爭奪沒有獲得將西部土地囊括於莫斯科版圖之中的勝利，斯摩棱斯克依然是莫斯科和立陶宛－波蘭之間矛盾衝突不斷、懸而未決的多事之地。

一個在無情戰爭、殘酷鎮壓、君主絕對專權基礎上的土地收集終於造就了一個這片土地上從沒有過的泱泱大國。它在繼續前行，君主專權在繼續強化，他的兒子伊凡四世——著名的「恐怖伊凡」即將登臺，許多暴風雨般的、前所未聞、見所未見的收集土地的大事，將轟轟烈烈地席捲這個「大公國」的土地。

喀山，這個瓦西里三世時代的喀山汗國首府的歷史早已遠去，消失在了蒼穹與雲水之間。二〇一八年，喀山披滿華美的衣衫，展現出瑰麗的色彩，成為世界足球錦標賽的主賽場之一。比肩接踵的高樓大廈，重建和興建的體育場在窩瓦河沿岸的這座愈來愈宏大、漂亮的城市騰空而起。如今在這個俄羅斯聯邦韃靼斯坦共和國的首府，東正教教堂的蔥頭形圓頂、直插雲霄的鐘樓尖塔也構成了喀山蔚藍天空下的盛景。但是，喀山的韃靼風格的建築更是如雨後春筍般地聳立於窩瓦河的兩岸。就連喀山的地鐵裡，仍然在裝點著韃靼古老的、華美的傳統和習俗。

喀山的建城日，即使在俄羅斯也有多種說法和爭議。但普丁總統在的喀山建城一千年所發表的講話，把這個日子確定在一〇〇五年。一〇〇五年，這是「基輔羅斯」弗拉基米爾大公接受東正教洗禮後十六年，是他將公國的土地分封給自己的十二個子孫的時期，是「基輔羅斯」的興盛時期。如果說瓦西里三世的先祖們在收集土地時打的是「古老權益」的旗號的話，那瓦西里三世所張揚的則是「將所有自古屬於羅斯的土地聯合進莫斯科」。對於俄羅斯來講，也許這個一〇〇五年不就是「自古以來」年分嗎？

07 以神的名義，用沙皇的酷政

伊凡四世

綠蔭如蓋，草地似毯，白牆綠瓦的宮苑上高聳著東正教教堂的蔥頭形圓頂。這是一個與塵世隔絕的世界，這是一個「可以胡作非為」的「自由村」。這就是莫斯科西部約一百二十公里處的亞歷山德羅夫「自由村」。它是伊凡四世隱世專權的處所，是他後半生處理國政、須臾不敢離開半步的宮苑，也是他躲避政敵和依靠「特轄軍」行使「來自上帝的權力」的自由之地。亞歷山德羅夫「自由村」既標誌著伊凡四世掌權時的高傲和癲狂，也描述著他背負「恐怖」名聲的孤寂和恐懼。

伊凡四世的父親，瓦西里三世擁有了前所未有的「全俄君主」封號。而事實上，瓦西里三世並沒有得到君士坦丁堡「沙皇」的正式封號。但是，接位的伊凡四世就不同了，他在一五四七年一月十六日，在莫斯科克里姆林宮中的聖母安息主教座堂，接受了「沙皇」的正式封號和塗油儀式，儀式是由莫斯科的大牧首馬卡里（Macarius）主持的。馬卡里將沙皇的三項標誌物給了他：權杖、披肩和莫諾馬赫王冠。伊凡四世成了由「莫斯科公國」擴展成的「莫斯科國」——「俄國」的第一代沙皇。他啟用了新的沙皇印章，在雙頭鷹的胸前添加了留里克家族的族徽：聖喬治騎士。從此，沙皇的尊號和有聖喬治騎士的雙頭鷹國徽，世代傳承，直至沙俄帝國的敗亡[1]……

父親去世時，伊凡才三歲。這個在叔叔、舅舅、母親以及東正教的大司祭西爾維斯特（Sylvester）等人的攝政下成長起來的國君和沙皇具備了雙重的性格：對君主集權極大強化的努力，和對更多土地無窮盡追求的渴望，錯綜複雜地交織在一起，強硬、嚴酷、暴力、失去理智、順從、容忍、爆發、殘忍、報復，所有這一切都糅雜成一條可怕的線索，貫穿於他的整個生命歷程。可以說，竭盡一切力量，用無休止的戰爭、最殘酷的手段、最冷血的措施、最不人道的鎮壓，西推東進南下北上，為莫斯科國家收集更多的土地、描繪更廣闊的「國界線」成了他終身的使命。

史書上總說，伊凡四世執政的一生分為前後兩個不同的時期，前段是改革者，後段是暴政者。若是仔細分析伊凡執政前期的改革，無論是國家管理機構（衙門）的改革，「百章會議」（The Stoglav Synod）的宗教變遷，國家地區的畫分、特轄區的成立和賦予特轄軍的特權，還是以最殘暴的手段剷除異己的行動，都可看出伊凡四世所追求和必達的目的就是：作為沙皇，他個人的君權是不可動搖的、不可置疑的、不可分享的，更是不可抗爭和反對的。為了君主的個人集權、專權，伊凡四世千方百計地利用東正教和貴族的力量，東正教和貴族也竭盡全力地樹立他個人的絕對威信和絕對權力，尤其是東正教則更是不遺餘力。對於大牧首馬卡里和大司祭西爾維斯特來講，君權的勝利就是東正教信仰的勝利，沙皇的絕對集權就是東正教教權的集權，就是教權和皇

1 編按：蘇聯解體後，再次成為俄羅斯聯邦國徽。

權合二而一的必不可少的首要條件。所以，西爾維斯特在輔佐伊凡這個從幼年到成年沙皇的進程中，給他灌輸的，給教會和世俗世界所宣揚的就是：伊凡四世是上帝的代表，他的權力是上帝賦予他的。所以，伊凡成年親政後，能夠以無敵於神聖的東正教和世俗貴族的傲然和冷漠宣稱，「除了來自上帝的權力，沒有別的權力」，「誰反對這種權力，誰就是反對上帝」。

一五四七年，伊凡成年親政。對他來說，收集土地和沙皇集權是同一件事，處於這件事的核心位置就是繼承父志，將喀山汗國的土地收集進莫斯科國。這時，喀山汗國正處於莫斯科和克里米亞汗國的夾擊之下，喀山汗時而依附莫斯科，時而與克里米亞汗結盟。當喀山汗是莫斯科的傀儡時，克里米亞汗的奔襲就是必然的事，而當喀山汗是克里米亞汗的夥伴時，莫斯科就會弓上弦，刀出鞘，對喀山虎視眈眈。在伊凡未成年的歲月裡，莫斯科和克里米亞對喀山的爭鬥從未中斷過，而當伊凡一親政，他馬上改變了對喀山汗國的政策，要採取戰爭的手段，把喀山汗國一勞永逸地收集到莫斯科的版圖之內。為此，伊凡四世於一五四五年五月到一五四六年六月，一五四八年十二月到一五四九年二月，一五四九年十一月到一五五〇年二月，三次發動了對喀山的戰爭。這三次戰爭的結果是奪取了窩瓦河河口的一塊地方，在那建立了一座碉堡——斯維亞日斯克。這是伊凡為未來某個恰當時刻，再次發動攻占喀山的橋頭堡。

這個日子終於在一五五二年的夏秋之交到來。八月，伊凡四世親率十五萬大軍、一百五十門大炮來挺進到了斯維亞日斯克，隨即渡過窩瓦河，圍攻喀山。這時的喀山並非「白石之城」，城牆仍是土木結構的，守軍只有三萬人，但伊凡的軍隊卻久攻不下。伊凡親自巡城，尋找突破口，最後以在城下挖洞和爆炸的辦法，把喀山城炸出了一個缺口。歷經兩月之久，伊凡的軍隊才得以衝進城裡，瞬間喀山城內的街道和房舍成了廝殺的戰場。最激烈的戰鬥是在喀山汗國的聖地清真寺進行的，守衛清真寺的六千名喀山人最後試圖衝出去，但除了極少數的得以逃到城外的密林之中，絕大部分都被伊凡的士兵殺死。喀山城終於被伊凡的軍隊占領，喀山汗被擄至莫斯科，喀山汗國不復存在，伊凡四世往喀山派去了自己的地方長官。

對於這場征服之戰，伊凡四世下過死命令：所有武裝的喀山人不得為俘虜，只有女人和孩子可以，所以喀山陷落之後，守城的喀山男人全部死亡。伊凡四世舉行了勝利的入城式，因為城中遍地是屍體，僅對從城門至汗國宮長約兩百一十三公尺的道路清理，就耗費了數小時的時間。進城後，沙皇為犒賞自己的軍隊，詔令士兵七日內可自由劫掠並將喀山付之一炬。從喀山獲取的金銀財寶、喀山的旗子和城市的大炮被當作戰利品和勝利的象徵，統統運回了莫斯科。喀山汗也被押解至莫斯科。汗的母親蘇尤姆別卡（Söyembikä）的美貌讓伊凡四世震驚，伊凡要將其納為自己的妃子。蘇尤姆別卡聲色不動地對征服之王說：「請建一座高塔。建成之後，我當告別故鄉隨你而去！」伊凡四世居然為她建造起了一處塔樓，是日，蘇尤姆別卡登塔遠望後，躍身而下，墜樓而亡。這座後來被人們稱為「蘇尤姆別卡塔」的塔樓現在依然聳立在喀山城中心的克里姆林宮中，它傳頌著國破家亡時，這個妃子對故國的忠貞情懷和不屈於暴力強權的精神。

伊凡四世在親率大軍征討喀山前夕曾許願，若能攻占喀山，定當修建教堂以示虔誠和慶祝。一五五五年，在克里姆林宮的弗羅洛夫斯克門（今稱「斯帕斯克門」）外興建一座白色的聖三一教堂，一五六〇年建成，俗稱聖瓦西里教堂。對於伊凡四世來講，這座教堂不僅是他統一俄羅斯國家的最完美的象徵，而且也是征服者的高傲豐碑和刻石：他使被他征服的各民族，尤其是韃靼族人為俄羅斯人效勞。聖瓦西里教堂並不是伊凡四世為自己功德刻石的唯一一處建築。亞歷山德羅夫「自由村」也是這樣的建築：在征討大諾夫哥羅德後，伊凡四世下令將當地索菲亞教堂的「金門」運來，替換了「自由村」中教堂原有的大門；在征服了特維爾後，他又將當地的一處「金門」搬回來，裝飾了教堂的另一面。

在征服喀山後，伊凡四世的大軍乘勝征服了喀山汗國所屬的莫爾達瓦、楚瓦什、烏德莫爾特、巴什基爾和諾蓋等

慶祝戰勝喀山所建的聖瓦西里教堂與斯帕斯克門。（John Slava Pei）

民族，將勢力擴展到窩瓦河與烏拉爾山之間的廣闊土地。隨後，伊凡四世又劍指阿斯特拉罕汗國。一五五六年，阿斯特拉罕汗倒向了克里米亞汗國和鄂圖曼帝國。伊凡動用了頓河哥薩克的兵馬攻占了阿斯特拉罕城，阿斯特拉罕國投降，臣服莫斯科。與此同時，伊凡下令徹底摧毀了拔都當年所建立的薩萊城。由此，整個窩瓦河及其支流沿岸全部地區、烏拉爾山的西部地區均歸沙皇俄國所有。

但是，被暴力收集的土地絕不會安寧，被炮火征服的民眾不可能完全臣服。從一五五三年起，窩瓦河、卡馬河和維亞特卡河沿岸各地，紛紛爆發起義，伊凡四世派大軍逐村逐戶地清剿。軍隊在窩瓦河中游和卡馬河上游地區蕩平村鎮、焚燒房舍、殺死男性居民，將有勞動能力的人劫為俘虜。這場隨後擴展至烏德莫爾特，以及整個卡馬河沿岸地區的軍事征討，於一五五七年結束。喀山以及爆發反抗的地區最後歸屬莫斯科國家，喀山汗國永遠消失。在一五五五至一五五七年間，西伯利亞汗國和大諾蓋汗國被伊凡四世征服。一五五八至一五五九年間，伊凡的大軍遠征亞速海和克里米亞，結果使莫斯科的勢力擴張到了高加索地區。

在這些征戰中，無情殺戮和徹底摧毀是伊凡四世不變的策略和手段。他自詡是神的代表，因此行使的是神的權力。每收集一地，東正教的修士必隨同進駐，大興土木，修建東正教教堂，同時摧毀當地信仰的宗教和教堂，放逐神職人員。伊凡四世的征戰與土地收集，也是東正教在被征服的土地上的進軍和勝利。從喀山汗國、阿斯特拉罕汗國到克里米亞汗國，再到西伯利亞汗國，莫斯科的占領和征服無一不是雙重的占領和征服：沙皇專制皇權和東正教教權的雙重勝利和擴展。

對於伊凡四世來說，自由是逆天，對抗沙皇權力是罪不可恕，倒戈則是必死的罪行。在莫斯科公國收集土地的歷史進程中，而被征服者及被收集者的逆天、對抗和倒戈卻是此起彼伏的現象，尤其是莫斯科西北、大諾夫哥羅德和普斯科夫地區更是從沒有消停過。一五六九年秋，伊凡四世以「密謀倒向波蘭」為罪名，派出他的私人衛隊、以殘暴殺戮令人喪膽的「特轄軍」征討諾夫哥羅德和普斯科夫，沿途之上將莫斯科至諾夫哥羅德的所有城鎮都搶劫、火燒一空。一五七〇年一月二日，伊凡親自到了諾夫哥羅德，下令鎮壓。特轄軍在全城殺人放火，拷打和殘殺，婦女和兒童無一例外，屍體就扔進沃爾霍夫河。在這次清剿中，諾夫哥羅德死亡的人數在兩千到一萬之間。隨後，他的特轄軍轉向了普斯科夫，在那裡再次上演大諾夫哥羅德的慘劇。

諾夫哥羅德的清剿，將這位俄國第一位沙皇對自由和獨立的刻骨仇恨展示無遺。戰爭、鎮壓、清剿完成了對更多更廣闊土地的收集，也把俄國的君主專權制推進到了一個時代的高峰。與伊凡三世、瓦西里三世不同，伊凡四世的君主專權不僅是事實上的，而且是理論上的。從此，在俄國有了「君權神授」這一君主專權的法寶和利器，有了前所未有的「以神的名義，以沙皇的酷政」來收集土地的美好前景。俯仰於君權神授者生，抗逆於君權神授者死，成為其後歷代沙皇執政的總綱、收集更多土地的名正言順之大旗。既是皇權神授者的沙皇，那麼，羅斯、俄羅斯之地，就皆為王土了。在伊凡四世執政的半個世紀中，俄國的疆土比瓦西里三世時擴大了近一倍，即從兩百八十萬平方公里猛增到了五百四十萬平方公里。俄國成了當時歐洲領土最大的國家！當然，伊凡四世也有遺憾，那就是他在利沃尼亞戰爭戰敗，沒有從瑞典人手中奪得納爾瓦一線的波羅的海地區，沒有能衝出波羅的海。東部也未能越過烏拉爾山進入東西伯利亞。此外，也沒有徹底征服克里米亞，克里米亞還要在鄂圖曼土耳其人的監護下，生存和發展許許多多個年月。這些遺願將由羅曼諾夫王朝的彼得一世和葉卡捷琳娜二世來完成。這是後話。

自由對於亞歷山德羅夫「自由村」來說，是伊凡一個人的自由，即使他寵信和利用的特轄軍在這位沙皇面前也是沒有任何自由的，他們的自由是對被收集土地的人、被討伐和征剿的人來說的。但是，對於沙皇專權下的民眾來說，追求自由是永不會停止的運動。「自由村」內有座鐘樓，關於它有個傳說：伊凡四世時有個農奴不甘心於屈辱的奴隸狀態，想飛上藍天。於是，他給自己綁上插滿羽毛的木翅膀，登上鐘樓的塔頂，試圖騰空而去。但他躍身而下時，卻是墜落到了地面。趕來觀看的伊凡四世狂怒不止：「這是與魔鬼的勾結，應該砍掉異想天開者的腦袋！」也許，這個傳說是對君主專權者伊凡四世辛辣的諷刺。孤寂與恐懼伴隨他一生，傳說他從莫斯科至亞歷山德羅夫都不敢在大路行走，而是從地道中悄然而至。他終其一生並未能砍掉所有爭自由、反抗他的人的腦袋，而他自己則暴亡，有說法是他死於曾經忠於他的人們的精心謀害。也許，伊凡四世的命運所揭示的是，沙皇專制專權者不能善終，妄圖永遠專權的獨裁者總是死於非命。

對於伊凡四世的君主專權更具諷刺意味的是，他費盡周折，把為制會的諾夫哥羅德幾乎從大地上鏟平。但是，諾夫哥羅德人對他的抗爭卻延續到了「俄國千年紀念碑」的建立。在這個紀念碑上，諾夫哥羅德人再次表示了對這位沙皇的決絕：紀念碑上沒有雕刻他的形象！諾夫哥羅德人記住了伊凡四世當年對自己城市的殺戮和毀滅，認為將他立於碑上是對諾夫哥羅德先人的不恭，是不道德的。但史達林卻是很喜歡他的，對他的評價是：「沙皇伊凡是一個偉大、英明的統治者。」而現在的俄羅斯也寵愛著伊凡四世，在亞歷山德羅夫「自由村」的入口處佇立著一張醒目的牌子，上寫：「恐怖伊凡的宮苑，俄羅斯的驕傲。」

亞洲

08 商人和哥薩克聯手

伊凡四世

俄國「巡迴展覽派」（Peredvizhniki）[1]畫家蘇里科夫（Vasily Surikov）的一幅名畫〈葉爾馬克征服西伯利亞〉（Yermak's conquest of Siberia），畫的是伊凡四世時期，一個名叫葉爾馬克・季莫菲耶維奇（Yermak Timoifeyevich）的哥薩克頭目率軍征服西伯利亞，在額爾濟斯河上與西伯利亞汗國的軍隊激戰的場面。畫的中心是河道，河的左岸是葉爾馬克的軍隊，右岸是西伯利亞汗庫楚姆（Kuchum Khan）的軍隊。在張帆而來的大船上，葉爾馬克站在東正教神像的旗幟下，手臂斷然向前直伸著，如羅斯的英武統帥般的典型指揮動作。他身下簇擁著頭戴皮帽身著大氅的哥薩克士兵，他們虎視眈眈，手握火繩槍，瞄準著河對岸的敵人。

在畫中最明亮的地方，有兩個哥薩克，一個身著紅袍，俯身船頭，另一個站在河水中，舉槍瞄準，腰上橫插一把斧頭。在伊凡四世時期，身著紅袍上戰場表示以死獲勝的決心，而斧頭則是哥薩克人傳統的武器，是他們狂野不羈的標誌。而對岸則處於畫幅最陰暗之處，西伯利亞汗的士兵分乘小舟，手執弓箭長矛，面對強敵，驚恐萬分，正意欲逃跑撤退。遠處，在畫最上端，風雲突變的天空下，是西伯利亞汗國

蘇里科夫，〈葉爾馬克征服西伯利亞〉

首府卡什雷克。畫家要告訴人們的是：庫楚姆汗的軍敗和西伯利亞汗國的滅亡乃旦夕之事了。

現在，這幅畫收藏在聖彼得堡的俄羅斯博物館中，它被譽為是「俄羅斯國家的傳世之作」。它之所以獲得如此之高的聲譽，是因為它描繪了伊凡四世向東方更深入收集土地的現實與野心，是因為它塑造了一個英雄，一個將西伯利亞收集進俄國的首位統帥。這個哥薩克不知何年何時生、身世不詳，其來龍去脈更不清楚，但畫家卻把他擊潰庫楚姆汗軍隊之戰描繪得脈絡分明。於是，葉爾馬克擊潰庫楚姆汗軍隊之戰就被稱為是將西伯利亞「合併」進俄羅斯國家的開端，是在俄國歷史上要英名永存的壯舉。因此葉爾馬克被尊為「西伯利亞的征服者」、「民族英雄」、「勇敢、無畏的男子漢」，更有讚譽云：「在其之後，沒有任何人能在民族意識中占有這樣的位置。」

葉爾馬克這個哥薩克與身居皇權專制最高位的伊凡四世是個什麼關係？葉爾馬克這個原本打家劫舍起家的哥薩克頭目，怎麼會被鐫刻在了「俄國千年紀念碑」上，從俄國君王和貴族林立的神聖殿堂俯視凡塵俗世？

在這個曲折的故事裡，交織著沙皇與哥薩克、沙皇與大商人斯特羅加諾夫家族的兩根線索。

關於第一根線索——哥薩克。早在蒙古入侵羅斯，設金帳於薩萊時，在窩瓦河、聶伯河下游和頓河地區原本生活著一群人，他們跨馬揮刀，遊走在廣漠的草原之上。他們剽悍、桀驁不馴，

1　編注：巡迴展覽畫派，為十九世紀俄國的畫家組織，主張藝術應為普通人服務，認為藝術可作為鼓舞人心、表達社會理想的工具，多以通俗易懂的方式，表現中產階級和農民的日常生活。

崇尚無拘束無節制的生活。金帳汗的壓制令他們難以忍受。他們不甘心生活在蒙古人指定的狹小天地裡，於是，紛紛逃亡，奔向裏海至烏拉爾廣闊的「自由之地」。在那些「天高大汗遠」、無法無天的荒漠之地，開始了艱難的新生存之途。而到了伊凡二世至瓦西里三世時期，隨著大公們收集的土地愈來愈多，新「土地貴族」的興起、大莊園的出現，農奴所遭受的剝削也就愈來愈沉重，農奴也紛紛逃亡至窩瓦河下游。他們與早先生活在這裡的那群人組合在了一起。於是，哥薩克出現。隨之，在聶伯河、頓河和雅易克河的沿岸陸續出現了一個個哥薩克的村落。哥薩克靠奔襲和搶劫為生，莊園和農莊、交通要途上的商隊、沙皇和各公派出的使臣隊伍都難逃他們的快速襲擊；無論是沙皇或貴族，還是國內外的商人都是他們攻擊的目標。到了伊凡四世時，哥薩克的活動蔓延到了窩瓦河和北高加索的捷列克河地區，幾乎切斷了國家經濟命脈所在的「窩瓦河商路」。伊凡四世對這些哥薩克深惡痛絕，把他們稱為「盜匪」，下令對他們追捕，格殺勿論。

這個名叫葉爾馬克．季莫菲耶維奇的人就是這樣一個哥薩克。他參加過伊凡四世的利沃尼亞戰爭（一五八一年夏秋之交）。據俄羅斯史家的說法，他作戰勇敢，還當過不大不小的指揮官，但最後的結局不好：葉爾馬克不得不逃亡遠離莫斯科的西伯利亞荒漠之地，在那裡打家劫舍、強取豪奪、護家看院為生，足跡遍及西伯利亞汗國、諾蓋汗國和烏拉爾山卡馬河沿岸的斯特羅加諾夫家族領地。而這時俄國扶植的西伯利亞汗國傀儡汗被趕下臺，新汗庫楚姆則試圖挑戰莫斯科的權威。他的馬隊在通往莫斯科的道路上奔襲、劫掠，西伯利亞汗國再度成為伊凡四世的大麻煩，這令這位沙皇無比震怒。但是，利沃尼亞戰爭將莫斯科消耗得精疲力竭，無暇去東顧。為此，伊凡四世曾下旨嚴密注視哥薩克的行動，不得在自己力不能及的時候讓他們在西伯利亞和諾蓋地區製造新的事端，以影響自己收集西伯利亞土地的宏遠計畫。

於是，就有了第二根線索——大商人斯特羅加諾夫家族，與沙皇伊凡四世收集西伯利亞土地的密切關係。當葉爾馬克在莫斯科混不下去了，他就帶著一些命運同樣坎坷的哥薩克來到西伯利亞，準確點說，他們闖進了斯特羅加諾夫的領地討生活。不想葉爾馬克的這一闖，不僅改變了他個人的命運，也深刻影響了伊凡四世收集西伯利亞汗國土地，和繼續向東擴展疆土的決策。

斯特羅加諾夫家族原本居住在大諾夫哥羅德，以煮鹽為生。一五五〇年，當時的家族掌權人用重金從伊凡四世手中買到了為期六年的熬鹽權。由於俄國鹽資源的短缺和鹽貿易的壟斷，這個家族很快擁有了巨額的財富。後來，斯特羅加諾夫家族遷居到了西伯利亞的卡馬河地區，成了扼守於莫斯科與東方交通要途之上的大買賣人。這個家族的人不僅會經商，而且有精明的政治頭腦，已經不甘於局限在卡馬河沿岸，而是覬覦著西伯利亞更廣闊的土地。一五五八年，斯特羅加諾夫家族的格里戈里（Grigory Stroganov）給伊凡四世呈文，其中寫道：「西伯利亞地區很大，富裕又遼闊，但荒無人煙。在離大彼爾姆八十俄里的地區，沿卡馬河和丘索沃伊河兩岸，都是荒原。這裡的河流與湖泊都未經開發，森林密集，土地沒有耕種。在這些地方從來沒有出現過農舍，也沒有農舍向沙皇的國庫上繳過任何東西……請恩准我們占領這些荒蕪之地，以建造城鎮，為了防衛諾蓋人及其他汗國的人，在城中部署大炮、火繩槍，並配備炮手和火繩槍手。」

一五五八年四月，伊凡四世頒發賜予詔書，同意了斯特羅加諾夫的請求，把烏拉爾西北部卡馬河一帶將近三百五十萬俄畝[2]的荒地賞賜給他。與此同時，伊凡四世恩准斯特羅加諾夫家族的買賣、煮鹽和捕魚免稅。更重要的是這位恐怖伊凡准予這個家族可以雇傭哥薩克作為騎兵，用於保衛斯特羅加諾夫家族的土地和對西伯利亞汗國土地的收集。一五六八年，伊凡四世將行政區域重新畫分，把經濟最發達和最具戰略意義的地區畫為直屬的「特轄區」，並建立了只服從恐怖伊凡一人之命的「特轄軍」。這一年，沙皇又將丘索沃伊河沿岸十一多萬俄畝的土地賞賜給斯特羅加諾夫家族，隨之該家族的全部領地被畫進「特轄區」，成了恐怖伊凡的「私人封地」。在這塊特殊的「特轄區」內，建起了以哥薩克為主力的地方軍隊，設立了國家徵稅的相關機構。於是，伊凡四世在烏拉爾山卡馬河和丘索沃伊河一線建立起了向烏拉爾山以東收集領土的橋頭堡。斯特羅加諾夫家族也成了「烏拉爾的斯特羅加諾夫王國」，這個「王國」囊括了漁業、礦山、農業和建築等諸多產業，而它的土地就成了這位「恐怖伊凡」東擴的基地和新擴張的出發點。

葉爾馬克帶領他的哥們兄弟如科利佐（Ivan Kolzo）等最終漂泊到了斯特羅加諾夫家族的領地，所率領的人數大約在五百人左右，這大概是在十六世紀的八〇年代初。斯特羅加諾夫見葉爾馬克的哥薩克部隊武器精良、騎術高超、剽悍勇猛，正是有朝一日可用之軍，於是，就留下他們看院護莊。葉爾馬克的哥薩克部隊幾度出擊西伯利亞汗國，奔襲並取得勝利。斯特羅加諾夫見狀，認為利用伊凡四世所賦予的特權，來收集西伯利亞汗國土地的時機已到。於是，一五八二年的夏秋之交，斯特羅加諾夫將為他們護家看院的哥薩克部隊，改組成了一支向烏拉爾山以西「發現新土地」的「探險隊」，除了葉爾馬克五百左右的人馬，斯特羅加諾夫又補充了三百多人。這支八百多人的「探險隊」，在葉爾馬克及其親密夥伴科利佐的率領下越過烏拉爾山，進入庫楚姆汗的地界，對西伯利亞汗國進行討伐。但葉爾馬克的討伐並無具體的計畫，也無準確的路線，只是沿途將西伯利亞汗國的村社劫掠一空，據為己有。

一五八二年十二月下旬，西伯利亞已是嚴冬。在韃靼語裡，「卡什雷克」是「冬天駐紮之處」的意思。但是，面對葉爾馬克哥薩克騎兵的進攻，西伯利亞庫楚姆汗及其軍隊大都往更南的草原上去過冬了。所以，葉爾馬克占領的卡什雷克基本上是一座空城。汗的兒子在此與葉爾馬克的部隊打了一仗，大敗後退回到汗的軍隊所在地。葉爾馬克在奪取了這座空城後並沒有去追趕西伯利亞汗的軍隊，也沒有直搗庫楚姆汗大帳的計畫。哥薩克只是停留在原地劫掠當地的居民，和掃蕩不肯降服的西伯利亞汗國韃靼人，並且迫使他們向伊凡四世宣誓效忠，臣服莫斯科。

卡什雷克的失陷被認為是西伯利亞汗國的滅亡。斯特羅加諾夫家族對此欣喜萬分，迅速將這喜訊呈報伊凡四世。這時，恐怖伊凡因自己的暴政而遭眾怒，再加上利沃尼亞戰爭的失敗，宮廷內危機四伏，他正時刻擔心自己會遭暗害。伊凡四世處於極端恐懼的精神狀態之中，對於哥薩克「盜匪」的西伯利亞「戰功」如何處理猶豫不定。但是，斯特羅加諾夫的進言，和葉爾馬克直接向伊凡四世的呈報，迅即改變了他的決策。葉爾馬克向沙皇派去了以科利佐為首的使節，呈報中將占領卡什雷克城稱為是「占領了西伯利亞」，西伯利亞汗國已經滅亡，土地已經歸屬俄國，居

2 一俄畝約等於一・〇九公頃。

民已經臣服沙皇。處於精神崩潰邊緣的伊凡四世一聽此報，頓時極為興奮。對這位沙皇來說，在利沃尼亞戰爭失敗的時刻終於又有了收集新土地的喜訊，而且這新土地又是他的先祖和他自己，沒有想到會掌控在手的土地。於是，他賞給葉爾馬克「西伯利亞汗」的封號，也為此自己增添了一個新的尊號——「西伯利亞的沙皇」。

伊凡四世接見了被他稱為「盜匪」、曾要處死的科利佐，赦免了他和葉爾馬克等哥薩克以往的罪行，賞賜給葉爾馬克兩副鎧甲，並派出三百名射擊手，補充葉爾馬克這支「發現新土地」的「探險隊」，讓他們繼續東行。但是，西伯利亞汗國並未滅亡，一五八三年，庫楚姆汗又率軍沿額爾濟斯河和鄂畢河殺向葉爾馬克的部隊。這次，葉爾馬克的哥薩克部隊連連吃敗仗，他急速向伊凡四世懇求援助，伊凡下旨增援，但兵力不足，提供的軍械和糧草也是杯水車薪。結果是，科利佐被庫楚姆的馬隊砍死，伊凡四世賞賜給葉爾馬克的兩百名射擊軍及其指揮官凍餓而死於西伯利亞的荒原。進入一五八四年，葉爾馬克的部隊只剩下兩百來人，而葉爾馬克本人也於一五八五年八月被庫楚姆汗的軍隊追擊到額爾濟斯河邊。他帶領剩下的幾十名哥薩克殘兵，想渡河而去，但淹死在河中。而這時伊凡四世也早就顧不上他了，恐怖伊凡早於一五八四年初春暴崩。

葉爾馬克雖然攻陷了西伯利亞汗國的首府卡什雷克，但並不就是征服了烏拉爾山以東的西伯利亞土地，對於伊凡四世以及他的繼承者來說，向東，和更東的地方收集土地，還是一條漫長的艱難之途。葉爾馬克的征討是個開端，它畢竟給覬覦愈來愈多土地的俄國沙皇們打開一扇大門，這門背後的奇光異彩、光怪陸離，充滿著無窮的吸引力，為了這無邊的土地和無窮盡的寶藏，可以不惜刀槍劍戟，可以不擇手段。而伊凡四世在最後的狂暴中，把一種收集土地的新手段留給了他的後人：這就是利用斯特羅加諾夫這種大商人的財力和勢力，以及葉爾馬克，這樣狂飆不羈、馳騁奔襲的哥薩克軍隊的刀斧和駿馬，來實現祖訓，加速對新土地的收集。而這種新手段就有了一個文明的標籤——「發現新土地」的「探險隊」。從此，在俄國向烏拉爾山以東、向東西伯利亞、向遠東直至遙遠海濱地區收集土地的歷史上，開始了一個新時期——作為征服者的「新土地發現者」，在沙皇授權和支持下絡繹不絕地湧向東方，作為殖民者的「探險隊」，到處為俄國建立收集土地的豐功偉績。斯特羅加諾夫家族和葉爾馬克哥薩克只是這一豐功偉績的肇始者，來路漫漫，需繼承者前仆後繼！

再回頭看蘇里科夫的不朽畫作〈葉爾馬克征服西伯利亞〉，蘇里科夫這幅畫的名稱並不符合事實：葉爾馬克只不過攻陷了空城卡什雷克，遠沒有將西伯利亞收集進俄國的版圖。此外，仔細看會發現畫幅中的這位哥薩克葉爾馬克完全不是哥薩克了，沒有了哥薩克的高聳皮帽，沒有了這些人特有的大氅，葉爾馬克身著的是羅斯以來大公們的頭盔和鎧甲，完完全全成了一位羅斯、俄國的軍事統帥了。在這幅名畫裡，蘇里科夫將哥薩克葉爾馬克俄國化了。但這也難怪這位善畫哥薩克的畫家，事實上，在他之前，葉爾馬克作為征服西伯利亞的象徵，已被鐫刻在「俄國千年紀念碑」之上了。與葉爾馬克置身於同一畫幅中的是涅夫斯基、頓斯科伊、庫圖佐夫（Mikhail Kutuzov）和烏沙科夫（Fyodor Ushakov）這些著名的羅斯和俄國統帥。

09 秋明——西伯利亞第一城

伊凡四世——費奧多爾一世

位於西西伯利亞額爾濟斯河支流圖拉河上的秋明（Tyumen，也有譯為圖們），它的土地上，高樓聳立、房舍鱗次櫛比、工廠煙囪直插藍天。看著如此規模的城市景象，就很難想像五百多年前的這個地方是個什麼樣子。五百多年前，這裡是一片荒原，只有韃靼人、諾蓋人以及一些土著居民在酷寒稍稍消散的有限日子裡，來這邊尋覓生活，只有密密原始林中的狐狸和圖拉河中的海狸與他們作伴。所以，後來，當這裡出現了要塞、城堡和城市後，就有了以狐狸和海狸為圖騰的地方徽章。而自從有了這個徽章之後，它就一直流傳至今，成為秋明市的城徽。

關於秋明，自古就有許多神話、傳說和真事。秋明曾經多貓，土生土長的貓很有靈性。於是，關於秋明的貓就有許多故事。在一九四四年，秋明發生了一件有關貓的真實事件。這年二月，秋明警察局動用全部人力，用兩週的時間在秋明全城捕捉了數量可觀的貓，送往列寧格勒[1]的艾米塔吉博物館。原來，這時列寧格勒處於被德軍圍城的極為艱難的時期，城市居民每天只能有一百克的麵包維持生存。於是，博物館中齧齒動物猖獗，把館中的珍貴文物當成了糧食。最終結局是秋明貓拯救了艾米塔吉的珍寶文物，而貓也進化成了列寧格勒的品牌貓種。

不過，我們這篇文章中所要講述的故事，是發生在一五八六年，是與神話般出現，又神話般消失的葉爾馬克密切相關，當然，還與從那個荒無人煙的偏僻之地，變成邊防哨所和「西伯利亞第一城」的秋明歷史相關。

一五八五年八月，葉爾馬克淹死的消息很晚才傳到莫斯科。這時，俄國局勢大變，伊凡四世的兒子費奧多爾繼位，成了有著留里克王朝血統的最後一位沙皇。新沙皇費奧多爾並不知道葉爾馬克已死，仍在為增援葉爾馬克調兵遣將，一五八六年初，由蘇金（Vasily Sukin）、米亞斯諾伊（Ivan Myasnoy）和丘爾科夫（Danil Chulkov）率領的軍隊開赴西伯利亞，這支軍隊由三百名射擊手和哥薩克組成，名義上是增援葉爾馬克，而其真實使命是去遙遠的西伯利亞，尋找建立哨所和碉堡的地方。統領部隊的三位軍官直接受命於沙皇當局甚至沙皇本人，這是一支沙皇政府官方派出的收集新土地的軍隊。沙皇決定由這三位軍官領隊並不是沒有原因的，他們三人的家世淵源和本人的職務升遷，都與伊凡四世密不可分。蘇金出身於莫斯科貴族的沙皇親臣之家，其父親從御前侍臣做到了掌璽官。掌璽官本來在羅斯的貴族中就是顯赫的高官，何況是伊凡四世的掌璽官呢。蘇金本人與父親同朝為官，從宮內侍衛成為親侍書記官，再到部隊指揮官。雖然伊凡四世的掌權變幻莫測，險惡和災禍隨時發生，但父子倆多年來從未失寵。米亞斯諾伊是圖拉的精英貴族，

1 編注：聖彼得堡市名曾數度易名。一九一四年改名為「彼得格勒」；一九二四年為紀念列寧（Vladimir Lenin）逝世而改為「列寧格勒」；一九九一年蘇聯解體後經市民公投恢復舊名至今。

擔任過奧勒爾城的首腦和沃龍涅什的城防司令。丘爾科夫則是梁贊的貴族。

此外，這三位軍官有四個共同的特點。一是，他們都參加過收集新土地的征戰，對於以軍事手段或是以「拓荒」、「探險」、「發現新土地」的征討都有著豐富的實踐經驗。蘇金參加過爭奪西部邊疆土地的利沃尼亞戰爭。米亞斯諾伊曾隨軍去過克里米亞收集新土地。而丘爾科夫參加過征服阿斯特拉罕的戰鬥，收集新土地的足跡遍及頓河和亞速海沿岸。二是，他們都有修建哨所和碉堡的實際經驗，瞭解新哨所和碉堡的建立，就意味著俄羅斯疆土擴大的重要意義。三是，在新哨所和碉堡建立的同時，也修建起東正教的教堂，儘管是土木結構的。對他們來說，軍隊的戍邊和東正教對新土地的影響，是雙管齊下的神聖業績。四是，他們都有與各汗國的軍隊作戰的經驗，都知道對被收集土地上的原居民，應該採取什麼樣的嚴厲措施，並通曉讓這些居民宣誓臣服俄國，和效忠沙皇的一切儀式。而這四點正是伊凡四世後代們，以及以後的羅曼諾夫王朝的沙皇們，收集新土地時所須與不可或缺的。

一五八六年一月，正是莫斯科國家兵荒馬亂的時刻。這支軍隊離開了莫斯科，在漫漫長途上顛簸了六個多月，於七月下旬進入烏拉爾到達了圖拉河和秋明河。蘇金沒有繼續前行去西伯利亞的額爾濟斯河，而是在原地停留了下來。一個原因是，蘇金他們得知葉爾馬克已死，再去額爾濟斯河就沒有什麼意義了；二是，更重要的是新沙皇費奧多爾給他們快馬傳來了新的聖諭，要他們在原地修建一處城堡，以防範西伯利亞汗國殘存騎兵部隊的襲擊。蘇金、米亞斯諾伊和丘爾科夫按照古老羅斯建碉堡的方式，選擇了秋明河邊一塊楔形地修建碉堡，勞動力就是三百名射擊軍人和哥薩克士兵。修成後的碉堡，西邊是深深的溝壑和秋明河，東邊是陡峭的圖拉河岸。碉堡建成後，蘇金還在碉堡的後面修建了軍官辦公用房和住宅，並且還建造了一座東正教堂——俄羅斯人最崇奉的，和神話傳說最多的聖母聖誕教堂。

於是，在烏拉爾山的東邊，在人跡稀少的圖拉河和秋明河邊有了一處沙皇屯兵的哨所。這個哨所以秋明河命名，就叫秋明。作為哨所和碉堡，秋明成了俄國「拓荒探險」和收集西伯利亞廣闊無垠新土地的重要基地和橋頭堡；作為移民地，秋明則成為烏拉爾山以東俄國的第一塊沙皇土地和「殖民區」。從此，秋明成了沙皇以防止游牧民族對俄國土地的奔襲為旗號，繼續向東收集新土地的前哨陣地。秋明被俄國的史書稱讚為是俄國的「西伯利亞第一城」，也就是說，後來的數百年間，俄國的「拓荒者」、「探險者」和「新土地發現者」在向東，向更遙遠的未知之地，直至遠東及濱海地區的光榮進軍，和浩蕩的「內部殖民」，都是從秋明開始的。

當然，隨著俄羅斯和哥薩克人的大量移民，東正教堂的興建和愈益擴大的傳教活動，秋明居民的社會結構和思想狀態都發生了巨大的變化。一句話，本來荒無人煙的、充滿土著居民和韃靼人習俗的秋明很快「俄國化」，所以，俄國的史書毫不隱晦地讚譽蘇金是「按照俄國方式整建西伯利亞的第一位莫斯科長官」。

蘇金建成秋明後的經歷，俄國史書上就再也沒有什麼記載了，就像葉爾馬克在與斯特羅甘諾夫家族聯手、攻占卡什雷克、淹死於額爾濟斯河之後那樣，就在俄國史書上消失不見了。但是，蘇金的兩位夥伴在西伯利亞的收集土地卻繼續有作為。一五八七年，丘爾科夫去了托博爾河河口地區[1]，當年的夏天在托博爾河與伊爾迪什河的匯流處建造了一座小碉堡和東正教堂，碉堡就叫「托博爾斯克」，教堂叫「聖三一教堂」。一五八八年，丘爾科夫成為托博爾斯克的城防司令，隨後又建造了一些哨所和碉堡以及兩座東正教堂。更重要的是，他以托博爾斯克為基地，對殘存的西伯利亞汗國和喀山汗國的勢力進行了無情的清剿，甚至抓獲了大汗並押送至莫斯科。這在莫斯科國家的混亂年代裡，這可是一件不小的事，它穩定了這一地區動蕩不安的局勢。如果說，蘇金只是建立了繼續東擴收集土地的橋頭堡的話，而丘爾科夫則是讓莫斯科的沙皇牢牢地掌控了對秋明和托博爾斯克地區的控制權。一五八九年，托博爾斯克城防司令換人，此後丘爾科夫在俄國歷史上就再也沒有記載了。

一五九二年，米亞斯諾伊遷升為葉列茨碉堡的軍事長官。這時，葉列茨碉堡因經常遭到西伯利亞韃靼人的奔襲，被破壞殆盡。米亞斯諾伊要建造一個新的葉列茨要塞。工匠建議建造一座有九個塔樓、城牆周長七百八十三沙繩[3]的大要塞。他覺得太大，要減少面積。然而，在他向沙皇費奧多爾提交建造要塞的呈報時，費奧多爾沙皇否定了他縮小面積的建議，回覆：「不能縮小城堡和要塞，這個地方要適合於在被圍時期，能在城中和要塞裡穩坐無恙。」在執政的最後兩年，這位沙皇還詔令要在南部地區「尋找適合建立國君城市的地方」。於是，在南部就有了奧斯科爾、別爾哥羅德和庫爾斯克等新的邊陲要塞，而米亞斯諾伊就參與了其中的最堅固、防衛力最強的奧斯科爾要塞的建造。

在費奧多爾執政的短短十四年中，莫斯科國家的疆土就從西西伯利亞越過了烏拉爾山，深入到了秋明和托博爾斯克一線。對俄羅斯這個國家來說，沙皇親自派遣的蘇金、米亞斯諾伊和丘爾科夫最大功績就是他們組建了以秋明和托博爾斯克為中心的新邊界線。一五九六年，沙皇頒發詔令，准予布哈爾和諾蓋商人免稅在秋明經商和居住。秋明日益成為俄國和中亞地區通商的最大買賣中心，來自東方的絲綢、布匹、茶葉、地毯、牲畜彙集到這裡，再轉運到莫斯科地區，甚至更遠的地方去；而來自西方的皮革、皮毛和金屬製品則從這裡運往東方各地。於是，有了收集土地的新城鎮——布哈爾鎮，准予驛站馬車夫居留的驛站鎮。由此，秋明也成了俄國「內部殖民」的中心。所以，秋明這個「西伯利亞第一城」成了俄國東方邊陲的「西伯利亞之門」。

關於這位伊凡四世後的沙皇也許還可以累贅幾句話。一五八六年，他按照操縱沙皇大權的戈東諾夫（Boris Godunóv）的話，下令鑄造一座巨型大炮，它被稱為「沙皇炮」。鑄成後放在紅場上的宣諭臺旁，象徵性地顯示沙皇掌權，與擴展疆土的威力，以及克里姆林宮大門及教堂的不可侵犯。這尊「沙皇炮」僅在一五九一年克里米亞汗奔襲莫斯科時，作了一次戰鬥準備，但克里米亞汗被擋在了「中國城」（Kitay-gorod）[4]之外，所以最後它一炮也沒有發射過。這位沙皇做過的另一件大事，就是修路——一條通往圖拉河上游去往西伯利亞之路。經兩年修成，時值皇子德

2 有一說，是蘇金派他去的；另有一說，是他自己率領五百人的隊伍去的。

3 一沙繩等於二．一三四公尺。

4 編注：莫斯科克里姆林宮附近的老地區，此地為傳統市集，因中俄貿易歷史悠久，中國商販在此交易而得名。

米特里（Tsarevich Dmitry）在烏格里奇的修道院中暴斃，親皇子的烏格里奇人起而暴動，但他們反而被打成殺害皇子的兇手，五十人沿著這條路被流放西伯利亞。這是歷史上第一次官方大規模流放犯人。而新收集的西伯利亞土地不僅成了俄國的新邊疆，也成了此後俄國流放犯人的傳統之地。

托博爾斯克建成後，它的地理位置使它成了出入俄國東部邊陲的戰略要地——有了它，新收集的土地就有保障，失去了它，新收集的土地就會置身於危險之中。所以，從托博爾斯克建成之日起，沙皇政府就派重兵把守，並且將東部新邊疆的防衛中心從秋明轉到了托博爾斯克。托博爾斯克的軍事長官擁有很大的權力，管轄包括整個西伯利亞在內直至阿拉斯加的廣大地區。托博爾斯克在留里克王朝的末期就已經成了西伯利亞的諸城之首。但是，儘管托博爾斯克後來者居上，作為「西伯利亞第一城」的秋明，仍是俄國史書上一方收集東方土地的刻石，一顆在俄羅斯永遠閃耀著「內部殖民」光輝的星辰！俄國的大學者羅蒙諾索夫（Mikhail Lomonosov）在十八世紀就預言過：「俄國的國力定將因西伯利亞而不斷增強。」

10 向鄂畢河，向葉尼塞河，向勒拿河

費奧多爾一世——米哈伊爾

在建立了托博爾斯克城後，沙皇費奧多爾又陸續發布詔令，加速了在西伯利亞的設防建堡的進程，俄國的「國界」於一五九三年推進到別列佐夫、一五九四年推進到蘇爾古特。一五九五年，達到了鄂畢河畔，在那裡建造了一座新城堡——鄂畢多爾斯克。在秋明和托博爾斯克建成後的短短八、九年間，俄國的「新國界」就到達了鄂畢河。從秋明到蘇爾古特六百三十八公里，從托博爾斯克到鄂畢多爾斯克是一千三百二十一公里。由西而東，自北而南，這片土地的廣闊、物產的豐富和土著居民的眾多，是可以想見的。

但是，費奧多爾於一五九八年去世，沙皇向東「拓荒探險」的收集土地活動不得不暫時停了下來。費奧多爾是留里克王朝的最後一位統治者，因為無嗣，這個王朝到此結束。除了建「西伯利亞第一城」、將俄國疆土擴張到托博爾斯克一線，開始了俄國的「拓荒」、「探險」、「發現新土地」進程外，在費奧多爾當政期間，俄國還發生了一件大事。經過幾代君主的努力，俄國教會從屬於君士坦丁堡教廷的歷史終結，莫斯科成了獨立的教區，俄國東正教領袖由都主教升格為大牧首。一五八七年起擔任都主教的約伯（Job of Moscow）升任大牧首，成了第一位「莫斯科和

全羅斯大牧首」（Patriarch of Moscow and all Rus'）。

大牧首約伯一上任，就大力擴大和增強東正教對世俗社會的影響。他將自己人派往各教區主持教務，大規模興建教堂，莫斯科現存的那個宏偉的「頓斯科伊修道院」就是他當大牧首後建造的。約伯還是俄國收集土地政策的忠實執行者，執掌大牧首的大權後，他尤為關注在新收集的西伯利亞土地、俄國北部以及南部的喬治亞，增強俄國東正教教會的力量和影響。他還大聲疾呼要將被立陶宛、波蘭所占的西部土地奪回來，同時發布文告，呼籲俄國人保衛俄國東正教的信仰和國家。

大牧首約伯還親手策畫了新沙皇的選舉事務：先是開始了一場由精英貴族代表會議（The Zemsky Sobor）[1]選舉沙皇的正劇，後是演繹了一場為爭奪「正統沙皇皇位」，各派勢力粉墨登場的鬧劇，於是，在俄國開始了一個長達十五年的「混亂時期」。歷來，俄國史書稱這段歷史為「混亂」的原因是，為「沙皇正名」的激烈爭奪導致政局嚴重動亂，而事實上，這個「混亂」還有另一重要原因：在這十五年內走馬燈似地登上皇位的人都不是留里克王朝的血統，留里克王朝血統的缺失，又沒有哪個在此期間內登基的「沙皇」能形成一個新的王朝。因此，不是皇位的缺失，而是王朝的缺失，造成了俄國動蕩不安的混亂歲月。

一五九八年二月七日，精英貴族代表會議選出的沙皇戈東諾夫，這是俄國歷史上首次由貴族「選舉」出的沙皇。戈東諾夫曾供職於伊凡四世的直轄軍，一直小心謹慎地為恐怖伊凡效忠，到伊凡四世的最後兩年就成了沙皇的親臣，不離伊凡四世的左右。一五八一年十一月，就在那個亞歷山德羅夫「自由村」，據信伊凡四世在盛怒之下打死了皇位繼承人伊凡。隨後，另一個兒子，費奧多爾登上了王位。歷史的偶然往往產生難以預料的後果。對於戈東諾夫來說，歷史的偶然把他送上了俄國權力的最高處：這個費奧多爾的妻子恰恰是戈東諾夫的妹妹。於是，作為伊凡四世的親臣，在朝中有著極大勢力的戈東諾夫，就順理成章地成了費奧多爾的「攝政王」。費奧多爾當沙皇十四年，其中十三年俄國的實際大權都操縱在戈東諾夫的手中。

戈東諾夫手段強硬，諳熟沙皇的統治之道，對俄國收集土地的政策和活動瞭若指掌。所以，他一當上沙皇，就把向西伯利亞、向更遠的東方地區收集新土地作為一項重大的國策，開始了一個由射擊軍、擔任公職的哥薩克和強搶土著居民珍貴皮毛的「狩獵人」組成的隊伍，去「拓荒」和「探險」新土地的新時期。

一六〇〇年，戈東諾夫下令派出了一支由射擊兵和擔任公職的哥薩克組成的百人隊伍，從托博爾斯克出發，向塔茲河進發，「拓荒探險」新土地。這支隊伍沿途燒殺搶掠沿途的土著居民、搶奪珍貴的皮毛，強徵「皮毛貢稅」。在遭到土著居民的強烈反抗後，這支「探險隊」死傷數十人後到達塔茲河畔，在那裡開始建造木結構的三角形碉堡和東正教堂。該隊的指揮官將作為收集新土地證明的皮毛和「貢金」呈送給沙皇，並請求沙皇的援助。

第二年，一六〇一年，戈東諾夫又下令派出了一支兩百人的大隊伍去增援。這支有兩名軍事

1 有些中文譯文為「縉紳會議」。

長官統領的隊伍也終於到達塔茲河，幫助先到的部隊建成了木結構的三角形碉堡，並最終在塔茲河的右岸建起了一座城鎮——曼加澤雅。戈東諾夫把曼加澤雅作為進一步深入西伯利亞和在新土地上收取「牙薩克」——「皮毛貢稅」的堅強據點。一六〇三年，戈東諾夫再次派出一支軍隊，在那裡增建了一座供外國人做生意的商場，並派去了東正教的神職人員，讓教堂對這邊塞城堡的居民、士兵施加更大的影響。曼加澤雅位於西西伯利亞的北部，在塔茲河的右岸。塔茲河由南而來，北去喀拉海，全長一千四百公里，沿途是廣闊的平原，物產豐富，野獸眾多，出產珍貴的皮毛，尤其是紫貂皮。因此，這裡很早就是外來獵人專注採集珍貴毛皮的地方，並成為他們交易皮毛，和強行收取「皮毛貢稅」之地。另一方面，塔茲河北上流入喀拉海，曼加澤雅扼守海口，成為北極圈裡的第一座城堡，而由此南下地勢平坦，因而成為沙皇奪取東西伯利亞必守必保的戰略要地。

戈東諾夫去世後，國家混亂不堪，真假沙皇也沒有他那麼強悍，但收集新土地，向東西伯利亞擴疆的步伐並沒有停止，只不過是在一定程度上減緩了速度。到一六〇七年，曼加澤雅向莫斯科呈送的紫貂皮達到了一年十萬張的巨數！此外，在戈東諾夫全力向托博爾斯克以東的地方收集土地的進程中，曼加澤雅在俄國「內部殖民」的進程中更加東正教化了：按照俄羅斯的傳統，這裡建起了有五座塔樓的克里姆林，克里姆林裡有了東正教不可或缺的「聖三一教堂」和「聖母安息主教座堂」。那些遠在莫斯科及這個國家歐洲土地上的「獵人們」，那些尋覓「自由」和「生活」的哥薩克，從四面八方朝這裡簇擁而來，以沙皇的名義組織的「探險」隊，也就摩肩接踵在這裡修建城堡要塞、開拓新疆土，屯兵戍邊。

在這些隊伍中，哥薩克人（包括擔任公職的哥薩克、打過仗或擔任過軍隊指揮官的哥薩克，以及作為「獵人」的哥薩克）成了「拓荒」和「探險」的主力軍，成了莫斯科當局收集新土地的依靠力量和先鋒隊。而新收集的土地上的城堡——曼加澤雅、托博爾斯克和克季等就成為派出一個又一個向東方「拓荒探險」隊的基地。一六〇五年，克季碉堡的指揮官奉命尋找盛產珍貴皮毛的「新土地」，親自率領一支哥薩克的隊伍到達了葉尼塞河的中游，一六〇七年，曼加澤雅的軍事長官派出一支哥薩克的隊伍向東，在鄂畢河左岸的支流圖魯漢河上建造了又一座城堡——圖魯漢斯克。同年的下半年，這支隊伍到達了葉尼塞河的下游。這些哥薩克的「探險隊」是收集新土地的先鋒隊，用馬蹄、砍刀威逼當地的土著居民臣服莫斯科的「全俄國的沙皇」，強行收取「皮毛貢稅」是他們的職責。而緊隨他們之後來到的是數以百計收集皮毛的「狩獵人」、加工皮毛和各類產品的買賣人。於是，在西伯利亞新收集到的土地上，「俄國化」進程迅猛發展。但是，這些土地上原居民的反抗也頻繁出現。在曼加澤雅地區，那些白日藏入溝壑、草原深處的居民，夜間出來，突襲哥薩克的駐地和俄國人的房舍。畢竟原始的、簡單的弓矛敵不過哥薩克的戰馬兵士、俄國的鐵製武器，最後不得不「臣服」莫斯科，效忠沙皇，在洪流般的「俄國化」進程中被淹沒掉……

但是，混亂時期最終還是導致了俄羅斯這個國家面臨經濟崩潰的邊緣，人口急劇減少，政局動搖，社會不穩。西部和西北部的一系列土地被宿敵波蘭、立陶宛和瑞典奪去，尤其是波羅的海出海口的喪失，對國家的打擊尤重。而在南部，克里米亞的韃靼人兵進烏克蘭，一直打到俄羅斯中部奧卡河一帶。這種紛亂不堪的局勢最終導致了俄國新王朝的誕生。這個王朝就是此後在這個國家歷史上延續了三百多年的羅曼諾夫王朝。於是，在這個國家裡又一次出現了由精英貴族代表會議選舉沙皇的大劇。所謂選舉，就是利益和力量不同的各派貴族，經過協商和妥協，找出一個能為大家所接受、在這個沙皇當政時讓各派貴族的利益都能得到滿足的人。按照羅斯的傳統，這位新沙皇應是個未成年的孩子，以便貴族大臣們能夠攝政和操縱實權。而下一個這樣的未成年孩子沙皇，就是被戈東諾夫放逐於科斯特羅馬的伊帕季耶夫修道院、在修道院中成長、與母親生活在一起的米哈伊爾·費奧多羅維奇·羅曼諾夫，也可稱為「羅曼諾夫一世」。

米哈伊爾在大臣、父親的先後攝政中成長為一代君主，在他統治的三十二年中，政治趨向穩定，經濟不斷恢復，於是收復失地、開拓新邊疆再度成為國策。而這期間作為難民的哥薩克紛紛湧向東方的西伯利亞土地，在那裡流竄各處，進入那裡的邊寨城堡，投身到駐軍長官的麾下。於是，原本就存在的以哥薩克為主力的「拓荒探險」隊的活動就更加頻繁。從米哈伊爾開始，俄國向西伯利亞的「拓荒探險」活動就以空前的規模和速度發展起來。

一六一八年，克季城堡的哥薩克隊伍到達葉尼塞河。同一年，由托博爾斯克的一位波雅爾所率領，擔任公職的哥薩克隊伍也到達了葉尼塞河。一六一九年，哥薩克在葉尼塞河右岸建成的城堡——葉尼塞斯克成了俄國東部最前哨的城堡。於是，俄國的「疆土」越過了葉尼塞河，葉尼塞河右岸的通古斯河流域的三大支流——下安加拉河、石下安加拉河和上安加拉河沿岸的土地，均成為俄國的新疆土，居住在這裡的通古斯人不得不在哥薩克士兵和俄國軍事長官的武力下狩獵珍貴的野獸，向「全羅斯的沙皇」上交「皮毛貢稅」。

在這些紛至沓來尋找新土地的隊伍中，一六一九年，出現了一個神話般的「皮揚達探險隊」，它把收集新土地的進程推向了一個高潮。「皮揚達」（Demid Pyanda）是一個不知來歷、不明身分的「拓荒探險」者，而他為俄國開拓疆土直至勒拿河的業績卻被歷來的執政者稱為「豐功偉績」，被俄國史書寫成為「大寫」的「拓荒探險」家。這個人沒有真名實姓，只有一個綽號——「皮揚達」，但他的「哥薩克」身分卻是毫無懷疑的。

皮揚達約在一六一九年帶領一支四十人的隊伍從曼加澤雅出發到圖魯漢斯克去。儘管他的姓名身世不詳，但是史書記載他的使命是去收集珍貴皮毛和徵繳「皮毛貢稅」。這顯然不是私事，而是為皇朝服務的。這時的圖魯漢斯克已經成為葉尼塞河地區的皮毛集散地和重要的買賣集市。軍官、士兵、「狩獵人」把日用品帶到這裡，當地的土著居民把珍貴的皮毛帶來交換這些商品。沙皇的「拓荒探險」隊修建的碉堡和要塞，一是用作這些收集者的「過冬之地」，但更重要的功能是作為徵收「皮毛貢稅」之地，所以稱為「牙薩克過冬地」（ясачные зимовья）。一六二〇年，皮揚達的隊伍在葉尼塞斯克城堡過冬後，就沿安加拉河而上，於一六二三年春天到達勒拿河[2]。在這三年半的時間裡，他率領自己的隊伍，乘坐平底木船，穿越了約八千公里從前無人涉及過的

2 今基倫斯克地區。

水路。除了沿途構築「過冬之地」和收集皮毛外，皮揚達是個很有心計的人，他北上南下「探險」了通古斯河下游至勒拿河一段長約四千公里的河道，並且對其中兩千四百公里的水路進行了認真的探究，畫出了圖樣，做了必要的記錄。皮揚達發現了由勒拿河上游至安加拉河的最短距離的通道。有文字記載，皮揚達曾將這些圖樣和記錄呈交有關當局，並且對相關傳說作過口述。

這時的「拓荒探險」隊都有幾個共同的特點，一是，它們都是官派的，既有沙皇的詔令，又有邊防哨所司令官的支持，甚至邊防哨所司令官親自率隊前行；二是，隊員中絕大多數都是哥薩克，他們都是尋找新土地的行家老手，既經驗豐富又剽悍能戰、無所畏懼；三是，它們的使命就是為沙皇向東建築碉堡要塞，把俄國的邊界線推向東方、更遠的東方，並且不擇手段地向當地土著居民徵收「皮毛貢稅」；四是，它們都將結果呈報有關當局，從邊防要塞的城防司令到沙皇。但是，「皮揚達探險隊」還肩負著一項特殊的使命：瞭解通往勒拿河地區的地形風貌，尋找一條到達那裡的最短水路。有了這條水路，沙皇向東西伯利亞收集新土地的進程就會加速，向更遠的東方擴展就會成為現實。所以，俄國統治者、那些後來沿著皮揚達開闢之路，深入到東西伯利亞的哥薩克們，就把皮揚達尊奉為「發現東西伯利亞第一人」。

在發現了這條水路後，皮揚達就從俄國的史籍中消失得無影無蹤，就像建造了西伯利亞第一城秋明的蘇金那樣。如今，皮揚達所描繪的地形地貌圖樣和文字記錄早已蕩然無存，他的偉業也就變成了大河上的風、蒼穹中的雲一樣，在勒拿河地區飄忽不定、或隱或現的神話。但俄羅斯相信神話，執政者需要神話，收集新土地的進程更需要神話。神話永恆，因為神話是一個不滅的夢！

11 打開窗戶：遠東、阿拉斯加、日本、中國

米哈伊爾——阿列克謝

皮揚達開始了一個沙皇俄國向東西伯利亞挺進的神話，但是他的神話並沒有因他的消失而終結。他的後繼者在「全俄國沙皇」的旗號下頑強不息地繼續東進，前仆後繼的哥薩克越過勒拿河，踏遍亞庫次克、布里亞特的土地，向更遠的地方「拓荒」、「探險」。於是，為沙皇俄國盡忠效勞、為徵繳牙薩克和尋覓「新土地」的英雄輩出。在這摩肩接踵、紛至沓來的哥薩克隊伍中，又出了一顆明星——別克托夫（Pyotr Beketov）。

從一六二八到一六五五年的二十七年中，這位先在托博爾斯克當兵，後成為葉尼塞斯克火槍百人長的哥薩克一次參隊、三次率隊「拓荒探險」東西伯利亞、足跡遠至阿穆爾河[1]、阿拉斯加，修建了亞庫次克、赤塔、涅爾琴斯克（尼布楚）等尖柱碉堡。所以，在俄羅斯，他的「拓荒探險」被稱為是前無古人的「偉業」，是「打開面向遠東、阿拉斯加、日本和中國窗戶之人」。四百來年後，俄羅斯人，尤其是哥薩克仍然牢記別克托夫，稱他是自己的「城市之父」。二〇〇

1 編注：阿穆爾河即黑龍江，由石勒喀河與額爾古納河匯流形成，最終流入韃靼海峽。

七年，在亞庫次克成為俄國土地的三百七十五週年之際，市中心樹立起別克托夫的青銅紀念碑。亞庫次克的話劇院還專門上演了讚頌其偉業的話劇《君皇使徒》。二○○八年，在赤塔建城三百五十五週年的時刻，城市裡也建起了別克托夫紀念碑。

關於這位別克托夫，我們要從頭說起。

位在亞庫次克的別克托夫紀念碑。（iStock／Kharkhan_Oleg）

從一六二四年起，別克托夫就在沙皇的火槍隊效勞了。這時，正是羅曼諾夫王朝的第一代沙皇米哈伊爾當政。他新君當朝，躊躇滿志，決意要繼承留里克王朝收集土地的國策，向東方收集更多的土地。他要將皮揚達開始的「偉業」擴展下去，數次諭令繼續組織更大更強的「探險隊」去收集更遠東方的土地。於是，前往鄂畢河、葉尼塞河和勒拿河拓荒探險的哥薩克隊伍，官派的、私行的紛至沓來，荒山野嶺，深溝漫谷，到處都有哥薩克的足跡。這位沙皇對西伯利亞新土地的收集，首先是靠徵繳「牙薩克」皮毛貢稅，進而使當地的部族和居民臣服莫斯科。關於這點，米哈伊爾就定下了向西伯利亞拓荒探險的國策以及實施上的一些具體措施。

一六二五年，這位沙皇決定繼續東進，收集更多的西伯利亞土地。這次他指定要在葉尼塞河中游一處「美麗谷地」上修建尖柱碉堡。他給托博爾斯克的司令長官發去了《君主訓令》：「准予在西伯利亞，在托博爾斯克，在西伯利亞的其他城鎮，調派四名哥薩克首領和四百名哥薩克，供你差遣去『美麗谷地』的卡欽地區，在美麗谷地那地方，在葉尼塞河上設置尖柱碉堡。」沙皇還保證，除了哥薩克隊伍的人員需在當地解決，武器彈藥、輜重全由莫斯科供給。根據沙皇的這一訓令，一六二五年秋，哥薩克隊伍在美麗谷地修建了「美麗尖柱碉堡」[2]。

正是由於沙皇的親自訓示和運籌，形形色色的哥薩克隊伍都簇擁到了葉尼塞河沿岸，隨之，葉尼塞河沿岸的碉堡又都成了派出新的哥薩克隊伍的基地。徵繳牙薩克的隊伍最早從托博爾斯克出發，當收集的土地愈來愈向東，「探險隊」的出發地就也逐漸向東，向最前哨的尖柱碉堡轉移。但是，新收集土地上的土著居民；對牙薩克的拒繳和抗爭也愈來愈頻繁和激烈，因此不僅徵繳上來的牙薩克數量遠不能滿足沙皇的需求，而且更為重要的是，這些哥薩克隊伍始終未能理順沙皇當局與當地部族的關係。也就是說沙皇交給這些哥薩克隊伍的主要使命——使當地部族「牙薩克化」、也即「俄國化」未能完成。因此，此時對沙皇和俄國當局來講，派出能幹的，也就是既能收繳到大量的牙薩克，又不會引起土著居民激烈反抗，並最終能使他們臣服的哥薩克為徵繳隊伍的指揮官，則成為重要的問題。當葉尼塞斯克成為派遣新地時，火槍隊的士兵別克托夫自願去西

2 即今日克拉斯諾亞爾斯克的所在地。

伯利亞服役，他剽悍、機警的表現，和對沙皇的忠誠引起了有關當局的注意。於是，一六二七年，別克托夫被派往葉尼塞斯克任火槍隊百人長。

一六二六年，別克托夫的前任徵繳隊長、五十人長佩爾菲利耶夫（Maksim Perfilyev）已經在安加拉河下游地區徵繳牙薩克，在那裡發現了「布拉特的土地」，也即「布里亞特的土地」。他在給沙皇的報告中第一次描述了這片新土地的情況，並吹噓了自己征服的功績：「那裡人數眾多，紫貂、海狸、牲畜和『布哈拉』[3]的貨物無數，奇珍異物大量，銀子多得不得了，馬、牛、羊和駱駝遍地，種大麥和蕎麥，他們，這些布拉特人正期待著為君主效勞的人的到來，布拉特人想向您，偉大的君主，朝拜和繳納牙薩克，與為君主效勞的人做買賣。」後來，他到達了一處險惡的「安加拉河門」——「瀑布門」，未敢通過。在返回途中遭到了土著居民布里亞特人的抗擊，大敗而歸。

一六二八年，葉尼塞斯克指揮官派別克托夫率領九十人的隊伍，到安加拉河下游地區徵繳牙薩克。以往的徵繳隊都是靠武力強徵，而這次別克托夫採取了不同的辦法，以沙皇的「仁慈」和「厚德」為名義，以「親善」和「勸說」為手段，在土著居民地區廣徵牙薩克。結果他徵得的牙薩克數額巨大，超過了前任們徵繳的數字。最後，別克托夫帶著大量的牙薩克和豐厚的戰利品（包括一批土著居民人質）回到葉尼塞斯克。更重要的是，他把徵繳牙薩克的範圍擴大到了安加拉河下游，在該河下游支流雷賓河口布里亞特人居住的土地上建起了一座小碉堡——雷賓斯克尖柱碉堡。於是，從這裡，別克托夫不斷率隊征剿布里亞特人，向他們徵收牙薩克，一六二九年，他徵繳了六百八十九張紫貂皮上交給了沙皇國庫。

所謂「安加拉河門」是指該河上兩岸峭壁聳立、水下暗礁巨石密布，水流湍急、河道險惡難行的地段。安加拉河總計有九道這樣的門，而且這些「門」連續延伸在三百俄里的水道上。這些「門」的名字聽起來就會令人驚悚不已：「醉鬼門」、「醉醺醺門」、「瀑布門」、「薩滿門」等，所標示的不是險惡的大自然，就是神祕莫測的鬼怪神靈。自皮揚達以來，俄國拓荒探險隊的哥薩克們在紛紛到達安加拉河地段時，越過這些「門」就成了他們難以逾越，又都想逾越的障礙。

驅使沙皇政府的哥薩克們紛紛冒死來到此地，並欲越過安加拉河之門的原因還有當時的一個傳聞：在河的那一邊，有片土地叫「雅庫特」、「布里亞特」，那裡有多得數不盡的銀礦！但是，包括前葉尼塞斯克司令長官在內的一些哥薩克不是過了「門」無所收穫，就是暴病而亡。越過「安加拉河門」成了沙皇政府必達的目標，成了地方軍事長官必須執行的使命。一六三一年，葉尼塞斯克的地方軍事長官奉沙皇訓令派出一個新的「探險隊」，人數為三十人，首領就是這位別克托夫。訓令的要求是：「遠征勒拿河，為期一年。」別克托夫的隊伍沿勒拿河而上，向布里亞特人強徵牙薩克，並勒令他們臣服沙皇。一系列布里亞特部族人拒繳牙薩克和臣服，他們的首領說：「你們能強迫我們為奴隸，但我們的土地不會給你們。」這次，別克托夫不再「親善」和「勸說」了，對反抗的布里亞特人大開殺戒。據他自己給司令長官的報告稱：在鎮壓布里亞特人

3 當時，布哈拉一詞指中亞、中國和印度等地。

的反抗中，「殺死了四十到五十六名布里亞特人，死了一個通古斯人和一名哥薩克」。

一六三二年的春天，葉尼塞斯克軍事長官再次命令別克托夫率隊沿勒拿河而下，強徵牙薩克和收集新土地。這次，別克托夫在勒拿河中游的雅庫特人地區強力推進沙皇的「牙薩克化」。結果是，在武力下，部分雅庫特人不得不表示「臣服」，而部分雅庫特人則至死反抗。對於這種僥倖的結局，別克托夫在自己的報告中則自嘲地形容為是「上帝寵愛和君主福佑」的結果。最後，他的隊伍來到了勒拿河的阿爾丹河口，這是勒拿河右岸一片荒無人煙的地區，河水凍結在河岸的陡峭岩壁上，如魔鬼般注視著這批入侵者，這是稱為「瀑布門」的地方，是安加拉河九門中最險惡的一門，也是哥薩克紛至沓來要越過這道門，去銀礦豐富之地——神祕莫測的雅庫特、布里亞特的生死關口。別克托夫在這裡修建了「布拉特尖柱碉堡」，把「瀑布門」稱為「布拉特門」。後來，別克托夫在向沙皇的報告中這樣描述過：「我在這些地方沒有看到任何一個俄國人……我從『布拉特門』溯通古斯河而上，經鄂畢河，經安加拉河到達了烏斯季——烏達河，我讓布里亞特人臣服於您，我高貴的君王。」別克托夫自己留下的這些文字表明了哥薩克拓荒探險隊伍的最終目的就是收集新土地，讓那些原本不屬於俄國的土著居民臣屬於莫斯科。

別克托夫的這次征剿持續了將近兩年的時間，期間累遭當地土著居民的反抗。但最後他的哥薩克隊伍還是得以在勒拿河邊修建了一個簡陋的尖柱碉堡。這個碉堡就叫「勒拿堡」[4]。在征途中，別克托夫除了收繳牙薩克，還從加工紫貂皮的手工匠人手中徵收「十一稅」。在此後的幾年裡，別克托夫不斷率隊征剿布里亞特地區，也不斷遭到布里亞特人的頑強抵抗。別克托夫「拓荒探險」的手段也愈來愈強硬無情。別克托夫的隊伍繼續出「安加拉河門」，向更遠的東西伯利亞「拓荒探險」，先後修建了日甘斯克（距離亞庫次克七百六十公里）和奧廖克明斯克（距離亞庫次克六百四十公里）。

一六四〇年，他奉命將葉尼塞斯克國庫裡的牙薩克——價值一萬一千盧布的紫貂皮押送去莫斯科，上交給沙皇政府。同時，他還向主管衙門——西伯利亞衙門呈交了一份給沙皇的稟帖[5]，請求將自己任命為葉尼塞斯克的「哥薩克首領」，理由是現在任職的「哥薩克首領」已經「老朽和殘疾，不能讓這樣的人來為你君主效勞」。沙皇政府對別克托夫讚賞有加，把他的官職晉升為葉尼塞斯克的「火槍隊和哥薩克隊首領」。

一六五二年，身懷對沙皇之恩和對未被征服的東西伯利亞土地的渴望之情，別克托夫再次率隊向貝加爾湖布里亞特的土地遠征。這次遠征隊是葉尼塞斯克司令長官帕什科夫（Afanasy Pashkov），根據沙皇和西伯利亞衙門的訓令和指示進行的，最終目的是在遙遠東方的涅爾恰河和伊爾恰湖修建尖柱碉堡。帕什科夫在向西伯利亞衙門的報告中清晰地指出了修建碉堡的目的：「首先在石勒喀河站穩腳跟，再在那裡選定一個最重要的地方，能從那裡對附近的土地加以控制，然後考慮更大的地區並逐步讓阿穆爾歸屬俄國。」這次遠征的結果是，別克托夫到達了貝加

4 一六四三年，他的繼任者加爾金（Ivan Galkin）改稱「亞庫次克」。

5 Скаски，與古俄語中 челобитый 同意，表示稟帖、呈文。

爾湖、外貝加爾湖，直至接近現在中蒙邊境的地區。別克托夫沿途修建「君主的城堡」作為收集到新土地的證明：一六五三年在伊爾根湖畔[6]修建了尖柱碉堡，一六五四年，修建了石勒喀尖柱碉堡[7]。在石勒喀尖柱碉堡遭到了當地土著居民的抗擊後，別克托夫率隊轉向了阿穆爾河地區。

在這一時期的向東西伯利亞拓荒探險的進程中，在沙皇政府西伯利亞衙門的主管下，一個又一個的哥薩克隊伍，麇集於勒拿河的沿岸。儘管他們都是為沙皇的牙薩克和新土地效勞，但派出地的前哨碉堡的司令長官和領隊的哥薩克長官都各懷自己的目的，都想同時為自己尋求最大的利益。因此，哥薩克首領之間的你爭我鬥是十分激烈的，各碉堡的軍事長官也是各為私利傾軋不已。這位別克托夫在拓荒探險有功之後，想定居在葉尼塞斯克度過一個幸福的晚年，但當地貴族與司令長官不容於他。傳說是，他在一次與他們的爭吵後死亡。

在那個時代，別克托夫只不過是隊伍中的一名普通哥薩克，他之所以得到其他哥薩克沒有得到的讚譽和美名原因顯然有三個。一是，別克托夫不僅成為當時徵繳牙薩克數量最大的哥薩克首領，而且沿葉尼塞河、勒拿河和外貝加爾湖建立了一系列尖柱碉堡，成為修建新收集土地標誌「君主城堡」最多的一個哥薩克；二是，他最終越過了「安加拉河門」——「布拉特門」，將俄國的拓荒探險進程從東布里亞特擴展到了西布里亞特，從他修建的「布拉特尖柱碉堡」開闢了數條道路：通向北冰洋、阿穆爾河、太平洋、達斡爾、蒙古和中國；理順了與當地土著居民的關係，應允土著居民的首領負責徵繳牙薩克並隨後交於沙皇派來的牙薩克徵收大員；三是，在他之後，踏著他的足跡而至的其他哥薩克都從「布拉特門」出行向東，使此門成為沙皇俄國征服遠東、阿穆爾河和太平洋地區更多土地的最前哨。他還留下了有關遠東、蒙古、中國、甚至西藏和達賴喇嘛的資料，豐富了俄國拓荒探險、內部殖民的檔案，使俄國土地收集者沙皇的眼睛閃爍出覬覦更多土地的奇異光亮。

在俄國歷史上，別克托夫也是一個只有這段征服史光彩照人，而生死年齡不詳的匆匆過客！不過，別克托夫雖然像最絢爛的星辰那樣一閃而過，但在沙皇俄國拓荒探險的廣漠天空中，有的是閃爍的星辰，有的是不絕的收集新土地的英雄人物和光怪陸離的故事。

6　今赤塔。
7　位在今俄羅斯的涅爾琴斯克。

12 傑日尼奧夫：舊日傳奇和當代神話

米哈伊爾——阿列克謝

從二〇〇一年到二〇〇九年，俄羅斯掀起了一股讚頌一位「拓荒探險」的哥薩克、一位「新土地發現者」的熱潮：銀行發行紀念幣，郵局印製紀念郵票，地理學會發行紀念章，在相關地點建立紀念碑。而畫家也緊趕潮流，創作了一幅又一幅這位勇士的畫幅。連續幾年，有關這個人偉大業績和功勳的文章和專著也不斷問世。於是，這個人在新俄羅斯聯邦再度成為風光耀眼的英雄，舊日的傳奇瞬間成為當代的神話。

這個人就是哥薩克傑日尼奧夫（Semyon Dezhnyov）。

這位傑日尼奧夫與其他「拓荒探險」的哥薩克一樣，在他的偉大業績沒有出現之前，其出身年月和經歷少為人知，而在他的功勳閃耀世人之眼後，史籍對他的記載就模糊了起來。真可謂是來無影，去如風，空留一番神話、傳奇與業績在蒼穹。

也正像其他的哥薩克，傑日尼奧夫的「拓荒探險」生涯也是從托博爾斯克、葉尼塞斯克這兩個前哨碉堡開始的。他先後在這兩個地方當過火槍兵，他後來的事業與兩個人有關。一個人是衝出「安加拉河門」的別克托夫。一六三八年，他隨別克托夫的「探險」隊轉到剛剛建成的亞庫次克尖柱碉堡。他所幹的就是在碉堡四周地區收集牙薩克，並參與鎮壓那些不願繳納牙薩克和向碉堡發動攻擊的當地居民。一年後，他離開了別克托夫，被派往維柳伊河和阿爾丹河支流一帶徵繳牙薩克。他按照別克托夫的手段，在當地部族中徵繳牙薩克，也曾迫使某些部族「歸順」沙皇。

另一個人是當時享有盛譽的「探險隊長」斯塔杜欣（Mikhail Stadukhin）。在俄國的史書上，同樣沒有這個人出生年月的記載，只是說他是北方沿海地區的人，不是哥薩克，但也沒有記載他是俄羅斯人。比起別克托夫，傑日尼奧夫和斯塔杜欣的故事要冗長得多、別開生面得多。一六四〇至一六四一年的冬天，傑日尼奧夫奉派去雅納河徵繳牙薩克。在這個被稱為上雅納山脈的地區，山高嶺險，幾乎是無路可通，只有當地的土著居民通曉隱祕的山中小道。傑日尼奧夫兩次翻越上雅納山脈，在山那邊的東庫里牙特地區徵繳到了三百四十張紫貂皮。在他將牙薩克運回亞庫次克的歸途中，遭遇到土著居民的攔擊，惡戰一場而回。這期間，亞庫次克東北方向上的奧伊米雅康河沿岸被另一支哥薩克隊伍發現，修起了碉堡，成了俄國的新土地。傑日尼奧夫奉命到這一新土地上去徵繳牙薩克。從奧伊米雅康，沿鄂霍塔河，再穿越朱格朱爾山脈即可到達鄂霍次克海。但跨越大山難於登天，於是，傑日尼奧夫一行決定走水路，沿奧伊米雅康河去因迪吉爾卡河，再去鄂霍次克海。

這時，正有兩支哥薩克隊伍在向遠方的大海進發，一支是哥薩克埃里洛（Yerilo）的隊伍，另一個是傑日尼奧夫的上司斯塔杜欣的隊伍。斯塔杜欣奉命沿因迪吉爾卡河去東北方向的科力馬河一帶收繳珍貴的皮毛。於是，傑日尼奧夫的隊伍與他們合併，在斯塔杜欣率領下繼續向東，因為他們聽當地人講，東方有個叫鄂霍次克的海，到達這個海，就能找到通向世界各地的路。這個傳說吸引著他們，但在東去的路上，他們面對的卻是一片無邊無際的荒原，用傑日尼奧夫自己的記述來說，就是一個「既無獸跡，也無鳥飛」之地，加上土著居民襲擊這些不受歡迎的不速之客，根本徵繳不到大量的珍貴皮毛，斯塔杜欣的隊伍不得不改陸路為水道。一六四三年夏天，斯塔杜欣和傑日尼奧夫等人終於到達科力馬河，並沿河北上修建了準備過冬的碉堡「科力馬尖柱碉堡」[1]。一六四四年，傑日尼奧夫又修建了一座碉堡，即後來被稱為「下科力馬斯克」的尖柱碉堡。

儘管當時奉沙皇之命，朝科力馬方向「探險」的哥薩克隊伍不下十支，但是首先到達科力馬的卻是斯塔杜欣的隊伍。斯塔杜欣的隊伍是沿因迪吉爾卡河，發現了科力馬。雖然科力馬遠離莫斯科，且位於荒涼的、人煙稀少的東北極寒地區，但這裡的紫貂和其他珍貴野獸卻多得驚人。斯塔杜欣大喜過望，強徵到了難以計數的珍貴皮毛，而且迫使科力馬人宣誓效忠沙皇，「歸順」莫斯科。更為重要的是，他還記載下了沿途的河流、山谷的地形以及當地居民的風俗習慣和生活情況，為俄國政府收集更多土地提供了沒有先例的資料。所以，俄國的史書把斯塔杜欣稱為是「發現科力馬和研究俄國東北邊疆的第一人」。當然，這一切並不是斯塔杜欣一人所為、一人之功，至少傑日尼奧夫也記錄下來許多的資料。不過，探險隊的首領是斯塔杜欣，傑日尼奧夫就不能奪得首功了。這在沙皇俄國向東收集土地的進程中是個常見的現象。

一六四五年來到了，這一年翻開了羅曼諾夫皇朝新的一頁。第一代君主去世，這一年的六月，開始了第二代君主的統治。這位新沙皇叫阿列克謝，年方十六歲，處於大貴族莫羅佐夫（Boris

Morozov）的控制之下，俄國又出現了一個由大貴族攝政的時期。在這一時期，莫羅佐夫不斷干政，而年輕沙皇隨著年齡增長，君主專權意識日益強化，君臣間的衝突和鬥爭不斷。但是，君臣之間在收集土地的問題上卻是沒有分歧的。攝政的莫羅佐夫和新沙皇都把注意力放在了兩個方向上，一是東西伯利亞和俄國的東北地區及沿海，二是與波蘭爭奪動蕩不定的烏克蘭，以及遠至高加索和克里米亞的土地。關於烏克蘭、高加索和克里米亞的收集土地問題，我們將在後述。這裡先談東西伯利亞以及更遠的濱海地區的問題。

一六四五年，斯塔杜欣奉調回亞庫次克。他帶走了大部分人馬和得力助手哥薩克埃里洛，留下了傑日尼奧夫和其他十三名哥薩克留守科力馬尖柱碉堡。大隊人馬一走，碉堡周邊被斯塔杜欣所鎮壓並被迫交納牙薩克的當地居民起而反抗。居民首領率五百名之眾攻打科力馬碉堡。傑日尼奧夫不得不向斯塔杜欣告急。斯塔杜欣派埃里洛回馬馳援。結果是，在一場激烈的戰鬥後，當地居民傷亡慘重，不得不撤退。科力馬和傑日尼奧夫被保住了，但埃里洛卻失蹤，有資料說他是被反抗的人殺死了。傑日尼奧夫在這個不斷遭受當地居民襲擊的碉堡裡服役到一六四七年。科力馬雖被哥薩克發現了，但這裡並沒有徹底臣服於莫斯科，抗爭和襲擊一直困擾著傑日尼奧夫，以及形形色色發現和收集新土地的哥薩克。

1　這個碉堡很快就成為俄國東方的最大碉堡、沙皇政府向東繼續收集新土地的基地和橋頭堡，名稱也就改為「中科力姆斯克」。

一六四六年，也就是斯塔杜欣發現科力馬的三年後，一支哥薩克隊伍闖到了「大海邊」，並沿海岸走了四百俄里，發現了大量的海象牙和新土地。這消息刺激了眾多的哥薩克隊伍，更令代表沙皇政府辦事的西伯利亞衙門垂涎三尺，不斷指令各地司令長官拔隊東進。一六四七年，正沉湎於別克托夫和斯塔杜欣偉業的傑日尼奧夫見大好機會到了眼前，便給西伯利亞衙門呈送了一份稟帖，請求同意他從科力馬出發，「由海路前行」，去尋找「沒有繳納牙薩克的居民」，並令他們臣服。傑日尼奧夫保證，他的探險隊將沿著阿納德爾河東進，此行歸來將向沙皇獻上「無數的紫貂皮」。西伯利亞政府同意了這次探險，指令由波波夫（Fedot Popov）和傑日尼奧夫率隊。但是，他們的小木船無法通過冰封的水路，最後不得不以失敗告終。

傑日尼奧夫渴望自己的海上遠征，而這時沙皇也迫切需要更多的牙薩克來支持日益擴大的財政支出，並且通過對東方新土地的收集，來支持在西部與波蘭等對土地的爭奪。尤其是一六四八年，莫羅佐夫宣導居民抽煙，同時實行煙草壟斷，隨後他又壟斷市場，抬高鹽價，圖謀暴利，爆發了「鹽暴動」。這次暴動的結果是莫羅佐夫失勢，年輕的沙皇親政，開始了君主專權的統治。這時，沙皇連續發出《君主訓令》，要西伯利亞衙門加緊派遣探險隊，去東方收集更多的新土地，於是，傑日尼奧夫的再次遠征之夢得以實現。根據沙皇的訓令，西伯利亞衙門指定傑日尼奧夫為新探險隊主要負責人，波波夫襄助。

一六四八年六月二十日，傑日尼奧夫和波波夫等人分乘七條小木船向東方、向傑日尼奧夫稱之為的「大海洋」出發。途中他們遇到了風暴，兩條船沉沒，哥薩克們逃到岸上，又遭到土著居民的襲擊。有些活下來的人不願再前行了，而其他的人則隨傑日尼奧夫和波波夫繼續征途。在同年的九月二十日，他們本來是要去尋找通向阿納德爾河的通道的，但風浪把他們吹到了離這條河以南相當遠的海灣，他們遠遠看到了聳立在海水中的「大石岬」——一處海浪不斷撞擊的「海角」。傑日尼奧夫、波波夫和另一名哥薩克分乘三船闖過了「大石岬」，但瞬間風暴又起，那名哥薩克的船隻沉沒，隨後波波夫的船隻也在惡浪中消失得無影無蹤，傑日尼奧夫的船隻僥倖衝過了風浪，他率領存活下來的十二人登岸，乘雪橇繼續前行。十週後，他們到達了阿納德爾河。隨後又沿河北上，在阿納德爾河上游修建了一處尖柱碉堡——阿納德爾尖柱碉堡。隨後，傑日尼奧夫的船隊又由「大石岬」南下，經過了將亞洲和美洲大陸隔開的海峽（即現在所稱的白令海峽），但是傑日尼奧夫的隊伍並沒有登上對岸的那塊土地。

阿納德爾河在楚科奇半島境內，這就是說傑日尼奧夫走出的是一條穿越亞庫次克、馬加丹和堪察加到達楚科奇半島中心地區到「大石岬」（當地人叫「楚科奇角」），以及隨後北上經北冰洋再到太平洋的道路。而對於沙皇阿列克謝和西伯利亞衙門來說，傑日尼奧夫探險的結果是將俄國東北部的「邊界」推進到了楚科奇，楚科奇角改稱為

楚科奇的東面就與美洲大陸隔海相望。（John Slava Pei）

「東方角」，而在「東方角」的前面，在楚科奇的東面就與美洲大陸隔海相望了。

對於自己的這一「探險」，傑日尼奧夫曾經留下過記述：

我，謝梅伊卡（即謝苗）奉派從科力馬去一條新河——阿納德爾河，使命是尋找新的不交納牙薩克的人。（一六四八年）九月二十日，從科力馬河出發，走海路，在海灣處，楚科奇的人毆鬥傷了買賣人費多特．阿列克謝耶維奇，就是與我，謝梅伊卡，同行的那個費多特，他被大海捲走了，渺無音訊，而我，謝梅伊卡，也被大海捲走。聖母帡幪日（十月一日）後，被吹到了阿納德爾河的岸邊……

……而我，您的奴僕，和他們，那些買賣人和手藝人一共九十人，坐木船走海路，通過了阿納德爾河口，上帝的懲罰呀，我們所有的船隻都被大海擊得粉碎，一些買賣人和手藝人遭遇海上搶劫而沉入大海，在苔原上被外族人所殺害，而另一些人則餓死，總計六十四人。

一六四八至一六四九年間，傑日尼奧夫的拓荒探險生涯達到了頂峰，沙皇政府賞賜他「亞庫次克碉堡的哥薩克首領」稱號，俄國人對他的讚頌都源於他這段光輝的經歷。他在當了約十年的阿納德爾碉堡軍事長官後返回亞庫次克，把大量珍貴的獸皮、海象牙和各種稀有的獸骨交給了國庫。傑日尼奧夫和沙皇，及西伯利亞衙門的關係是非同一般的，他奉沙皇的《君主訓令》東行「探險」、為沙皇尋找「不交納牙薩克的人」和新土地，沙皇通過西伯利亞衙門對他不斷賞賜和嘉獎。但是，傑日尼奧夫並沒有忘記以自己的「偉業」去求得更多的利益。一六六四至一六六五年間，他曾兩次通過西伯利亞衙門呈文沙皇爭取自己的利益。一次是請求沙皇補發給他「一六四三至一六六一年應得的薪俸和糧食」。由於數額很大，西伯利亞衙門不敢答應，呈報沙皇核准。西伯利亞衙門大臣傳下了沙皇阿列克謝的聖訓：國君聽取了勒拿哥薩克傑日尼奧夫的摘報和稟帖，決定將一六四三至一六六一年的薪俸和糧食賞賜給他，因為「他在這些年裡是在阿納德爾河為國君效勞，為國君收繳牙薩克和尋找新土地」。

第二次是在一六六五年的二月，他在向沙皇的呈文中寫道：「我，您的奴僕，在托博爾斯克和葉尼塞斯克效勞二十五年，流血，受傷，徵繳了大量牙薩克。」因此他請求沙皇再賞給他錢，用以購買儲備的糧食。但這次西伯利亞衙門認為已經給了他不少的薪俸和糧食，沒有必要再將此事呈報沙皇，也就沒有給傑日尼奧夫答覆。

在此後的歲月裡，傑日尼奧夫再也沒有在拓荒探險和收集新土地的進程中做出什麼重大貢獻。在去阿納德爾河沿岸尋找新土地時，又曾一度與斯塔杜欣同行，後來兩人關係弄僵，分道揚鑣。他們兩人都曾留下自己繪製的沿途地形圖和文字說明。傑日尼奧夫繪製的地形圖已經蕩然無存，只有他的記載和各種各樣的稟帖仍保存在俄羅斯阿穆爾、莫斯科和聖彼得堡的檔案館裡。而斯塔杜欣所繪製的地形圖成為後來的「探險者」、西伯利亞的研究者和國家決策者不可捨棄的珍寶。

不過，傑日尼奧夫畢竟成了俄國向西伯利亞和遠東及濱海地區尋找新土地的「國寶級」英雄，和名垂俄國歷史的為國效勞者和爭光者。沙皇對他的讚頌和褒獎自不必說。那個「大石岬」就以傑日尼奧夫的名字命名——「傑日尼奧夫角」，在那裡建起了高聳的紀念塔，樹立了宏偉的十字架。即使在偉大社會主義的蘇聯，傑日尼奧夫依然是為國收集土地的先鋒、立下豐功偉績的愛國者、尋找更多新土地的無畏勇士和榜樣。一九四八年，在傑日尼奧夫探險三百週年之際，蘇聯發行了紀念傑日尼奧夫發現「亞洲和美洲之間海峽」的郵票。蘇聯的一系列城市都有以傑日尼奧夫命名的街道。一九七七年，蘇聯一艘以傑日尼奧夫命名的破冰船下水，再次發行了一張紀念郵票。傑日尼奧夫成了蘇聯向美國展示自己武力、強勢的棋子，成了蘇美爭霸舞臺上一顆永不褪色的新星。每一張紀念郵票，每一次艦船和街道的命名，都是對美帝國主義霸權的示威和挑戰。

在當今的俄羅斯聯邦，傑日尼奧夫非但沒有失去帝國的光輝，反而這光輝卻是愈來愈鮮亮、愈來愈具有新聯邦的色彩和追求。在梅德韋傑夫（Dmitry Medvedev）擔任總統期間，俄羅斯開始國家發展政策的「東傾」，其中主要就是加快「北方海上之路」的建設與開發。這條「北方海上之路」就是從科力馬起，沿阿納德爾河、走北冰洋水路，通向「傑日尼奧夫角」，再下白令海峽通向太平洋的海上之路。這條海上之路全長五千五百公里，全年的通航時間為二到四個月。就俄羅斯國內而言，它保證了俄羅斯二十七個聯邦主體的海上交通。現在，俄羅斯北部地方開採的天然氣、石油和木材、百分九十的鎳和百分之六十五的銅都是由這條海上之路輸送的。

近年來，普丁總統加大了開發和利用這條海上之路的力度。二〇一七年十一月，普丁總統在一次會議上強調了這個問題：「鑑於氣候條件的變化，可通航天數的不斷增加，北方海上之路在經濟上正變得愈來愈有利。」普丁甚至說：「從經濟上講，將貨物從歐洲運往亞洲太平洋地區各國，要比蘇伊士運河更合算。」在這裡，普丁的目光已經越過了俄羅斯本土。他強調了這條北方海上之路是俄羅斯通向大西洋、北冰洋，連結太平洋和大西洋的出口之路。

現在，重建和擴展這條「北方海上之路」成了普丁總統讓俄國重新傲立於世的戰略決策，成了俄羅斯聯邦的一個象徵，一個與他國較量國力的風向標。

對於總統的這一決策，俄羅斯的媒體紛紛發文，詳細回顧了這條海上之路的來歷：這條路在十一至十三世紀就有沿海居民在拓荒開發了，一五二五年俄國外交官格拉西莫夫（Dmitry Gerasimov）就建議利用這條水路了；而具決定意義的是，一六四八年夏天，哥薩克傑日尼奧夫開闢了從科力馬河口至阿納德爾河的這條道路，證實了在歐亞大陸和美洲大陸之間存在這樣的分界線，有一條從北冰洋到太平洋的海上通道。

於是，在三百七十多年之後，傑日尼奧夫再度來到了俄羅斯的大地，走上了俄羅斯通向世界的政治舞臺！他讓俄羅斯人有了一種無比驕傲的自豪感：「傑日尼奧夫比丹麥人維圖斯．白令（Vitus Bering）早八十年發現這個海峽！」

13 向鄂霍次克海，向太平洋，向阿穆爾河

米哈伊爾——阿列克謝

二〇一二年，在俄羅斯東北部鄂霍次克海中的尚塔爾群島的大尚塔爾島上，修建起一處紀念建築群，包括一處東正教教堂，兩座紀念碑。其中一塊紀念碑是紀念哥薩克莫斯克維廷（Ivan Moskvitin）的探險隊於一六三九到一六四一年為俄國發現了鄂霍次克海和尚塔爾群島。另一塊紀念碑是紀念二十世紀初把美國和日本偷獵者從這片海域趕出去的邊防軍人。主持建造這座紀念群的是哈巴羅夫斯克「拯救尚塔爾群島委員會」，和哈巴羅夫斯克「俄羅斯遠東歷史遺產研究和保護委員會」主席，大力贊助的是哈巴羅夫斯克邊疆區文化部。

尚塔爾群島是個被稱為「不可能到達之角」的地方，這裡幾乎沒有常住居民，幾乎沒有交通可達。現在，乘坐螺旋槳飛機從哈巴羅夫斯克去那裡需一個小時，而且費用昂貴，一次航程大概需要十萬以上的盧布（二〇一二年價）。為什麼要在這麼一個遠離現實世界的島上修建這處紀念碑群。也許可以從一位參與建造的俄羅斯人下述一段話看出其中的奧妙：「如果那裡有修院——先是小教堂，隨後是修院。這樣的話，我們就會告知世人，這是我們的土地，俄羅斯的土地。我們常常看到日本人在那裡出沒。所以要讓他們看到，在這裡樹立了東正教的十字架。這就是說，

這土地是我們的！」

關於這個莫斯克維廷傳奇般的經歷，尚塔爾島上的這塊紀念碑是不能完全說得清楚的，它很長，很有俄國「拓荒」、「探險者」的繽紛色彩。

話得從頭說起。

十七世紀上半期，沙皇政府向西伯利亞的收集土地，是沿著托博爾斯克、葉尼塞斯克這條線向東推進，再越過幾條大河，進入布里亞特、亞庫次克地區的。這基本上是一條橫貫西伯利亞中部的路線。

這一時期，俄國的拓荒、探險全集中在這條路線之上。這有幾個原因：第一，無論是沙皇的訓令，還是托博爾斯克或葉尼塞斯克地方長官的指令，給哥薩克拓荒、探險隊的任務始終不變：發

俄國在西伯利亞和遠東及濱海地區獲得的自然資源。（John Slava Pei）

現「不繳納牙薩克的人」和尋找新土地。當時接踵而至的哥薩克在這條線路上尋覓到了愈來愈多的皮毛，尤其是極為珍貴的紫貂皮，而這些皮毛也正是這一帶不繳納牙薩克的人的生活和生存資料。據統計，十七世紀上半期俄國國庫收入有三分之一來自於徵繳的牙薩克和哥薩克們所進行的「牙薩克交易」——珍貴皮毛交易。僅在傑日尼奧夫遠征的一六四八年，在四個城市（曼加澤亞、托木克、葉尼塞斯克和圖林斯克），皮毛商（所謂「狩獵人」或皮毛加工買賣人）就繳納了一萬七千九百零五盧布。如此之大規模的牙薩克是支撐拓荒、探險隊不斷東行的主要力量。

第二，中間的這條線路雖然也很艱難，有難以逾越的大山，有咆哮奔騰的大河，有大河上插翅難飛的險惡之「門」，有不甘屈辱、抗拒繳納牙薩克的當地居民，但是，從莫斯科公國起這裡就是大公、沙皇收集新土地的前進之路，就是地方貴族和哥薩克首領聯合力量為君主「屯兵守土」的前線。這條路組成了從統治者到哥薩克火槍兵知道得比較清楚的唯一路線。前行者雖披荊斬棘，但後來者則可尋足跡而行。緊隨哥薩克隊伍，從俄國中部陸續湧來了大量的移民，他們大部分是俄國中部地區大莊園的農奴。他們逃脫莊園主的殘酷壓榨，到西伯利亞來尋找自由和生存的新天地。這條路線上，大都是農耕地區，所以這一線就成了逃亡農奴、移民、流民的唯一選擇。他們的墾荒和定居，又為哥薩克隊伍的繼續東行提供了一定的物質和社會保障。

第三，無論是莫斯科公國，還是繼承它的羅曼諾夫王朝，應該說是一個沒有出海口的內陸國家，君主們治理的是一個封閉的社會。土木結構的房舍、碉堡是這一時期生產力的特徵。統治者、哥薩克可以在他們發現和收集到的河口土地上修建尖柱碉堡，但卻是都沒有沿海路拓荒、探險的經歷，更談不上什麼經驗。海洋是個未知世界，哥薩克得到的和傳遞給莫斯科的訊息是，在那遠方有沙皇政府急需的豐富銀礦、各種物資，而海洋則似乎是個遙不可測的對岸。對這時的俄國來講，從騎手到水手是一個尚未提到日程上的未來的發展進程。所以，從烏拉爾山以西至安加拉河以東的廣漠地區，就在一定時期內成為沙皇為收集新土地全力馳騁廝殺的舞臺。

第四，從羅曼諾夫王朝第一代沙皇米哈伊爾到第二代君主阿列克謝，是俄國歷史上的重大轉折時期。俄國西部的鄰居——波蘭、瑞典、普魯士，開始了新一輪與沙皇爭奪土地的鬥爭與戰爭，而「小俄羅斯」（烏克蘭）則成了一切爭執的焦點和核心。一個令沙皇極為擔憂的問題是，「日耳曼人」也正在全力向西伯利亞及遠東的土地「拓荒探險」。沙皇擔心日耳曼人的這種爭奪，不僅將嚴重阻礙俄國在西伯利亞收集土地的進程，而且存在著這塊廣漠而又富饒的土地將成為日耳曼人的海外殖民地，於是，不惜一切力量，搶在日耳曼人以及其他歐洲國家的前面，全力推進向東西伯利亞，和遠東地區的收集土地，就成為俄國極為重要的國務。

隨著別克托夫遠征探險的結果，俄國在西伯利亞收集土地的進程，發生了實質性的變化。在沙皇的訓令和西伯利亞衙門的全力支持和安排下，別克托夫的後來者，就沿著三個方向朝東西伯利亞和遠東拓荒探險、為沙皇尋找「不繳納牙薩克的人」，和支撐國家財政支出必須的銀礦。傑日尼奧夫向東北，走出了一條穿越楚科奇半島、沿北冰洋、再下與美洲大陸隔海相望的海峽、南下太平洋之路。這時俄國的哥薩克，和那些「逆風也能嗅到珍貴皮毛和銀礦之味的買賣狩獵人」是萬能的，他們無所不在，無所不能，就在傑日尼奧夫探險的同時，他們也紛紛繼續向東和轉而南下，尋找有著更多的「不繳納牙薩克的人」和有銀礦的新土地。

在向東的探險隊裡，同樣是奉派而來成群結隊的哥薩克。在這些哥薩克中，莫斯克維廷很快就令人刮目相看。在俄國的史籍中最早提到這個人的名字是一六三一年，這時他是托木斯克的一個普通哥薩克，但是因為他參加了一支去安加拉河「拓荒探險」的小隊而留下了名字。

早在一六三六年，沙皇政府已經覬覦西西伯利亞以東的土地，而奉派和麇集在托木斯克和葉尼塞斯克一帶的哥薩克，已經盯上了更遙遠的東方珍貴皮毛，和豐富的銀礦，只不過是苦於無路可通而未能成行。但在人數眾多的哥薩克隊伍中也有勇者，托木斯克的五十人長科佩洛夫（Dmitry Kopylov）就是這麼一個。這一年的十一月，他和其他兩名哥薩克給托木斯克軍事長官遞呈了一份稟帖，其中寫道：「遠方有一條河，我們知道去那裡的道路，許多通古斯人住在那裡，這些通古斯人從來沒有向您，向君主，繳納過牙薩克，在那些土地上也從沒有過為您，為君主，效勞的官員。」軍事長官同意了他們的請求，組織了「探險隊」，為他們提供了糧食和槍支。一六三八年的春天，科佩洛夫的探險隊出發，隊伍中包括了一名叫莫斯克維廷的普通哥薩克。隊伍行進到了阿爾丹河右岸一個叫布塔里的地方，在那裡修建了「布塔里尖柱碉堡」。在那時，只要哥薩克在那裡修建了尖柱碉堡，那地方就自然成了沙皇新收集到的土地。科佩洛夫開始向碉堡周邊的通古斯人徵繳牙薩克，並從他們得知在大山的那一邊有一條叫「石勒喀」的河，傳說那裡有豐富的銀礦，於是他決定去尋找這條河，但大山難以逾越，大海遙遙，水路不通，無功而返。

一六三九年五月，科佩洛夫被解職。托木斯克軍事長官奉命又組織了一支三十人的「探險隊」，目標是先去「海洋」，再去神祕的石勒喀河。這次，莫斯克維廷被指定為隊長。莫斯克維廷的隊伍歷經三個月的跋涉後到達了烏利亞河岸。當地嚮導對他們說：前面，不遠，就是「拉穆特海」了。這是一個哥薩克、俄國人完全不瞭解的地區，這裡的居民是拉穆特人（埃文人），所以他們把「海洋」叫作「拉穆特海」。關於這三個月的經歷，莫斯克維廷後來在給上司的呈報中這樣記述過：「在到達拉穆特之前，我們吃樹皮、野草和根莖為生，而在拉穆特，河流眾多，能逮到很多魚，可以吃飽了。」從他的記述中可以看出，這個拉穆特人居住的地區應是個物產豐富的地方。

就在這裡，莫斯克維廷從當地人那裡得知在北邊有一條河，那裡居民相當多。莫斯克維廷聽罷按捺不住，馬上組織了一支二十名哥薩克的隊伍向這條河進發，三天後，他們終於到達了這條河邊，拉穆特人高興得大聲喊叫起來：「阿卡特！」「阿卡特」是拉穆特人「河」的發音。於是，哥薩克就模仿他們的發音，把這條被他們「發現」的河叫作「鄂霍塔河」。然後，他們從河口進入「鄂霍次克海」，沿海岸行進了五百多公里。在太平洋岸邊的烏利亞河口修建了俄國在這裡的第一座尖柱碉堡，並在這裡開始造「科齊」（Koch）船，且從這裡數次沿太平洋南北兩岸進行了「探險」。一開始，他們所到之處都受到了拉穆特、雅庫特等當地居民的善意接待，給他們當嚮導，對他們講述當地的風俗民情，然而，莫斯克維廷的哥薩克隊伍所需的不是這種善意，而是多多益善的牙薩克和土地。他們沿途徵繳大量的牙薩克，甚至搶劫珍貴的皮毛，並用武力迫使「不繳納牙薩克的人」臣服沙皇，土地歸順莫斯科。此外，莫斯克維廷還強徵當地人在烏利亞河口建造了兩艘大的三桅木船「科齊」，以便能繼續海上的「探險」。

莫斯克維廷探險隊的強力徵繳和欺壓激起了拉穆特人、雅庫特人的反抗，他們拒不向「全羅斯的沙皇」繳納牙薩克，更不能把自己生存的土地交給這些外來者。拉穆特人兩次（一六三九年十一月，六百人；一六四〇年四月，九百人）攻打莫斯克維廷的碉堡。拉穆特人使用的是弓箭、長矛、獸骨標槍，面對的是守在土石建成的碉堡之內的火槍，和殘忍的哥薩克射手。他們失敗了，許多人死於哥薩克火槍的射擊下，活著的人被俘虜成為探險隊的人質。拉穆特人為自己的自由和生存，英勇抗爭，寧死不屈，這連莫斯克維廷在向上級的呈報中也把拉穆特人的反抗稱為是「勇敢的，無所畏懼的」。

莫斯克維廷向一名人質詢問了「馬莫爾河」（阿穆爾河）的情況，得知那裡土地肥沃，物產豐饒，但居民是「不向沙皇繳納牙薩克的人」。於是，一六四〇年六月，莫斯克維廷讓這個人質帶路，沿著鄂霍次克海的西岸到達了烏第灣。在烏第灣，莫斯克維廷從當地居民那裡得知了有關阿穆爾河及其支流結雅河和阿姆貢河（即精奇里江和恆滾河）的詳細情況。他率隊從尚塔爾群島的南端繞過，穿過薩哈林灣，到達庫頁島的西北岸，最後來到了阿穆爾河河口三角洲，後來他在自己的呈報中這樣描述：「那裡有農戶居住，他們有糧食，有馬，有牲畜，有豬，還有雞，他們能造酒、紡紗、織布，一切習俗和俄國人一樣。」但是，莫斯克維廷探險隊糧盡彈絕，沒有了一切後援，雖眼看著似乎近在眼前，又遙不可及阿穆爾河萬般無奈，只能恨恨而回。一六四一年春天，他回到了亞庫次克，帶回了大量的牙薩克。他把一部分上繳給國庫，一部分留給自己和哥薩克弟兄們共分。莫斯克維廷還向沙皇呈報了一份詳細的「探險」經歷，列數了他的隊伍到達過的河流、島嶼、海灣、修建的碉堡，以及沿途「不繳納牙薩克人」和其生活的情況，並且稟告沙皇他所到達的地方均已歸順，俄國的疆界已經到達鄂霍次克海、太平洋和阿穆爾河三角洲和河口地區以及庫頁林島。他還在這份經歷後附上了一份他繪製的沿途地形圖。

莫斯克維廷的「探險」和「發現」受到沙皇和俄國政府的重視和讚賞，將「五十人長」的頭銜賞賜給他，與他隨行的哥薩克們，也都得到了不同數量的盧布或者實物的賞賜。一六四七年，莫斯克維廷奉召來到莫斯科，沙皇賞賜他「哥薩克阿特曼」[1]的封號。隨後他返回托木斯克，從此，俄國的史籍上再也找不到有關這位莫斯克維廷的任何文字記載。他像他的先行者哥薩克皮揚達、傑日尼奧夫等人一樣，在光環中逐漸消失了。只是隨著羅曼諾夫王朝繼續收集土地、擴大俄國的疆界，莫斯克維廷才最終被俄國的政界和學者賦予了「俄國到達遠東、鄂霍次克海、太平洋、阿穆爾河的第一人」、「在太平洋岸邊建立俄國尖柱碉堡的第一人」。更有人把他在烏利亞河口尖柱碉堡建造的兩艘平底木船「科齊」說成是「開俄國建造太平洋艦隊之先」。

1 阿特曼，為哥薩克軍隊最高軍事指揮官的正式頭銜。

14 闖入阿穆爾河中下游、結雅河平原「第一人」

米哈伊爾——阿列克謝

正如我們在前面的文字裡說過的，別克托夫在一六三二年修建了勒拿尖柱碉堡，一六三八年，羅曼諾夫第一代沙皇米哈伊爾開始往這裡派遣軍事長官，第一任軍政官叫戈洛文（Pyotr Golovin）。這是一個殘酷無情、手段狠毒的軍人，尤其是對那些不願繳納牙薩克、抗拒臣服俄國的「異族人」（инородцы）——這是當時沙皇政府對東西伯利亞各族人的蔑稱，毫不留情。從上任一開始，戈洛文就奉命積極支持過別克托夫、莫斯克維廷的「拓荒探險」、收集牙薩克。

因勒拿碉堡遭勒拿河水氾濫的威脅，戈洛文有意將碉堡遷個新地方。沙皇米哈伊爾也正想將收集的土地迅速東擴，於是令戈洛文「一定要建造亞庫次克碉堡」。而這時波亞爾科夫（Vassili Poyarkov）正在戈洛文手下當「文書官」[1]，是軍政長官的「助理」。戈洛文便派他去尋找一塊可將尖柱碉堡遷移的地方，於是在俄國史書上開始有了關於他的記載。

波亞爾科夫找到了一塊適合建造新碉堡的地方。他在給戈洛文的呈文上說：「有一塊叫埃尤科夫的草場，是個建造碉堡最好和最合適的地方。」於是，戈洛文下令哥薩克隊伍前去建堡，哥薩克隊伍四處驅逐原地的居民——雅庫特人。埃尤科夫草地是雅庫特人放牧的場所，他們對戈洛文的強行遷移和哥薩克的暴行進行了三次激烈的反抗。除了建堡，戈洛文下令哥薩克強徵牙薩克、對拒不繳納的雅庫特人登記編冊。一六四二年二至三月間，雅庫特七百多人對碉堡發動進攻並將其圍困，他們呼喊出的是：「牲畜不交，牙薩克不繳，我們的土地絕不給！」[2] 戈洛文下令鎮壓，對於反抗者格殺勿論。結果是，亞庫次克碉堡周邊的許多雅庫特人的房舍連同居民被焚毀，反抗者的首領和雅庫特「最優秀的人」均被吊死或殺死。

直到第四次，一六四三年，哥薩克才終於在勒拿河的左岸建起了新的勒拿碉堡，改名為亞庫次克。也是從這時開始，沙皇政府向東西伯利亞收集土地的橋頭堡就從葉尼塞斯克轉到了亞庫次克。亞庫次克成了新的行政中心。這期間，恰好有幾支哥薩克隊伍在東西伯利亞「探險」。一支隊伍是哥薩克阿特曼佩爾菲利耶夫的隊伍，佩爾菲利耶夫曾經多次東行。一六二五至一六二七年間，他隨一支隊伍「探險」到貝加爾湖的東岸，他在給上司的報告裡這樣寫：「這裡是人口眾多的地方，紫貂、海狸、牲畜極多。」一六二八年，他讓安加拉河沿岸的通古斯人「臣服沙皇」，並將極其大量的牙薩克（四百三十八張紫貂皮）帶回葉尼塞斯克。一六三八年，他跑到了貝加爾湖的北岸，第一次闖進了布里亞特人的達斡爾土地。他的報告裡提到，他聽說在一個叫「石勒喀河」的地方「有許多定居的、種植糧食的人」。

1　相當於軍政長官的「辦公室負責人」。

2　這次雅庫特人的反抗曾被俄國史書稱為「一六四二年雅庫特起義」。

還有一支是哥薩克巴赫傑雅羅夫（Enalei Bakhteyarov）的隊伍。此人也是戈洛文的「文書官」，隨戈洛文和波亞爾科夫一起來到亞庫次克。一六四〇年，他奉命去安加拉河支流伊里姆河地區，「考察」那裡的鹽儲藏和能否建造熬鹽廠。他在對此次「考察」所寫的報告中，提到當地人說沿維季姆河而下可到達石勒喀河。這訊息讓沙皇驚喜不已，勒令戈洛文迅疾組織探險隊前往維季姆河「徵繳牙薩克和尋找新土地、銀礦、銅礦和鉛礦以及農耕地」。沙皇還指令他們要瞭解在維季姆河和石勒喀河沿岸居住的是些什麼人以及「尋找通往中國的道路」。沙皇政府還為此行配備了糧食和包括大炮在內的武器裝備。巴赫傑雅羅夫「探險」的結果是，最終證實了阿穆爾河的存在以及它還有一條支流——結雅河（即精奇里江）。

從東方最前線傳回的這些訊息令沙皇大喜。沙皇政府決意沿維季姆河、石勒喀河和結雅河向東方收集新土地。一六四三年七月十五日，戈洛文尊奉沙皇的指令組建新的探險隊：「根據全俄國君沙皇和大公米哈伊爾的聖諭，侍臣和軍政長官戈洛文命令文書官波亞爾科夫由亞庫次克城堡出發，去結雅河和石勒喀河，為國君徵繳牙薩克、尋找不繳納牙薩克的人以及銀、銅、鉛礦和糧食……前進，為國君去效勞吧。」

經過一年半時間，這支探險隊逐漸完畢。從人員配備和武器裝備來說，這支隊伍十足地顯現出了沙皇及其政府迅速東進，收集更多牙薩克、土地和資源的宏圖大略：全隊一百三十三人，其中的一百一十二人都是擔任軍職的哥薩克，除此之外有專門徵繳牙薩克的人，有專事皮毛加工和買賣的「狩獵人」，有「通譯」，甚至還配備了器械和武器修理工。沙皇政府給這個探險隊所提供的輜重和武器的數量之多，是收集土地進程以來從沒有過的。

一六四三年六月，在冰河解凍的日子，波亞爾科夫的隊伍出發，歷經三個冬天，於一六四六年的早春回到亞庫次克。一六四三年的秋冬之際，波亞爾科夫來到了阿穆爾河及其支流結雅河地區。他在這塊被他們稱之為「達斡爾」的地方建造了過冬的碉堡，瞭解了當地的情況，把直至鄂霍次克海東岸的土地都「收集進俄國」。有關這一切，波亞爾科夫後來在給軍政長官和沙皇的呈報中這樣寫：「在結雅河兩岸不斷碰見村莊，都是寬敞的木房子，建造結實，窗戶被油紙封得嚴嚴實實。達斡爾人家存有糧食和豆子等吃食，有很多牲畜和家禽。他們穿著絲綢，或者棉布衣服。絲綢、布匹和金屬等製品，都是從中國用毛皮交換來的。他們也用毛皮向滿洲人繳納貢賦。」

從上述文字裡，可以看出，一是，在波亞爾科夫到達阿穆爾河及結雅河時，這裡的達斡爾土地並不是未開發的荒涼之地，這是達斡爾人世代居住的農耕富庶之鄉；二是，這方土地與遙遠的莫斯科毫無關係，而是與「滿洲人」的中國不僅關係密切，而且他們向這個中國繳納貢賦；三是，波亞爾科夫將這一土地「臣屬」於俄國的根據是：這土地是他首先「發現」的，來到的，因此就是「我為沙皇收集的」，是「俄國的」。這讓達斡爾人很反感，不能接受。

這第一個冬天，波亞雅爾科夫及其探險隊是在這裡的碉堡度過的，但是哥薩克的糧食很快就斷了。波亞爾科夫派出由五十人長哥薩克彼特羅夫（Petrov）帶隊的武裝隊伍去向達斡爾人徵繳糧食。波亞爾科夫給他們的指令是：不交糧，不臣服，就武力解決。達斡爾人不允許哥薩克接近寨門，哥薩克就勒令達斡爾人的首領走出寨門，對他說：只要他們臣服「全俄國的沙皇」，就不會傷害他們。有幾個寨子的達斡爾首領聽信此話，但他們一走出寨門就被哥薩克抓為人質，強令他們交出糧食。更多寨子的居民則是把波亞爾科夫一夥視為強盜，對他們怕而遠之，為求平安，同意給他們一些糧食和牲畜。但為了以防萬一，他們在離自己的寨門外一俄里的地方架設帳篷，把糧食和牲畜放那裡，不允許哥薩克進入寨子，更不會臣服「全俄國的沙皇」。

彼特羅夫立即對寨子發動攻擊，企圖用武力奪下達斡爾人的寨子，強令他們臣服。達斡爾人奮起反抗，戰馬嘶鳴，弓箭齊下，策馬狂奔而來的哥薩克有九人被射死，其他人被箭矢所傷，彼特羅夫大敗而回。波亞爾科夫見狀大怒，不僅沒有徵繳到牙薩克，沒有讓達斡爾人臣服，反倒損兵折將，更為嚴重的是波亞爾科夫的探險隊面臨缺糧將饑餓致死的寒冬。波亞爾科夫殘酷地懲罰了彼特羅夫等領隊者：不把尚有的糧食分給他們。最後彼特羅夫等凍餓而死。

而波亞爾科夫與探險隊的剩餘人員僥倖熬過了一六四四年的嚴冬。五月底，他得到了糧食和人員的後援，又沿著結雅河下行。六月一到，正是夏收季節，達斡爾人忙於收割，疏於防衛。波亞爾科夫的隊伍就沿途搶劫糧食、牲畜，也就是說用哥薩克在東進西伯利亞起就慣用的打家劫舍的辦法，不斷地讓自己吃飽、讓輜重重新滿囊。這塊糧滿倉、畜滿圈的地方讓波亞爾科夫等心胸大開，喜樂滿懷，正如他後來寫的呈報中所描述的：「在結雅河和石勒喀河生長著六種穀物：大麥、燕麥、黍子、蕎麥、豌豆和大麻，而在巴爾達奇寨子那裡還種植蔬果，黃瓜、罌粟、豆類、蒜、蘋果、梨、核桃、俄國胡桃。」於是，波亞爾科夫就在這裡修建起表示新收集土地的俄國標誌——尖柱碉堡，在這裡過冬。波亞爾科夫在這裡打聽到，自結雅河河口至阿穆爾河，還居住著另外一些民族的人，他們人數眾多，且農耕定居，富庶一方。而這種人多、地富的地方正是沙皇政府急需的新土地。

於是，波亞爾科夫的探險隊沿江而下，沿途向當地居民武力徵繳牙薩克，把他們收繳牙薩克的土地歸為俄國的新土地，波亞爾科夫在呈報中反覆說，這些人「從沒有向任何人繳納過貢賦」，是他們探險隊的首次發現了這些民族以及他們的土地。這一年的冬天，波亞爾科夫在阿穆爾河地區修建了好幾個尖柱碉堡，這些碉堡分布在從如今的海蘭泡至烏蘇里江沿岸。波亞爾科夫探險隊的徵繳、劫掠使當地居民的財物大量喪失，房舍被毀，平靜的生活遭到破壞。僅在尼夫赫人居住的地區，波亞爾科夫就強徵到了四百八十張紫貂皮，六件紫貂皮襖，還把一些當地人作為人質帶回了亞庫次克。在這期間，從結雅河至阿穆爾河沿岸各民族居民此起彼伏地反抗，波亞爾科夫「探險隊」的人員也不斷減員，傷亡慘重。

波亞爾科夫的探險隊在火與血的廝殺中，終於為沙皇俄國「發現」了結雅河和阿穆爾河。而他們在尖柱碉堡裡的生活，尤其是冬季寒夜裡卻是心驚膽戰的。一六四五年的夏天，波亞爾科夫認為軍政長官的使命已經完成，對沙皇的效忠已有結果，於是折回北上，沿薩哈林灣、鄂霍次克海，來到了他的先行者們都到達過的烏利亞河口，再從那裡回到了亞庫次克。在烏利亞碉堡，波亞爾科夫還不忘帶一份厚禮回亞庫次克：他抓獲了附近通古斯人帶路，強徵了大量的紫貂皮和紫貂皮製品。更為重要的是，他給沙皇政府送上了一份有關結雅河和阿穆爾河平原地區的地理、風情、習俗、作物、民族的詳細稟報和各種製圖。

波亞爾科夫在給沙皇的呈報中，不僅詳細描述了「探險」的情況，而且對今後如何在阿穆爾河平原、遠東及濱海地區收集新土地提出了自己的建議：「那些土地現在已經能夠歸屬您國君沙皇了，並且它們給您的利益，國君，將是很多的……因為那些土地上人很多，穀物很多，紫貂很多，還有許多各式各樣的野獸，莊稼長得很多，那裡的河裡魚很多，有糧食儲備，國君的軍政人員不會缺糧了。」為了保住這塊在波亞爾科夫看來天堂般的地方，他向沙皇主動請纓再次出征遙遠的結雅河和阿穆爾河平原地區。他寫道：「為了徵繳牙薩克並讓這些新土地歸屬您尊貴的沙皇，派三百多人去足矣。」

沙皇政府對波亞爾科夫的「偉大發現」和「征服功績」大加讚賞。他被從亞庫次克召到莫斯科，沙皇將他從一個封地的貴族晉升為莫斯科的貴族（也就是說，從地方級升到了國家級），並且由國庫支付他高額的年俸。此後他擔任過幾個城堡的軍政長官，但此後俄國史籍對他的記載就極為不詳了。有記載說，他的晚年是在莫斯科度過的，享受了國家的供養和平靜無憂的生活。

雖然俄國史書對波亞爾科夫探險結雅河和阿穆爾河歸來後的生活和經歷「從簡」，但他為沙皇收集新土地的偉大功績卻不斷被讚頌。在「收集俄國土地」這一跨越幾個世紀的壯舉中，波亞爾科夫作為神的光彩永遠在閃爍，他在神壇上的位置永不衰退。究其原因，不外四點：一是，波亞爾科夫在其稟告和呈文中一再強調，在結雅河和阿穆爾河地區，他，俄國人是第一個到達的，這裡的達斡爾人等民族從來不向任何人繳納貢賦；在三年的探險中，他從沒有遇見過任何「滿洲人」；二是，結雅河和阿穆爾河地區的達斡爾等民族生產力低下，生產關係和社會發展上都遠遠落後於俄國，通古斯人還處於族長制氏族關係的早期階段；三是，波亞爾科夫探險隊在結雅河和阿穆爾河的探險活動，無論從探險器具，和船隻的製造技術上、經歷的艱險上，還是從處理當地的民族關係上，俄國都是世界領先的；四是，波亞爾科夫探險的結果給俄國帶來了很多的土地和利益，而且這種土地和利益為後來的探險、拓荒帶來更多的土地和利益提供了條件和基礎。

於是，在俄國，下面這個論斷成了波亞爾科夫的永恆豐碑：「占領結雅河和阿穆爾河平原地區，尋找到了通往薩哈林灣和鄂霍次克海西南岸的道路，這對俄國在東西伯利亞，和太平洋沿岸的安全，和這一地區的糧食生產，與資源開發具有重大的戰略意義。」沙皇俄國把波亞爾科夫奉為至寶，社會主義蘇聯也沒有忘了他。在那個分崩離析、惶惶不安的解體前夕，蘇聯還為他的探險發行了一張紀念郵票。當今的俄羅斯除了中央銀行發行紀念幣外，在阿穆爾邊疆區的結雅區為紀念波亞爾科夫探險三百六十週年立了一塊碑石。

也許可以這樣說，在俄國收集土地的浩蕩歷程中，波亞爾科夫的探險確立了一個重要的分界點。在此之前，沙皇及其政府收集土地的重點是放在一個「新」字上的，向東擴，再向東擴，收集更多的新土地，而在波亞爾科夫將結雅河和阿穆爾河平原地區「歸屬」於俄國後，沙皇及其政府則強調了這些遙遠東方的土地，自古就是屬於俄國的，只不過是未經開發之地，而俄國探險隊的到來，是對未開發之地的開發，是對國內荒僻之地的移民、開發、經營。於是，對俄國來講，一個新時代開始了，這就是所謂的「內部殖民」時代。

15 他開啟了俄國對阿穆爾和遠東的「征服」

阿列克謝

俄國遠東哈巴羅夫斯克市（伯力）車站廣場前有一尊高達四．五公尺的雕像，如果算上底座則有十一．五公尺之巨。雕像之主頭上歪戴著皮帽，身著厚厚的貂皮大氅，內裡是標誌武力和戰功的鎧甲，腰間纓繩暗示著利刃在身。他左手拿著一束羊皮卷紙，右手緊緊抓住斜披在肩上，隨時可能滑下的大氅邊沿，眼睛傲視這遠方，向人們展示的是：「我眼前和身後的這片土地是我讓它們臣服於沙皇的。」

俄羅斯人把這尊雕像稱之為是「遠東首都的名片」，聲稱瞭解了這張名片就瞭解了哈巴羅夫斯克的歷史，瞭解了俄國阿穆爾河地區和遠東的歷史。被雕塑的人叫葉羅費伊．哈巴羅夫（Yerofey Khabarov）。此人一六四九至一六五三年間兩次沿勒拿河南下，幽靈一般在阿穆爾河地區和遠東的一些地方到處遊蕩，強徵貢賦、霸占土地、焚燒村莊、放逐居民、殺人越貨，極盡殘暴之手段，讓當地達斡爾等民族居民「臣服」沙皇政府。根據俄國史書的記載，他對阿穆爾河達斡爾人地區征討的結果是，沿途修建了碉堡、哨所——一直修到了俄中邊界的阿爾巴津（雅克薩）和阿欽斯克。

在對達斡爾的征討中，哈巴羅夫善玩陰謀詭計，獻媚軍政長官於多變，得寵於宮廷，最後被沙皇封為「貴族之子」（Боярский сын）。在十七世紀中葉的俄國，「貴族之子」是沙皇賞賜給對俄國有功的非貴族出生之人，在羅曼諾夫王朝這一時期中，獲得這一封號的絕大多數都是在西伯利亞和遠東收集土地的「英雄哥薩克」。原本是浪跡天涯、四處尋覓生活的哥薩克，就可以一夜登堂入室，像一個真正貴族的子孫那樣進入「為祖國效忠的官職人員」的行列，獲得莊園地產，可去擔任地方十人長以上的官職，組織守衛莊園地產的騎兵部隊。

晚年，哈巴羅夫以「貴族之子」這種身分告別了至死也想重返的阿穆爾河和遠東——收集土地、效忠沙皇的舞臺，在一些地方當過軍政長官，不久他就隱身於俄國史籍之中了，再也無法尋覓到他的蹤跡。哈巴羅夫本人不再為沙皇所需要，但他「臣服阿穆爾的偉業」卻是不僅不可捨棄，而是要後來者繼承和發揚光大，於是，哈巴羅夫從一販賣珍貴皮毛的「狩獵人」、熬鹽和倒鹽者、糧食

哈巴羅夫斯克市車站廣場前有一尊紀念哈巴羅夫的雕像，高達四・五公尺。（iStock／klug-photo）

販子變成了沙皇俄國在遠東收集土地的「新標竿」，一個無限效忠於沙皇的「貴族之子」。

至於這個哈巴羅夫究竟是個什麼人？俄國官方史書大都諱而不言，通常說他是來自於「海邊的人」，而在收集西伯利亞，和遠東土地隊伍中的不少哥薩克也都被寫成是「來自海邊的人」。哈巴羅夫斯克市火車站前廣場上的這尊哈巴羅夫雕像，無論是他歪戴的皮毛，和斜挎的皮大氅，還是腰間的利刃，都與那個世紀現實中的哥薩克毫無二致。只不過是他那一身堅固的鎧甲，被雕塑者描繪得如同羅斯的亞歷山大·涅夫斯基和德米特里·頓斯科伊一個模式。哈巴羅夫是個哥薩克，即使他不是哥薩克，他也成了那個時代，沙皇收集西伯利亞和遠東土地的哥薩克隊伍中，最狠毒的收集手和最耀眼的明星。不過，相當多的俄羅斯學者也清晰地點明哈巴羅夫就是個哥薩克，還是個阿特曼。

無論從「探險」的艱險程度上，還是從道路尋覓的曲折上，哈巴羅夫對阿穆爾河下游達斡爾土地的征討上，都遠遠遜色於他的前行者和波亞爾科夫這些同一時期的哥薩克。他沒有面對那些九曲十八彎的河道，和鬼怪般聳立的「河門」，走的是別人給他開闢的道路；橫亙在他面前的主要不是大自然的嚴酷，而是原住地居民的抗爭；不是蒼涼的荒原和冷峻的山野，而是人口稠密、農牧發達的富庶之地。沙皇對哈巴羅夫的高抬，顯然在於他證實了阿穆爾河和遠東這一糧產充足、銀礦富有、可徵繳牙薩克人數眾多之地的存在，和在武力與恐懼下的征服。這時，東西伯利亞和遠東地區的形勢所發生的巨大變化，也實質上改變了沙皇「收集土地」的決策，並決定了哈巴羅夫要比其他哥薩克具有更顯赫的飛黃騰達地位。

首先，在羅曼諾夫王朝最初三十多年的探險、拓荒之後，哥薩克已經從四處流浪、尋找靠山的處境中倔強而起，不再需要去巴結和取得諸如斯特羅甘諾夫這樣的大商人、大家族的支持。他們不再是單個的哥薩克，而是成群結隊的整體，不再僅僅是地方軍政長官的屬下，不再僅僅是沙皇徵繳牙薩克的工具。他們在探險中，截留牙薩克，中飽私囊，他們在拓荒中，以「收集土地」和「臣服居民」為旗號，壯大自己的聲勢，在隨邊界碉堡的修建而來的浩蕩移民潮中，他們建立自己的村落集鎮，成一方之主，他們在對地方軍政長官的服從中，覓求自己通達和接近沙皇之路。

其次，地方軍政長官與哥薩克，探險隊首領的哥薩克的關係發生了重大的變化。在哥薩克參入向西伯利亞東進、收集土地的伊始，桀驁不馴的哥薩克對地方軍政長官還是能唯命是聽的。但漸漸地在征剿途中，哥薩克就「將在外君命有所不受」了，尤其是當哥薩克收繳了大量的牙薩克、抓捕了眾多的「人質」，「臣服」了又一片土地，掌握了有關「新土地」的第一手資料，攜帶親手繪製的地圖得勝「回朝」之後，他們與地方長官、與西伯利亞衙門的關係就緊張了，想擺脫這些仲介直接向沙皇陳述邀功就成了一種愈益強勁的趨勢。

再次，隨著哥薩克勢力的增強，以及他們在俄國收集土地中的位置變得愈益不可替代，沙皇對哥薩克力量、對利用他們來臣服遙遠東方土地的信心極大地增強了，征剿和歸降未收集土地的決心和定向性，也都無可動搖地增強了。因而，沙皇對西伯利亞最東邊前線碉堡哨所的軍政長官人選就極為重視，一些得到沙皇寵信的將軍紛紛被委派至葉尼塞斯克和亞庫次克等地任軍政長官，那些因收集土地有功的哥薩克也就有了榮登西伯利亞某地軍政長官的機遇。所謂收集土地的定向性，就是說在沒有證實確實存在阿穆爾河和遠東這個物阜民豐的土地之前，俄國在東方的土地收集是漫射形的，即到處遊蕩，四面開花，而哈巴羅夫繪製的有關這一地區的地形、地理、居民、物產地圖就讓沙皇確定了：一定要加速臣服這片土地，愈快愈好。沙皇的決策顯然與俄國在西部邊界和波蘭爭奪土地頻繁失利有密切關係。沙皇阿列克謝在發給西伯利亞葉尼塞斯克和亞庫次克等地軍政長官的《君主訓令》中一再強調，必須臣服阿穆爾河和遠東的居民，收集土地的指向就是：可徵繳牙薩克的當地居民、可開採俄國急需的銀礦、不惜手段的徹底征服。

最後，無論在經濟上還是政治上，哥薩克都成了俄國政治舞臺上，尤其是收集土地舞臺上不可或缺的強大力量。他們以空前未有的蠻橫、殘忍暴烈的手段、格殺勿論的恐懼、血腥戰爭的討伐，遊蕩在阿穆爾和遠東地區。他們的暴力和征伐，將沙皇俄國向東西伯利亞和遠東收集土地的進程推向了一個新階段：自此之後，沙皇俄國在這一廣大地區的土地收集就以槍炮來說話、以「我到即我地」來行事，擯棄了一切法理和準則，蔑視所有現存的疆界和國土概念。收集土地的舞臺演化成了弱肉強食的戰場。

所謂時勢造英雄，哈巴羅夫的出現也是恰逢其時。他以「買賣」皮毛、私販食鹽、倒騰糧食起家。當他來到西伯利亞時，他已經不是個流浪的、兩手空空的哥薩克，而是個擁有很大財富的哥薩克。在戈洛文任亞庫次克軍政長官時，哈巴羅夫在亞庫次克的經濟實力和對東西伯利亞土地與財富的覬覦，引起了戈洛文的關注和妒忌。最終，戈洛文給予哈巴羅夫以致命一擊：沒收了他的全部財產，將他關押起來。幸運的是，沙皇阿列克謝擔心戈洛文獨斷獨行，會壞了收集土地之大事，將他調離亞庫次克。沙皇將一個叫弗蘭茨別科夫（Dmitry Frantsbekov）的人派來當亞庫次克的軍政長官。弗蘭茨別科夫在一六三三年的俄波戰爭中曾被沙皇派到瑞典去收集有關波蘭國王的情報。事成之後得到了沙皇的重賞，成了寵臣。弗蘭茨別科夫對沙皇也是忠貞不渝，當他在亞庫次克任上得到皇子降生的訊息時，曾把亞庫次克的貴族子弟、火槍兵、哥薩克、炮手、狩獵人和收集皮毛的買賣人招來，痛飲國庫裡的美酒，以示慶祝皇族後繼有人。

他來到亞庫次克，為哈巴羅夫提供了新的機遇。哈巴羅夫是個善於察言觀色的人，他判定弗蘭茨別科夫的到來一定是接受了沙皇的特殊使命，於是馬上向他提出：他願自己出資，率隊去阿穆爾河下游和遠東地區探險。弗蘭茨別科夫本是奉沙皇之命來亞庫次克的，沙皇給他的《君主訓令》中明確規定了他的使命：「派出官職人員和狩獵人去尋找新的牙薩克土地。」正在尋找合適官職人員和狩獵人的弗蘭茨別科夫馬上同意了哈巴羅夫的請求，下令准予「經驗豐富的哈巴羅夫挑選一百五十名狩獵人並由國庫裝備」，於是哈巴羅夫的探險隊很快組成並得到了國庫提供了大量物資、武器和各種必須的裝備，而哈巴羅夫的「自己出資」也就成了一句豪言壯語而已。

一六四九年三月，弗蘭茨別科夫呈送沙皇的兩份文書很清楚地解釋了哈巴羅夫征討達斡爾的實質：並非哈巴羅夫的私舉，而是沙皇政府的官方行動。一份是三月七日准予哈巴羅夫為征討達斡爾挑選狩獵人給烏斯季-庫特碉堡的訓令，另一份是弗蘭茨別科夫關於派哈巴羅夫去達斡爾給沙皇的報告。第一份文書是弗蘭茨別科夫在獲得沙皇准予哈巴羅夫組隊沿奧廖克姆河和石勒喀河去達斡爾土地的訓令後，給烏斯季－庫特碉堡讓哈巴羅夫挑選征討達斡爾的狩獵人的命令。第二份文書是弗蘭茨別科夫向沙皇報告組建哈巴羅夫征討隊的情況：「……給了他，葉羅什卡·哈巴羅夫，[1]錢、糧食和許多物資、火藥和子彈，讓其去為您，國君效勞，去征討新土地，去征討拉夫凱，去征討波爾加太首領以及他們的烏盧斯的民眾，我，您的奴僕，命令那個葉羅什卡要將拉夫凱、波爾加太首領以及他們的烏盧斯民眾歸順您高貴的沙皇的麾下，要他們成為您，國君永遠的牙薩克奴僕，永世不得變更，要年年歲歲向國君上貢牙薩克、紫貂和狐皮，不許中斷……」[2]

在這份文書的最後，弗蘭茨別科夫還向沙皇寫了一段意味深長的話：「在此之前，為了這塊新土地，為了那些個拉夫凱和波爾加太首領們，曾經派去過書記官波亞爾科夫和巴赫傑雅羅夫，還派了許多的官職人員隨他們前去，您為此從您的國庫裡賞賜給他們錢和糧的薪俸，還有火藥、子彈、火繩槍，可他們就是沒有能到達拉夫凱和波爾加太首領們那裡，他們是沿著維季姆河走的，而不是奧廖克姆河，他們不知道直線之路，使您君主的錢糧薪俸、子彈與火藥遭受了重大損失。」

對於哈巴羅夫的去達斡爾地區，沙皇政府不再使用「探險」（экспедиция）這一字樣，而是用了「征討」（поход）這個名詞。這就是說，沙皇不再視那塊達斡爾的土地是「未知的土地」，它們早該是屬於我俄國的，所以這不是去探險，這是去討伐，是去用武力歸降我的土地。所以，從一開始，哈巴羅夫的阿穆爾河下游之行就被稱為是一場征伐，一場用武力、鎮壓、戰爭的方式對土地的收集。一六五〇年七月九日，西伯利亞衙門亞庫次克辦事處向哈巴羅夫發送的一份很長的文書中，用的就是「征討達斡爾」。在這份文書中，沙皇早就決策了對達斡爾的首領們及其烏盧斯民眾的處置辦法：以威脅和恐嚇為先導，以泱泱大國之威勢為虎皮，宣示順我者昌逆我者亡。沙皇的警告是：

葉羅費伊要派使節去找柏格達公。應對他們說，柏格達公要連同自己的親屬和部族以及烏盧斯民眾歸降我們的國君、全俄沙皇和大公阿列克謝．米哈伊洛維奇為奴，因為我們的國君是可怕的和偉大的，是許多國君的國君和統治者，誰也不可能經受住他，國君的戰鬥。我們的國君過去不瞭解他的土地，而現在，他，國君，已經弄清楚，下令派去自己的國家軍事人員，不是為了戰鬥，而是為了要對他們說，他不要讓自己在與國君的人的戰鬥中毀滅，不要讓民眾受害，因為國君的許多國家都是國君的奴僕，他們承受著他的仁慈，生活於寧靜與安康之中，他們為他，國君效勞，繳納貢賦。而他，柏格達也應該自己以及他的民眾向國君納貢，獻上黃金、白銀和其他寶石及珍貴物品。

這是一份極其直白地表示「奪取」的訓令，將沙皇收集阿穆爾河和遠東土地的實質揭示得再清楚不過了：貢賦、民眾、土地，三位一體地組成了新土地「臣服」俄國的決策和進程的核心。

1　葉羅什卡是葉羅費伊的暱稱。
2　本書中所用拉夫凱等達斡爾人首領的名稱均是當時沙皇政府的叫法。

哈巴羅夫對阿穆爾河下游達斡爾人土地的征討是極其殘酷無情的。無論是他對拉夫凱人的殺伐，還是在雅克薩（阿爾巴津）的掠奪財物、焚燒村落、在桂古達爾村落的大屠殺，以及他在烏蘇里江一帶的暴行都是罄竹難書的。新的俄羅斯史學家也都曾公正地評論：「哈巴羅夫臭名昭著，他的惡名遠播阿穆爾河沿岸！」也不乏當地居民聽到哈巴羅夫的名字就膽戰心驚和用「哈巴羅夫來了」來嚇唬兒童的描述。甚至有些愛國主義的俄羅斯「中立」史學家也不得不含蓄地將哈巴羅夫的暴掠和殘暴歸罪於他的個性：「哈巴羅夫不僅對滿洲和達斡爾的居民，而且對自己的哥薩克也都是殘酷無情的。」

然而，哈巴羅夫的暴行並不是出於他天生的個性，而是源於他對沙皇收集土地訓令執行的忠實和不遺餘力。在上述一六五〇年七月九日的文書中，沙皇十分明確地規定了對「柏格達公」的處置辦法：「你，柏格達，因為你不降服，所以國君下令殺了你，將你的城市奪為我國君所有，將你們所有的人，婦女和孩子全部殺死……軍政長官弗蘭茨別科夫和書記官斯捷潘諾夫（Onufriy Stepanov）將率六千之眾，以及大炮和多種火器去討伐你、柏格達的不降服……」

這份文書中的「柏格達公」指的是清朝皇帝。當時沙皇不用「皇帝」的稱謂，所以也就用俄國的「公」（князь）這個稱謂來指稱清朝君主，因為在沙皇的眼中，只有他是「皇帝」，是「全俄國的沙皇和大公」，其他人都是「小公」或「公」。這種稱謂和滿嘴殺氣的恐嚇所體現的正是俄國的土地收集從「探險」、「拓荒」到以武力、戰爭降服和歸順他族他國土地的轉變。而哈巴羅夫恰好成了這個轉變的標誌。哈巴羅夫的殘暴是這種標誌下的必然產物，只不過是將沙皇的上述訓令變成了現實。

哈巴羅夫之所以能成為收集土地的哥薩克隊伍中最風光、最英雄的哥薩克，就是因為他應時、應勢、應運而生。他的殺戮對於沙皇統治者來說是決策範圍內的事，但他在征討達斡爾土地後呈報給沙皇的有關這一地區的地圖，更無可置疑地鞏固了他的這種地位。一六五一年三月，哈巴羅夫在接連攻下數座城鎮，奪得了阿爾巴津（雅克薩）後，抓獲了首領的孩子當人質，從他們的口中獲悉了有關上溯石勒喀河、下行阿穆爾河沿途的達斡爾人的城鎮、首領以及他們之間關係的情報。哈巴羅夫當即向沙皇作了呈報。沙皇大喜，哈巴羅夫因一幅阿穆爾河的地圖而榮登了「貴族之子」的殿堂。所以，如今在哈巴羅夫斯克的那尊雕像上，他左手的羊皮卷所標誌的就是這份功勳和榮譽！

因為有了哈巴羅夫，隨後就有了邊塞村落——哈巴羅夫卡。一八五八年，哈巴羅夫卡變成了城市——哈巴羅夫斯克。一九三八年，蘇聯政府建立了哈巴羅夫斯克邊疆區，它的首府就是哈巴羅夫斯克。歷代沙皇政府對哈巴羅夫的讚譽和推崇，得到了社會主義蘇聯的肯定、繼承和發揚。這個邊疆區成立七十五週年是在二〇一三年，這時蘇聯早就不復存在，新的俄羅斯政府為這個日子，在哈巴羅夫斯克邊疆區舉行了盛大隆重的紀念活動。在此期間，俄羅斯的媒體高調宣稱：「最早的俄國新土地發現者是『迎著太陽』向大洋前進的，不斷地發現盛產魚、林、珍貴皮毛、野獸的新土地。在他們之後，俄國人來到阿穆爾河，種莊稼，建造城鎮、工廠，從事經營活動。」

沙皇俄國時，哈巴羅夫斯克的城徽是一隻頭戴皇冠的黑熊，現在這頭黑熊依然是這裡的區徽，只不過沒有了那頂金色的皇冠。哈巴羅夫斯克的人宣稱，創作這個城徽的座右銘是：「俄國沒有邊界！」（У России нет окраин）哈巴羅夫斯克邊疆區的旗子所遵循的意思是俄國沙皇尼古拉一世在一八五〇年講過的話：「什麼地方升起了俄國國旗，這旗子就不應該落下。」二〇一八年四月，普丁總統在俄羅斯地理協會發表講話，對幾名俄羅斯學生在南極洲發現了幾個島嶼大加讚賞，並進而要求編製新的世界地圖，以彰顯俄國新土地發現者的豐功偉績。「俄國沒有邊界」這句話演變成了，「俄羅斯沒有國界，只有地平線！」（России нет границ, а есть горизонты）

這應該是當今俄羅斯對哈巴羅夫這樣的新土地發現者的最高讚譽吧！

16 阿特拉索夫，「堪察加的葉爾馬克」

彼得一世

阿特拉索夫島孤獨地立於鄂霍次克海中。它現在屬於俄羅斯薩哈林州北庫頁島市屬區。這個島上有一座叫阿賴度的火山，所以當地人一直把此島叫作「阿賴度島」。該島位於大庫頁島的最北端，也是整個大庫頁島最高的山。歷史上，嚴寒、火山、難於生存的環境使阿賴度島幾乎處於與外部世界隔絕的環境之中，只有庫頁島地區的土著居民尤卡吉爾人、科里亞克人等來此處出沒。從一八七五年至一九四五年的七十年裡，阿賴度島歸屬日本，一九四五年後歸屬蘇聯，並改名為「阿特拉索夫島」。關於這個大海中人跡罕至的島嶼改名，還有一段聲震俄羅斯帝國和整個俄國歷史進程的故事。哦，不過不是人為編造的故事，而是俄國沙皇們收集土地進程中，一段令俄國人無比驕傲的、光彩奪目的真實歷史。

這故事，這歷史，還得慢慢道來。

一六九七至一六九九年間，正是彼得一世奪取亞速海的亞速夫，全力準備與瑞典開戰的時期。這位雄心勃勃的沙皇有著雙頭鷹一般銳利的眼睛。他的一隻緊盯著海洋（波羅的海和黑海），而另一隻眼則虎視眈眈地注視著東方的土地。向更遠的、那些面臨東方大海洋的收集土地進程，進入了一個新時期。彼得一世不斷諭令西伯利亞衙門加速推進新的收集土地的進程。

一支新的探險隊從楚科奇半島的阿納迪爾斯克城堡出發，開始了向「太陽升起的地方」收集牙薩克和更多新土地的征程。率領這個探險隊的是一個叫阿特拉索夫（Vladimir Atlasov）的西伯利亞亞庫次克哥薩克。和闖蕩到西伯利亞的所有哥薩克一樣，阿特拉索夫浪跡至遠東地區時，起先奉命在阿爾丹河和烏第河沿岸收集牙薩克，因收集牙薩克有功被晉升為五十人長，隨後又被任命為阿納迪爾斯克城堡管事。自從一六四八年傑日尼奧夫在向沙皇的呈文中提及在遙遠的東方，在「太陽升起的地方」的大洋中，有片居住著「堪察加人」的新土地之後，西伯利亞衙門就不斷接到沙皇的訓令，要他們找到這塊新土地，在當地軍政長官的支援或指令下，摩肩接踵而至的哥薩克「探險隊」就四處尋覓去到那裡的途徑。這些「探險隊」都從阿納迪爾斯克城堡出發，因為這是先輩傑日尼奧夫指出的可能到達的線路。

阿特拉索夫不可能另闢新路，而且他這時正是阿納迪爾斯克城堡的管事。他先是派出手下的哥薩克莫羅茲柯（Luka Morozko）去堪察加方向探路，一六九六年十二月，他向亞庫次克的軍政長官遞交探險堪察加的呈報並於當天率隊去「探險」堪察加。全隊一百二十人，六十名哥薩克（包括探路人莫羅茲柯），六十名土著居民——尤卡吉爾人。他幾乎抽去了守衛阿納迪爾斯克的大部分兵力，所帶的武器裝備也大大強於之前從阿納迪爾斯克出發去堪察加地區的所有探險隊。一六九九年七月，他回到亞庫次克，他的探險隊生還的人總共只有十九名（十五名哥薩克、四名尤卡吉爾人）。根據俄國史家的說法，這是因為去堪察加之路極為艱辛，那些無法生還的人，都是在與嚴酷的自然環境、荒野出沒的野獸、斷絕後援與饑餓作鬥爭中而死去的。此外，一系列史家們都特別強調，阿特拉索夫的探險堪察加完全是個人行為。但是，即使從阿特拉索夫自己寫的稟帖來看，他的「探險」不僅是奉命而行，而且得到了西伯利亞衙門的大力支持。

一七〇〇年六月初，阿特拉索夫到西伯利亞衙門亞庫次克分衙門，親自向亞庫次克軍政長官特勞爾尼希特（Dorofei Traurnikht）及其書記官講述了他的探險經歷。開宗明義的是，他強調他的堪察加之行並不是個人行為，而是奉命而行。他說：「我來到阿納迪爾斯克就是奉偉大君主之命來為君主收集牙薩克的。我把從尤卡吉爾人那裡收到

堪察加成為「俄國的起點」。（John Slava Pei）

的牙薩克派人上交到了亞庫次克偉大君主的國庫。與此同時，我，弗拉基米爾，又遵君主的訓令，為偉大的君主效勞去收集新的土地，去把那些尚未繳納牙薩克的人召喚到擁有無限權力的偉大君主的麾下。」

阿特拉索夫接著描述了在品仁納灣遇見了一百多個土著居民——科里亞克人，他們尚未向沙皇繳納牙薩克。他寫道：「弓箭和長矛是他們的武器，他們並不知道自己有領頭的人，他們聽從一個英武的男人。而他們需要的物品是——鐵器、刀刃、斧頭和長把獵刀，因為他們不能製鐵。在品仁納河灣處並沒有紫貂，他們吃魚，但不抓人。」阿特拉索夫按照先輩哥薩克的傳統做法，對這些科里亞克人說：「歸順俄國吧，要成為沙皇陛下的臣民，就要繳納牙薩克。」只有弓箭和長矛的科里亞克人只能繳納牙薩克。對此，阿特拉索夫得意地說：「他們和我的人員沒有發生戰鬥，因為我的人員以君主的威嚴讓這些科里亞克人順服了。」但是，這些科里亞克人並不像阿特拉索夫所說的那樣馴服，他們搶走了探險隊的鹿，切斷了阿特拉索夫前行的道路。阿特拉索夫大怒，對這些科里亞克人採取了殘酷的報復措施，正如他在自己的呈文中所寫的：「他大動干戈，將這些不順從的科里亞克人統統趕進了浩瀚的『品仁納海』。」

阿特拉索夫繼續南下，到了土著居民留托爾人的村落。關於在這一地區徵繳牙薩克和令當地土著居民臣服沙皇的描述中，阿特拉索夫談到了一個不可否認的事實：「在他，弗拉基米爾及其夥伴來到之前，這裡沒有任何的俄國人，所以他們也從不做紫貂的買賣。和他們也沒有發生任何的戰鬥，因為他們手中只有骨製和石製的弓箭與長矛⋯⋯」從阿特拉索夫的這些敘述可以看出，被他斷定為「尚未給沙皇繳納牙薩克」的科里亞克人居住的這片土地，是這些人久居的地方，從來就不是俄國的土地。而阿特拉索夫對這些居民的徵繳牙薩克，他們的土地就成了俄國沙皇的了。

但是，沿途的土著居民並不都是能被阿特拉索夫強大的火器和彈藥、哥薩克人借沙皇權威顯示的橫蠻和暴力所能征服的。在阿特拉索夫和莫羅茲柯兵分兩路，沿堪察加東西兩岸「探險」後，阿特拉索夫終於碰上了「不聽話、不願繳納牙薩克」，不肯臣服沙皇俄國的土著居民尤卡吉爾人[1]。這一帶的尤卡吉爾人已經受夠了俄國探險隊徵繳牙薩克之苦，因為在阿特拉索夫之前的所有探險隊一到這裡，就以武力迫使土著居民臣服沙皇，而要臣服首當其衝的事就是繳納牙薩克。來一個哥薩克的俄國探險隊，他們就要被迫繳納牙薩克，而哥薩克對牙薩克的貪求又是一個隊比一個隊的胃口更大。

當阿特拉索夫一行來到堪察加河的谷地時，那裡有個四百座帳篷的尤卡吉爾人的村落。這裡的尤卡吉爾人已經聽說了阿特拉索夫探險隊徵繳牙薩克，和讓居民歸順沙皇的橫蠻和暴力，已經與阿特拉索夫隊中的尤卡吉爾人聯絡好，要對阿特拉索夫發起奔襲。他們的計畫是：隊伍中的尤卡吉爾人要將阿特拉索夫及其哥薩克全部殺死，同時要派人去兵力不足的阿納迪爾斯克城堡捕捉並殺死那裡所有的人。尤卡吉爾人僅用骨製和石製的弓箭與長矛來對抗阿特拉索夫的火器和彈

1 阿特拉索夫在呈文中把科里亞克人和尤卡吉爾人統稱為「堪察加人」。

藥，結果仍使阿特拉索夫的隊伍死傷很多，他本人也身中六處弓箭。只是等到莫羅茲柯趕回來救援，阿特拉索夫及其隊伍才免於滅頂之災。阿特拉索夫對尤卡吉爾人的這次反抗（阿特拉索夫稱之為「自己隊伍中尤卡吉爾人的背叛」）進行了殘酷的報復。他自己寫道：「他，弗拉基米爾，和他的夥伴們擊潰了這些堪察加人，打死了一些人並將他們的村落燒個乾淨，目的是要讓他們感到恐懼和對偉大的君主叩首降服。」最後，阿特拉索夫在呈文中對這次倖免於難遭遇的描述竟是自我解嘲式的：「托君主的福，這些俄國人他們很高興，而那些尤卡吉爾人只有捆綁的魚骨弓，石製和骨製的箭，他們不能製作鐵器。」阿特拉索夫在呈文裡反覆提到堪察加人「不能製作鐵器」，這無疑是一個真實的記錄：俄國探險隊是靠「鐵器」——火槍和火器殘酷鎮壓土著居民，強徵牙薩克，進而讓堪察加人「歸順」俄國的。

一六九七年一月初，阿特拉索夫來到了堪察加的最南端，到了庫頁島地區，並在那裡建造了標誌這片土地歸屬俄國的「下堪察加城堡」。一七〇一年二月，阿特拉索夫再次來到西伯利亞衙門亞庫次克分衙門，遞交了第二份稟帖。這份呈文主要講述了堪察加和庫頁島的地理環境、陸地和海洋的資源、土著居民及其生活習俗。對於阿特拉索夫來說，堪察加和庫頁島的一切：山上的野獸、海中的魚類，天上的太陽，地上的「尤爾塔」（帳篷），土著居民的長相、衣著習俗，他們的信仰都是新鮮的，都是與俄國不一樣的。在這塊哥薩克、俄國人絕對陌生的土地上，阿特拉索夫好奇激動，記下了所有這一切，並時時刻刻與俄國相比較。他寫道：「堪察加土地上的冬天比莫斯科的要暖和，常下雪，但不大，而在庫頁島外族人的土地上雪要更少些。冬天，堪察加太陽比起亞庫次克的日照要長一倍。而夏天在庫頁島太陽就直照在人的頭頂，人找不到避陽的一片陰影。」至於樹木、草蟲、漿果也與俄國有別。

對於土著居民，阿特拉索夫寫得也很有意思：「品仁納灣的科里亞克人沒有鬍子，臉色淡褐，個子中等，講他們自己特別的話，沒有什麼信仰，他們只有巫師薩滿——他們嘟囔著不停：擊打鈴鼓和喊叫。他們穿鹿皮衣服和鞋子，鞋底是海豹皮的。他們吃魚、各種野獸和海豹……居住在堪察加河兩岸的留托爾人歲數不大，留鬍子，中等個子，臉像濟良人。穿紫貂皮、狐皮和鹿皮衣服，而狗皮衣服則是毛茸茸的。」

阿特拉索夫仔細描述了「堪察加人」吃魚的過程：「他們以魚和各種野獸為生，但吃生魚和死魚，而把生魚存起來過冬：放到坑裡，用土埋上，魚慢慢地變質了，就取出來放到泉水裡，再把燒熱的石頭放進去，把水加熱，然後把魚和水攪在一起喝下去，魚發出一股極臭的味道，而俄國人餓急了也只好捏著鼻子吃掉。」

從阿特拉索夫上面的這些描述，再次看出堪察加和庫頁島上居民，無論在習俗上還是衣著上都與俄國人有著極大的差別，這些是他們的鄉土、故土，而不是「自古屬於俄國的土地」。阿特拉索夫還在呈文中寫過：「這是個俄國人、哥薩克不得不忍受的異鄉之地，是個他族人的土地。」在四年漫長的「探險」中，阿特拉索夫並沒有越出堪察加和庫頁島之地，而庫頁島更南處的土地是阿特拉索夫想去而未能去成的。這是他的極大遺憾，關於這遺憾，他也在自己的呈文中寫下了自己難以抑制的感觸：「在堪察加的南邊，在那遠處，生活著外族庫頁島人——他們的面貌較之堪察加人要黑一些，鬍子要少一些。而在庫頁島那邊的土地上，要比堪察加更熱些。他們的穿衣和堪察加人一樣，只不過他們要比堪察加人穿得更少一些。他們有紫貂皮，但是不好，因為那裡暖和。有很多大海狸皮和紅狐皮。而在外族庫頁島人的更南邊，還有某些居民，可那土地太遠了——弄不清楚……」

阿特拉索夫從抓來的「外族人」的口中，得知在他們到達的庫頁島的第一條河的南邊，「還有島，在那些島上有石築的城市，有民居住，至於是什麼人，外族人說不上來。而外族人把珍貴的器皿、花條布、藍條布和亞麻布的衣服從這些島運到庫頁島來。這些庫頁島的外族人說，這些器皿和衣服是贈送的禮物，不需要去買的。而他們是乘什麼從那些島來的，外族人說不出來。」至於阿穆爾，阿特拉索夫沒有去。他在這份呈文裡借外族人之口寫道：「那阿穆爾河可遠了。」

阿特拉索夫在這份呈文的最後寫道：「堪察加和庫頁島的土地可以種莊稼，因為這些地方溫暖，地是黑土並且鬆軟，只是沒有牲口，無法耕種，而這些外族人對於播種什麼也不知道。沒有銀礦，有沒有其他礦產，他們不知道，他們根本就不知道礦是怎麼回事。」這個結論讓阿特拉索夫成了一個傳聞的終結者，他結束了俄國王朝傳承了數百年的神話——西伯利亞和遠東有豐富的銀礦，有取之不盡的珍貴毛皮紫貂的神話。剝去這神話的銀礦和紫貂的外衣，剩下的就是對自古並不是俄國的、他族的、外族土地的征服和殖民了。

在這份呈文裡，有一個重要的內容是常常被俄國引用者忽略掉的，那就是阿特拉索夫對當地土著居民武力徵繳，和構築碉堡對付土著居民起義和進攻的描述。當年，在阿特拉索夫身披「偉大發現者」和「實地探險考察者」的光環勝利歸來時，他不僅沒有隱瞞這些，而是將其描述得活靈活現。他寫道：「這些外族人彼此之間常常發生部族的戰鬥，他們對火槍害怕得不行，把俄國人稱為火器人。只是在他們和俄國人相遇的地方才發生戰鬥，他們無法對抗火槍並且匆忙後撤。冬天作戰時，堪察加人乘滑雪板，而養鹿的科里亞克人則用雪橇：一人駕雪橇，一人彎弓射箭。而夏天他們就赤腳上陣，也有一些人是穿著衣服的……他，弗拉基米爾曾派一名哥薩克沿堪察加河去海邊，這個哥薩克沿堪察加河走到了海邊，回來說，他從葉洛夫卡河到了海邊的堪察加，看到了堪察加外族人的一百六十座寨堡。在一座寨堡的一個過冬的『尤爾塔』裡，而在另兩個寨堡的兩座『尤爾塔』裡，每個都居住著兩百和一百人。過夏的立柱尤爾塔靠近寨堡——所有的人都有自己的『尤爾塔』。俄國人來之前，他們的『尤爾塔』要小一些，而俄國人來了後，他們感到害怕，不得不把寨堡擴大了，他們就從這些寨堡衝出來廝殺——扔石塊，用投石器，從寨堡裡手擲大石塊，用削得尖尖的粗棍和木杆戰鬥。俄國人舉著盾牌向這些寨堡挺進，並放火燒掉寨堡，並守住他們（外族人）逃跑的門口，而在這些門口，許多外族人——反抗者都被統統殺死。一些寨堡是土築的，俄國人就直逼寨堡前並用粗棍來毀掉土堡，於是外族人就返回寨堡——而火繩槍則是打不到他們的。」

從這些記敘來看，阿特拉索夫在堪察加和庫頁島的「探險」（收集新土地和徵繳牙薩克）四年多的時期中，一年四季。從冬到夏，都是在鎮壓土著居民的戰鬥中進行的。堪察加人、科里亞克人、尤卡吉爾人從心底懼怕俄國哥薩克的橫蠻、暴力，他們一再退讓，儘量不與俄國人發生正面衝突，但他們仍然不得不奮起反抗俄國人的收集和征剿，他們以手中的長矛和弓箭對抗俄國人的火槍、鐵器。而阿特拉索夫與土著人戰鬥的結果是，將「尤爾塔」燒毀，將反抗的土著人統統殺死！

現在，俄羅斯的一些史學家似乎對此也難以否認，不過他們的結論還是懷抱琵琶猶遮面，羞羞答答的：「從沙皇到軍政長官，都給了新土地發現者必須善待當地居民的訓令，徵繳牙薩克要『溫和與有禮貌，不得殘酷行事』。但是，衝突，有時甚至是流血衝突，也是不可避免的。畢竟俄國人愈來愈遠地闖入到了西伯利亞的深處，發現了前所未知的河流與湖泊，海洋和海峽。而在這些業績中可以看出的是真正勇士的剽悍！」也許，這就是戰鬥的民族、民族的戰鬥！

阿特拉索夫雖然文化程度不高，但對俄國土地的擴張和徵繳更多的牙薩克之事卻是非常有心計的。他在兩份呈文中數次提到他不懂堪察加話、科里亞克話，所以他對堪察加和庫頁島情況的瞭解在很大程度上都是靠土著居民的翻譯。他特別留心抓獲能幫他與當地居民溝通的人。一六九七年，一艘船在海上失事沉沒，只活下來一個人，此人叫「傳兵衛」（Dembei）。阿特拉索夫將傳兵衛的藏書和兩箱金幣據為己有，並將此人一直扣押在隊伍之中。因為傳兵衛能講點俄語，阿特拉索夫終於弄清他是從庫頁島更南部的那些島上來的外族人。

彼得一世得知了傳兵衛之事後，立即下令「速將此日本人送來莫斯科」。他在給亞庫次克軍政長官的《訓令》中，要求派衛隊護送傳兵衛來莫斯科。西伯利亞衙門奉旨，迅速派阿特拉索夫將其護送去莫斯科。一七〇一年一月底，阿特拉索夫從亞庫次克去莫斯科，除了傳兵衛，還帶有他自己寫的兩份稟帖。當然，他還給國庫帶來了不少的牙薩克：三百三十件紫貂皮，兩百零一件狐皮，十件海獺皮。

然而，彼得一世對這些牙薩克並不特別地上心。他所以能成為「偉大的大帝」，是在於他比自己的先皇們更有遠大的戰略目光。他認為，阿特拉索夫的探險幹了兩件大事，一是堪察加和庫頁島的發現，以及對這兩地情況的實地瞭解，完全符合這位大帝的心中宏願：除了「打開」波羅的海和黑海的窗口，更想掌控遙遠東方的海上「窗口」；二是，這個海上「窗口」，東北向未知的海那邊的土地，東南向大海中的神祕島嶼，所以傳兵衛這個人引起了他的特別關注。傳兵衛一到莫斯科，彼得就令西伯利亞衙門詳細詢問傳兵衛的情況。傳兵衛寫了一份稟帖對「神祕島嶼」——日本做了詳盡的描述。傳兵衛被隨即轉送到了聖彼得堡，一七〇二年一月，彼得親自召見了他，指令他當日文翻譯，並讓其在炮事衙門教習日語。據俄國學者說，這個傳兵衛是史書所記載的俄國土地上的第一個日本人。彼得正是從傳兵衛這個人開始了俄國對日本的關注，以及進一步打開東方海上窗口策略的制定。

阿特拉索夫因此受到重賞。除了補發給他各種薪俸補貼（糧食、鹽）外，獎賞他一百盧布。更顯赫的是，晉封他為「亞庫次克的哥薩克首領」，仍然擔任亞庫次克的管事。來西伯利亞和遠東「探險」的哥薩克向以剽悍、勇狠聞名，而阿特拉索夫更是這些哥薩克中的翹楚，更為剽悍、更為勇狠，為奪得牙薩克和「新土地」更為不計後果。無論是土著居民，還是自己的哥薩克夥伴他都酷橫待之。一七〇六年，西伯利亞衙門遵循彼得的訓令，將阿特拉索夫任命為堪察加的管事，撥給他一些衙門隨員和大炮兩門，讓他重組探險隊，再對堪察加和庫頁島深入考察。西伯利亞衙門還賦予了他可以處死土著居民和鞭笞自己人的特權。阿特拉索夫利用了這些權力，不僅剋扣牙薩克，私自買賣珍貴的紫貂皮肆意地斂財，甚至搶劫商船，最後，連他的哥薩克夥伴們也忍受不了他的專橫與暴力了。於是，爆發了科里亞克人和哥薩克的「起義」——反抗他的暴行的騷亂。阿特拉索夫被起義者扣押，但他的勇狠和機智，救了他一命，他從監禁中逃脫。

但是，死神並沒有離他而去。他終究還是在五十歲時死於非命。關於他的死，也像他的生那樣充滿了難解的謎團。一種說法是，守衛他的哥薩克深夜來到阿特拉索夫的營帳，交給他一封公文，偽稱是上司衙門來函，阿特拉索夫當即在燈下展開低頭閱讀起來，而哥薩克們就用利刃猛刺進他的後背，阿特拉索夫當即身亡；另一種說法是，遭到鎮壓的土著居民科里亞克人派人送來一信，阿特拉索夫打開一看，信上寫著：「你看此信時，就是你的死期。」阿特拉索夫果然瞬間倒下死去。根據這一說法，阿特拉索夫是被毒死的。阿特拉索夫充滿神祕色彩的一生引起普希金（Alexander Pushkin）極大的興趣和創作衝動，他準備寫一篇關於阿特拉索夫的中篇小說，遺憾的是，這位詩人最終沒有能完成。後人在普希金的眾多文稿中，發現了他關於阿特拉索夫之死寫下的一些文字：「……他們派三名哥薩克去給他送信，命令他們在他讀信時殺死他。但他們到達時，他已經熟睡，他們就捅死了他。堪察加的葉爾馬克就這樣死了！……暴動的人群衝進碉堡……把財物搶劫一空……推舉科季列夫斯克的哥薩克頭目安濟費洛夫（Danila Antsiferov）為阿特拉曼，把從季吉爾來的阿特拉索夫的財物運走——……搶走了準備在從米羅諾夫去上碉堡海路之用的所有能吃的東西，船帆和用具，並且把契契科夫（Chechekov）綁起來仍進了冰窟窿，一七一一年三月二十日。」

這些文字雖然斷斷續續，並不完整，但它們畫龍點睛似地表達了普希金對阿特拉索夫的核心看法，尤其是「堪察加的葉爾馬克」這個稱號成了他對阿特拉索夫最高的、最簡潔的評價。其後的俄國學者、思想家、史學家、政治家，無不對「堪察加的葉爾馬克」讚不絕口，奉這個稱號為對這位堪察加發現者的終極讚頌之語。不過，如果排除沙皇收集土地和徵繳牙薩克，以及哥薩克探險隊之間的荒野爭鬥，和野蠻酷狠等政治因素外，阿特拉索夫對堪察加的探險，以及他所寫的稟帖確實是「實況報導」堪察加和庫頁島的第一人，他帶給俄國的利益是極大的，對俄國今後更多土地的擴張、極豐資源的開發，東方海上窗口的建立，以及對這兩個「荒野地區」的後續科學考察都確立了典範，開拓了新路，並且深刻影響到了先是歐洲後是世界在政治上、經濟上和科學上對這些地區的競相爭奪、開發和利用。所以，俄羅斯人忘不了這位新土地收集者，永遠記載和傳誦著他的壯舉和業績。

和哥薩克探險隊的先輩一樣，阿特拉索夫是從徵繳牙薩克來完成將「不屬於俄國的土地」收集到俄國的疆土之內的過程的。而在此進程中，他所做的兩件事：一是在他初到的地點（登陸的海角、踏上第一步的蠻荒之地）立一個十字架（表明這土地從此歸屬東正教的俄國了），二是建造既是越冬更是守衛這片新土地的碉堡。一六九七年，阿特拉索夫來到了卡努奇河與堪察加河的匯流處，馬上就在這裡立起了一個十字架，標誌堪察加已經歸屬俄國。這個十字架上鐫刻有銘文：「二〇五年（一六九七）[2]七月十三日，五十人長及其夥伴五十人立此十字架。」從此，卡努奇河被改名為「十字架河」，現如今叫白河。但是，一個普通的木十字架畢竟經不住大自然的風雨變遷，早已不存於世。

在被稱為蘇聯「盛世」的布里茲涅夫（Leonid Brezhnev）時期，即一九五九年，在原址白河的左岸重新豎立起了一個類似於當年的十字架，作為對艱難跋涉的哥薩克和對「堪察加的葉爾馬克」的永恆讚頌。當年的新聞報導是這樣說的：「一九五九年，地方誌專家沃斯科博伊尼科夫（V. Voskoboynikov）與堪察加艦隊司令員、蘇聯英雄、海軍中將謝德林（Grigory Shchedrin）倡議恢復阿特拉索夫的紀念十字架。一九五九年八月九日，在克留奇村居民和彼得羅巴夫洛夫斯克衛戍部隊的參加下，他們在白河左岸豎起了這個十字架。」白河這個名稱取代十字架河（卡努奇河）出現於十九世紀末的地圖上，原因不詳，也許是因為河卵石是白色的。此十字架一直立到一九八八年五月，此後被一個新的十字架所代替。該十字架是有克留奇城的中學生建立的。但從一些尺寸來看，它並不符合最初的十字架。一九五九年的那個十字架上所刻的文字是：「為紀念發現堪察加的新土地發現者而重建。」這個十字架至今依然佇立在白河之邊。

阿特拉索夫是彼得一世造就出的英雄，但其後至今的數百年間，阿特拉索夫依然是俄羅斯的英雄。所有這一切都因為他為俄國「發現」了堪察加，為此後持續不斷的堪察加探險提供了依據，為東方海洋之窗的洞開奠定了基礎。所以，自從俄國出現了阿特拉索夫，他就不僅是屬於彼得及其帝國了，他屬於俄國的未來、俄羅斯的未來，屬於一個歐亞帝國的未來。俄羅斯人對他的永恆紀念是有道理的，如果俄羅斯人忘了他，把他從祭壇上撤下來，那就是俄羅斯人的莫大罪過了！

　　不過，彼得一世還造就出了更為神奇的英雄，那個因發現白令海峽廣為人知但又少為人知的白令！

2　編注：即莫斯科成為「第三羅馬」的第二〇五年。

17 尋找通往中國和印度的水上之路

彼得一世

關於彼得和傳兵衛的故事，還有一段更讓人深思的細節：彼得曾經答應傳兵衛只要他教會了俄國人講日語，就放他回日本。在把傳兵衛和日語學校都交給炮事衙門管轄時，彼得這樣交代：「這個傳兵衛，要讓他學俄國話和認字，還要讓這個傳兵衛教四、五個年輕人學日本話和認字。至於接受基督東正教信仰的洗禮，由他這個外族人自己做主，要安慰並告訴這個外族人，一旦他學會了俄國話和認字了，並教會俄國年輕人說日本話和認得字了，就放他回日本去。」

這時炮事衙門的主管是彼得的一個近臣名叫布留斯（Jacob Bruce）。此人曾被彼得派往歐洲刺探大炮以及其他機械製造的情報，參加過亞速夫的征討之戰，其時他終日不離彼得的左右。在北方戰爭的塔爾瓦戰役中，他是七十二門大炮的俄國炮兵部隊的指揮官。他參加了瑞典軍隊的受降儀式，參與了《尼什塔得和約》（Treaty of Nystad）的談判與簽訂，並在一七〇九年十二月二十四日，隨同彼得一世勝利進入莫斯科。戰後，他獲得了當時剛剛設立、包括只有彼得本人在內的幾個人才能獲得的「聖安德烈-彼爾沃茲萬內伊勳章」。俄國史書上把他稱為彼得一世的「第一位寵臣」。普希金在其詩作〈波爾塔瓦〉（Poltava）中，將布留斯列為彼得身旁第二位親近將軍來加以歌頌。

此外，布留斯還是一個特別喜好收集中國「稀罕物件」的人。據瞭解他的人記載，他有整整一屋子的中國「稀罕物件」。儘管如此，布留斯苦於不清楚這個「中國」究竟是個什麼樣子的地方，他多方打探也毫無結果。他渴求尋找到一條能從俄國通往日本，再去那個神祕莫測的「中國」的道路。傳兵衛的到來讓布留斯精神大振，就私下要把傳兵衛永遠地扣留在俄國，作為尋找這條道路之用。阿特拉索夫在給彼得的呈文中把傳兵衛稱為是一個「有禮貌和聰明的印第安人」。而在布留斯的炮事衙門的公文裡，這個日本人就變成了「阿朋國的傳兵衛」，這個「阿朋國」就是其時從布留斯直至彼得都認可的日本國名。

所以，布留斯在接受彼得關於傳兵衛之事時，馬上進言：「要對堪察加進一步探險、和日本通商，非此人不可。此人絕不可放回日本！」彼得詢問不放回的計策何在。布留斯說：「讓他接受東正教的洗禮，因為在日本基督教是被禁止的。這樣就斷了他的後路。」彼得同意了，於是在布留斯的安排下，傳兵衛接受了東正教的洗禮，名字改為斯拉夫式的——「加夫里爾・波格丹諾夫」（Gabriel Bogdanov）。據俄國史料說，他是在俄國的第一個日本人，而這個日本的傳兵衛、俄國的波格丹諾夫最後確也終老在俄國。

彼得所以聽從了布留斯的建議，更深層次的原因是他的目光盯住了遙遠的太平洋。自他聽過傳兵衛的講述後，一個神祕的地名——「阿尼安海峽」令他無法平靜。十七世紀中期，「新土地發現者」的先驅傑日尼奧夫曾提到過這個海峽，說是這海峽將俄國所在的大陸與海那邊的大陸隔離了開來，但是他並未能到達。自那以後「阿尼安海峽」的神話和吸引力就隨著眾多哥薩克的探險足跡不斷擴大和蔓延開來。在準備與瑞典重新開戰和戰爭進行之中，彼得也一直沒有忘記這個「阿尼安海峽」，沒有忘記遙遠東方的海上窗口的「打開」。彼得一邊與瑞典打仗，一邊加速新建造船廠和船塢、建造艦船、培養能駕駛艦船在海上作戰的人員。他期待的不僅僅是俄國的艦船能游弋在波羅的海和黑海之上，他的心中還深藏著掌控遙遠的北冰洋和太平洋上「窗口」的宏大理想。

彼得盡一切力量收羅艦船和海軍方面的優秀人才，並將他們安排在聖彼得堡的海軍部裡供職。薩爾蒂科夫（Fyodor Saltykov）是其中很重要的一位。一六九七年，彼得就派他到尼德蘭去學習航海和造船。一七〇三年薩爾蒂科夫學成以優異成績回國，彼得安排他在奧洛涅茨造船廠負責造船，隨後又把他調進聖彼得堡負責聖彼得堡和新拉多加兩個造船廠的工作。一七一一年，彼得派他祕密出國購買艦船和監督在國外訂購和建造艦船的進度與品質。一系列的史書上都說，彼得的波羅的海艦隊的艦船都是俄國自己建造的，但實際上其中有相當的數量是購買國外的或在國外委託建造的。薩爾蒂科夫的工作就是幹這個的：他在荷蘭、英國和法國的一系列港口和造船廠總共購買了十一艘戰船和四艘護航船。他還為彼得搜羅到了不少的各式各樣的工匠和水手。

在造船的具體事務上，薩爾蒂科夫是彼得不可或缺的幫手，但是，他對彼得更重大的影響是他對俄國必須關注和開發北方海上通道的理念。薩爾蒂科夫的後半生作為彼得派駐英國的海事外交代表，他在倫敦期間曾經給彼得兩次上書，陳述了兩方面的改革想法：一是，俄國一定要向先進的英國及其他歐洲國家學習，尤其是在法律和教育方面；二是，關於尋找和開闢北方水路的問題。一七二二年，他在呈送給彼得的一份上書中建議：「開闢一條自北德維納河河口至阿穆爾河、中國和日本的固定水道。」薩爾蒂科夫對這條水道的定向是：在德維納河、鄂畢河、勒拿河，大概在第一聖岬附近，以及在科雷馬河、阿納迪爾河，直到阿穆爾河的河口，建造起一批不大的活動船塢。能幹的航海家們就可乘新造的船隻沿這條未來偉大的水道去進行詳盡的考察。他們將弄清楚流入大海的眾多河流的特點以及河口河底的土壤是什麼樣子的，探尋到可以做碼頭的地方，找到「拋錨之地」，並將那些新發現的土地上的人、野獸和資源登錄清楚。

向彼得建議開拓這條「北方水道」的，薩爾蒂科夫不是唯一一人。薩爾蒂科夫之後在彼得的親信大臣中，在他的核心幕僚班子中鼓吹這一水道的大有人在，尤其是在彼得一手扶植起來的造船和海軍人員中，呼聲更高。這些人員大都是彼得親自派往歐洲學習考察過的知識精英，或是在彼得創建的海軍艦隊中服役的骨幹，他們都集中於彼得集全力發展的海事衙門、海軍機構中以及已經航行在波羅的海之上的艦船的指揮官們。一七二二年夏天，在彼得第二次對波斯（土耳其）的戰爭中，他親信的艦隊事務顧問索伊莫諾夫（Fyodor Soymonov）隨行。當艦船在喀山碼頭停靠時，彼得和他談起了哥薩克們發現的新土地堪察加、尚塔爾島和庫頁島，還提起了神祕的「阿尼安海峽」。索伊莫諾夫當即對彼得進言：「東西伯利亞的土地，尤其是堪察加，還有菲律賓和日本諸島，正如您陛下所瞭解的，沿西岸而行，沒有多遠的距離，可直到美洲。當今歐洲人為此幾乎不得不要繞整整半個地球，而對俄國航海家來說，到達這些地方的可能性就要大得多並且損失要少得多。」

阿特拉索夫的兩份稟帖讓彼得「打開」東方海洋窗口的想法更為清晰起來，而布留斯和薩爾蒂科夫的建議不僅深深觸動了彼得，而且讓這位偉大的皇帝有了更為具體的計畫，最後是向自己的寵臣、掌管俄國海軍事務的阿普拉克辛（Fyodor Apraksin）海軍上將下達了組建堪察加考察隊的訓令。目睹了彼得這一最後決策和行動的是他的一個親信。此人叫納爾托夫（Andrey Nartov）。他是學機械的，鉗工出身。因為手藝的精湛，被彼得招至宮廷，在他自己的「皇宮作坊」裡幹活。大概在一七一八年，彼得派他去普魯士、荷蘭、法國和英國深造機械學。回國後，升為彼得「皇宮作坊」的總管，頭銜是「皇宮機械師和鉗工技術教習」。彼得經常在「皇宮作坊」裡幹活，並且經常把這裡當作辦公室，在這裡會見大臣，處理國務，而幾乎事事都不回避這個納爾托夫。彼得與納爾托夫的親近關係非同一般。

納爾托夫後來記述了這一切：「在去世前幾週，彼得一世親手撰寫並寫成了探險堪察加的訓令，該訓令責成通過海路去探尋在亞洲東北部是否與美洲相連，他還給海軍上將阿普拉克辛下達了訓令。他將他招來，將此事委託給他，說了如下的話：『我的健康糟糕狀況很糟糕，不得不待在家裡；但近日，我想起了我早就思考過，但被其他事務耽誤了的另外一些事情，即是通過北冰洋去中國和印度的事。在這份海圖上，畫出了一條稱之為阿尼安的線路，畫這線並不是無緣無故的。我在最近的一次外出中，在與一些有學問的人士的談話中得知，將其變為現實是有可能的。為使祖國免於外敵的侵犯，國土安全，就必須盡力設法通過科學和技術為國家謀取榮譽。我們是在尋找這條線路，可荷蘭人和英國人不也在多次尋找這條通往美洲海岸的線路嗎，不過，我們不是更幸運嗎？對此我已寫了諭令；費奧多爾．馬特維耶維奇，我在病中，所以我委託你來負責此事，來確定具體的事宜，由誰來管，使我的諭令得以執行。』」

費奧多爾．馬特維耶維奇指的就是海軍上將阿普拉克辛。阿普拉克辛是與彼得一起創建俄國波羅的海艦隊和俄國海軍的人，曾是北方戰爭和一七二二年征討波斯（土耳其）戰爭中俄國海軍的指揮官。當時，他是主管俄國艦隊、海港和水道的海軍委員會的主席，也是波羅的海艦隊的指揮官，負責聖彼得堡的門戶——喀琅施塔得要塞的防務。而且，他也是彼得一世的寵臣，所以彼得把此事交給他來辦理。

從彼得對阿普拉克辛的這番話裡，可以看出幾點：一是，彼得把開闢「通向中國和印度的海上之路」看成是保障俄國國家安全所必須的，它涉及俄國的國家榮譽；二是，將海圖上的「阿尼安線路」變為實際的海上通途，是彼得身患重病時唯一牽掛的事，也是他必須有陸海軍「兩隻手」的建國方略發展結果，和必然延伸；三是，彼得要求通過科學和技術來將「阿尼安線路」變為現實，這就像他一貫以壯大科學技術力量來增強軍力和國力的做法是一脈相承的；四是，彼得在「阿尼安線」的決策上深受「有學問人士」的影響，或者說，當時俄國知識精英群對收集新土地的熱情以及在遙遠土地上殖民的理想，促成了偉大皇帝彼得的擴土和殖民決策，兩者的融合構成了彼得對後代帝皇和統治者產生深遠影響的海洋戰略。

彼得的這份指令是一七二四年十二月二十三日寫成的，其內容是指示立即著手組織對堪察加的考察隊，為此，彼得在指令中列了三項急辦的條款：「一、必須在堪察加或者在另一關口地建造一艘或二艘有甲板的小艇。二、從海岸北邊的小艇上，期望（因為並不瞭解那段路）那裡出現的土地是美洲的一部分。三、要尋找這土地在何處與美洲相連；還要到達歐洲領地的某個城市，或者要是能看見歐洲的某艘艦船的話，要從它那裡問清楚，它叫什麼名稱，並要寫下來，還要親自上岸，獲取真實的訊息，編製地圖，帶回來。」

彼得一世所追求的就是讓俄國走進歐洲，使之成為與歐洲先進國家並駕齊驅甚至超越它們的國家。所以，彼得的俄國是個相當開放的國家，招攬歐洲國家的科學技術頂尖人才，尤其是海軍（包括艦船製造和航海作戰）方面的翹楚，是他堅定不變的政策。所以，在他的親臣、寵臣、將軍、密使中有許多的外籍人士——德國的、荷蘭的、丹麥的、瑞典的、法國的、英國的。派去歐洲搜羅人才的使臣也大都是外籍。甚至，新建俄國艦隊的第一任指揮官、中將克呂伊斯（Cornelius Cruys），也是挪威人。他是彼得在一六九八年出訪歐洲期間，以高薪招聘回俄國的，隨後彼得又讓他在歐洲各國搜羅人才。克呂伊斯在阿姆斯特丹看中了一個人，此人酷愛航海，從當時世界頂級海軍士官學校畢業後，已有了相當多的航海經驗，這個人的名字叫維圖斯·白令。克呂伊斯招募了他，並讓他進了波羅的海艦隊。

這時，彼得正在科特林島上建造一座炮臺——即後來被稱為喀琅施塔得的炮臺。白令一開始只是一艘小船的少尉指揮官，幹的是從涅瓦河岸邊將木材運送到正在建造喀琅施塔得要塞的科特林島上去。他的認真、勤奮，以及對海事的激情和才能引起了彼得本人的注意，隨後就把一個又一個的事情交給白令去辦，白令辦得都十分漂亮。從一七〇三到一七〇七年的短短三年多時間裡，白令從少尉晉升到了中尉。在波爾塔瓦戰役中，彼得曾讓白令數次去完成特殊的任務，白令執行任務的勇敢、機智，讓彼得對此人有了更深一層的瞭解。之後，彼得讓白令巡航芬蘭灣的南岸，去偵察瑞典艦隊的動向。最後，白令被調到亞速海擔任一艘戰船的上尉指揮官。一七一二年，白令以四級上尉軍銜回到波羅的海艦隊，先後指揮過幾艘戰列帆船。到一七二〇年時，白令已是二級上尉。一七二一年，白令曾與阿普拉克辛在艦船指揮中合作過。到一七二四年春天，白令已經四十三歲，他始終未能獲得一級上尉的軍銜，阿普拉克辛因他是丹麥人，不願將一級上尉的軍銜授予白令。於是白令向阿普拉克辛遞交了辭呈，阿普拉克辛批准了他的辭職。但彼得知道後，甚為不滿，認為白令這樣的人才求之不容易，放之太可惜。他對阿普拉克辛說：「你對白令的責備沒有道理。這個丹麥人已經成了真正的俄國人，並且已盡職盡守地證實了這一點。到海軍事務委員會宣布吧：他被重新接納進海軍，並任命為一級上尉。」

所以，阿普拉克辛在組織堪察加考察隊時，就把堪察加考察隊隊長的人選定在了一級上尉白令的身上，並上報彼得。彼得當即同意此人來負責堪察加考察隊，這時是離彼得去世的前三週。彼得雖然身患重病，但並不認為自己行將離世，仍對白令率隊的堪察加考察隊寄予極大的希望。但是，天公不予彼得壽，一七二五年一月二十八日，這位偉大的俄國皇帝因不可救治的尿毒症（也有說是死於反對派的毒手）撒手人寰，時年彼得五十三歲，是他登上皇位的第三十三年，是他被俄國參政院奉為「大帝」的第四年。

彼得一世的「打開」太平洋窗口的宏願未能實現，但他作為開俄國一系列之先的偉大帝王的聲譽卻已經是盛傳了數百年的事了，而且在俄羅斯（無論將來是什麼主義的俄羅斯）還是會要繼續盛傳下去的。在這一系列之先中，給俄國最大利益的、最強勢力的、最崇高聲譽的卻是兩點，一是，把俄國從一個沒有任何出海口的、封閉於「自己家園」中的「公國的拼合」變成了一個擁有面對當時主要先進歐洲國家實力的「統一帝國」；二是，面對海洋的決策使俄國成為一個國界永遠向遠方擴展的大國，一個收集新土地沒有止境的強國，一個以強力、武力、戰爭手段在國際舞臺上展現自己訴求的聖殿之堂。

到一七二五年彼得去世時，俄國的國土龐大到可稱為名副其實的「帝國」，它的疆土超出了羅曼諾夫家族歷代先皇的預期和索求，更是留里克家族的大公們想都沒有敢想過的。在俄國的西部和西南部，掌控了波羅的海和亞速海的出海口，將札波羅結以及烏克蘭右岸的土地歸為俄國的疆土，把俄國收集土地的進程推進到了卡爾巴達一線，覬覦著北高加索的廣袤土地；在西伯利亞的東南部，帝國土地的收集向南，向額爾濟斯河中游和上游以及鄂畢河及其支流沿線的阿勒泰和庫茲涅茨盆地推進，占領了葉尼塞河上游和源頭的土地；而在東方，俄國收集土地的進程迅速向中國邊境推進。在彼得一世執政結束時，俄國收集新土地的規模是宏大的，速度是快捷的：堪察加（雖然這位帝王對那裡的一切尚遠不清楚，正在組織考察隊去那裡探險，但是阿特拉索夫已經把十字架矗立在那裡的海角上了，已經在那裡建起了簡陋的碉堡了，這就標誌這個堪察加就是俄羅斯偉大帝國的疆土了）——約五十萬平方公里，額爾濟斯河的上游和中游（被歷代俄國君主稱為「野蠻人」的土地）——約十五萬平方公里，利夫蘭、愛斯特蘭和英格爾曼蘭（因北方戰爭的勝利從瑞典奪來的土地）——約十五萬平方公里，三者綜合是約八十萬平方公里。俄國的人口也隨之迅猛增加，在一七一九年就有了一千五百六十萬人，而在一六七八年只有一千一百二十萬人，淨增四百四十萬人！

彼得奪得了波羅的海東岸的土地，聖彼得堡的建成，波羅的海艦隊（三十二艘戰列艦，十六艘巡航戰船，四百多艘其他船隻，主要是大橈戰船）的出海，使俄國成了一個與歐洲強國比肩甚至超越的海上大國。當波羅的海艦隊的船隻出海時，彼得都要求高掛他自己親自設計的白藍紅三色旗。這個原本為海軍艦隊設計的三色旗，隨後就變成了俄國的國旗。儘管如此，彼得畢竟再也不能看到堪察加考察隊的出行和結果了。他的宏願只能由他欽點的俄國波羅的海艦隊一級上尉白令來完成了。

18 白令和白令海峽

彼得一世——葉卡捷琳娜一世——彼得二世——安娜女皇

位於俄羅斯遠東地區的堪察加半島，它的西部是浩瀚的鄂霍次克海，而東南部則是一望無際的太平洋。太平洋中正對堪察加半島的是「科曼多爾群島」。科曼多爾群島由兩個島組成：上偏西北的島叫「白令島」，下偏東南的叫「銅島」。「白令島」和「科曼多爾群島」的名稱都是與「發現者」白令和俄國沙皇「收集土地」的不變國策——尋覓財富和擴大疆土密切相關的。一七四一年十二月，白令在這個原先叫「阿瓦恰島」上死亡，所以「阿瓦恰島」就變成了「白令島」。而白令是當時堪察加考察隊的隊長——指揮官，所以，整個島也就改成了「科曼多爾群島」。「科曼多爾」是俄文「指揮官」、「船長」一詞的譯音。

自白令的「發現」起，俄國國界就延伸到了科曼多爾群島，並且不斷向太平洋推進。而現在，在科曼多爾群島和阿留申群島中間就有一條俄美兩國的國界線，這條線一直向北，穿越過白令海峽。這條海洋中的國界線雖無形，但卻永恆地留存著俄國爭奪東方土地、欲與美國和歐洲列強在海洋上爭鋒試比高的活劇。而這條線也是國際換日線，它所見證的不僅有時間的倒轉，歲月的恆流，而且還有不同政治制度下、對抗意識心態中人們思維的變遷、道德的演繹和社會的更迭。

關於這些海、這些島、這些「發現者」，無論是傳說還是事實，都是從彼得一世一七二四年十二月寫的那份近似於遺囑的《組建堪察加考察隊》諭令開始的。從此，在俄國的史籍裡，在民間的各種傳聞裡，圍繞白令和他的「發現」，記錄了、流傳了太多的事實、傳聞，甚至神話。這是一個具有耀人眼目光彩的歷史和故事。

自從彼得一世下令組織這個「堪察加考察隊」之後，白令兩度率領這個考察隊遠行堪察加。第一次是在一七二五至一七三〇年（這時，彼得一世已經離世，先後繼任為俄國沙皇的是葉卡捷琳娜一世和彼得二世）；第二次是在一七三三至一七四一年（這時，女皇安娜和伊凡六世先後執沙皇權杖），前後延續了近十六年。在第一次考察中，白令風塵僕僕、橫穿西伯利亞，經歷大海的風暴，耐受極北的酷寒，受物資欠缺與饑餓折磨，最終發現了俄國所處的歐亞洲與美洲橫隔著一片浩瀚的海洋。至於，這浩瀚的隔海有多大，歐亞洲與美洲又相距多遠，白令都不得而知。但白令認為已經完成了彼得沙皇的

位在堪察加彼得羅巴夫洛夫斯克的白令紀念碑。（iStock／yykkaa）

指令，便率隊而歸。一七三二年，他呈文安娜女皇，准予他第二次率隊去堪察加。在第二次考察時，白令的船隊到達了阿拉斯加的岸邊，但他所乘的「聖彼得號」船撞碎於阿留申群島的一個荒島上，白令和他的一些同行者凍餓而死於荒無人煙之地，這是一七四一年的嚴冬。

白令率隊考察堪察加的十六年，恰恰是彼得一世以後羅曼諾夫王朝皇位繼承人發生重大變化的時期，是俄國歷史上一個政權交替得十分詭祕的時期。羅曼諾夫王朝到此時父系的男性繼承人已經成了問題。彼得一世的長子，傳統的皇位繼承人，因為反對父親的改革而被關押死於囹圄之中。一七二二年二月，彼得一世盛怒之下廢除了祖傳的長子繼承法，改為由沙皇按照自己的心意加以選擇指定。但是，他沒有來得及指定接班人，又沒有諭令出一個傳承皇位的新辦法。於是，俄羅斯帝國皇帝的桂冠落到了皇后葉卡捷琳娜的頭上。

這位皇后不是俄羅斯人，原名叫瑪爾塔，出生於俄羅斯帝國的利夫蘭省（即拉脫維亞和立陶宛地區）的一個農民家庭，沒有什麼文化。在北方戰爭中，她成了俄軍的俘虜，受到了統帥舍列梅傑夫（Boris Sheremetev）和彼得的寵臣緬希科夫（Alexander Menshikov）的寵愛。自一七〇三年起瑪爾塔受寵於彼得一世，由情婦慢慢轉變為合法妻子。儘管彼得在給她一封又一封的信中，稱他是「卡捷琳奴什卡，我的心肝，寶貝」，但偉大皇帝與她的婚禮直到一七一二年才舉行，一七二四年五月，彼得一世才為她舉行了皇后的加冕典禮。瑪爾塔皈依東正教，改名為葉卡捷琳娜。儘管彼得的近臣、寵臣、姻親為爭奪皇位的繼承權明爭暗鬥，極盡陰謀和權術，但是在彼得禁衛軍稱葉卡捷琳娜為「國母」的殺喊聲中，她最終還是在一七二五年一月被簇擁登上了俄國皇帝位，是為葉卡捷琳娜一世。

她登位時的封號很長——「最最聖明的，最最崇高的偉大國君，皇帝，葉卡捷琳娜・阿列克謝耶夫娜，全俄國的君主」。但是，葉卡捷琳娜一世卻對政治不感興趣，把管理國家的事務全部交給了她下令成立的「最高樞密院」來管理，自己則在皇村中過家庭主婦般的生活。她每日所做的事就是在最高樞密院呈遞上來的各種文件上簽字。不知是出於對皇帝丈夫的懷念，還是心繫俄國的強盛，葉卡捷琳娜一世在沙皇村外所關心的唯一事情就是彼得創建的艦隊和海軍，但也沒有採取什麼實際措施。

白令的第一次堪察加考察隊就是這樣最後由最高樞密院成文，再由葉卡捷琳娜一世簽字核准的。至於這個考察隊要去堪察加幹什麼，達到什麼目的，這位女皇並不在意。事實上，對此次考察並不完全在意的還有最高樞密院的大臣們。最高樞密院最初由六位大臣組成：大元帥緬希科夫，海軍元帥阿普拉克辛伯爵，大臣戈洛夫金（Gavrila Golovkin）伯爵，托爾斯泰（Peter Tolstoy）伯爵，戈利岑（Dmitry Galitzine）公爵和副大臣奧斯特曼（Andrey Osterman）。這是一個由對彼得一世絕對忠誠，被普希金在長詩〈波爾塔瓦〉中稱為「彼得家的子孫」的將軍們、新貴們和世襲貴族混合組成的執政班子，大臣們之間的，新老貴族之間的門閥之爭和權力分配是他們重點關注的事。對於那個遙遠的西伯利亞和更遙遠的、知之甚少的堪察加和幾乎一無所知的歐亞洲與美洲間的隔海，最高樞密院的大臣們暫時還顧不上。核心的掌權人物是緬希科夫，他精通戰術、善於指揮，是北方戰爭取勝的關鍵人物。但此人大字不識幾個，只會畫符似地簽自己的名字。但是，此人好財、貪財、不擇手段地斂財。彼得十分熟悉這位助手，曾經這樣評價過他：「這是我的一隻手，它雖是劫賊之手，但卻忠誠。」所以，白令的考察隊他無暇過問，也正因此最高樞密院就不可能給這個考察隊予以物質上的必要支持。

在最高樞密院裡，關注並還在過問堪察加探險隊事情的只有海軍元帥阿普拉克辛。阿普拉克辛是最高樞密院裡權力僅次於緬希科夫的人，女皇關注海軍，所以對他很信任。鑑於這種關係，彼得一世囑託的考察堪察加的事業才得以繼續下來。而這時，在俄國各種自然災害頻發以及由於緬希科夫這些新貴的斂財，國力大虧。但阿普拉克辛是彼得一世離世前特別囑託的人，作為海軍元帥他也必須將堪察加考察隊的事辦起來。在他的主持下，徵集（相關機構的贊助）到了組建堪察加考察隊必須的一定數量的錢財。於是，白令的考察隊才於一七二五年一月底得以成行。

俄國第一次堪察加考察隊所以能成行，還與最高樞密院的副大臣、掌管俄國外交事務的奧斯特曼有關。奧斯特曼是德意志人，他奉行的是一條使俄國權力機構「歐洲化」、「法國化」、「德意志化」的方針。他是彼得一世使俄國「歐化」「親德意志政策」的忠實支持者和執行者，也屬於「彼得家的子孫」。自從彼得執政，俄國就開始了一個「德意志化」的進程。彼得一世不僅大量使用法國人、德意志人、荷蘭人為自己政府的高級官員，而且在思想上、執政決策人上受德意志影響甚深。就世界範圍來說，這時也是歐洲列強向海洋大進軍和海外殖民蓬勃發展的時期。西歐強國，尤其是法國、德意志都極為關心西伯利亞、堪察加、太平洋沿岸土地的探險考察。在這條充滿艱難險阻的漫長之途上，在那些接踵而至的哥薩克探險隊中，就有來自斯堪地納維亞半島和歐洲大陸的「權力代表」以及「科學人士」的身影。彼得一世向東方，向太平洋的覬覦以及為此而做出的決策是與「知識精英」的上書、進言密不可分的。這些精英中除了俄國的貴族，在政府機構中擔當要職的歐洲人、德意志人外，還有法國和德意志的科學權威。

據俄國史書記載，最早建議彼得組織探險隊去西伯利亞、太平洋沿岸考察的是法國科學院。彼得一世與法國科學院的關係非同一般，他不僅是這個科學院的外籍院士，且與這個科學院中的德意志院士、著名的古典哲學家萊布尼茨（Gottfried Leibniz）過從密切。萊布尼茨是建立彼得堡科學院的倡議者，對彼得一世的改革無數次進言，可算是彼得的「頂級外籍顧問」。萊布尼茨與東印度公司關係密切，孜孜不倦地為它尋找通往東方的道路。而彼得的海外考察、大權的建立也與東印度公司有種種斬不斷理還亂的關係。於是，在萊布尼茨對彼得的進言中，「亞洲和美洲大陸是否相連的問題」就給了彼得極深的影響。在向東方尋找新土地、擴展疆域的決策中，解決「亞洲與美洲大陸是否相連的問題」，就逐漸成了彼得向東推進收集疆土國策的主線。萊布尼茨原本是瑞典的積極支持者，曾鼓動瑞典國王將瑞典的疆界「從莫斯科推進到阿穆爾」，後來他轉而支持俄國，把將國界「從莫斯科推進到阿穆爾」的進言送給了彼得一世。

一個令歐洲人密切關注的問題是「亞洲和美洲大陸是否相連」，解決了這個問題，由歐洲至亞洲，由亞洲而至美洲的爭奪土地進程就會加速，就會出現質的飛躍。彼得一世的「偉大皇帝」的稱號是封之有據的：他要全方位打開俄國通向世界的窗口。一生中，他為奪取黑海出海口而未得，打了幾十年的北方戰爭，奪得了波羅的海的一席之地，但歐洲強國又太強，這個出海口終是極不穩定，於是向北方、向東方尋求新的出海口就成了他開拓新疆土、擴展國界的主要方向。因此，萊布尼茨的進言就與彼得的國策不謀而合。對於這位偉大的皇帝來講，解決了「亞洲和歐洲大陸是否相連的問題」，俄羅斯帝國的國界就會向遙遠的東方無窮盡地延伸，就會在這個「地理大發現」的時代中占有強國的地位。所以，彼得一世對西伯利亞、遠東、太平洋推進的決策，與他歷代祖先紛繁複雜的「哥薩克探險」有著極大的差異，彼得的決策更完善、更具進攻性，更有目的和策略。所以，他在瀕臨死亡前仍然孜孜不忘於組織堪察加考察隊，而提出的任務是「尋找通往中國和印度的水上之路」，解決「亞洲和美洲大陸是否相連的問題」，最終來解決當時俄羅斯帝國所面臨最重要的任務：準確弄清俄羅斯帝國的東方國界，和將新發現與新收集的土地合併進帝國的疆土。

白令所率領的第一次堪察加考察隊就應該是去執行這樣的任務。但是，白令的這次考察雖然持續了五年的時間，而沿太平洋岸的海上探險考察只有一個半月的時間，大部分時間都花在籌備物資、準備用品和由聖彼得堡去堪察加約一萬公里的路上了。最終的結果是考察隊在大霧彌漫中返航，白令的結論是：他只看到了兇險的海浪，沒有見到陸地的痕跡。一七二九年八月，白令下令返航。白令回到彼得堡後向海軍部和參政院報告了這次考察的結果並附了一份考察地圖。海軍部和參政院的大臣們發現了圖上的問題：白令在這份圖上所標的亞洲和美洲之間的海峽位置，與已經問世的舊地圖上是相同的。於是，這些大臣懷疑白令發現亞洲和美洲之間的海峽是假的。但是，這些大臣是絕頂聰明的，他們知道只要在那邊的海洋上（儘管大霧彌漫，冰封蒼穹）升起了俄國海軍的「安德烈耶夫旗」就行了，因為這面海軍軍旗是彼得一世親自設計並規定為俄國海軍的正式軍旗的，只要這面軍旗飄揚到哪裡，哪裡就是俄羅斯帝國的疆土了。對於他們來說，安德烈耶夫旗在太平洋上升起就意味著俄羅斯就將是一個真正的海上強國了。至於是不是確定了「亞洲在何處與美洲相連」，考察隊是否到達了「美洲的某個城市」，對於這些陷於爭權奪利中的大臣們來說並不是當務之急。

白令的第一次堪察加考察應該是草草收場的，甚至在某種程度上是沒有完成彼得的指令的。其主要原因可以歸納為幾點：一是，在這期間，俄國換了兩代沙皇（葉卡捷琳娜一世和彼得二世），君主或無能、疏於政務，或年幼，大權旁落，帝國的大船在風浪中左右搖擺著前行，無論是君主還是大臣都沒有更多的精力來關注考察隊的事。二是，饑荒、瘟疫、暴動使俄羅斯帝國遭受了嚴重的經濟衰退，社會動蕩不安，彼得一世親自培養起來的禁衛軍成了政權變幻莫測、掌權者詭異更迭的核心力量。三是，主持這項大事的海軍元帥阿普拉克辛和緬希科夫這樣的「彼得家的子弟」，先後退出了帝國的政治舞臺，或亡故，或被流放他鄉。

一七三〇年一月，俄國的新君主安娜登基。這是羅曼諾夫王朝歷史上的第二位女沙皇。這位新君是俄國舊貴族與德意志新貴激烈的權力之爭的最後結果。她的登基標誌了俄國最高權力層中德意志勢力的激增和影響的擴大，但俄羅斯帝國的權力實際上操縱在了安娜的寵臣、德意志新貴比隆（Ernst Johann von Biron）的手中。還不僅在政治上，在文化科學領域中，德意志的勢力和影響同樣成為主宰的力量：俄國科學院不接受俄國人，俄國古老貴族的後裔紛紛模仿外國，講德語和法語，對俄語嗤之以鼻。在比隆的操縱下，安娜全方位恢復了彼得一世的四方收集土地、擴大疆土的政策。俄羅斯帝國的第二次堪察加考察隊就是在這種情況下組建的。

一七三二年四月十七日，女皇安娜給參政院下達了再次組建堪察加考察隊的《上諭》，參政院當即指派上尉隊長白令統領第二次堪察加考察隊。仍然選定白令為考察隊隊長顯然與寵臣比隆有關。除了那種科學上的「地理大發現」，更令比隆念念不忘的是，他要將已經實際操縱的俄國權力繼續擴大並通過新土地的收集來增加他在整個歐洲的權勢。所以，第二次堪察加考察隊無論在人力上還是資源上都是第一次考察隊難以企及的。考察隊的具體組織工作交由在海軍部和科學院任委員的著名地理學家基里洛夫（Ivan Kirilov）負責。全隊的人數達到了六百人之眾，組建了七支分隊，每個分隊中都包括自然科學家、地理學家、歷史學家。參政院根據《上諭》下達給考察隊的任務是：一、對亞洲大陸的北岸進行勘察；二、對開發不夠的西伯利亞廣大土地加以研究；三、證實沿北冰洋航路的存在；四、航行至美洲的西北海岸及日本，進行地圖測繪，以及為俄羅斯帝國收集新土地。如果把這幾項任務轉成更明確的語言，那就是俄羅斯帝國政府希望通過此次考察找出三條道路和制定一幅地圖。這三條道路。一是由堪察加半島通往美洲之路，二是由鄂霍次克通往日本之路，三是由鄂畢河通往勒拿河之路，把從白海至鄂霍次克海的新土地作為俄羅斯帝國的國界繪製成地圖。同年九月，任命了白令的副手奇里科夫（Aleksei Chirikov），此人也是第一次白令考察隊的副手。

一七三七年秋，考察隊到了鄂霍次克，在那裡建造考察用船「聖徒彼得號」和「聖徒保羅號」，用了整整三年的時間。兩船於一七四〇年十月下水，一七四一年六月初，白令才統領「聖徒彼得號」，奇里科夫統領「聖徒保羅號」出發，駛向美洲海岸。月底，白令的船隻駛過了阿拉斯加海峽中部的水區。又三週後，「聖徒彼得號」和「聖徒保羅號」的船員都看到了美洲土地上的聖伊利亞山的高聳山脊。「聖徒保羅號」先到達此地，「聖徒彼得號」後到，兩船僅僅相隔一天的時間。事實上，堪察加兩艘船上的考察隊員都未能登上阿拉斯加的土地，他們僅僅是從船上遠遠地看到了，證實了連接亞洲和美洲大陸海峽的存在。在太平洋的濃霧和風暴中，白令和奇里科夫的船隻失散。白令的「聖徒彼得號」在大霧中迷航，折向了北方。由於缺水和食品，白令的「聖徒彼得號」上的考察隊不少成員得了壞血症，白令下令返航。一七四一年十一月四日，「聖徒彼得號」被暴風捲至一個不知名的島嶼（即後來為紀念白令的科曼多爾群島），船隻被撞碎，白令和尚存的船員登上了這塊陸地。十二月八日，白令死於此島，這位丹麥人時年六十歲。倖存下來的船員於一七四二年九月初回到了堪察加的阿瓦恰灣南端。

奇里科夫的「聖徒保羅號」卻一直東北而上，最終到達了阿拉斯加的沿岸，這是一七四一年七月十五日。奇里科夫在這一天的航海日誌中這樣寫：「午夜二時，我們看見了我們前面的土地，上面山脈高聳，這時天還沒有怎麼亮，因此我們的航向有些偏。到三時，可以清楚地看清這塊土地了，無論是地點、位置，還是經緯度，我們斷定它就是真正的美洲了；午夜三時整，緯度五十五度二十一分……」十月，奇里科夫回到了阿瓦恰灣南端。奇里科夫在呈交給海軍部的報告中也是這樣寫的：「我們獲得了一塊新土地，它位於北緯五十五度三十六分。毫無疑問，我們確定這是美洲的一部分。」十月，奇里科夫回到了阿瓦恰灣南端[1]。

一七四三年俄羅斯帝國參政院正式停止了第二次堪察加考察隊的活動。而此時，女皇安娜已於一七四〇年十月駕崩。從一七四〇年到一七六二年的二十二年中，還要經歷三代沙皇，羅曼諾夫王朝依然是個在寵臣操縱國家大權下的孩子和女人的天下，但彼得一世遺傳下來全方位收集新土地的方略沒有發生變化，只不過收集的對象更指向了太平洋和北冰洋。這是後話，讓我們暫時還是回到白令的話題上來。

第二次堪察加考察隊是一支人多、馬壯、財足、科學力量強的考察隊，一些史學家將它稱之為是「俄國歷史上最貴的考察隊」。在時間上說，這第二次考察隊的活動延續了將近十二年的時間，但實際上大部分時間是在做準備工作：調撥和募集資金，造船，彙集物資，集訓人員，解決從聖彼得堡、莫斯科至遙遠的堪察加的道路運輸問題，真正的海上尋覓和勘察只有半年多的時間，而在阿拉斯加岸邊經過、停留的時間也就是十個小時左右。所以，有人形容說：「準備工作持續了十年，而辦正事總共只花了十小時。」但是，這十個小時畢竟給俄羅斯帝國帶來了政治上的、經濟上的巨大的利益，強化和昇華了俄羅斯的國家地位和民族的精神。

史達林曾經評述過彼得一世時期的「德意志化」：「彼得一世也是一個偉大的君主，但他對外國人過分縱容，國門開得過大，聽任外來影響向國內滲透，聽任俄國德意志化。」白令兩次率領堪察加考察隊的活動正是這個「德意志化」的頂峰時期，所以他葬身於荒島和他的輝煌經歷一樣最後都消融於野草、波濤和寂靜無聲之中。直到一七七八年情況才發生了變化。這一年的九月二日，著名的英國航海家庫克（James Cook）在第三次探險途中來到了阿留申群島，在那裡俄國工廠主們讓他觀看了根據白令考察隊編製的地圖，上面有一系列庫克不知道名稱的島嶼和詳細的資料。庫克大為驚訝和感歎，隨即給自己描繪了一份。在他描繪的這份地圖上，庫克把亞洲和美洲間的這個海峽稱之為「白令海峽」，把海峽南方的海稱為「白令海」！

現在在俄羅斯，白令兩次率領堪察加考察隊的活動和「白令海峽」、「白令海」這些名稱都受到了日益頻繁的質疑。質疑之一，在兩次對堪察加的考察中，起重大作用的不是白令及其另外一名丹麥助手，而是俄國人奇里科夫。是這個奇里科夫在第一次航海探險中提出了正確的海上路線，但被白令否決，致使考察無果而終。而在第二次航海中，奇里科夫的「聖徒保羅號」堅持了正確的航向，早於白令發現了阿拉斯加的土地和高山。因此，亞洲和美洲是否相連的問題的解決是奇里科夫完成的。更重要的是，奇里科夫於一七四二年五至八月再次去美洲沿岸考察，進一步弄清了在第一和第二次堪察加考察時因大霧未能看清的一些島嶼的情況。根據他帶回來的資料（包括《「聖徒保羅號」航海圖》）所編製的地圖：堪察加東海岸圖，《俄羅斯帝國總圖：北冰洋附近的北部海岸，東方海洋附近的東部海岸及通過航行美洲西部海岸和日本諸島重新發現的土地》，這些是俄國地理學的珍貴財富。有俄羅斯人這樣說：「兩次堪察加考察隊的許多參加者的名字不僅應該在海圖上，而且應該在後代人的高尚記憶裡永恆。相信在享有最高榮譽的俄羅斯哥

1　此南端之角後建港，並改名為「彼得羅巴夫洛夫斯克」。

倫布之一的奇里科夫的故鄉——圖拉，樹立無愧於他的紀念碑的時刻一定會到來。」

質疑之二，白令雖然在俄國海軍中服務三十八年，在堪察加的探險中度過近十六年的歲月，但他畢竟是丹麥人，不是全心全意為俄國的利益效勞的，他有他自己的打算——終身尋求回歸他曾經服役過的東印度公司，所以他在第一次考察中是在尋找通往東印度的道路，而不是去完成彼得的囑託——尋找亞洲和美洲的連接之處。當他看到阿拉斯加一邊高聳的山脈時，驚歎的是：「不！這不是東印度！」白令也並不是為了俄國的利益而大公無私，他和他的一些隊員搶劫財物，偷盜國庫，把考察之用的物資、馬匹據為己有，甚至將考察得來的資料和珍貴文物偷運到歐洲市場上去。指責者同時指出，奇里科夫是這一時期的堪察加考察隊中唯一誠實、乾淨、全身心為俄國利益效勞的人。

質疑之三是說，堪察加考察隊「發現」的一系列島嶼原本是有俄國名稱的，比如楚科奇海，比如聖拉夫連季島，霧島以及阿留申群島上的聖菲奧多爾島等。但其中的不少島嶼和海的名稱後來都改成了歐洲的名稱，比如，楚科奇海改成了白令海，聖費奧多爾島改成了阿圖島。隨著對白令發現以及白令海峽等名稱的質疑，在俄羅斯，對世界地圖上一系列地名的質疑就逐漸發展成了一股強大的社會輿論。有人說，黑海本來叫「俄國海」，波羅的海本來叫「瓦良格海」，巴倫支海本來叫「斯圖焦海」，裏海本來叫「赫瓦倫海」，亞速海本來叫「蘇羅日海」等。

種種質疑的一個基本目的是要恢復這些地名的「俄國名稱」，來彰顯這些島，這些海，這些地方都是俄國人最先發現的，是屬於俄國的。俄羅斯普丁總統曾發表過要求改變俄羅斯的世界地圖的講話，也許可以解釋這種質疑趨勢的實質：「我們現在碰到了一種情況，俄國的一些名稱正在逐漸地被從世界地圖上取代出去，而這些名稱是在過去的幾個世紀和數十年中就由我們的研究者、旅行者確定下來了。因而，這也就是在抹掉俄國在研究地球和發展科學上所做出的貢獻。今天，只有少數的人知道斯密特島原先的歷史名稱——它叫波羅金諾島，斯諾伊——這是小雅羅斯拉維茨，利溫斯頓實際上就是斯摩棱斯克等。」

在這次講話後，普丁還接受網路媒體「真相」（pravda.ru）的主持人巴然諾夫（Timofey Bazhenov）的採訪。普丁說：「新的地圖將是一份國際文件，我們將宣布我們是最先發現者的權利。」普丁還說：「事實上，對地圖的承認與不承認——這是每個國家自己的事。但是，任何尊重自己的國家都應該有自己的領土和世界領土的地圖，並將它們展示給全世界，以便世界能夠理解這個國家的看法和意向。」

巴然諾夫這位主持人盛讚普丁的觀點。他說：「是的，我們是在絕對正確的地方尋求真相。普丁——真正的俄羅斯土地收集者。俄國旅行家是許多地方的最早發現者並給這些地方起了與俄國歷史相聯繫的名稱。而那些許多年以後來到這些土地的人們開始給它們起另外的名稱。在普丁的名單上，還應該補上，比如米克魯哈－馬克萊（Nikolay Miklouho-Maclay）[2]在新幾內亞的發現。」

對世界地圖上地理名稱的質疑趨勢顯然是由兩種原因造成的，一是在西方國家對俄羅斯持續

---

2 編注：米克魯哈－馬克萊，十九世紀俄羅斯探險家、民族學家、人類學家。曾在中東、澳洲、新幾內亞、美拉尼西亞和玻里尼西亞等地旅行並進行科學研究。

經濟制裁的情況下，俄國傳統愛國主義的高漲，而這種愛國主義的核心就是：俄國只能是世界上有絕對話語權的大國、強國；二是，在俄羅斯的人心不古、道德標準變幻莫測的時刻，對俄國千年道德、精神、信仰的振興及繼承，和重塑俄羅斯的文化與文明，成為使俄羅斯崛起的關鍵，自「基輔羅斯」、莫斯科公國以來的俄國民族利益和民族主義也就必然騰空而起。

至於白令和白令海峽，也許是另一回事。它們並沒有進入普丁總統的名單，在俄羅斯的新俄羅斯地圖上，它們還會是「白令」。事實上，在俄羅斯帝國，在蘇聯，在當今的俄羅斯，對白令的讚美和頌揚仍是時代的強音，即使不是最強音。無論質疑者如何高抬奇里科夫，但畢竟白令是彼得一世親自推薦的、承認的「丹麥籍俄國人」，是葉卡捷琳娜一世和安娜兩位女皇有《上諭》核准的第一、第二次堪察加考察隊的隊長；畢竟由於白令的兩次堪察加考察才開始了以後持續數十年更大規模的北冰洋和太平洋的「考察」。

至於白令此人，在俄國歷史上沒有留下他的畫像，更談不上照片了。一九九一年，由蘇聯科學院考古研究所協同社會組織「水下世界」和「傳奇俱樂部」，並由丹麥研究人員參加組織了一支考察隊，對白令死亡的島嶼進行考察，此外，「波羅的海記憶協會」的一支水下考古隊也參加了考察。他們找到了白令的葬身之地，挖出了他的遺骸並送往莫斯科進行司法和醫學鑑定，結果證實是白令的遺骸。科研人員這才描繪出白令的容貌，有了一幅白令的畫像。其後，藝術家筆下的白令畫像都是從這裡脫胎而出的。

19 伊莉莎白之門

伊莉莎白女皇

俄羅斯奧倫堡市有一座稱之為「門」的紀念性建築，它位於烏拉爾河（當時稱牙易克河）的河岸之上，名叫「伊莉莎白之門」。因為它徑直朝向東方，過了這道門就是通向亞洲之路，所以在俄羅斯被人們盛讚為是「通向亞洲的象徵之門」。

這個門的兩邊各有一個帶壁龕的柱子，壁龕裡是兩個天使塑像，手上都有盾牌和棕櫚樹葉。中間橫樑巨石上的浮雕是雙頭鷹、皇冠、國旗和一個姓名首字母的特殊標記——「И．Р．Е．」。所有這些部件都具有沙皇的明顯象徵符號，而那個姓名首字母「И．Р．Е．」就是彼得一世的女兒、一七四一年登上沙皇位，統治二十年之久的俄國第三位女沙皇伊莉莎白．彼得羅夫娜的姓名首字母。而兩個柱子壁龕裡天使手中的盾牌和棕櫚樹葉也含義深厚：盾牌意味著「戰」及「征服」，而棕櫚樹葉就是橄欖枝，它表示的是「和」及「親善」。不言自明：俄國對東方的收集土地、對亞洲的征服是「戰」與「和」兩手，是「征服」和「親善」並用。在講這個門的來龍去脈之前，得簡單地敘述一下彼得一世之後俄國沙皇們的更迭、榮辱、興衰。

彼得一世去世後的三十六年間，更迭登上皇位的有六位沙皇，其中三位女皇、三位幼君。這是俄國歷史上一個寵臣攝政、門閥爭權極為激烈的時期。三位幼君是在母系親戚寵臣的操縱下坐上皇位的，但瞬息即逝，夭折而亡（彼得二世在位三年，伊凡六世和彼得三世在位也都是一年左右的時間），而三位女皇，除了葉卡捷琳娜一世，安娜女皇和伊莉莎白女皇都曾經極力擺脫過寵臣和權貴的羈絆，實際掌握過國家的最高權力（安娜在位十年，伊莉莎白二十年）。所不同的是，安娜走的是一條親德國的德意志化路線，而伊莉莎白則極力恢復君主專權。這兩位女皇都從自己的祖先那裡繼承了各自所需的傳統，在內政和外交上都進行了不同程度的「改革」，但是她們執政的共同點是，一是始終沒有忘記「收集土地」的祖訓，不僅要收回「自古屬於俄國的土地」，而且要開拓新土地、新邊疆；二是牢記彼得一世的強國決策：增強俄國在歐洲的影響與地位、走與歐洲各強國並駕齊驅甚至超越它們的道路。簡言之，就是「收集更多的土地」和「爭強國地位和歐洲霸權」相交織的內政外交政策。

在這兩者之中，安娜女皇把增強俄國在歐洲的力量和影響放在了決策的首位，更多地關注俄國的南部（黑海沿岸）和西南部（與波蘭、土耳其交界的邊疆地區）土地的收集和爭奪。因此，這位女皇的治國政策明顯西傾，即歐傾。她下令恢復已經衰敗下來的艦船製造和整頓軍隊，以便能夠在俄國的西部、南部與歐洲各國爭奪土地和勢力範圍。於是，戰爭不斷，一七三三年，與法國爭奪波蘭王位繼承權打了一仗，法國的艦隊在但澤（格但斯克）被擊敗，俄國取勝，親俄國的奧古斯特三世（Augustus III）當上了波蘭國王，俄國的勢力重新在波蘭抬頭。一七三五年，為爭奪黑海沿岸和外高加索的土地與土耳其打仗，這一仗斷續打到一七三九年的秋天。從一七三六年到一七三八年，俄國軍隊先後攻占了亞速夫要塞、奧恰科夫要塞，並最終摧毀了克里米亞汗國。一七三九年，俄國在斯塔烏恰內附近的霍京要塞[1]大敗土耳其軍隊，占領了霍京要塞，但是，俄國的盟友奧地利在對土耳其作戰中慘敗，俄國不得不與土耳其在貝爾格勒單獨簽訂和約。根據這份和約，俄國雖然得到了亞速夫（條件是要平掉俄國的要塞碉堡）、烏克蘭右岸聶伯河中游的一小塊土地以及可在頓河的切爾卡瑟島上建造要塞（而土耳其則可在庫班河口建造要塞），但是，損失卻更大：北高加索的大小卡巴爾達成為獨立的地區，用作「兩個帝國間的屏障」，俄國還不得在亞速海和黑海擁有艦隊，失去了以前從土耳其那裡奪來的塞爾維亞、瓦拉幾亞和波士尼亞的一些地區，其中包括貝爾格勒。

安娜女皇的歐傾政策使她在西部和南部的土地收集中有得有失，而且是失要大於得，尤其是海的門戶又被封住了，俄國的艦船不能自行進出亞速海和黑海。而在東方，在向遠東和太平洋進軍的進程也明顯衰減了下來。由於安娜女皇重用比隆和奧斯特曼等德意志人並用殘酷手段懲治和鎮壓反對派，向西伯利亞和遠東之路成了一條流放「罪犯之路」。在安娜女皇執政期內，有兩萬多人被流放至西伯利亞。這條路是她的先祖們、摩肩接踵而去的哥薩克探險隊多年所發現、開闢和經營的，而這時卻成了一條被迫變得無名無姓的流亡者的「歸去之路」。

安娜的繼承者伊凡六世是個十足的兒沙皇，在他當了十一個月的沙皇後，被伊莉莎白搞政變

1　當年是摩爾達維亞的一個村莊，在今烏克蘭的車尼夫契州境內。

下臺。這一年，伊莉莎白女皇三十一歲，但她美豔無比，歐洲各國的駐俄使節都誇她是「絕代佳人」。這位女沙皇是羅曼諾夫家族出自母系的最後一位代表。她崇尚時尚的歐洲生活，尤其是法國的時尚：建築、藝術、服飾，愛好喜劇、舞會、沙龍。她特別關注自己居住的皇宮和行宮的華美瑰麗和內部裝飾的優雅高貴，法國建築大家拉斯特萊利（Francesco Rastrelli）成了女皇宮廷的御用建築師。現在彼得堡名聞世界的一系列輝煌建築——冬宮、皇村的葉卡捷琳娜宮，波羅的海芬蘭灣邊的彼得一世的行宮：拉斯特列里夏宮和彼得霍夫宮都是這位建築大師建造完成或興建的。拉斯特萊利把歐洲的巴洛克風格帶進了俄國，而伊莉莎白女皇則賦予這種歐洲傳統的巴洛克以富麗堂皇、雍容華貴的新面貌。於是，「俄國的巴洛克」就有了「伊莉莎白巴洛克」這樣的極富帝王色彩的名稱。

伊莉莎白女皇熱衷於時尚和豪華，但並不止於此。她也繼承了歐傾的國策，但較之安娜女皇，她的歐傾是有變化的，先是傾向於法國，後又轉向奧地利和英國。從文化上看，她更癡迷於法國的文化和開明，在羅曼諾夫家族的歷史上，她是首個對法國的文化和文明有好感有深情的沙皇。而在政治上，對於她來說，利用歐洲強國之間的矛盾和衝突來擴大增強俄國在歐洲的影響和力量是不可動搖的選擇，並以此進一步來收集新的土地，擴大俄國的疆界。這時，主持俄國外交事務的是貝斯圖熱夫－留明（Alexey Bestuzhev-Ryumin）。此人在彼得一世和安娜女皇時期都得到過重用，可謂是「三代元老重臣」。正是此人進言伊莉莎白，俄國當前最大的、最危險的敵人是普魯士，因為普魯士正全力與俄國爭奪「自古屬於俄國的土地」，竭力將自己的影響擴大至波蘭和庫爾蘭。他先是扭轉了俄國與法國結盟的決策，讓俄國的外交車輪行駛到了與奧地利和英國結盟的軌道上來。一七五六年，貝斯圖熱夫－留明又利用法國、奧地利與普魯士在土地和勢力範圍上的不同覬覦，搞成了法奧俄三國同盟，由此引發了歐洲的一場混戰——歐洲史上著名的「七年戰爭」。

貝斯圖熱夫－留明的判斷是基於這樣一個立論：爭奪歐洲強國地位和勢力範圍的是俄國和普魯士，俄國只有遏制、擊敗普魯士的覬覦和爭奪才有可能在歐洲舞臺上成為強國，甚至霸主。因此俄國參與這場戰爭，就可以利用歐洲強國之間的矛盾來達到自己的目的——削弱普魯士的大國權勢和地位，並爭奪奧地利的「遺產」——西里西亞的土地。一七四一至一七四三年是俄國參加七年戰爭的第一個階段，俄國軍隊在芬蘭境內擊敗了瑞典軍隊並占領了芬蘭。瑞典不得不同意讓俄國沙皇繼承人彼得三世的堂叔來當瑞典的國王。隨後俄瑞兩國簽訂了「永久和約」。根據這一和約，在西北部，俄國的疆界推進到了丘門納河一線。而在隨後的戰爭中，俄軍占領了柯尼斯堡[2]，伊莉莎白女皇當即簽署了將東普魯士併入俄國的上諭。一七六〇年，俄軍占領了柏林。在這個國家的歷史上，俄國軍隊第一次踏上了「歐洲的心臟」。

與安娜女皇的另一個不同之處是，伊莉莎白女皇除了繼續將向東方之路用作懲罰的「流放之路」外，恢復了此路的基本功能——收集新土地、尋找和掌控沙皇政府永遠需要的財富（寶藏和

2　即今俄羅斯的加里寧格勒。

牙薩克）。正是在她的執政期內並在她全力支持下，白令才得以最後一次去堪察加「探險」，完成了俄國歷史上「最昂貴的堪察加探險」。作為一個具有開明文化意識的沙皇，她在派出白令這樣的探險隊的同時，更注重了在收集新土地中的科學因素。也正是在這一時期，一支真正的科學意義上的考察隊也奔赴遙遠的堪察加，出現了對堪察加進行了科學意義上考察的俄國第一代植物學家、地理學家、西伯利亞堪察加研究專家克拉舍寧尼科夫（Stepan Krasheninnikov）。

伊莉莎白女皇還將收集新土地與鞏固新邊疆密切結合起來，開始了一個集「建築要塞」、「屯兵守土」、「移民開墾」、「拓荒化民」為整體的決策與實施時期，也就是說，祖先「收集自古屬於俄國的土地」和「收集新土地」的決策在逐漸演變成其後影響深遠的「內部殖民」政策。在這個「建築要塞」、「屯兵守土」、「移民開墾」、「拓荒化民」的進程中，伊莉莎白對俄國南疆的關注愈益強化。於是，在各帝國覬覦、奔襲不斷、紛爭頻發的俄國南疆，即烏克蘭南部與黑海沿岸鞏固新邊疆的問題，就成為這位女沙皇和以掌握重權的貝斯圖熱夫－留明為核心的沙皇政府嚴重關注的問題。

伊莉莎白女皇對於一七三九年的《貝爾格勒和約》（Treaty of Belgrade）是十分不滿意的，一是不滿意於亞速要塞得剷除，二是不滿意於黑海沿岸俄國與土耳其的邊界並沒有明確的畫分。在貝爾格勒的談判中，魯米揚采夫（Alexander Rumyantsev）和涅普柳耶夫（Ivan Neplyuyev）兩位代表曾持強硬的立場。於是，女皇派魯米揚采夫前往君士坦丁堡與土耳其就此問題繼續談判。女王所以選中魯米揚采夫，是因為他在貝爾格勒談判中持強硬的立場。在這次談判中，魯米揚采夫堅持的是：在俄軍沒有建造起自己駐紮的新要塞前和全部俘虜沒有得到獲釋前，不得剷除亞速要塞。此外，他還向土方提出，要土耳其承認俄國君主的帝皇尊號。其結果是，魯米揚采夫忠實完成了伊莉莎白女皇的諭令：土耳其承認了俄國君主的帝皇尊號，雙方交換了全部俘虜，在俄軍新要塞建成前不得剷除亞速要塞。魯米揚采夫的外交活動讓俄國在亞速海上的門戶得保安全和有繼續發展的可能，在俄國南部邊疆的黑海一線保持住了可與土耳其爭奪新土地的有效空間。

畫分俄國與土耳其邊界一直是俄國沙皇們極為關注的事。如果說接踵而去的「哥薩克探險隊」東征是為了收集新土地和擴大徵收牙薩克的話，那在聶伯河一線的南部和東南部的「探險」與征討，則是為了與土耳其爭奪土地、征服頻繁奔襲俄國的游牧民族和開發那裡的礦產資源。這一片土地令坐在皇位上的俄國帝皇們時刻有惶惶不安之感，因為在這片土地上居住的是一個剽悍、戰鬥力極強和有自己武裝的哥薩克——札波羅結哥薩克，而且札波羅結哥薩克又一直動搖於土耳其和俄國之間，並且又與「頓河哥薩克」為爭奪領地常常刀出鞘、弓上弦，戰馬嘶鳴風蕭蕭。俄國與土耳其在這一地區畫界的問題，最終成了俄國帝王們在烏克蘭收集土地的關鍵之地。也就是說聶伯河下游這一段土地成了「小烏克蘭的難解之結」。

一七四〇年，時任「基輔總督」的涅普柳耶夫被女皇指派，參加了俄土畫分邊界的談判。這次畫界談判的結果是：俄國的國界線向土耳其方向推進，到了薩馬拉河的另一邊，達到了伊莉莎白和貝斯圖熱夫－留明這些俄國上層貴族所期望的戰略目的：新的邊界線更有利於擊退韃靼人對烏克蘭的奔襲，更有利於俄國對克里米亞的征戰和在黑海上的行動，總之，更有利於有朝一日俄國對整個烏克蘭土地的收集和掌控。這個新邊界也使札波羅結哥薩克自赫梅利尼茨基（Bohdan Khmelnytskyi）以來所擁有的「自由之地」的面積在東西兩個方向上都縮小了，於是札波羅結哥薩克與莫斯科沙皇政府以及周邊的部族關係更為緊張和更具衝突性。

另外，俄國東南方向的新邊疆是個很廣闊的地區，這裡是中亞各族居民聚居之地，也是自金帳汗國解體以來，一系列小汗國、游牧民族的最後退居之地。這裡，它歷史上的名稱叫「巴什基爾」。這裡的巴什基爾人、車累米斯人（即現在的馬里人）、楚瓦人、米舍爾亞克人、沃加克人（即現在的烏德莫爾特人）一直受到沙皇政府收集土地的壓榨和欺凌，抗議、騷動此起彼伏。這塊不安之地一直是歷代沙皇的心頭之憂。在彼得一世後，這塊土地上的仇俄、反俄趨勢激增。所以，從一七三七年起，沙皇政府就成立了一個專門機構——「奧倫堡委員會」，與已經有的「巴什基爾委員會」一起來處理這裡的事務，而且這二個委員會的負責人是同一個人。「奧倫堡委員會」的任務，就是在東南部的巴什基爾邊界線上建造要塞工事系統，負責鎮壓各族民眾的反俄暴動，並最終將中亞的一些土地收集進俄國的領土。很有意思的是，這個「奧倫堡委員會」所做的工作就是派出一個「探險隊」去實施這一計畫，而該隊就叫「奧倫堡探險隊」。

這個委員會和探險隊所以叫「奧倫堡」，是因為這委員會所採取的第一項措施就是在巴什基爾與哈薩克草原接壤的邊界上，在一條叫奧里河流入牙易克河的河口建造一座要塞。於是這要塞就以河為名，叫奧倫堡——奧里河上的城市。這個委員會始建於安娜女皇時期，第一任負責人是當時的樞密院主管長官基里洛夫。他在奧倫堡地區大量沒收巴什基爾居民的土地，將這些土地收歸國庫，或者轉給俄國貴族、高官、軍人，甚至從外地遷入巴什基爾的移民；大幅度提高賦役；強行推行東正教；嚴禁任何巴什基爾人以巴什基爾人民的名義向沙皇呈遞請願書等。「奧倫堡探險隊」的這些措施使巴什基爾地區更為動蕩不安。從「奧倫堡委員會」建立到一七四二年涅普柳耶夫接任該委員會的工作，巴什基爾的暴動、起義此起彼伏。

伊莉莎白女皇繼承了安娜女皇「奧倫堡委員會」的決策，一七四二年任命涅普柳耶夫為「奧倫堡邊疆區駐軍司令」。這時，涅普柳耶夫所管轄的奧倫堡邊疆區的土地在東西向上，從窩瓦河中游地區到鹹海，在南北向上，從葉卡捷琳堡到裏海。他竭盡全力從俄國中部向這裡移民，用作建造要塞工事系統的廉價勞動力。僅用一年的時間，一七四三年就建起了奧倫堡城以及一個規模龐大的要塞工事系統——七十座新的要塞、前哨陣地和多面堡。一七四四年，涅普柳耶夫向樞密院呈文，請求建立「奧倫堡省」。樞密院轉達的上諭是：「在上述城市奧倫堡設省，名稱為奧倫堡省，省督由三級文官涅普柳耶夫擔任。」這時，這個奧倫堡省的範圍是極大的，比現在的奧倫堡州要大十二．三倍（從窩瓦河到西伯利亞，從卡馬河到裏海，與現在的庫爾幹斯克州、鄂木斯克州、斯維爾德洛夫斯克州、薩馬拉州、彼爾姆州、秋明州、烏里揚諾夫斯克州相接，甚至包括了它們中的部分土地，以及現今烏茲別克斯坦的三萬平方公里的土地）。這是一個龐大的行政建制，它表明了伊莉沙白女皇和沙皇政府，對南部和東南部邊陲土地的高度重視，以及欲以此為基地和前哨陣地，進而向南部和東南部收集新土地決策的雄心大略。

為了將奧倫堡省建成為一個捍衛俄國的軍事防禦系統，涅普柳耶夫又向伊莉莎白女皇呈文，請求將各地的「犯人」遷移到奧倫堡省來，交由他使用。伊莉莎白女皇准了他的請求，並為此發表了寬赦罪犯並將他們移民至奧倫堡地區的文告。女皇說：「寬恕所有已經被判處死刑的人，釋放那些被流放服苦役的人，即使是永久的……農民和工商區居民送回自己的領地，如果是受到過當眾處罰，但沒有劓鼻的，可以將他們送到他們的居住地；而那些劓過鼻或者打上了其他記號的人——將他們送到奧倫堡去，讓他們居住在那裡還是城郊，由該省總督考慮。」同時，樞密院還給涅普柳耶夫指令，要他將逃跑的人和身分不明的人編入哥薩克軍，駐守奧倫堡各地的要塞。涅普柳耶夫一絲不苟地執行了女皇和樞密院的命令，改組了原有的軍隊，組成了新的「牙易克哥薩克軍」，利用這些勞動力到處開採礦產，推進與中亞的買賣交易活動。奧倫堡省成了「三地」並存的寶地：「一地」是工礦工業地，這裡新興起了一系列的採礦、冶金工廠，出現了像「特維爾迪舍夫兄弟帝國」這樣的大工礦企業家集團；「二地」是駝隊雲集，商貿繁榮之地，奧倫堡成了俄國與東西方，尤其是與東方各族買賣的集中之地；三是將流放改為發送，將苦役改為勞工，將屯兵與戍邊結合起來的「內部殖民」新興之地。根據伊莉莎白女皇的上諭，奧倫堡是被劓鼻者和其他受過公眾懲處、身體上留有各種侮辱符號的人們的彙集之處。

奧倫堡成了沙皇政府新的財源之地，涅普柳耶夫為沙皇徵得的錢財滾滾而來。僅在一七四九至一七五五年中，經過奧倫堡運往莫斯科的黃金就高達五十五普特[3]，白銀則有四千六百普特。但是，這種如花似錦的繁榮卻深藏著不滿和危險。當地各族人民的反抗和被劓鼻者勞工的騷動在悄悄地形成一股合力。一場被涅普柳耶夫稱之為「陰謀」的起義——以巴什基爾人和韃靼人為主的「巴什基爾起義」終於在巴什基爾的土地上爆發。

起義的原因是巴什基爾人和其他的民族無法忍受奧倫堡的欺壓、剝奪、勞工和高稅的政策以及強制的東正教化措施，而誘導因素是，俄國樞密院在一七五四年三月頒布法令禁止當地人採鹽，只能在官辦商鋪裡用高價購買。涅普柳耶夫雷厲風行地執行了這一法令，並且頒布法令，嚴禁巴什基爾人擁有槍支，為此關閉了所有的鐵匠鋪。為了預防民眾的反抗，還命令巴什基爾人沒有特別許可不得離開自己的村莊。於是，一七五五年五月中旬，巴什基爾人、韃靼人等聚眾起義，烏法一帶成為起義的中心。涅普柳耶夫在向伊莉莎白女皇上報的同時，下令駐軍要不惜力量，採取一切措施鎮壓起義。

同年九月，伊莉莎白女皇發布了告窩瓦河中游韃靼居民書，頒示了鎮壓起義的鐵腕措施——准予參與鎮壓的人可以將所奪得的財物和俘虜歸為私有；對於捕獲住起義首領者賞給一千盧布和其他珍貴財物。為此，沙皇政府還向起義地區派去了兩萬五千名的軍隊。在沙皇軍隊的清剿下，巴什基爾的許多居民點被搗毀、焚燒一空，成千上萬的起義者死於刀槍之下。在沙皇政府的武力和在該地實施離間各民族的政策下，「巴什基爾起義」最後失敗。起義的領導人被押送至聖彼得堡，以「叛國」和「誹謗沙皇」罪被剜鼻，監禁於什利謝里堡，死於屈辱和痛苦之中。

將巴什基爾起義鎮壓下去，涅普柳耶夫可謂為沙皇的鞏固新邊疆、繼續收集土地的國策立下

3 一普特等於十六・三八公斤。

了汗馬功勞。他立即寫了一份呈文，詳細講述了鎮壓起義的經過並由自己的兒子親自送到聖彼得堡呈伊莉莎白女皇。女皇展卷細讀，大喜之下盛讚這位奧倫堡總督，當即表示要賞賜奧倫堡一座「凱旋門」以示感謝。女皇表示，這座門應該面向吉爾吉斯-哈薩克草原的方向，要讓每一個來此的游牧民族能在此門下想起鎮壓此次暴亂的嚴酷和無情，震懾於沙皇的威嚴與權勢之下。涅普柳耶夫感恩戴德，馬上就在奧倫堡的烏拉爾河邊建造起了這座伊莉莎白女皇的禮物——「凱旋門」。於是，在奧倫堡就有了在本文一開始所說的「伊莉莎白之門」，一座顯示了俄國沙皇向東方的草原，向東方的富裕之地不斷使用「戰」與「和」，「征服」與「親善」相交織的手段，繼續收集新土地、擴大新邊疆的宏願大志。

在此後的滄桑歲月中，「伊莉莎白門」數度荒蕪與再建，那個收集新土地的國策也不斷興衰演變。二〇〇八年，奧倫堡建城兩百六十五週年時，「伊莉莎白門」被重建一新。也許，新的執政者對這座面向東方的「象徵之門」有了新的謀畫、更深遠的決策。可對俄羅斯的年輕一代來講，似乎「伊莉莎白門」的古老傳統和深刻含義卻並不那麼重要。現在，「伊莉莎白門」是奧倫堡的旅遊佳地，也是當地年輕人結婚時必來禮敬和祝願之地，在此門的鐵欄杆上懸掛一把同心鎖，祈求新婚的幸福和漫長人生之路上的不離不棄……

歐洲爭霸

20 歐洲爭霸，土地得而復失

阿列克謝

一六五四年俄波戰爭的勝利讓沙皇阿列克謝奪回了「自古屬於俄國的土地」。這位沙皇欣喜萬分，得出的結論是：既然宿敵波蘭都被打得交出了「自古屬於俄國的土地」，那瑞典就不在話下了。於是，下一個目標就應該是「收回」波羅的海出海口和沿岸的土地了。

關於俄瑞之間爭奪波羅的海沿岸土地的事可以回溯到四十年前。那時，他的父親，羅曼諾夫王朝的第一代沙皇米哈伊爾一登上寶座，就為了收集波羅的海沿岸的土地和出海口與瑞典打了好幾年的仗，結果以標誌慘敗的《斯托爾波夫條約》（Treaty of Stolbovo）鎩羽而歸。

根據這一條約，波羅的海沿岸的大片土地歸屬瑞典。對俄國更為嚴峻的是，在西伯利亞和南部「荒原」收集到了許多的土地，俄國這個君主制國家迅速膨脹了起來，但它還是沒有一處出海口，仍然被困在了不能通達歐洲封閉的內陸之上。瑞典對宿敵俄國這種困獸猶鬥的處境十分高興，當時的國王古斯塔夫・阿道夫（Gustav II Adolf）在國會中這樣評述沙皇俄國：「俄國，這是個危險鄰居。它占有的土地一直到北海和裏海，它南部的疆界又幾乎與黑海為鄰。在俄國，有強大的貴族，大量的農民，居民眾多的城鎮和大批的軍隊。而現在，沒有我們的許可俄國人連一隻船也不能駛進波羅的海、浩瀚的湖泊拉多加湖和佩伊普斯湖[1]了。納爾瓦，這塊寬三十俄里並有著堅固碉堡的沼澤開闊地將我們與他們隔離了開來。現在俄國人失去了波羅的海的入海口，而我想他們再也不會輕而易舉地跨過這條可愛的河了。」

將近四十年後，瑞典老國王的這番話仍然時刻刺痛著阿列克謝沙皇。阿列克謝早就想徹底改變這一歷史的「誤會」，不斷覬覦可乘之機，而現在機會終於來了。俄波戰爭的勝利不僅讓這位沙皇躊躇滿志，也讓他左右的近臣、機密事務衙門的謀士們擊節而呼、不斷上書求戰，而手握兵權的貴族將軍更是磨刀霍霍，志在必得。這時，一個名叫奧爾金－納曉金（Afanasy Ordin-Nashchokin）的謀士起了重大的作用。奧爾金－納曉金出身於臨近波羅的海的城市普斯科夫一個貴族之家，從小就接受了很好的教育，精通拉丁語和波蘭語，曾服役於波蘭。年輕時起，他的目光就專注於結束了三十年戰爭之後復興起來了的歐洲，將歐洲各國的狀況與俄國的現狀作比較，力主俄國要向歐洲學習。一六四〇年，在第一代沙皇執政時，他來到莫斯科，極力在沙皇的近臣貴族圈子裡宣揚他的這種觀點。他對歐洲制度的讚賞和社會風尚的推崇，對俄國上層貴族的影響逐漸深入，而他也曾被沙皇派去波羅的海的瑞典邊界，瞭解俄國是否有可能收回被瑞典所占的「自古屬於俄國的土地」，也就是說當過沙皇親派的收集瑞典情報的間諜。

在當上沙皇後，阿列克謝對歐洲各種「新奇事物」的敏感、熱情和仿效上，都可見到奧爾金－

1 俄國稱為「楚德湖」。

納曉金的種種影響。這時，沙皇阿列克謝在收回「自古屬於俄國的土地」上面臨著兩種決策：一是聯合瑞典，擊敗波蘭；另一是聯合波蘭，向瑞典復仇。然而，這兩種決策都各具不可回避的風險，聯合波蘭，則波蘭所占的「自古屬於俄國的土地」就不可能收回，而聯合瑞典，則俄國就休想奪得波羅的海沿岸的土地和出海口。解決這樣兩難的問題需要深遠的戰略眼光和運籌帷幄的外交手腕，要有對歷史的認真追究和對現實的仔細考量。而阿列克謝這時才二十七歲，在當皇子時就沒有受過這方面的訓練，當上沙皇後又沉溺於五花八門的愛好之中，再加上俄波之戰的偉大勝利，他更是生活在一廂情願的虛幻之中，在做一場成為歐洲「霸主」之夢，而對於決策之事，不是對謀士、近臣和將軍們的進言輕而易信，就是搖擺其中，難以決策。他雖自稱飽讀詩書，雄才大略，但實際上是個對歐洲事務不甚了了的庸才。

奧爾金-納曉金是第二種意見的堅決支持者，他一直堅持一種觀點：莫斯科必須在波羅的海擁有「出海的碼頭」。因此，他認定俄國的主要敵人是瑞典，應從那裡把利沃尼亞奪給俄國，從而使俄國在波羅的海擁有自己的出海口。為此目的，他主張應該與土耳其、克里米亞，甚至和波蘭貴族共和國結成反瑞典的同盟。奧爾金-納曉金始終認為，俄國人和波蘭人都是斯拉夫民族，所有的斯拉夫人都應該在俄國和波蘭的統治下團結一致，只有這樣斯拉夫民族的光榮名聲才能彰顯出來。他不斷通過自己的上司衙門把自己的看法呈報沙皇，阿列克謝密切地關注著這個謀士的意見，因為「泛斯拉夫民族的光榮名聲」很符合沙皇當歐洲「霸主」的夢想。在俄波戰爭中，當俄軍從波蘭人手中奪得了波羅的海波洛茨克地區的邊境小城德魯加後，他就被任命為該城的軍政長官。這是一個位於利沃尼亞的小城，沙皇對奧爾金－納曉金的任命顯示了他對聯合波蘭反對瑞典決策的重視並且加快了俄國對瑞典戰爭的決策進程。

一六五六年五月十七日，沙皇阿列克謝莊嚴宣告對瑞典開戰，奪取波羅的海沿岸土地和「出海的碼頭」。阿列克謝再次親率三萬五千士兵的俄國軍隊，從奧爾金－納曉金所在的波洛茨克出發「御駕親征」。真是所謂所向披靡，旗開得勝，僅僅兩個月的時間俄軍就奪得了涅瓦河和波羅的海沿岸的一系列城市，在奪得科肯豪森後，阿列克謝得意地把它改名為「皇子季米特里城」，將奧爾金－納曉金調到此城管事。八月底，沙皇軍隊抵達里加，把該城圍得水泄不通。面對里加高聳的、堅固的城牆，阿列克謝心中得意之情泛上臉頰：他現在終於站到了通向歐洲之門的門口了，越過里加，成為歐洲「霸主」已是指日可待的事了。在里加被圍期間，奧爾金－納曉金的權力擴大至俄軍所占領的所有城市，他竭盡力量勸說里加人歸順俄國，加速與波蘭媾和的談判。

但是，瑞典很快調整了力量，從波蘭土地上和波羅的海沿岸全面反擊俄軍。結果是，里加雖被圍多日，但終因久攻不下，沙皇不得不遺憾地匆匆離開似乎即將被打開的里加之門，俄軍不得不棄城倉皇而走。波蘭也見機重整軍隊，奪回被俄軍占領的土地。在瑞典和波蘭的雙重攻擊下，剛剛在俄波戰爭中「收回」的「自古屬於俄國的土地」再次落入敵方之手。議和再次成為沙皇的唯一選擇，奧爾金－納曉金的建議是快速與波蘭和解，以便全力對付瑞典。與波蘭和談的大權交給了沙皇派出的外交使團，團長不是奧爾金－納曉金，但他卻是和談的核心和關鍵人物，因為有關和談的一切機密事務均由他直接向沙皇彙報和接受訓令。

一六五六年八月，也就是阿列克謝命名「皇子季米特里城」的時候，俄波在維爾諾開始和談。十一月簽署的《維爾諾和約》（Treaty of Wilno）中明文規定，應選舉俄國沙皇為波蘭國王。阿列克謝為即將登上波蘭的王位而欣喜若狂，但他卻忘掉了一個重要的人物——哥薩克赫梅利尼茨基。這個和談與條款激怒了烏克蘭的赫梅利尼茨基：一是，他派出參加維爾諾和談的代表被拒之門外；二是，他無權處置烏克蘭西部和白俄羅斯的事務，使他實際上喪失了對莫吉廖夫、喬瑟夫、新貝霍夫和戈梅爾的管理權；三是，俄國與波蘭的這種親近讓持反波蘭立場的這位哥薩克蓋特曼對沙皇再起逆反之心，他對部下說：「嗨，夥計們，不要為此擔心！我知道，對此該做什麼：不再聽命於沙皇陛下，而是去上帝讓去的地方——不必僅僅臣服於基督國王，也可以臣服非東正教的君主。」

俄國與瑞典的戰爭一直持續到一六五八年。除了奧爾金－納曉金這樣的謀士外，堅持與瑞典開戰的還有舍列梅捷夫（Matvyei Sheremetev）和霍萬斯基（Ivan Khovansky）這樣重權在握的貴族將軍。奧爾金－納曉金是聯波抗瑞，而這些將軍們所持的立場是，侵占了「自古屬於俄國土地」的國家就是俄國的敵人，就要與之開戰，就要雖遠必誅。所以，他們在俄波戰爭中就馳騁沙場，為沙皇而戰，而當沙皇對瑞典宣戰，他們更是歡呼雀躍，揮刀而上，成了這場戰爭中的兩支主力部隊。一六五七年，瑞典軍隊大舉進攻，挺進到了俄國的普斯科夫地區，隨之舍列梅捷夫的部隊遭到毀滅性的打擊，潰不成軍。而霍萬斯基的部隊也在一六五八年被瑞典軍隊消滅。面對兩支精銳部隊的慘敗，好戰和能戰的力量不復存在，沙皇不得不與瑞典再次議和。這一年的年底，俄瑞簽訂了為期三年的停戰協定，協定規定俄國仍然保持對所占領的波羅的海土地的控制。

其後的三年，俄國在政治和經濟上狀況不斷惡化，無論是奧爾金-納曉金這樣聰慧謀士的進言，還是舍列梅捷夫和霍萬斯基這樣好戰將軍的謀略，都圓不了阿列克謝的歐洲「霸主」夢了。經過漫長的談判，俄瑞兩國於一六六一年簽署了《卡爾迪斯和約》（Treaty of Cardis），根據這份和約，俄國將一六五六至一六五八年俄波和俄瑞戰爭中所占領的城市全部讓給瑞典。波羅的海沿岸和道加瓦河右岸的包括霍肯豪森（皇子季米特里城）在內的一系列戰略要地也給了瑞典。俄國還讓出了愛斯特蘭和利夫蘭。總之，俄國實際上把波羅的海沿岸的土地都讓給了瑞典。而瑞典所承擔的主要責任，是保證不再支持波蘭貴族共和國反對俄國的戰爭。

其後，沙皇俄國忠實地履行了這一和約的規定：清除掉了利沃尼亞土地上的全部碉堡，撤出了涅瓦河源流處的重要碉堡奧勒什卡（即諾特堡），涅瓦河再次歸屬瑞典。在一六六一至一六六二年期間，沙皇軍隊完全撤出了立陶宛和白俄羅斯的西部地區，維爾諾重歸波蘭所有，俄國軍隊的防線後撤到了更東部的地區——維捷布斯克和波洛茨克一線。總之，就像俄國在俄波戰爭中快速地奪得「自古屬於俄國的土地」，它也閃電般地把這一切讓給了自己的宿敵——瑞典和波蘭。這是莫斯科公國和沙皇俄國收集土地以來最大的敗局，沙皇阿列克謝為收集土地的決策所付出代價的沉重是他的先輩們連想都沒有想過的。

造成阿列克謝在收集土地上敗局的原因有多種，並且是重重交織在一起的。總觀這一歷史的風雲變幻，阿列克謝沙皇本人的好大喜功態度、對俄國實力的錯誤判斷，以及對歐洲「霸主」夢想的沉迷是最主要的、事先決定了敗局的因素。俄國對波蘭宣戰實際上已經是勉力而為的事了，這場戰爭消耗了俄國本不十分雄厚的家底，在經濟上已經沒有能力再去打一場戰爭，何況俄國這次要打的是瑞典。瑞典在當時可以算得上是個真正的強國，其經濟、軍事實力在歐洲即使不算霸主，也是處於排頭第一線的國家。但阿列克謝卻讓勝利沖昏了頭腦，自認為俄國要比瑞典強多了，尤其是軍事實力俄國要強大得多，只要俄軍一出動，瑞軍就會望風而逃。而助長這種判斷的是舍列梅捷夫和霍萬斯基這樣的將軍們的求戰，是奧爾金－納曉金這樣的謀士們的鼓噪，「俄國占有利沃尼亞比占領俄國西部更為重要」，而俄波戰爭的勝利創造了俄國成為歐洲「霸主」的這個機遇，機不可失，時不再來。阿列克謝信了，陶醉了，行動了，於是也就失敗了。

對波蘭的戰爭已經對歐洲各國產生了不利於俄國的影響。在政治上，俄波戰爭的後果讓剛剛結束了三十年戰爭的歐洲各國感到了不安，甚至恐懼，在一個尋求沒有戰爭、動亂的總的形勢下，歐洲各國需要安定、平穩。它們擔心俄國對瑞典的戰爭將會在歐洲擴大俄國的勢力，動搖歐洲已經逐漸平穩下來的現狀。沙皇阿列克謝本以為，只要他對瑞典宣戰，歐洲各國就會與俄國結成一個命運共同體，與俄國共同行動。但是，阿列克謝錯了，歐洲謝絕了這位沙皇送過來的「戰爭之花」，並且在不同方面、不同程度上支持了波蘭和瑞典反俄國的軍事行動，而這些行動大大牽制了俄國對瑞典之戰的勝利進軍。對此情況，有位俄羅斯學者用了一個很形象的比喻：「在歐洲樂隊中誰也不需要這支新的俄國木笛。」用俄國的傳統樂器「木笛」來形容阿列克謝的俄國真是唯妙唯肖了：木笛的聲音要融入歐洲的樂器聲中是件極難想像的事，更何況要讓木笛奏出凌駕於歐洲之聲的俄國主旋律呢！俄國沙皇硬要把木笛塞進歐洲的樂隊，想入非非了，行動了，於是也就失敗了。

沙皇及其謀士們的判斷失誤還出現在對赫梅利尼茨基臣服俄國這件事的判斷上。他們本來認為赫梅利尼茨基、札波羅結的哥薩克是真的臣服沙皇、歸順俄國了，國內的長久騷亂之地天下太平了。但是，赫梅利尼茨基卻是始終在俄國、波蘭以及土耳其和克里米亞之間的爭鬥中覓求生存，對於俄國的臣服並不是真心、徹底。在一六五八年的俄瑞議和中，赫梅利尼茨基被拒之於門外，這使之頓生叛逆之心，俄國實際上所採取的與波蘭和解的談判措施也激怒了這位揭竿而起的哥薩克。更為重要的是，根據《佩列雅斯拉夫協議》（Pereiaslav Agreement），沙皇政府應允給予哥薩克的自由和對聶伯河西岸（即聶伯河右岸）土地的治理權並沒有兌現，赫梅利尼茨基是在失望中再找新的出路。沙皇阿列克謝及其謀士對這個問題幾乎是不屑一顧，沒有提上議事日程。阿列克謝失算了，沒有辦法補救了，於是也就失敗了。

在這一時期，沙皇繼續竭盡全力執行的仍是祖宗的政策：不停息地收集土地。但是，對於生活於俄國土地上的老百姓來說，這種土地收集所帶來的戰爭、破壞、災難、不幸、土地荒蕪、居民逃亡遷移是無法忍受的。由抗爭而引發的騷動、叛亂和起義此起彼伏，不僅瓦解了俄軍的實力，也動蕩了國家權力的穩定。在俄波和俄瑞戰爭中，沙皇不得不承受這種愈來愈重的挑戰和壓力。阿列克謝無力徹底解脫，分身無術，於是失敗了。

然而，沙皇阿列克謝似乎對土地的失而復得，對打打停停、最終以和約暫時結束的戰爭並不完全在意。他仍然犒賞那些支持過這兩場戰爭的將軍們，對奧爾金-納曉金更是不斷地封官升遷：一六五八年四月，沙皇賜予奧爾金-納曉金以「杜馬貴族」的封號。賞賜文書裡是這麼寫的：「我，偉大的國君，因你供職眾多和竭誠效勞予以賞賜，你銘記上帝和祂的聖訓，給求食者食，給饑渴者水，給赤裸者衣，給漂泊者房，給病者視，探監時濯足，代我偉大的君主，行十字架之吻，你剛毅和英勇地關注我的事務，並且親切對待作戰的官兵，不讓光榮的城市落入盜賊之手並且反對瑞典國王，你勇敢地與我的人站在一起。」此後，奧爾金-納曉金一直是沙皇阿列克謝與波蘭以及有關國家進行談判和簽約的忠臣、祕密使節，官升至外交事務衙門的重職。

尤其是在處理對烏克蘭的事務上，奧爾金-納曉金一直左右著那裡紛繁複雜多變難測的局勢。一六五七年中，赫梅利尼茨基已死，新蓋特曼維戈夫斯基（Ivan Vyhovsky）與波蘭簽約，重新臣屬波蘭貴族共和國。一六五九年，赫梅利尼茨基的兒子尤里（Yurii Khmelnytsky）趕走了維戈夫斯基，繼續臣屬於波蘭，與波蘭再次簽約，承認聶伯河西岸（即聶伯河右岸）屬波蘭，聶伯河東岸（即聶伯河左岸）歸俄國。一六六七年，在斯摩棱斯克郊區的安德魯索沃村的俄波談判中，奧爾金-納曉金作為俄方的全權代表簽署了《安德魯索沃條約》（Truce of Andrusovo）。根據這一條約，波蘭將「自古屬於俄國的土地」——斯摩棱斯克、車尼戈夫以及相鄰的北部地方交給了俄國，基輔及附近的山洞修道院暫歸俄國掌控，兩年後隨同整個聶伯河西岸一併歸還波蘭。札波羅結為俄國和波蘭共管，以反對「穆斯林勢力的侵擾」。這樣一個結果實際上是將烏克蘭分為了兩半：聶伯河的東岸和聶伯河的西岸分屬俄波兩家，烏克蘭的哥薩克也分為親俄的和親波的兩大陣營，造成了此後數百年俄國和波蘭，甚至俄國和整個西方世界衝突不斷的嚴重根源。這似乎並不是沙皇收回「自古屬於俄國土地」的本意，但在當時俄國的國力下，這卻是無法祈求更好的結果了。在《安德魯索沃條約》簽署後，奧爾金-納曉金得到了沙皇阿列克謝的大量賞賜：晉升為有五百盧布年俸的貴族，擔任外交事務衙門的首腦，主管小俄羅斯衙門之權，科斯特羅馬縣的五百農戶和斯摩棱斯克郊區的一處封地等。這對沙皇身旁的謀士和近臣來講，可謂登峰造極了。

在阿列克謝執政的最後十幾年，奧爾金-納曉金始終是俄國爭奪出海口、收集新土地的計畫推手，為此他不遺餘力地要俄國建造自己的海軍、要與歐洲各國交往通商，要建立自己的通郵設施……然而，所有這一切阿列克謝沙皇都未能完成，他至死也未能使俄國衝出波羅的海，而是把這些未竟宏願和收集土地的傳統國策，留給了他的後代兒孫，同時也把未來的俄瑞之戰和與對波蘭的爭奪以及他的歐洲「霸主」之夢都留給了未來的羅曼諾夫沙皇們。當然，羅曼諾夫的沙皇們也沒有忘記這位謀士，他們把奧爾金-納曉金的外交決策視為國寶，所以他在大諾夫哥羅德的「俄國千年紀念碑」也就有了一席光榮之地。

沙皇阿列克謝終身動搖在與波蘭結盟還是與瑞典為仇的狀態之中，而對奧爾金-納曉金來說，貫徹始終的準則是：與波蘭結盟，對抗瑞典，在波羅的海擁有「出海的碼頭」比奪取烏克蘭西部的土地更重要。這種情況既把他們君臣二人捆綁在了一起，又成了終極分離他們的致命因素。這也是他們在收集土地國策上的難以彌合的裂縫。一六七一年，奧爾金-納曉金被免去外交衙門之職，削去了主管小俄羅斯衙門之權。奧爾金-納曉金滿懷憂憤，辭官而去。回到自己的故鄉普斯科夫，在一處修院裡成為修士，最後死於遠離君權的默默無聞之中……不過，在俄國，這對於為專制國君沙皇作倀的謀士精英來說，應該是個善終其身的結局了。

21 戰爭造就了彼得的俄羅斯帝國

彼得一世

阿列克謝沙皇去世後，羅曼諾夫王朝經歷了一個「低潮」時期。所謂「低潮」，從收集土地這方面來說，俄國失去了收回「自古屬於俄國土地」的戰鬥力和進攻性。俄國和波蘭處於打打停停、好惡相交的狀態之中，而俄國對瑞典，則是大仇待報，等待時機。在俄瑞波這個奇特的三角關係中，鄂圖曼帝國（土耳其）及其附庸克里米亞汗國對這三家爭奪土地的覬覦成了這片政治舞臺中逐漸熱鬧起來的劇碼，隨之，烏克蘭和烏克蘭的哥薩克成了這個舞臺上不肯下場的角色。於是，對波羅的海沿岸和與俄國南疆接壤土地的爭奪，就作為一種政治遺產全盤地，附加著沙皇的個人的恩怨以及隨之掀起的宗教紛爭和民族仇恨都留給了未來的沙皇。這種「低潮」在經歷了十三年的變化後，直到第三代沙皇駕崩及以後的「雙沙皇」執政結束，彼得一世於一六八九年成為掌握俄國實權和大權的唯一沙皇，俄國的情況這才開始了徹底的轉機。

彼得一世不僅忠實地繼承了父皇阿列克謝的收集土地，奪回「自古屬於俄國」的土地的立國之策，而且把收集土地的手段集中於進攻性的武力、戰爭之上。對他來說，實現父輩的成為歐洲霸主的願望，唯一的有效手段就是用戰爭打垮覬覦「自古屬於俄國土地」的國家及其君主：首當其衝的是瑞典、鄂圖曼、波斯，還有波蘭和克里米亞汗國。

彼得一世自小就訓練軍隊，組建了「普列奧布拉任軍團」和「謝苗諾夫軍團」，並且在莫斯科北部的普列謝耶沃湖建造船隻和訓練海軍。他的準則是：「任何一個只有陸軍的君主，他只有一隻手，而他如果有了海軍，他就有了兩隻手。」所以，一心想擁有兩隻手的彼得一世在獨當一面時，就把收回父輩們覬覦了幾個世紀的、「自古屬於俄國的土地」作為外交的最優先目標。

位在莫斯科的彼得大帝雕像，高九十八公尺。建於一九九七年，為紀念俄羅斯海軍成立三百週年而立。是目前世界第八高的雕像。（John Slava Pei）

在衡量了瑞典和鄂圖曼的勢力後，彼得認為，瑞典雖有打敗父皇奪地之仇，但近在咫尺，軍力仍在歐洲強國之首；鄂圖曼帝國雖占有亞速海的門戶，但因距國較遠，又有與克里米亞汗國的矛盾，戰爭奪之較為容易。於是，彼得選擇了遠征亞速海作為奪取俄國出海口的首戰。但是，一六九五年的首征失敗。第二年五月，彼得發起第二次征戰，由麾下的舍因（Aleksei Shein）大元帥統兵四萬出征，並用在沃龍涅什趕造出的三十六炮軍艦「聖徒彼得號」從海上圍困亞速海的重要碉堡亞速夫，協同俄軍攻打亞速夫的是哥薩克馬澤珀（Ivan Mazepa）等率領的札波羅結軍隊。七月，據守亞速夫的土耳其軍隊舉白旗投降。彼得對哥薩克軍隊的作戰頑強很是高興，戰後把一枚剛剛設立的俄國最高勳章「聖安德烈－彼爾沃茲萬內伊勳章」賞賜給了馬澤珀。彼得亞速海之戰的結果是奪得了亞速夫，並在那裡修建了俄國南疆的第一座堅固城堡塔甘羅格。但是，亞速海上最重要的刻赤海峽仍在鄂圖曼帝國的手中，彼得奪得刻赤海峽，衝出亞速海，建立黑海出海口的願望未能實現。

有了奪得亞速夫的勝利，彼得更堅信炮艦的力量和戰爭的威力，就把在波羅的海沿岸與瑞典決戰，收回「自古屬於俄國的土地」提上了議事日程。這時瑞典的疆土囊括了利夫蘭、芬蘭、愛斯特蘭以及俄國認為的「自古屬於俄國的土地」——伊若爾土地[1]和卡累利阿。這塊「伊若爾土地」根據一六一七年的《斯托爾波夫條約》是歸屬瑞典的，即是說從那時起，俄國與瑞典的邊界就在這伊若爾土地一線，換言之，波羅的海西岸的一大片土地是屬於瑞典的。對於這個仍然是事實上的強國，彼得一世不敢造次，他比他的父皇要謹慎得多，在與瑞典開戰之前，他要把這個對手的實際情況，尤其是軍力搞個清楚。他的父皇是派奧爾金－納曉金當間諜去收集有關瑞典的情報，而彼得更實際，更相信自己，於是他自己去偵察瑞典的軍情。亞速海戰之後，他組織了一個

1　歷史地名，亦稱「英格利亞」，在今俄羅斯西北部的芬蘭灣、納爾瓦河、楚德湖、拉多加湖之間的土地，原為土著居民伊若爾人居住的地方。

龐大的使團到歐洲，名義上是考察歐洲的先進的文化和技術，而實際上是窺探瑞典的軍力及其與歐洲各國的關係。彼得本人化名一個下級軍官，隨團前往。在考察中，彼得表面上學習各種技術，實際上將全部注意力和精力放在了艦船的製造和海軍的組織上，為未來的新俄瑞之戰做準備。

彼得從這次考察得出的結論是：要想與瑞典打仗，收回失地，就得有強大的海軍，就得有堅利的炮艦，就得有守得住攻不破的城堡，而首先就得與其他國家結盟，孤立這個強大的國家。彼得回國後，首先於一六九九年建立了反瑞的北方同盟。波蘭貴族共和國、丹麥、薩克森參加了這個同盟，因為他們都覬覦於瑞典所占的土地。彼得同時還與鄂圖曼帝國暫時停火。當這一切準備好後，彼得於一七〇〇年十一月開始了攻占納爾瓦的軍事行動，但結果是六萬俄軍被八千人的瑞典軍隊打敗。俄軍的失敗是因為俄國軍隊的古老建制敵不過瑞典的歐洲先進的常規軍隊，此外，彼得沒有炮艦，沒有海軍，無法從海上打擊瑞典。當戰爭仍在納爾瓦一線斷斷續續、俄瑞在戰場上交替進退的時候，彼得全速進行軍隊的改革，按照歐洲的方式，組建常規軍隊並同時進行準備與瑞典打仗的各種政治和社會改革。

彼得一刻不停地開始炮艦的製造和造船場的建設。一七〇三年，彼得在涅瓦河口選擇了一塊兔子出沒的荒島（史書上就稱為「兔子島」，就是現在的彼得－保羅要塞所在地），在那裡建造碉堡（即後來的聖彼得堡）。在此期間，俄軍多次與瑞典軍隊衝突，奪得了瑞典所控制的兩個碉堡和幾艘戰船，控制住了以「兔子島」為核心的一段波羅的海沿岸要地。一七〇〇年開始的俄瑞之戰此時升溫，在離聖彼得堡西邊最近的一段波羅的海沿岸更猛烈地打了起來。這個後來被史書稱為「大北方戰爭」的俄瑞之戰一打就是二十一年，一直打到一七二一年。其中，在一七〇九年的六月的波爾塔瓦之戰中，俄軍擊敗了由國王查理十二（Charles XII of Sweden）率領的瑞典軍隊以及轉入瑞典一方的烏克蘭哥薩克馬澤珀的軍隊。波爾塔瓦之戰成了俄瑞戰爭中俄國轉為勝利者的轉捩點，以彼得一世的偉績載入俄國的史冊。

彼得傾全國之力，組建了一支強大的軍隊，新建了一支海軍（三十多萬人的軍隊，其中海軍為十分之一，即三萬人），調動了全俄國的人力、物力和財力，強徵了來自全國各地的工匠、農民、勞工修建城堡要塞；以苛嚴的手段和指令，讓俄國人民為此戰做出了前所未有的犧牲。這次持續了二十多年的「大北方戰爭」終於獲勝，幾代君主、數百年祈求的「波羅的海窗口」終於打開，沙皇們覬覦了幾個世紀的歐洲霸主願望終於變成了現實。瑞典不再是強國，被瑞典占領的「自古屬於俄國的土地」歸屬彼得的俄國。一七二一年八月三十日俄瑞《尼什塔得和約》規定，「自古屬於俄國」的和不屬於俄國的大片波羅的海沿岸土地：愛斯特蘭、利夫蘭、英格利亞、拉多加湖北岸、諾爾瓦、什利謝里堡（諾特堡）、維堡、里加、雷瓦爾（即現塔林）和凱克斯霍姆歸屬俄國，只有芬蘭仍歸瑞典所有。

一七二一年十月二十二日，俄國參政院尊奉彼得為「全俄國的偉大皇帝和祖國之父」，改「沙皇俄國」為「俄羅斯帝國」。彼得為雙重的幸事：打垮了瑞典和自己成為偉大的皇帝，讓聖彼得堡人歡慶了整整一個月的時間。一七二一年十二月六日，彼得一世啟用了刻有「全俄國的偉大皇帝和祖國之父」的新玉璽。十二月，威尼斯元首和參政院承認了彼得的封號和俄國帝國的地位，一七二五年，荷蘭承認了俄國的帝國地位。於是，除了「全俄國的偉大皇帝和祖國之父」外，彼得的頭上還戴上了「瑞典、丹麥、普魯士、荷蘭、威尼斯皇帝」的桂冠。

在這次俄瑞戰爭進程中，彼得以克里米亞汗國對俄國的奔襲為由，與鄂圖曼帝國開戰。彼得試圖通過這次戰爭，讓鄂圖曼帝國中的基督徒起而反對這個帝國，占領「沙皇城」君士坦丁堡，遠征多瑙河，奪取巴爾幹。一七一一年三月，彼得親率三萬八千萬名士兵越過摩爾達維亞，直抵布魯特河右岸。七月下旬，土耳其和克里米亞的十九萬士兵將彼得和他的軍隊團團圍住。彼得不得不向鄂圖曼的大維齊爾求和。雙方簽訂的《布魯特和約》（Treaty of the Pruth）使彼得及其軍隊免於被俘被降，但彼得不得不把奪得的亞速夫還給鄂圖曼帝國。於是，俄國再次失去了亞速海上的出口。

對於這種收集土地上的嚴重失算，彼得耿耿於懷。因此，大北方戰爭一結束，一七二二年，彼得發起了「征討裏海」之戰。這場戰爭打到了一七二四年，彼得本想把戰爭擴大至外高加索的中西部，將那些地方收集為俄國的領土，但那些地方仍處在鄂圖曼帝國的牢牢掌控之下。於是，俄國與波斯的這場戰爭，以《聖彼得堡和約》（Treaty of Saint Petersburg）結束：裏海的西岸和南岸，以及傑爾賓特和巴庫，基蘭省、馬贊特蘭省和阿斯特拉巴德省歸俄國所有。俄國還與波斯締結了反對土耳其的共同防禦條約。一七二四年，土耳其承認了俄國所攫取的裏海西部土地所有權。於是，俄國南疆與波斯和土耳其的邊界定在了阿拉克斯河和庫拉河的交匯處。

北方戰爭的勝利所以是俄國命運的轉捩點，因為它不僅將瑞典國王查理十二困於戰場，擊潰了烏克蘭哥薩克馬澤珀的叛逆之行，而且將「波爾塔瓦」這面旗子直插俄羅斯原野之上的蔚藍蒼穹，以此不僅向瑞典，而且向歐洲各國昭示俄國收集「自古屬於俄國土地」的決心不變、戰爭不息，在歐洲政治舞臺上霸主一方的訴求永恆。「波爾塔瓦」成了俄國的光榮與驕傲，成了大俄羅斯民族可傳至後代兒孫的時代凱歌。備受俄國人推崇的詩人普希金對「波爾塔瓦之戰」的謳歌就是明證。普希金在〈波爾塔瓦〉這首長詩中，用最絢麗的色彩、最至誠的語言、最澎湃的激情描繪了彼得一世在戰場的行為，甚至身形：

軍樂停息。山崗上大炮也已沉寂，不再拚命地轟鳴。聽，不遠處烏拉聲轟然響起，聲震原野：軍團士兵看到了彼得。……

原野上煙霧彌漫，沙皇軍團的士兵與他們交鋒，戰鬥終於爆發，波爾塔瓦之戰！……勝利剎那間臨近，臨近。烏拉[2]！讓我們衝鋒吧！瑞典人已潰不成軍。啊，光榮的時刻！啊，令人自豪的場景……彼得設宴。他自豪和自信，他的眼神閃著榮光，他沙皇的宴席豐盈。在自己軍隊的歡呼聲中，在自己的軍帳中，他款待自己的將領、他國的將領，還善待那些有名聲的俘虜，他還為自己的先師們高舉祝福的酒樽。

2　編注：烏拉，可譯為「萬歲」，是種歡呼用語。

對波爾塔瓦之戰的謳歌遠不止詩人和畫家。那些飽讀詩書的、睿智的史家和思想家也盡情地讓自己的聲音融入了這個俄羅斯民族的大合唱。俄國十九世紀著名的思想家別林斯基（Vissarion Belinsky）就曾經寫過這樣的話：「俄國以波爾塔瓦之戰的巨雷之聲，向世界宣告它要參與歐洲生活，它要登上世界歷史進程的競技場。」三百年來，在俄國、蘇聯、俄羅斯，這樣的謳歌，這樣的宣示，這樣的謀畫可謂洋洋萬千言，案牘如山，瑰麗多彩！

大北方戰爭不僅賦予彼得「全俄國的偉大皇帝和祖國之父」的稱號（這不僅是個皇家的封號，而且是個標誌：俄國走到了世界強國，尤其是海軍強國的舞臺上，俄國有了參與和處理歐洲事務的話語權），而且讓普希金這樣的讚頌把彼得造成了一個護衛俄國的至高尊神，開始了一個將在俄羅斯土地上延續不止的造神運動。正是這些偉大的稱號和不絕的造神運動，使得俄國延續了數百年對「自古屬於俄國的土地」的收集進程變得更刀光劍影，武力更甚囂塵上。

俄國史籍在對彼得以及他的北方戰爭的謳歌中，把俄國傳統的愛國主義昇華為以軍隊的實力和戰爭的推演為基礎，以俄國的霸權和疆土的擴張為目的，以俄國和大俄羅斯民族利益為底線的強國愛國主義。在俄國，對於這種以戰爭來最後解決「收集土地」的問題，每個時代都會奏響出每個時代的最強音，但是都離不開一個「戰」字，去不掉一個「霸」字。這種愛國主義淵源於亞歷山大·涅夫斯基和德米特里·頓斯科伊的古老羅斯的鄉土之戀和故國之情，但把羅斯消極地對抗和反擊韃靼人的自衛戰轉變為俄羅斯帝國的積極的進攻性戰爭，目的不再是擺脫外族的桎梏和爭自由，而是凌駕於他族他國之上的權威與駕馭。正是從彼得開始，俄國的收集土地之戰都變成了進攻性的，都成了捍衛俄羅斯民族和國家利益的神聖之戰。

彼得的「強國愛國主義」成為彼得建國治國的核心方略——強國先強軍，強軍先強海軍。這種方略，彼得自己說得非常的言簡意賅，這也就是他說的、至今仍鐫刻在他少時訓練海軍的普列謝耶沃湖畔一塊石碑上的話：「任何一個只有陸軍的君主，他只有一隻手，而他如果有了海軍，他就有了兩隻手。」所謂有海軍，所謂先強海軍，言下之意就是：俄國不能困於封閉的陸地之中，擁有出海口是俄國成為強國的關鍵一步，而能在海上航行，擁有能通達歐洲，甚至世界各地的大海大洋上的港口，是俄國獲取霸權的基礎，而從出海口起，將據為己有的大海大洋上的港口構築成一條海洋之路則是俄國的生命線。彼得的執政就是從奪取亞速海、黑海和波羅的海的出海口開始的，而從他開始延續數百年的構築、強化和捍衛這條海洋之路就成了俄國執政者須臾不敢、不可忘記的建國和強國聖訓。

在俄國和俄羅斯有關彼得的大北方戰爭的記述中，史家們經常引用彼得在發動對瑞戰爭之前對將士們的一段話：「士兵們！決定祖國命運的時刻已經來臨。可你們不應該想這是為彼得而戰，不，這是為國家。彼得受託於為自己的民族，為祖國，為我們東正教的信仰和教會。你們不可驚慌於敵人不可戰勝的名聲，你們已經多次戰勝他們，不止一次地證實了這是個謊言。你們會在戰鬥中親見實情並得神之護佑。而關於彼得你們要知道，對他來說，只要俄國能生活於幸福和光榮之中就行，他的生命不足惜，是為你們謀福利的。」這段話把彼得塑造成一個俄羅斯民族和國家的至高無上的代表者，是東正教信仰的神聖的捍衛者，是個把士兵和民眾的福利看得高於一切，甚至高於自己生命的帝皇。後人所引用的彼得的這段話或者這份作戰令把「東正教的永恆信仰」、「具有最高和絕對權威的皇帝」、「神聖不可褻瀆的祖國」，融成了一個「三位一體」的整體。在這個整體中，皇帝是核心，他既是信仰的最尊貴的言者，又是祖國的化身和唯一的代表。反對皇帝，就是反對祖國和東正教，為信仰，為祖國而戰，就得為皇帝而戰。但是，有史料說，彼得確實對士兵們講過話或者下達過戰令，但話不是這樣的。彼得的原話要簡潔得多，樸實得多，並沒有這麼的目光遠大、高屋建瓴。不過，已經載入俄國史冊的這番話，畢竟道出了綿延於俄國執政者的心中和思維中的一個永恆概念，「為信仰，為沙皇，為祖國」而戰。所以，在為收集土地而戰中，「為彼得」，「為葉卡捷琳娜」，「為亞歷山大」，「為尼古拉」，「為史達林」的烏拉呼聲就連綿不絕，聲震雲霄。在俄國的歷史進程中，執政者們總是習慣回望過往，到歷史的深處尋覓出路，而最終的落定點就是偉大的彼得，就是他開創的「為信仰，為沙皇，為祖國」。

彼得的爭奪出海口之戰，尤其是爭奪波羅的海出海口的大北方戰爭造就了一個彼得的俄國，造就了一個彼得俄國的「全俄國的偉大皇帝和祖國之父」。但是，彼得在備戰和打仗時並沒有考慮士兵和民眾的福利，他決策的主旨是：俄國的出海口，俄國在歐洲的強國地位，俄國沙皇在歐洲舞臺上的威望和話語權。為了建造波羅的海沿岸的碉堡，尤其是最為關鍵的聖彼得堡，造船、組建海軍，彼得以極其強硬和殘酷的手段把全國的人力、財力和交通運輸能力都集中到了聖彼得堡一地區，幾乎是癱瘓了俄國其他地區的正常生活，更不用說發展了。可以說是繁榮了聖彼得堡一地，荒涼了大半個俄國；強盛了一個皇朝，貧瘠了一個貧民世界。

自一六九八年到大北方戰爭勝利，俄國減少了兩百多萬人[3]！僅此一例，可見一斑。俄國的史書大都說，彼得的改革把俄國送上了現代化之路，開闢了俄國的新時代。可這種以戰爭造就大國強盛的道路並不真是以士兵和民眾的福利、富民為基礎的。比如，在彼得隨使團訪問一系列歐洲國家時，農奴制在這些國家已經基本上不復存在，歐洲各國的強盛顯然得惠於這種生產力的解放，可彼得在與大北方戰爭同時進行的一系列改革中，卻從沒有涉及在俄國尤為根深蒂固的農奴制問題，在這方面不僅沒有任何改革，而且改革還深化了俄國的農奴制。

現在，俄羅斯的史學家和經濟學家等學者：推崇彼得的和不贊成彼得改革的都在一點上沒有分歧，那就是彼得「俄國現代化」的代價是極其殘酷的。不久前，俄羅斯史學家布羅夫斯基（Andrei Burovsky）和經濟學家伊拉里奧諾夫（Andrey Illarionov）就彼得改革進行了一場辯論。史學家說：「彼得創造了一種超級思想：俄國的啟蒙，歐化。這種思想可以用來為所有的行動作辯護。因為只要有需要，做任何事情都可以不惜代價……方法是殘酷的，常常是極端殘酷的。如果從人口的損失來評價，那他大體可以與實現了軍事政治現代化的腓特烈大帝（Friedrich II）相提並論……彼得的改革是俄國歷史上最可怕的和最令人厭惡的一頁。」經濟學家說：「他把一個自負傲慢的和挑釁進攻的帝國留給了後人，這個帝國極大地擴張了自己的邊界，攫取了新的資源，在各民族的國際音樂會中占領了全新的一席之地。在其後三百多年中，包括二十世紀在內，

3 約為當時俄國總人口的百分之二十到二十五。

彼得的繼承者們繼續著他的政策。儘管共產黨領導看來是否定革命前的俄國的，但他們對彼得一世時期依然是高呼烏拉的。」

「打開一扇通向歐洲的窗戶」（прорубил окно в Европу）這個詞語歷來是俄國對彼得一世最核心的讚譽。但是，這個「打開」並不是一般的打開，在彼得時代，「прорубить」這個詞的意思是砍開、砸開，以軍伐之而開。所以，對彼得一世而言，就是以戰爭手段衝上歐洲的舞臺，張揚偉大俄羅斯帝國的力量和權威。當然，即使是砍開，彼得終身奪得的出海口也只有波羅的海一處，他魂繫夢想的黑海和太陽升起的太平洋出海口始終未得。不過，他畢竟以戰爭造就了一個龐大的帝國（他執政三十六年，斷續打了二十八年的戰爭）。這個帝國是從俄國的歐洲土地開始膨脹、擴大的，但是彼得一世之所以偉大，也許還在於他沒有忘記祖先們以哥薩克為先鋒苦心經營的東方土地——西伯利亞和遠東。而對他來說，收集土地的腳步不可能止於太平洋的西岸，他要跨海而去，奔向太平洋那邊的土地。哥薩克的探險隊再次成為他向太陽升起的地方猛進的主力和尖刀。

烏克蘭

22 為「收回」自古屬於俄國的土地而戰

阿列克謝

羅曼諾夫王朝的第二代沙皇阿列克謝有個綽號，叫「Тишайший」，意即「溫和至極的」。但實質上，在他溫文爾雅的外貌和舉止下，這位沙皇卻是個意志剛強、決斷能行的君主，尤其是在收集土地上，他更是毫不猶豫，一往直前。在這方面，他耿耿於懷、終執政之期而信守堅持著三個方向。一是，收回「自古屬於俄國」、而長期被波蘭「占領」的西部和西南部（俄國與白俄羅斯以及小俄羅斯的邊界地區）土地；二是，在西北部收回「自古屬於俄國」、而長期被瑞典「霸占」的波羅的海沿岸的土地；三是，為了「收回」這些土地，開足馬力向西伯利亞和遠東發現和收集新土地，以保證俄國在西部所急需的土地、錢財（銀礦）、資源和人力。這種決策的一個不可動搖的出發點是：俄國屬於歐洲，俄國是個歐洲國家，俄國不能被圍困於四面不通海的大陸土地之上，俄國必須打開通向歐洲的門戶。

俄國在西伯利亞和遠東的挺進是這位沙皇最成功的外交戰略。在這個征途上，他運籌帷幄地利用了哥薩克的力量。隨著愈來愈多「新土地」被發現和收集，大量的哥薩克簇擁而來，成為這些「新土地」上的主宰；隨著哥薩克村落的愈建愈多，在這片「新土地」上形成了新的、以碉堡哨所為中心的哥薩克群體，那些駐守碉堡哨所的哥薩克長官就成了這些群體的首領，從阿特曼到蓋特曼：烏拉爾葉尼塞斯克哥薩克、別克托夫為首的亞庫次克哥薩克，哈巴羅夫為首的阿穆爾河哥薩克等。儘管這些哥薩克對當地居民殘暴狠毒，但對莫斯科的沙皇卻是俯首聽命的。可以說，烏拉爾的、西伯利亞的、遠東的哥薩克是沙皇收集土地的馴服工具，而且都是虔誠的東正教徒。

但是，在以莫斯科為中心的歐洲部分，從白俄羅斯和波蘭西部直至聶伯河下游札波羅結（即小俄羅斯，烏克蘭）的哥薩克卻是另一類的，他們的群體非常複雜。他們不僅勇猛剽悍，而且對沙皇也是不那麼順從和效忠的，在信仰上也不全部是東正教，有信天主教的，伊斯蘭教的，甚至還有虔誠於從東正教分裂出來的古老信徒派的。尤其是俄波邊境處的、頓河地區的，以及最南端地區的札波羅結哥薩克更是如此。對沙皇阿列克謝來說，更為嚴重的是，這些哥薩克所生活的地區仍在波蘭貴族共和國的管轄之下，是他時刻覬覦並要收集回來的「自古屬於俄國」的土地。

俄波兩國為了這些土地已經紛爭，甚至戰鬥過上百年的時間，而阿列克謝的父親，第一代羅曼諾夫沙皇從一六一八年開始就與波蘭摩擦不斷，二十多年來為爭奪這些土地摩擦頻起，戰爭不斷。歷史上，戰略要地斯摩棱斯克及其附近的地區幾度失手和仍被波蘭所占乃是沙皇心頭之痛和揮之不去的夢魘。其次是，這裡的哥薩克仍「臣服」於波蘭，並且與土耳其、克里米亞汗等有著極其微妙的、既相互需要又時刻會背離的關係，同時他們對莫斯科沒有好感，懼怕它的占領和侵吞。還有一點是，這些「臣服」於波蘭的哥薩克大都信奉波蘭的天主教，而那些虔誠於東正教的哥薩克，則經常受到政治上的排擠、經濟上的剝奪和生活中的傷害。因此，這裡的哥薩克不僅不能成為沙皇收集土地的馴服工具，反而經常成為他收集土地的最大障礙。讓這些哥薩克轉而效忠於沙皇俄國，進而成為俄國收集這裡土地的前線戰士，就成了阿列克謝沙皇首當其衝要解決的問題。

這時，這個由波蘭王國和立陶宛大公國聯合而成的波蘭貴族共和國，在大量湧入的猶太人的經營下，經濟的繁榮一度成了向西歐國家提供農產品和手工業品的國家，國力的強盛成了沙皇俄國更難以對付的敵手。波蘭的貴族、大地主紛紛將勢力擴展到小俄羅斯（烏克蘭），並且派猶太人來管理莊園、徵收賦稅、維持社會治安，天主教的勢力也隨之而來並逐漸增強。所有這一切都對當地居民的東正教信仰造成威脅。大半個小俄羅斯成為波蘭貴族共和國的土地，被沙皇認為是「自古屬於俄國」的西部土地和南部的札波羅結哥薩克的土地都成了波蘭貴族共和國重兵駐防鎮守的邊疆地區。

對俄國更為嚴峻的是，南部的札波羅結地區不僅是波蘭的不可捨棄的「南部疆界」，而且是克里米亞汗不斷奔襲俄國的必經之地。所以，這時俄國所面對的是三大敵人：波羅的海沿岸的瑞典，西部的波蘭，南部的是土耳及其勢力控制下的克里米亞汗國。

這種形勢對沙皇收回「自古屬於俄國」的土地造成了極大的威脅。阿列克謝的決策是：以戰爭的手段奪取被波蘭占據的土地，以「招安」的方式，讓小俄羅斯東部的哥薩克臣服俄國，將他們充作與波蘭作戰的軍事力量。為了用戰爭手段奪取土地，沙皇進行了一系列軍事改革，將俄國的舊式軍隊歐洲化，建立了各式各樣的軍團；而對哥薩克的「招安」是在「機密事務衙門」會議上確定的機密決策。「機密事務衙門」是個凌駕在波雅爾杜馬之上、直屬於沙皇個人的辦事機構，早先就有，而阿列克謝把它重點用作了收回「自古屬於俄國」的土地，和讓俄國走上歐洲政治舞臺的私密決策機構。因此，「機密事務衙門」實質上成了沙皇個人的「國家安全委員會」。這個「機密事務衙門」「招安」小俄羅斯哥薩克，尤其是札波羅結哥薩克的措施是：通過賞賜黃金、珠寶、諸如西伯利亞紫貂等珍貴皮毛的方式，重金收買；為獎賞臣服、效忠沙皇的哥薩克，冊封為「莫斯科國沙皇的大貴族」、「莫斯科國沙皇的公爵」、「莫斯科國沙皇的小貴族」等高貴的稱號，抬高哥薩克的身價；支持和幫助不滿於波蘭貴族共和國的壓榨和天主教的侵犯的哥薩克，祕密允諾在戰勝了波蘭後，將把小俄羅斯西部的土地給予哥薩克等。

一六四八年，一個叫赫梅利尼茨基的哥薩克突然出現在了沙皇爭奪土地和「招安」的舞臺之上。赫梅利尼茨基是世居波蘭境內的上層哥薩克的後代，受過很好的教育，原本是效忠於波蘭國王的，曾經為波蘭國王占領「自古屬於俄國的土地」而戰，也曾率領哥薩克軍隊洗劫到君士坦丁堡的城下，最後成為波蘭哥薩克軍中的百人長，成了一個有身分和有不小家產莊園的人。波蘭大莊園主對哥薩克的欺壓盤剝、代他們行使管轄的猶太人在小俄羅斯土地上的橫行無忌以及波蘭天主教對烏克蘭信奉東正教居民的侵擾迫害，這一切都讓赫梅利尼茨基逐漸有了對波蘭大貴族、大封建主的怨恨，由恨而抗。但他並不反對波蘭國王，而是寄希望於國王的仁慈和寬容。最後促使他走上反抗之路的催化劑，是他在一六四八年被派去鎮壓民眾的暴動時，其妻子被波蘭貴族霸占、田園被壞，幼子被殺。盛怒之下，他揭竿而起，反戈一擊。波蘭軍隊對其進行追擊，赫梅利尼茨基在被追擊中最後跑到了札波羅結，這是他曾經駐防的地方，對情況瞭解，又有人脈關係。札波羅結的哥薩克接受了他，選他為蓋特曼。他又重整軍隊，暴動而起。在這次暴動中，他對當地的哥薩克、小俄羅斯農民和貧窮者的呼籲是：「波蘭人的恣意妄為我們已經忍夠了。讓我們召開拉達大會，讓我們來保衛東正教教會和自己的土地吧。」

但是，在起義的進程中，赫梅利尼茨基一方面仍不斷向波蘭國王揚二世・卡齊米日（John II Casimir Vasa）申訴冤情，請求保護，但都被拒絕了。另一方面，他不斷尋求他國他方的保護，俄國、土耳其、克里米亞汗國是他尋求的對象。在一六四八年至

位在烏克蘭基輔的赫梅利尼茨基的紀念碑，此紀念碑立於一八八八年。（iStock／klug-photo）

一六五三年下半年這段時間裡，赫梅利尼茨基數次向沙皇阿列克謝呈文，請求幫助，條件是他和小俄羅斯將臣服俄國。但是，沙皇都沒有下定決心接受他的臣服，因為接受赫梅利尼茨基的臣服就意味著要向波蘭貴族共和國宣戰，要給予哥薩克所要求的權利和自由。而在向沙皇請求臣服的同時，赫梅利尼茨基也向土耳其蘇丹和克里米亞汗採取了幾乎是和沙皇同樣的政策：收買和封爵，「招安」札波羅結哥薩克為他們對抗沙皇俄國，和波蘭貴族共和國。只不過收買所用除了黃金、珠寶外，沒有了珍貴的皮毛，而是代之以「純種馬」，封爵的尊號也變成了「土耳其蘇丹的高貴使節」、「克里米亞汗的高貴維濟爾」。「臣服」與「和解」，這是處於困境中的赫梅利尼茨基尋求生路的唯一選擇。

沙皇阿列克謝對小俄羅斯的覬覦由來已久，面對赫梅利尼茨基的請求更為動心，鑑於對以戰爭方式從波蘭手裡收回「自古屬於俄國的土地」沒有十分的把握，所以一直沒有表示接受。但是，他不忘以大國的威望和財富，籠絡住赫梅利尼茨基，以待時日。一六五二年，赫梅利尼茨基的使節在莫斯科與沙皇的大臣談判時，沙皇就讓大臣向他傳達了「招安」和「臣屬」之意：「如果你們受到波蘭人的擠壓，那蓋特曼和切爾卡斯人[1]就到沙皇陛下這邊來吧！在沙皇陛下的俄國，土地很多、遼闊、豐饒，有的是地方可以定居：你們可以隨便在頓河、熊河沿岸以及其他合適的和空曠的地方定居。」

1　當時俄國當局對札波羅結哥薩克的稱呼。

赫梅利尼茨基的這種動蕩選擇於一六五三年底有了最終的結局，他對土耳其蘇丹和克里米亞汗的游離和背棄失望，最終不得不選擇了莫斯科的沙皇，來作為自己對抗波蘭的支持力量。他派出使團去莫斯科，在呈文中赫梅利尼茨基請求沙皇：「接納整個小俄羅斯以及全部札波羅結軍，使它們永遠歸屬、臣服和受庇護於您。」但是，赫梅利尼茨基也對沙皇提出了自己的要求：哥薩克的財產不得剝奪，札波羅結軍的數量維持不變，小俄羅斯享有自主和自由的權利等。同年十月，沙皇的精英代表會議做出了接受赫梅利尼茨基的請求。一六五四年一月，赫梅利尼茨基在佩列雅斯拉夫召開了哥薩克首領的「拉達」大會，親自向沙皇的代表布圖爾林（Vasiliy Buturlin）宣誓效忠於沙皇。他隨後請布圖爾林代表沙皇也宣誓保證執行哥薩克臣服俄國的各項條款，但布圖爾林拒絕了。此外，在這次「拉達」上，並不是所有的哥薩克，也不是所有的札波羅結軍團都向沙皇宣誓效忠了，更關鍵是這次「拉達」是札波羅結人的「拉達」，並不是小俄羅斯（烏克蘭）境內的哥薩克都與會。

而在哥薩克宣布效忠之前，一六五四年五月，阿列克謝就向波蘭貴族共和國宣戰，發誓要收回「自古屬於俄國的土地」。他親自出征，指揮了人數達八萬的五路大軍征討宿敵波蘭，而赫梅利尼茨基的哥薩克軍，成了這一浩蕩隊伍中的最主要的、最能戰的軍隊。四路軍隊征討斯摩棱斯克和白俄羅斯地區，第五路軍隊由布圖爾林指揮赫梅利尼茨基的部分札波羅結哥薩克軍，對南部地區進行征剿。這場聲勢浩大的與波蘭之戰在後來的史書上被稱為「沙皇親征」。這次戰爭的結果是：俄國奪取了斯摩棱斯克，雪了俄國幾代統治者所蒙之羞，占領了波蘭屬下的波羅茨克、維捷布斯克、莫吉廖夫、戈梅利、奧爾沙等城市，將俄國的東部邊界推進到了別列津納河岸，收回了立陶宛大公國首府維爾諾、考夫諾[2]、諾沃格魯多克和格魯德諾；戈羅多克、利沃夫、布列斯特等城全被俄軍占領。「自古屬於俄國的土地」被收回了，俄國的疆土大大擴大了，西部俄軍甚至到達了波蘭境內的盧布林，包括基輔在內的小俄羅斯中部，和包括札波羅結在內的被稱之為「荒原」的南部地區盡收沙皇囊中。這股狂風般的收集「自古屬於俄國土地」的軍事行動讓沙皇阿列克謝欣喜如狂，於是他給自己加了新的尊號——「大俄羅斯、小俄羅斯、白俄羅斯，全俄羅斯的國君、沙皇和大公、專制君主」，並親臨維爾諾以示勝利之君的不可褻瀆的威嚴和至極的溫和。

在這場復仇性質的俄波之戰中，赫梅利尼茨基與布圖爾林一起指揮哥薩克軍隊攻占了斯摩棱斯克、維爾諾、利沃夫，擊退了克里米亞汗穆罕默德．格萊四世（Mehmed IV Giray），為沙皇收回「自古屬於俄國的土地」立下了汗馬功勞。阿列克謝給了赫梅利尼茨基治理小俄羅斯的權力，他也就高頭大馬地以凱旋者的身分進入基輔城。阿列克謝收回「自古屬於俄國的土地」的進程並沒有結束，但是赫梅利尼茨基「臣服」沙皇俄國的這件事卻被永遠地定格在了俄國的歷史之中。從此，他率領札波羅結哥薩克起義對抗波蘭、尋求沙皇幫助和保護之舉被描述成了「全部烏克蘭從此歸屬沙皇俄國」、「烏克蘭和俄國從此合併」；赫梅利尼茨基成為「俄烏合併」的功臣。於

2　維爾諾為今維爾紐斯、考夫諾為今考納斯。

是，他被雕刻在了大諾夫哥羅德的「俄國千年紀念碑」上，能上得了這個俄國精英擁擠而立的偉大紀念碑的，哥薩克只有兩人，一人是發現和征服西伯利亞的先鋒葉爾馬克，另一個就是這位赫梅利尼茨基了。

如果說沙皇對西伯利亞土地的收集是在發現、拓荒、開發新土地的旗幟下，利用哥薩克對沙皇的忠誠和對財富與權力的覬覦，主要靠沙皇的「訓令」、地方軍政長官的掌控，和哥薩克的暴力來實現的話，那阿列克謝在俄國歐洲的土地收集則進入了一個嶄新的階段：以賞賜、封爵、「招安」的手段，尋找被收集土地上的代理人，利用他們對原臣服君主的不滿與仇恨，上演一場「自願臣服」的大戲，來完成收集土地的大業。赫梅利尼茨基開了俄國沙皇收集土地進程中的「自願臣服」的先例，他為俄國後來變得愈來愈花哨多變、愈來愈具戲劇性的「自願臣服」、「自願加入」的俄國土地收集提供了難以更改的模式。在這個新階段中，無論是「自願臣服」的赫梅利尼茨基之類的英雄，還是奉旨接受「臣服者」宣誓效忠的布圖爾林那樣的貴族大臣，都成了沙皇收集土地舞臺上的演員和道具。

蘇聯時期，赫梅利尼茨基一直處於被歌頌的寶座之上，到處都有以他名字命名的地方、廣場、街道，他的紀念碑也遍布俄羅斯和烏克蘭各處，最大的一尊，騎著高頭大馬、表示他勝利進入基輔的雕像聳立在基輔中心廣場之上。赫梅利尼茨基向沙皇代表宣誓效忠的那個「佩列雅斯拉夫」成了這個「自願臣服」的標誌，佩列雅斯拉夫這個小村莊成了一個人們參拜瞻仰的聖地。一九四三年，蘇聯紅軍解放了這座被德國軍隊占領的城市後，它被冠上了英雄的名字——「佩列雅斯拉夫爾－赫梅利尼茨基」。同年十月，蘇聯最高蘇維埃主席團發布命令，設立了「赫梅利尼茨基軍功章」，這是衛國戰爭期間，蘇聯設立的第三枚，也是最後一枚軍功章，其他兩枚是「納希莫夫軍功章」和「庫圖佐夫軍功章」。「赫梅利尼茨基軍功章」也是蘇聯第一枚鐫刻烏克蘭文的軍功章。一九五四年，赫魯雪夫（Nikita Khrushchev）執政時的蘇聯用法律條文把一六五四年定為「俄烏統一之年」，大力宣傳「俄烏統一」、「俄烏合併」的偉大意義。在基輔建起了一座俄烏合併三百週年紀念碑，這碑如彩虹一般橫跨於基輔的主要通衢大道的上空，碑身的雕像上赫梅利尼茨基和布圖爾林並肩而立，雙目傲視遠方。

在當代的俄羅斯和烏克蘭相互敵對的大政治環境中，無論是莫斯科還是基輔，赫梅利尼茨基依然是受到高度關注的對象，只不過莫斯科把他奉為將烏克蘭合併到俄羅斯的偉大功臣，而基輔除了繼續將他奉為神聖，則頻頻出現他是出賣烏克蘭的罪魁禍首。問題的關鍵依然是在烏克蘭這片土地的歸屬上：是俄羅斯堅持的「自古屬於俄國的土地」，還是烏克蘭不肯放棄的「烏克蘭人的祖傳之地」。這大概是當今俄烏對抗中的核心因素，因為這不僅僅是政治範疇的判斷標準，更是盤根錯節於兩個民族的精神、道德、理念、文化、習俗深處的價值標準。一個延續了數百年的收集土地決策，延伸和影響到了當今俄烏兩國各自的發展進程，可不謂不大不重矣！二〇一八年六月，甚至有烏克蘭的政治家提出議案，要將城市、廣場、紀念碑石上的「赫梅利尼茨基」的名字去掉，代之以烏克蘭的名稱，這也可不謂不怪不奇矣！

23 「金色秋天」——伊莉莎白與烏克蘭

伊莉莎白女皇

在聖彼得堡涅瓦大街上的一處豪華的宮殿——阿尼奇科夫宮。它位於涅瓦大街豐坦卡運河的邊上。阿尼奇科夫宮不僅外形歸巍壯麗，極富帝王色彩，而且內部陳設金碧輝煌、用盡人間奇珍。這是個極佳的地理位置，由豐坦卡運河往裡可直達女皇的宮門，而向外則是通衢大道，可通到伊莉莎白的父皇——彼得一世的夏宮，那個有著繁花綠蔭的園林、流珠滴玉的噴泉的「彼得霍夫」。這是伊莉莎白女皇政變上臺後不久就下令建造並賞賜給自己的寵臣阿列克謝·拉祖莫夫斯基（Alexei Razumovsky）的。

建造阿尼奇科夫宮幾乎是伊莉莎白掌權後所做的第一件大事，而將它賞賜給拉祖莫夫斯基更是事出有因。阿列克謝·拉祖莫夫斯基是個典型的俄羅斯名字，但這個拉祖莫夫斯基並不是俄羅斯族人，而是烏克蘭哥薩克，原名叫「羅祖姆」；更沒有任何的俄國皇家身世或烏克蘭貴族血統，其祖先是世代牧羊人，他接著牧羊，也在教堂唱詩班裡唱歌，居住在烏克蘭車尼戈夫地區的科澤列茨村（直譯就是「山羊村」）。這個村子是個哥薩克人的地盤，曾經有過「哥薩克統領制拉達」，它不斷地動搖於波蘭和俄國之間。連羅祖姆本人也沒有想到有一天非人間的幸運——「受帝王之寵」會降臨到他的頭上。

在那個時代，匈牙利的葡萄酒譽滿歐洲，是俄國沙皇宮廷的頂級奢侈品，因此不斷派遣使臣前往匈牙利採購。而羅祖姆的幸運就在於科澤列茨村正位於這「匈牙利葡萄酒之路」的中途。一七三一年，還是在安娜女皇時，一位採購大臣回國時，途徑科澤列茨村小憩，他聽到了羅祖姆的歌唱，被他渾厚的、優美的音色所傾倒，就把他帶回聖彼得堡，讓他進了宮廷合唱隊。隱於深宮的伊莉莎白公主頓時就被羅祖姆的歌聲所征服。這時，伊莉莎白二十五歲，羅祖姆二十二歲。她先是陶醉於這個烏克蘭哥薩克的歌聲，接著忘情於這個健壯魁梧的英俊青年，從幽會、私交到寵兒，伊莉莎白就再沒有離開過羅祖姆，羅祖姆一直被伊莉莎白藏於深宮密室。雖然藏在深宮人不識，但羅祖姆變成了阿列克謝·

旅人們乘坐遊船在阿尼奇科夫宮附近的豐坦卡運河上航行。（iStock／Ojimorena）

拉祖莫夫斯基，成了新女皇的寵臣。

俄國史書上所說的寵臣，不僅僅只是指「心腹之臣」、「樞密輔宰」、「左右之手」的意思，更是指的「床榻之歡」，也就是中國史書用的「面首」這個意思。不過，沙皇宮廷女皇們的「面首」可不是性奴隸，而是有著巨大權力和影響，能左右女皇國事決策、問鼎天下的真「寵臣」。伊莉莎白對拉祖莫夫斯基的感情顯然越出了以往的「寵臣」的界限，甚至與這位烏克蘭哥薩克舉行了祕密的婚禮。但拉祖莫夫斯基城府很深，從不宣揚自己與女皇的私情，也拒不擔任任何的公職。可在伊莉莎白的床榻之上，他卻為女皇出謀畫策，就各種大事進言，而女皇總是言聽計從。一七四一年，伊莉莎白政變上臺，拉祖莫夫斯基是個極為重要的幕後角色。俄國的史書對他有個極為準確的稱號——「夜間皇帝」。所以，伊莉莎白把阿尼奇科夫宮賞賜給他，不僅是為了至高無上的嘉獎，也是為了拉祖莫夫斯基進出皇宮的方便。

從俄國的史書上看，拉祖莫夫斯基對伊莉莎白決策的影響是很大的，尤其是在烏克蘭的哥薩克問題上。顯然，拉祖莫夫斯基與烏克蘭的哥薩克統領們廣有聯繫，這些哥薩克統領也不斷通過他向伊莉莎白女皇上書，爭取在烏克蘭土地上哥薩克的更大自由和自治。拉祖莫夫斯基對烏克蘭哥薩克問題有著深謀遠慮，他本人沒有讀過什麼書，但他深知，為了一個「自由的、獨立的烏克蘭」，要有一個廣讀詩書、諳熟世界事務的哥薩克精英。他為此進言伊莉莎白讓自己的弟弟基里爾·拉祖莫夫斯基（Kirill Razumovsky）到歐洲去學習。伊莉莎白准了，在派他出國之前，先讓俄羅斯大臣、學者捷普洛夫（Grigory Teplov）當他的「師傅」。教他一口純熟的俄語。所以，當伊莉莎白與阿列克謝・拉祖莫夫斯基於一七四四年七月下旬訪問烏克蘭時，尚未成年的基里爾正在歐洲各國的著名學府遊學。

在烏克蘭，伊莉莎白去了科澤列茨村，見了拉祖莫夫斯基的母親，並在基輔受到眾多人群的熱情歡迎，還會見哥薩克統領。在科澤列茨村的普通房舍裡，伊莉莎白抒發了私人的情懷，而在基輔的萬眾歡騰的歡呼聲中，這位女皇表達了俄國沙皇對臣屬之地烏克蘭的密切關注。所有這一切若沒有阿列克謝・拉祖莫夫斯基與烏克蘭哥薩克統領們的事前安排是根本做不到的。這次烏克蘭之旅是羅曼諾夫王朝中第一位沙皇親臨基輔。如果說伊莉莎白是為了兒女私情而來，那就低估了這位執政二十年的俄國女沙皇了。「上帝呀，在祢的天國中垂愛於我吧，就像我愛這些感恩的和柔順的民眾。」伊莉莎白對歡迎人群脫口而出的這些話所表明的，正是她對烏克蘭、哥薩克的基本態度：烏克蘭必須是俄國收集南疆土地的堡壘和防線，哥薩克必須聽命於聖彼得堡，只要你們服從沙皇，我將給你們自由、自治。

烏克蘭問題，準確地說，烏克蘭的哥薩克問題一直是沙皇政府密切關注的問題，或者說是時刻懸在帝王們頭頂的一把利劍。自從一六五四年，赫梅利尼茨基表示「臣服」沙皇後，烏克蘭，尤其是聶伯河的西岸和札波羅結地區局勢總是動蕩不定。烏克蘭哥薩克和沙皇政府爭執的焦點就是：烏克蘭哥薩克一直企求在臣服下要有更大的自由和自治，而沙皇政府則堅持既然臣服，就得完全聽我的，服從沙皇的君主獨裁。也就是說，是哥薩克統領制——蓋特曼，還是沙皇的總督制或小俄羅斯管理制？在赫梅利尼茨基之後直到伊莉莎白的近九十年中，烏克蘭的土地上出現了一系列哥薩克統領，絕大多數哥薩克統領都是烏克蘭獨立、哥薩克自治的擁護者和奮鬥者，因此他們也都游離於沙皇政府及其敵手（波蘭、瑞典、土耳其）之間，一時與沙皇親近，一時又反戈一擊。

在這群哥薩克統領中，有兩個對烏克蘭哥薩克的命運有著密切關係和重大影響。一個是彼得一世時期的馬澤珀，另一是阿波斯托爾（Danylo Apostol）。前者源於札波羅結軍蓋特曼，祈求瑞典的幫助，能將烏克蘭土地上的所有哥薩克、蓋特曼合成一個整體，後在逃亡國外途中病死。後者在彼得一世時期與馬澤珀分分合合、與沙皇朝廷聚聚散散，一七二七年七十歲時當選為烏克蘭哥薩克的蓋特曼，一直活躍到伊莉莎白女皇治下。這兩個哥薩克的生活道路，有時重疊，有時分叉，有時背道而馳，但有個共同點是：他們在對沙皇的臣服、效忠的大旗下，深藏著對烏克蘭獨立、自治、復興的忠誠。

在彼得一世時期，俄國對烏克蘭的較為寬鬆的政策發生了極大的改變，沙皇政府不斷強化對烏克蘭哥薩克的控制。在對國家管理體制——衙門的改革中，取消總督和蓋特曼選舉，將原來的「蓋特曼和小俄羅斯衙門」改為「小俄羅斯委員會」。葉卡捷琳娜一世繼承了彼得的政策，對烏克蘭哥薩克一直實行疑慮重重和嚴密監視的政策。對阿波斯托爾這個長期駐守烏克蘭東南邊疆的驍勇哥薩克的態度更是嚴厲，這位女皇為防生變，將他調回彼得堡，命令他「居住在彼得堡不得外出」。但在此後的兒皇帝和女皇的執政下，隨著國力的下降，沙皇政府對烏克蘭哥薩克的態度就變得寬容些了。彼得二世登上皇位後，取消了小俄羅斯委員會所制定的一些措施，准予烏克蘭哥薩克恢復選舉蓋特曼，將阿波斯托爾放回故里格魯霍夫。一七二七年，在沙皇派大員的監督下，阿波斯托爾被選舉為蓋特曼，一七二八年，最高樞密院下令撤銷小俄羅斯委員會，承認格魯霍夫的蓋特曼政權。但彼得二世對阿波斯托爾還是不放心的，要求阿波斯托爾必須到莫斯科來舉行蓋特曼的加冕禮，並且要派一個感恩使團來，成員要包括阿波斯托爾的兒子，並要將他扣押在彼得堡當「人質」。

從一七二七年到一七三四年，阿波斯托爾當了七年的蓋特曼。在格魯霍夫成立了「蓋特曼政府管理委員會」，這個委員會成員有八人，四名哥薩克統領，四名沙皇派來的大員。儘管四名沙皇大員實行著嚴密的監督，阿波斯托爾還是在札波羅結和小俄羅斯（主要是以基輔為中心的地區和聶伯河西岸的地區）實施了一系列為烏克蘭哥薩克爭自由、爭自治的措施，結果使這一地區愈來愈偏離沙皇政府的傳統治理。所以，一七三四年，阿波斯托爾去世的消息一傳進宮廷，早已擔心烏克蘭局勢會突變的女皇安娜立即撤銷了蓋特曼政權，不允許再在烏克蘭自由選舉蓋特曼。於是，烏克蘭的局勢再度動蕩不定、詭譎莫測起來。烏克蘭的蓋特曼政權（或者說是，「聶伯河西岸哥薩克蓋特曼」）與札波羅結地區的哥薩克軍及頓河地區的哥薩克的矛盾和衝突再起變故。

伊莉莎白女皇正是在這個節骨眼上與阿列克謝·拉祖莫夫斯基一起去基輔訪問。拉祖莫夫斯基給她安排了一場與哥薩克謀畫好了的「請願」，哥薩克統領們請求女皇恢復烏克蘭的蓋特曼制度，進行新蓋特曼的選舉。伊莉莎白雖然身陷對拉祖莫夫斯基的寵愛之中，但她並沒有忘記作為一代沙皇應該做的事：烏克蘭必須臣服，哥薩克統領必須聽命於自己。但她又深知回絕這種「請求」，處於搖擺中的哥薩克統領們會幹出震蕩俄國大業的事來，而應允這種「請求」，烏克蘭就可能失控，哥薩克的絕對自由、自治是俄國的君主專制不可能容忍和接受的。面對拉祖莫夫斯基和哥薩克統領的密謀，美豔狡黠的伊莉莎白應允了。她說：「恢復蓋特曼，選舉新的蓋特曼，都好辦，但有個條件，蓋特曼的新人和選舉日期由我來定。」而伊莉莎白指定的新蓋特曼人選恰恰是阿列克謝·拉祖莫夫斯基的弟弟基里爾·拉祖莫夫斯基。

這個巧妙的、含義深刻的回答既滿足了哥薩克統領的籲求，又照顧到了寵臣拉祖莫夫斯基的情緒和面子。更重要的是，伊莉莎白保住了俄國帝皇的政治尊嚴，守住了羅曼諾夫家族祖先傳下來的對烏克蘭、對哥薩克統領的國策的底線。事實上，伊莉莎白雖然應允了哥薩克們的請願，但實際上卻是暫時將這件事擱置了下來。這時，她指定的候選人基里爾才十六歲，尚未成年。正在歐洲接受政治和文化的教育。而伊莉莎白指定的蓋特曼選舉日期是六年之後。而這六年，對於俄國的專制君主來說，有多少帷幄之事不能通達於天下，有多少密謀之策不能光明正大於世人！

伊莉莎白為什麼需要六年的時間？

三年後，一七四七年，基里爾學成回國。在彼得堡，伊莉莎白讓他和自己的一個親戚結婚，給了他許多的賞賜和封號。十九歲時，基里爾被伊莉莎白欽定為俄國科學院院長（實際管事的是基里爾的老師捷普洛夫）。也就在這一年，伊莉莎白頒布《上諭》，准予在烏克蘭進行蓋特曼選舉，並且正式「建議」了基里爾為唯一候選人。但是，在烏克蘭並沒有馬上進行蓋特曼選舉，伊莉莎白仍在全情籠絡基里爾，對其進行全方位的考察。這一籠絡和考察又是三年。一七五〇年二月，在阿波斯托爾的「根據地」——格魯霍夫舉行了一場女皇親自安排下的莊嚴神聖的選舉劇。伊莉莎白派親近大員根德里科夫（Ivan Gendrikov）伯爵去組織和主持這次選舉。此人是女皇葉卡捷琳娜一世的侄子，在烏克蘭廣有田產，莊園裡的農奴就有八千個「死魂靈」[1]。

這一天，在為選舉建造的高臺上，根德里科夫伯爵居中而坐，兩旁是哥薩克統領，還有俄國東正教基輔都主教。高臺下是格魯霍夫的「民眾」。禮炮轟鳴後，這位伯爵講話，盛讚沙皇將自由和權利賞賜給了烏克蘭的哥薩克，這是一次民眾的選舉，諸位不要忘了女皇的囑託，都要感恩戴德。激情之下，伯爵宣布選舉開始，高呼：「你們願意誰來當這個蓋特曼呀？」民眾緘默，而哥薩克統領們頓時齊聲歡呼：「基里爾．拉祖莫夫斯基！讓基里爾．拉祖莫夫斯基當我們的蓋特曼吧！」那時，沒有選票，沒有人監督，沒有計票程序，一切都淹沒在高喊和歡呼中，一切都由伊莉莎白的這位大員而定。結果俄國官方的記載是，格魯霍夫百分之百的哥薩克選舉基里爾．拉祖莫夫斯基為新蓋特曼。哥薩克統領們為了感謝根德里科夫伯爵的主持選舉之勞，贈送給他一萬盧布的巨額酬謝。根德里科夫在烏克蘭的地產和「死魂靈」又增多幾，不得而知。

四個月後，在那年初夏，伊莉莎白頒布《上諭》，批准了這次選舉結果，對基里爾．拉祖莫夫斯基的封號是「皇帝陛下全小俄羅斯、聶伯河兩岸和札波羅結軍蓋特曼」，同時將當年賞賜給

1 編注：引自俄國作家果戈里（Nikolai Gogol）於一八四二年出版、討論農奴制度之現實與壓迫的小說《死魂靈》（Dead Souls）。此書名巧妙運用俄語中「靈魂」和「農奴」這兩個同音同形異義字的雙關語。

赫梅利尼茨基，後被歷代沙皇收回的烏克蘭的土地，又賞賜給了基里爾。伊莉莎白踏實了，內有阿列克謝、外有基里爾這兩個拉祖莫夫斯基，烏克蘭顯然不會有什麼大變故了。可是，俗話說，智者千慮必有一失，伊莉莎白考慮了一系列變數，唯獨沒有考慮基里爾這個變數，而基里爾的這個變數又恰恰是一個最大的、最有潛力的變數，他使這位女皇對烏克蘭的政策沒有能得到所期望的那種完美結果。

一七五一年，基里爾終於回到了烏克蘭，他的老師、俄羅斯人捷普洛夫隨行，被女皇指定為基里爾的保護人。但是，基里爾受兩個因素的影響和左右：一是，他接受的歐洲的自由與民主的思想，因而在對沙皇的臣服與忠心中潛藏著懷疑與抗爭；二是，作為烏克蘭哥薩克，他與圍繞身邊的哥薩克統領們心氣相通，與他們「自主、自治」的訴求一致。這導致了他在烏克蘭蓋特曼的決策中出現了一系列「自主和自治」的措施。基里爾堅持將蓋特曼的「京城」定在巴圖林，這是當年赫梅利尼茨基坐擁蓋特曼權力的地方，開始在巴圖林和格魯霍夫大建俄國沙皇式的宮殿。這顯示了這位年輕的蓋特曼的雄心：我也是一方之主，烏克蘭得聽我的。在他的堅持下，他治下的「小俄羅斯」從原來管轄的樞密院轉到了「外交事務委員會」，這就意味著蓋特曼的烏克蘭有了「自治權」。同時，將烏克蘭的兩個最重要的地區重新歸屬蓋特曼領導，一個是由俄國總督管理的基輔，另一個是直屬中央政府的札巴羅結謝奇[2]。烏克蘭這兩個重要地區不再聽命於沙皇政府，這就意味著基里爾表達了他的蓋特曼應有更大的自主、自治權的願望與追求。基里爾還對沙皇官員在烏克蘭的一系列做法做出改變，比如，他禁止沙皇官員沒有蓋特曼政府的命令，不得逮捕任何蓋特曼的居民。他禁止俄羅斯人私釀葡萄酒和走私葡萄酒，一度甚至要求所有莫斯科的官員離開烏克蘭。

如此種種，表明基里爾不是伊莉莎白所期望的那個馴服的臣屬。基里爾發生的變化是女皇從未想到過的變數，而他的變數就在於他沒有，也不可能完全聽從女皇的擺布。但是，棋局已經下到此處，伊莉莎白陷於內有阿列克謝、外有基里爾的微妙困境中。女皇試圖以親情、親善和變通來穩住烏克蘭的局勢，使蓋特曼哥薩克繼續擔當守衛和鞏固南疆的力量、收集新土地的先鋒的政策沒有奏效。不過，女皇和她的政府還是堅持做到了兩點：一點，烏克蘭的財政不能獨立，它必須定期定額向莫斯科上交稅款；另一點是，基里爾絕不能自行與他國有外事往來，不能成為一個有外交權的獨立政體。

在一七五〇至一七六一年的這段時間裡，基里爾蓋特曼利用伊莉莎白的親情、親善和變通使烏克蘭蓋特曼有了更多的自主、自治的權力，強化了烏克蘭哥薩克統領與莫斯科的相向而立，甚至抗爭的地位。所以，主張烏克蘭自治、獨立的烏克蘭人把這段時間美譽為烏克蘭的「金色秋天」，期望這「金色」能變成碩果累累的五彩斑斕的日子。從此，俄羅斯與烏克蘭的恩怨情仇就要沿著這條線延伸和發展下去，儘管在未來的日子裡，形式會多樣，手段會各異，程度會深淺，變數會隨天下之勢和執政者的更迭而波動起伏。

2 札波羅結軍營地所在。

伊莉莎白當了二十年的沙皇，但在土地的收集中卻對俄國貢獻不大，除了一七五七年與普魯士打了一仗，奪得了東普魯士，在東方，將中玉茲[3]收集進俄國的領土，將俄國收集土地的進程推進到了清朝中國的邊界。而烏克蘭出現蓋特曼的「金色秋天」，這是她最大的施政失誤。不過，她給後來的帝王們還是留下了一些「遺產」：一是，通過「自由」選舉新蓋特曼的辦法，來穩定騷動不安的哥薩克，強化對烏克蘭的統治。這個選舉的過程雖然還具有專制君主的濃厚色彩，但用「民眾選舉」、「自由選舉」的字眼和樣式掩蓋住了君主的專制意志，用順應哥薩克統領的意願替換了普通民眾的訴求。這種沙皇親政下的「選舉」成了後來俄羅斯帝國收集、兼併土地的新手段的肇始。

另一是，對寵臣的絕對信任和巨額賞賜。這成為沙皇們堅持採用收集新土地的重要手段。阿尼奇科夫宮成了這一「遺產」的最大物證和歷史標籤。事實上，阿列克謝・拉祖莫夫斯基在受寵於伊莉莎白時並沒有住進這個宮殿，他總是躋身於女皇的後宮帷幄之間的。只是伊莉莎白有了比自己小二十多歲的新寵臣舒瓦洛夫（Ivan Shuvalov）後，阿列克謝才住進了阿尼奇科夫宮，其後他弟弟住了進去，直到回烏克蘭當蓋特曼。葉卡捷琳娜二世當上沙皇後，花錢從基里爾手中將阿尼奇科夫宮買了回來，送給了自己的寵臣波將金（Grigory Potemkin）伯爵。波將金為葉卡捷琳娜二世征服北高加索和將克里米亞併入俄國版圖做出了無可替代的貢獻。亞歷山大一世曾將此宮兩次賞賜自己的親屬，一次是給妹妹當結婚禮物，第二次是在一八一七年，將此宮送給自己的弟弟尼古拉（未來的尼古拉一世）當結婚禮物。未來權傾歐洲的亞歷山大二世就是在此宮中長大的，後來尼古拉一世就把此宮送給亞歷山大二世作為結婚賀禮。亞歷山大二世又把此宮賞給了兒子，未來的亞歷山大三世……羅曼諾夫王朝的帝王們如此重視阿尼奇科夫宮的傳承，早已超出了物質財富的繼承。此中歷史事蹟眾多，也不乏傳聞，在此從略。

以往的史書，更著重於伊莉莎白的美豔與「淫蕩」，而忽略了她美豔下的聰慧和「淫蕩」下的狡黠。從「夜間皇帝」到「金色秋天」，蒼茫乎烏克蘭！既然「金色秋天」都到了，冬天還遠嗎？即將登臺的葉卡捷琳娜二世會做出回答。不過，還要對伊莉莎白的寵臣之愛該說一句的是：君無常侍，臣無永寵！

3 今哈薩克中部的一部分土地。

24 「新俄羅斯」計畫

葉卡捷琳娜二世

葉卡捷琳娜二世是羅曼諾夫王朝的第四位女皇。葉卡捷琳娜一世遠沒有她的尊貴教養，安娜女皇缺少她的智慧才能，伊莉莎白女皇難有她的狡黠謀畫。葉卡捷琳娜二世的帝國之選、經略之道、窮兵之術和用人之寵，與前三位女皇相比，是大山與小丘之比，即使是羅曼諾夫家族的男性沙皇也都遠遠不能與之比肩。而在收集土地上，葉卡捷琳娜二世更可謂出類拔萃，傲居俄國的頂峰之上，無人能及，如果彼得一世能重現人世，也只能站在波羅的海邊上遙望她的黑海偉績。

在長達三十四年的統治中，俄國變成了一個龐大的帝國——南到北高加索、喬治亞、亞速海、黑海、克里米亞半島、塔曼和庫班；西到白俄羅斯、烏克蘭西岸地區、波羅的海和波蘭；東和東北到楚科奇、堪察加和庫頁島。所以，俄國的參政院正式封她為「大帝」，這是俄國羅曼諾夫王朝歷史上的第二個大帝、唯一的一個女大帝！所以，俄國其後的君主都繼承她的偉業，享受她的榮光！而她作為收集土地的豐功偉業的締造者，被盛讚於俄國的各種史冊和典籍！

這位女皇收集土地的豐功偉績可以從她登基伊始就可以說起。

葉卡捷琳娜二世接受的遺產是：疆界擴展得愈來愈遠，國土膨脹得愈來愈大，但在這疆界之內，國土之上，卻出現了愈來愈嚴重因地廣人稀所產生的尖銳矛盾，而這一不斷深化的矛盾又持續地導致君主專制的中央集權與人心背離的地方分治矛盾的激化。君主的手再長，效忠的軍隊再眾，將軍們運籌帷幄得再精，也難以掌控新邊疆不動蕩、不失去。尤其是在自基輔地區至黑海沿岸（南疆）、自烏克蘭聶伯河西岸的土地至土耳其和波蘭貴族共和國的邊界地區（西域），新邊疆得而復失、再度歸為他人的微妙前景令女皇坐皇榻而難以安心。因此，為確保俄國的新邊疆平安無事，必須在這些地方保證有眾多的歸順於沙皇的臣民，有強大的效忠於君主的士兵，並用這些臣民和士兵來開發和經營那裡廣漠和豐饒的土地，使開墾土地與屯兵守邊相結合，以保證新邊疆的鞏固和新土地的永屬俄國。

於是，往南疆和西域移民，以保證收集到手的土地不會再喪失，並進而收集更多的新土地，將國界推向高加索大山、黑海及至遙遠的地平線，就成為葉卡捷琳娜二世登基後的首選國策。

一七六二年十二月四日，葉卡捷琳娜二世發布了《准予除猶太人外的外國人來俄國和定居以及逃亡國外的俄國人自由回歸祖國》的上諭。為了擴大影響，這份用俄文、德文、法文、英文、波蘭文、捷克文和阿拉伯文印就的上諭廣發於歐洲各國，但是反響不大，那裡的人們對剛剛上臺的這位女皇不甚瞭解，對她治下的俄國前途持觀望態度。此外，這時的俄國並沒有準備好「歡迎外國人的進入」，一是雖然土地遼闊，但往哪裡定居外國人，讓他們幹什麼，尚沒有成熟的意見；二是怎樣讓外國人進入俄國，有哪些手續和規章制度，都還沒有定論。儘管如此，還是逐漸地有外國人越黑海，經薩拉托夫，入俄國南疆。

對於這種無序的狀態，葉卡捷琳娜二世一時難於決斷。而這時，有兩位臣子幫了女皇的忙。最主要的是女皇運籌於帷幄和承歡於床榻的寵臣奧爾洛夫（Grigory Orlov）。另一位是熟悉君主專制法律和司法程序的檢察總長格列波夫（Alexander Glebov）。奧爾洛夫是葉卡捷琳娜二世弒夫上臺的得力幫手，剛剛因輔佐女皇有功被封為伯爵，此時正是女皇最寵信的人。恰如俄國所有女皇的寵臣一樣，奧爾洛夫有漂亮的面容，健壯的身體，巧舌如簧的辯才和過人的膽識與機敏，而在權勢野心和目空一切的方面，他甚至超越了前朝的許多寵臣。他甚至會在葉卡捷琳娜二世坐朝時，與大臣們商討國家大事時，也會毫無顧忌地在御座旁坐下，大聲插話。這種目無君王，藐視群臣的狂妄態度，葉卡捷琳娜二世看在眼裡記在心上，開始害怕並擔心起這位寵臣的陰謀和奸詐。據說，當時有一則笑話廣為流傳：一天，奧爾洛夫向烏克蘭蓋特曼基里爾・拉祖莫夫斯基誇口：「只要我願意，我馬上能把女皇搞下臺。」拉祖莫夫斯基淡然一笑說：「如果你這樣做了，我們就能馬上把你搞下去！」

不過，奧爾洛夫諳熟女皇准予外國人定居俄國決策的深意。正是他向女皇建議：在烏克蘭歸屬俄國的地區，土地肥沃，但卻人煙稀少，應該往那裡移民；畫定一個特別的地區，來安排這些來俄國定居的外國人。於是，在葉卡捷琳娜二世的決策裡，開始出現了一個新的地理概念——「新俄羅斯」。

另一位大臣是格列波夫，他在伊莉莎白女皇時期就當上了主管法律的大臣，深得女皇的信任。但他狡黠、見風使舵，在葉卡捷琳娜政變時，審時度勢，迅速站到了未來女皇的一邊。格列波夫早在皇宮行走，對於承辦沙皇的事情極為熟悉。他的屢屢高升得益於自己能揣摩透帝皇的心理，將沙皇的意願形成法律條文頒布天下。政變上臺，地位尚不穩固的葉卡捷琳娜二世為推行改革，需要有能懂法、立法的人的支持。於是，這位前朝的檢查總長被新的女皇留任。一七六二年，格列波夫成了葉卡捷琳娜二世提升貴族地位和加強雄主專制的兩項重要法令——《賞賜全俄貴族特權和自由》與《取消祕密辦公廳》的主要起草人。所以，他參與了對一七六二年十二月准予外國人來俄的上諭的修訂與完善工作，並與另一位大臣寫就了另一份上諭——《准予進入俄國的所有人可自行選擇在各省定居及賞賜給他們的權利》。隨後，又參與了《建立外國殖民者監管辦公廳》的上諭。

一七六三年七月二十二日，葉卡捷琳娜二世頒布了這份有自己親自簽署的上諭。這份上諭宣布了外國人進出俄國的手續，以及定居和享受優惠的規定。總共有十條，前五條是有關外國人來俄國的手續、居住地的自由選擇及相關機構，後五條是給這些外國人的賞賜的規定。上諭宣布的進入俄國的手續很簡單，外國人只要在到達的第一個邊境城市向省督或者城市司令官報告一下就行；居住地可自由選擇，沒有錢到達居住地，可由政府提供。上諭中列出了兩個新名稱：來俄定居的外國人叫「墾殖移民者」，而國家為他們指定的地區叫「墾殖移民區」。墾殖移民者的優惠是很多很大的：定居的外國人可免除「所有的稅務和勞役」，但對不同的定居者，免除的時間不一樣：登記在冊、定居在墾殖移民區的，免三十年；居住在各省和區的城市中、已經享受免稅和其他優惠並且已經有了半年免費住房的墾殖移民，免十年；願意留在聖彼得堡、莫斯科及其附近城市、利夫蘭、愛斯特蘭和芬蘭的墾殖移民，免五年。

雖說是「自由定居」，但這份上諭還是指定了外國人在俄國的幾大定居地，一是各省的城市和邊區小鎮，二是畫定的墾殖移民區，三是「自由地」——荒地和未開墾的土地。從上諭中的優惠條件來看，到墾殖移民區的外國人享受的優惠最大，時間也最長。女皇及其政府顯然是希望外國人去後兩處地區定居、種植莊家及從事其他有益之事。為此，這份上諭還附了一份建議墾殖移民者去的地區：西伯利亞、奧倫堡省、沃龍涅什省和阿斯特拉罕省的墾殖移民區。

對於願意定居城市的外國人，則要他們去開辦各種俄國沒有的手工作坊和工廠。特別鼓勵製鐵作坊和工廠的創辦，生產「俄國至今尚沒有的東西」，並允許這些作坊和工廠的開辦者可免稅經營產品。

這份上諭給了定居者、墾殖移民者極大的優惠和前所未有的權利。這些權利甚至其子孫都可以繼承。但上諭還有一條不可違抗的規定：每一個外國人、殖民者，在到達俄國後必須宣誓效忠於新的祖國——俄國和新的君主——偉大的女皇陛下。葉卡捷琳娜二世的這份上諭十分明確地顯示了這位新沙皇的建國決策：要一勞永逸地結束俄國南疆和西域的游牧民族的奔襲、土耳其和波蘭的頻繁覬覦和爭奪，使瀕臨西部邊界的土地成為與莫斯科、聖彼得堡不可分離的國土，使自烏克蘭至克里米亞的土地和海洋永屬俄羅斯帝國。

這裡，也許有幾點是可以讓人有所思索的。首先，這份上諭裡使用了墾殖地（колония）和墾殖者（колонисты）這兩個概念。「墾殖地」一詞就是「殖民地」，「墾殖者」就是「殖民者」

的意思。殖民者，移民至不屬於自己的、陌生的土地，在那裡建立有利於殖民國家的政治、經濟和社會制度，來保證殖民國家的發展、繁榮和富強。在葉卡捷琳娜二世執政的這個年月，世界的殖民浪潮正風生水起，一片喧騰繁華景象。殖民者通過海洋之路的殖民，無窮盡地擴大了自己國家的疆土，雄居世界。

但俄國不行。它沒有條件來自己移民。第一，最根本的一條是，俄國是個農業國，農民是居民中的絕大多數。但俄國的農民處於深重的農奴制度中，而俄國農奴制的一個重要特徵就是農奴不可離開農奴主，他們終身依附於一個領主，生死於一個莊園。時有逃亡的農奴，也成群結隊，揭竿起義，對抗沙皇，以致流落烏克蘭的荒原和草莽之地，但終不能為君主移民所用。第二，十分重要的一條是，歷代沙皇收集土地的進程太快，囊括新疆土的宏願過大，帝國膨脹得過急，因此土地的收集和新領土的鞏固愈來愈成為無法解決的矛盾。前幾代沙皇都力圖解決這一問題，但都苦於財力的嚴重匱乏，荒地的不能產糧，草原的不能養兵，地方轄制的不能戍邊，而終至懸而未決。

葉卡捷琳娜二世是個來自德意志的非俄羅斯族沙皇。她雖不如伊莉莎白的嬌豔，卻有著過人的聰慧，僅憑一口後學的純正俄語、對權術利用的自如和對俄國貴族奢侈的收買，幾乎就在瞬間征服了俄國舊有的掌權者。她又用對法國啟蒙者的崇拜征服了俄國的知識精英，再以披著法國文化和文明的「開明專制」征服了農民的俄國。所以，她在上述上諭中使用的「墾殖地」和「墾殖者」是與世界意義上的「殖民地」和「殖民者」相同的，只不過女皇強調的是：同是殖民，我是在自古屬於俄國土地上的殖民，是在我收集回來的疆土內的殖民地。

其次是，這份上諭要求在「墾殖地」定居的人要從事農業生產，尤其是耕種糧食和養殖耕畜。這種決策反映了兩方面的問題：一是，作為農民占多數人口的俄國，糧食的生產遠不能滿足收集新土地之需；二是，為了保住這些新收集來的土地，女皇陸續往南部草原和臨近黑海的南疆增派軍隊，與當地民族、部族的摩擦衝突頻發，與土耳其、波蘭的邊界爭端戰事不斷，守土成為須臾不可推緩的大事。在新收集的土地上構築碉堡要塞等防禦工事的同時，女皇政府繼續並擴建了先皇們早已開始的名為防禦實為進一步擴展疆土之用的軍事通道——「烏克蘭工事線」和「聶伯防禦工事線」。

以建設棱堡的俄國南疆防禦線，隨著俄國收集土地的擴大，「烏克蘭工事線」從基輔沿聶伯河通向奧恰科夫，再沿草原之路直通亞速海。這條長達數百公里的防禦工事線的工程品質很差，從建成時起就不斷地維修和加固。其費用遠遠超出了建築的資金。葉卡捷琳娜二世接收了這條工事線的遺產，在沒有其他防禦工事可以替代的情況下，繼續大量花錢維修和加固。此外，為了建築、維修和加固這條防禦線，從與南疆為鄰的基輔、沃龍涅什和別爾哥羅德等地區強徵來了大批的勞工，從各個哥薩克軍團調來了大量的哥薩克當工人。戍邊的士兵和維護與建造防禦工事的勞工混合成了一個特殊的群體，士兵要耕種，勞工要盡防禦之責，於是，一種士兵與勞工相結合，屯田和戍邊並舉的新局面出現並迅速發展。但是，收集新土地和防禦南疆不再喪失需要大量的、甚至是巨量的糧食儲備，僅僅屯田戍邊並不能解決這一問題。所以，就有了畫定「墾殖地」和「墾殖者」的上諭，就有了在這些地區移民必須從事和發展農耕，產糧、養畜的硬性規定。

還有一點是，上諭鼓勵外國人來俄國後要開辦各種作坊和工廠。在前面所提到的在「俄國尚沒有的東西」中，被政府高度重視的是製鐵的「鐵匠」業，也就是製造刀劍武器的手工鐵匠作坊和工廠。刀劍武器的大量需求和俄國「鐵匠」業的不能跟進，這是除糧食之外，女皇和政府同樣感到棘手、難以憑俄國國力迅速解決的問題。於是，上諭要求外國作坊和工廠主在城市定居，從事必要的生產和買賣活動，而這「必要的生產和買賣」就是「鐵匠」業。俄國的一則史籍上記載過一件事：當時俄國駐倫敦的使節曾向女皇的外交事務委員會遞交過一份報告，建議應接受手藝高超的鐵匠到俄國來。在這份報告上，留有一則批示：「較之絲綢匠和銀匠，這樣的手藝人對俄國來說要有用得多。」不過，女皇和政府都是極為敏感的人，他們在鼓勵這些「對俄國來說要有用得多的人」在城市開辦作坊和工廠的同時，也保留了一種掌握他人命運的為君者的獨特警惕性：這些作坊和工廠不得設在聖彼得堡和莫斯科，而要在遠離它們六十俄里的地方。葉卡捷琳娜二世雖然急需能鍛劍造刀的能工巧匠，但也懼怕匠人們的刀劍會加於己身。

為了將這一上諭付諸實施，同時頒布了《建立外國殖民者監管辦公廳》的上諭。根據這份上諭，成立了「外國殖民者監管辦公廳」，奧爾洛夫被女皇指定為辦公廳主管。奧爾洛夫親自擬定了外國人宣誓效忠於俄國及葉卡捷琳娜二世的誓詞，制定了宣誓儀式。奧爾洛夫還派出自己親信，前往歐洲各國招攬來俄國的人。奧爾洛夫本來人脈很廣，又極其賣力地貫徹這一上諭，而這時又恰逢歐洲的一場持續了七年的混戰結束不久，經濟的蕭條，社會的不穩定導致手工業者、農民和昔日的士兵生活都沒有保障。他們被俄國的優惠所吸引，紛紛踏上了來俄國之途。一時間，德國人、法國人、義大利人和瑞士人潮水一般湧進俄國，其中德國人的數量最大。這些德國人幾乎是瞬間，經過薩拉托夫，進入窩瓦河一帶。從一七六三至一七六六年的三年中，就有三萬人進入俄國，其中的兩萬五千人定居在窩瓦河沿岸，其他人則分布在小俄羅斯和俄國西南地區。

薩拉托夫這條線成為外國殖民者進入俄國的主要通道，而由薩拉托夫上溯窩瓦河沿岸周邊的外國人殖民區也在逐漸增多。一七六六年，奧爾洛夫又向葉卡捷琳娜二世建議，必須在薩拉托夫設立外國殖民者監管辦公廳的分支機構，以保障外國人，尤其是德國人能順利進入俄國並在窩瓦河沿岸定居。一七六六年四月，成立了「外國殖民者監管辦公廳薩拉托夫特別辦事處」。奧爾洛夫通過辦公廳及其辦事處對外國人定居俄國事務進行多方面的管理。外國殖民者集中定居於窩瓦河沿岸，這裡成了葉卡捷琳娜二世「移民」上諭實施的主要和重點地區。這裡以德國人為主的殖民區（墾殖移民區）從一七六五年的十二個猛增至一七六九年的一百多個。而在一七六九年的居民人口調查中，在窩瓦河沿岸的德國人的一百零五個殖民區中就居住著六萬五千萬家。在隨後的一百多年中，這裡逐漸發展成為俄羅斯土地上德意志人的特居地，而這些特居地的發展也跌宕起伏、其中生活的德意志人的命運也變幻莫測，這是後話。

葉卡捷琳娜二世准予外國人定居俄國的上諭不僅是一項具體的移民措施，實際上它開始了俄國歷史上的一個新時期——即使是俄國人自己也稱為的「俄國國內農業殖民時期」（以後的史書簡稱為「內部殖民」）。而在這一上諭實施之後的兩年，其實施的實際結果就被用法律條文的形式固定了下來。於是，就有了關於這種國內農業殖民的法律——《農業法》。這個法律也是奧爾洛夫起草呈報葉卡捷琳娜二世的。

這份法令明確將頓河和窩瓦河沿岸一大片廣闊地區開拓為墾殖移民區，規定了墾殖移民區的地理位置以及最大可容納的殖民家庭戶數、每戶可擁有的土地的俄畝數、各個殖民區的邊界的畫分。法令還規定了墾殖移民區內住戶間矛盾的解決和保持移民區穩定的辦法。法令對殖民者家庭的土地繼承的規定十分詳細：可以為子孫所繼承並列出了極為詳細的繼承辦法和流程。法令還將池塘、湖泊、山林、殖民地周邊荒地列為公用地等。奧爾洛夫的這份《農業法》將俄國的「內部殖民」法律化，強調了在「內部殖民」進程中法律和執法機構的重要性。所以，他在給女皇呈報這一法律草案時就進言：「儘管上諭規定，殖民者可根據自己的意願有內部管轄權，但還必須要遵從一個共同的民法。因而，必須讓前來定居的外國人事先瞭解彼此之間該有什麼樣的法律，讓他們不能反對總的意圖。換言之，要讓這些外國人明白接受政府的這一總的意圖的理由，因為沒有這些就很容易自行其是，造成損害國家利益的不必要的後果，而最後由於各殖民地裁決的不同，就會產生混亂和分歧，如果這樣的話，就適得其反，不能鼓勵其他人來俄國了……」

一七六四年二月，葉卡捷琳娜二世核准並頒發了這份《農業法》。於是，以准予外國人定居俄國為始點的「移民」有了法律依據，以「墾殖區」和「墾殖者」為核心的「國內殖民」就能依法行事了。隨著「國內殖民」的法律化，在收集的新土地上的「殖民地」的開闢和「殖民」就合法化、俄國主權化了。

還有一點要補充的是，這一時期的「移民」，除了准予外國人定居俄國外，還有另一項「移民」。不過這一「移民」，是將俄國「西域」地區的不穩定的（信仰上的和政治上的）居民遷移出該地區，以保證未來的「新俄羅斯」的土地上的安全無事。這部分居民就是葉卡捷琳娜二世上諭中提到的「准予逃亡國外的人自由回歸祖國」的那部分人。這是多年來因為宗教分合之爭而流亡國外的「舊教徒」，也叫「分裂派教徒」，他們大多逃亡去了波蘭。在葉卡捷琳娜二世頒布上諭准予這些人自由回國後，他們又從波蘭回到了俄國的「西域」地區。但是，這些人的信仰、經濟勢力和經商能力還是讓這位女皇擔心，她害怕這部分人會損害她的「新俄羅斯」計畫的順利實施。於是，在一七六四年的十月，下令准予這些人登記註冊為商人，隨後又將這些「舊教徒」遷移至西伯利亞的與當地駐軍相毗鄰的地區，以便監管和控制。

葉卡捷琳娜二世的「移民」開啟了收集新土地的大劇。銅鑼敲響，帷幕已經拉開，「新俄羅斯」計畫中的人物將相繼登場，事件將演繹得詭祕而又神聖……

最後，關於葉卡捷琳娜二世的《准予進入俄國的所有人可自行選擇在各省定居及賞賜給他們的權利》上諭，還可以補充一點是：一八四八年十一月二十四日，窩瓦河沿岸的德國墾殖移民者議決為葉卡捷琳娜二世立一座碑，來紀念這位女皇准予他們在俄國建立了自己的新家。這個為俄國「內部殖民」政策的歌頌之舉馬上得到了尼古拉一世的贊同和恩准，因為這位沙皇想借此來加速推行「高加索戰爭」，收集更多的土地。一八五一年五月，這座紀念碑建成，立在了薩拉托夫省的葉卡捷琳娜城，德國墾殖移民者選擇了一八五二年六月二十五日，舉行了紀念碑的揭幕儀式，因為這一天是這位女皇的生日。這座碑高四．三五公尺，碑上端坐的是葉卡捷琳娜二世的青銅雕像，手中展開的就是那份上諭。碑的兩側分別用俄文和德文刻的是「薩拉托夫外國移民感謝女皇葉卡捷琳娜」。

這座在聖彼得堡鑄造的青銅雕像，和後來的大諾夫哥羅德的「俄國千年紀念碑」的命運有些相同。十月革命後被拆卸，所在的城市改名為「馬克思城」。一九四一年，雕像被溶化，所在地改為工廠。一九九八年，有關當局決議重建這座紀念碑，但在艱難的歲月裡，重建工作蹣跚了十年。二〇〇六年建成，二〇〇七年由薩拉托夫州州長親自主持了盛大的揭幕儀式。於是，俄羅斯聯邦。新俄羅斯人，那些當年的德國「墾殖移民」的後代，再次為葉卡捷琳娜二世的「墾殖移民」高唱起了頌歌……

25 不能讓狼進森林

葉卡捷琳娜二世

葉卡捷琳娜二世的「移民」所涉及的還不僅僅是那些逃至波蘭貴族共和國的「分裂派教徒」，因為「新俄羅斯」計畫的核心就是要達到兩個目的，一是要將烏克蘭全部歸屬俄羅斯帝國，二是在此基礎上要讓烏克蘭的南部地區和東南地區成為俄國牢固的新邊疆、向黑海和亞速海擴張國力的橋頭堡。而麻煩偏偏就在於，此時的烏克蘭尚未全部歸屬俄羅斯帝國，駐防守邊烏克蘭東南地區和臨近黑海與亞速海地區的軍力，還是不可靠的哥薩克部隊和曾為奧匈帝國守過邊界的塞爾維亞族部隊。

利用哥薩克和其他各民族驍勇剽悍的士兵來守邊是羅曼諾夫王朝的傳統政策，而在這一帶地區就是為了阻擋土耳其的爭奪和游牧民族對俄國中部的奔襲。而哥薩克等守邊的軍隊又往往在俄國與土耳其以及游牧民族之間搖擺，時而為沙皇戍邊，時而又反戈一擊。這種複雜的局勢是歷史形成的，一直存在到葉卡捷琳娜二世執政。

在伊莉莎白女皇時期，烏克蘭的東南地區的守邊就是由直屬參政院的兩個「自治區」：「新塞爾維亞」和「斯拉夫塞爾維亞」來負責的，而在南部地區則由札波羅結哥薩克軍團管轄。在俄國史書上，前者被稱為「村鎮地區」（слобо ж ан щ ина），也叫「村鎮烏克蘭」（слободская украина）；後者被稱為「蓋特曼統治區」（гетман щ ина），也叫「蓋特曼烏克蘭」（гетматская украина）。

「村鎮烏克蘭」位於原烏克蘭東南部的斯拉維揚斯克（當時叫「拓普碉堡」）周邊，直至北部的哈爾科夫地區。從十八世紀二、三〇年代起就陸續有塞爾維亞的驃騎兵遷移到這裡，但這些塞爾維亞騎兵往這裡大量遷移是在伊莉莎白女皇的五〇年代。一七五一年，伊莉莎白女皇准予本來為奧匈帝國守邊的塞爾維亞驃騎兵團遷移到俄國來，但她對該兵團的首領賀瓦思（Jovan Horvath）的限令是：不管來多少塞爾維亞人，他們都必須信仰東正教，都必須臣服並效忠於俄羅斯帝國。女皇為這些人指定了居住區：俄國新邊疆的聶伯河右岸草原地區，讓他們在這裡駐防守邊。在一七五一至一七五二年間，有四千人之眾（包括塞爾維亞人、黑山人、瓦拉幾亞人、馬其頓人以及巴爾幹地區的其他族人）在賀瓦思率領下先後來到了這個地區，他們在這裡修築碉堡，按照哥薩克的軍事組織各守一塊地盤。

於是，一個軍事組織修建一個居住和工事相結合的碉堡，形成了各自管理的一個個村落、小鎮——「移民墾殖區」。與此同時，伊莉莎白女皇政府為預防這些塞爾維亞人的反覆無常，往各個碉堡——「村鎮」派去了大量的俄羅斯軍隊。塞爾維亞驃騎兵的這一「移民區」成了俄國政府新的軍事行政和帝國軍隊的駐防中心。一七五二年，這個新中心有了「新塞爾維亞」這個名稱，「首府」設在諾沃米爾哥羅德。「新塞爾維亞」位於一條極為重要的道路之上，來自克里米亞的韃靼騎兵正是沿著這條路頻繁向俄國進行奔襲的，因此也是俄國政府抗擊這些奔襲和與土耳其爭奪這一地區的橋頭堡。

此後，在一七五三年三至五月，俄國參政院連發三道指令，准予來自塞爾維亞、保加利亞和匈牙利以及其他巴爾幹國家的居民移居到俄國來。他們必須是信奉東正教和受土耳其的迫害而逃亡的人。這部分人被指定居住在盧甘斯克河一帶的頓涅茨克地區。與「新塞爾維亞」一樣，這些移民以連隊為基本單位，組織和居住在一起。這個新的俄國軍事行政和軍隊駐防地被命名為「斯拉夫塞爾維亞」，由同樣在奧地利軍隊中服過役的舍維奇（Ivan Shevich）和普列拉多維奇（Raiko Preradovic）兩個首領管理。

在伊莉莎白時期，「新塞爾維亞」和「斯拉夫塞爾維亞」享有「特權」：一是，它們不歸地方省督管理，而是直屬中央政府的參政院和軍事委員會；二是，它們享有「自治權」，即它們的內部事務，由首領說了算；三是，它們不僅被免除賦稅，而且有「外貿權」，即它們可在克里米亞、摩爾達維亞和波蘭從事買賣活動。伊莉莎白政府的原意是想通過建立這兩個「塞爾維亞」，達到一箭雙雕的目的：一來削弱土耳其在土俄邊界防守的力量，二來增強自己在東南部新邊疆的戍邊軍力。但是，兩個「塞爾維亞」的「自治」卻帶來了相反的結果。

兩個「塞爾維亞」成了莫斯科難以控制的邊防地區。它們仍然動搖於俄國和土耳其、波蘭之間，常常四處奔襲，搶奪周邊的人員、牲畜。「新塞爾維亞」甚至與波蘭和土耳其頻繁進行商貿活動，而「斯拉夫塞爾維亞」則謊報定居的人數，冒領莫斯科對定居人員的「賞賜」費用。此外，札波羅結哥薩克的軍事組織和蓋特曼的管理體制愈來愈對立於莫斯科的君主集權。兩個「塞爾維亞」內部都動蕩不定，一七六〇年，甚至爆發了普通士兵和下級驃騎兵軍官的騷動、起義。一個更為重要的因素是，相比較伊莉莎白女皇統治的五〇年代，葉卡捷琳娜二世上臺的六〇年代有了一系列重大變化，其中最重要的是俄羅斯帝國從土耳其和克里米亞汗國奪得的土地增多了，其南疆已經越過「新塞爾維亞」和「斯拉夫塞爾維亞」一線，擴大至黑海亞速海一線，而舊有的「烏克蘭工事線」也被拋在了後面。葉卡捷琳娜二世為了收集黑海亞速海沿岸更多的土地，開始了新的防禦工事線——「聶伯河工事線」的構造。在新的形勢下，俄羅斯帝國已經劍指被黑海波濤簇擁的克里米亞半島了。

葉卡捷琳娜二世執政後，「新塞爾維亞」和「斯拉夫塞爾維亞」作為「移民墾殖地」繼續存在。但是，自治的「塞爾維亞」逐漸變成了「獨立王國」的哥薩克統領地，「墾殖區」內混亂動蕩，帝國「內部殖民」效果衰減。這對於葉卡捷琳娜二世這位鐵腕女皇來說是不可容忍的，她要的是俄羅斯族的軍隊來駐守帝國的邊防，要的是新邊疆經濟的迅速發展，要的是大一統的俄羅斯帝國。「新俄羅斯」就是以俄羅斯族人為絕對核心、以俄羅斯帝國的利益為絕對追求的守邊擴疆計畫。因此，無論是「村鎮烏克蘭」，還是「蓋特曼統治區」，對葉卡捷琳娜二世的將烏克蘭全境收歸俄國的「新俄羅斯」計畫都是極大的障礙。於是，消滅「村鎮烏克蘭」和「蓋特曼烏克蘭」就成為女皇「移民」政策的後續重大行動。

葉卡捷琳娜二世崇尚和推行君主專制，最不願意看到的是獨立於君主專制以外的「自治」。

她上臺伊始就把在烏克蘭、黑海、亞速海地區的新疆土的開闢和擴張視為國策的首位，因此她需要在俄羅斯的土地上行政體制統一、號令統一，控制統一。她以推行新省制為手段，來結束「自治」、實施這種「統一」的計畫。一七六四年，在維亞澤姆斯基伯爵就任參政院檢察總督時，女皇曾在給其的信件中形象地表述過這種「自治」——「是狼進了森林」：「小俄羅斯，利夫蘭和芬蘭都是省，要根據賞賜給他們的特權的原則對其進行管理，而違背了這些原則，驟然放棄它們，是極為下策的，不過，將他們稱作外國人，又以同樣的原則來與他們打交道，這就更加錯誤，可以確切無疑地說——這是荒謬不堪。應該以最簡單易行的辦法將這些省，還有斯摩棱斯克省俄羅斯化，使之看起來不再像是狼進了森林。要做到這一點很簡單，只要將那些有頭腦的人派去當這些省的省督就行了。而當在小俄羅斯不再有蓋特曼的時候，那就需要竭盡全力讓蓋特曼的名字永遠消失……」

在這封信裡，葉卡捷琳娜二世表述得十分清楚：「自治」是讓「狼進了森林」，而在「自治」地區設省並將它們俄羅斯化，這是唯一的辦法，用有頭腦的人去當省督就是問題的核心。在這裡，葉卡捷琳娜二世點明了羅曼諾夫王朝收集土地的實質，也即俄國「內部殖民」的實質——將收集來的土地俄羅斯化，將新邊疆的人民及其經濟活動、精神信仰俄羅斯化。也許可以這樣說，儘管將他土、他族、他文化俄羅斯化的政策並不始於這位女皇，但她是明確提出這一概念和政策的首位沙皇，在這個「俄羅斯化」的旗號下，收集土地的進程、俄國內部殖民的進程，與將他土、他族、他文化俄羅斯化的進程就並行發展，合二而一了。

一七六四年，參政院成立了兩個委員會（「新塞爾維亞事務委員會」和「斯拉夫塞爾維亞和烏克蘭工事線事務委員會」），來解決這個「狼進了森林」的問題。這兩個委員會的共同結論是：這兩個「墾殖地」的統領與莫斯科不保持一致，無法對他們進行控制。他們建議：撤銷「新塞爾維亞」和「斯拉夫塞爾維亞」兩個以外族人為主的「墾殖地」，將這些地區合組成一個省。委員們建議的辦法是：一，將札波羅結非哥薩克化，取消札波羅結軍的建制並使之俄羅斯化；二，將蓋特曼俄國貴族化，賞賜給他們土地，讓他們組建俄國式莊園；三，在新建的省制裡，實行俄國的農奴制，將流動、驍勇的哥薩克士兵轉為農民，使它們固定在一定的莊園裡；四，任命既有頭腦又有鐵腕手段的俄國大臣為該省的省督，以保證女皇的政策得以徹底實施；五，將大量的俄羅斯人和小俄羅斯人移居到這一新省中來，以保證俄羅斯化政策的順利實施。兩個委員會的大臣們為了讚頌葉卡捷琳娜二世的聖明和偉大，建議新的省分應命名為「葉卡捷琳娜省」。

一七六四年四月二日（舊曆三月二十二日），葉卡捷琳娜二世核准了兩個委員會的呈文，頒布上諭撤銷「新塞爾維亞」和「斯拉夫塞爾維亞」，並在它們的基礎上建立一個新的省制。隨後，沿薩馬拉河、盧甘河和頓涅茨克河修築了一條新的防禦工事線：鮑戈羅季茲克－盧甘斯克工事線，即「聶伯河工事線」，以替代「烏克蘭工事線」，並將該地和巴赫穆特哥薩克騎兵團畫屬這個省。為便於管制，新的省下設三個分省（伊莉莎白、葉卡捷琳娜和巴赫穆特），省督為強力支持女皇設新省的大臣梅里古諾夫（Alexis Melgunov）中將。但這位女皇對大臣們的恭維不屑一顧，她的眼光投在了更大更遠的收集土地之上，沒有同意用自己的名字來命名這個新省，而是批示為：「此省取名為新俄羅斯省。」

梅里古諾夫忠實地按照女皇的上諭辦事。首先，他徹底改編了以騎兵團形式存在的哥薩克軍，使其不再從屬於蓋特曼，而是歸帝國軍隊指揮。

「斯拉夫塞爾維亞」的哥薩克騎兵按照俄國軍隊的編製，改組成四個屯軍的驃騎兵團，兵團司令官由梅里古諾夫親自擔任。與此同時，將駐軍地和居民點分開，破除了哥薩克傳統的軍民一體的社會結構。

在這個新的省分內，開始了一場變草原為農耕地的大規模行動。主要措施：一是，按照俄國的方式，將省內的土地分為國有土地，地主莊園土地和軍團土地三類。這時新俄羅斯省總計有一‧四二一百萬俄畝土地，分成了三萬六千四百塊。其中分給驃騎兵團的土地就達十七萬四千兩百八十俄畝。二是，將大量的土地賞賜給軍官，使他們成為一方田產的所有者、有固定地產的新的莊園主。賞賜土地的多少是按照官階的大小決定的，最高的每人可達五百俄畝，而最小的則在一百俄畝左右。農民也隨同被賞賜，而這些農民將永遠依附於該莊園主，終身不得離開。與此同時，女皇還鼓勵國有土地和軍團土地的所有者輸出自己的「自由民」，以壯大莊園經濟和省的農業耕作。對此，女皇的賞賜是，輸出的「自由民」越多，封的官就越大。

另一項重大措施是移民。一是將原來的哥薩克分散，移居到別處。庫班成了塞爾維亞哥薩克移居的最大去處；建城鎮、居民點來代替「謝奇」[1]。二是，撤銷了不允許小俄羅斯人往這些地方遷居的規定，將大量的小俄羅斯人和俄羅斯人遷居到省內，使該省內哥薩克居民的人口比例下降。三是，將俄羅斯中部的貴族、莊園主遷居到草原地區，利用他們的力量和經驗來發展耕作、生產糧食。在新俄羅斯省剛建立的時候，只有三萬八千人，而到了一七六八年，人口就猛增至十萬人。

所有這些措施所導致的結果是：隨著這片土地上札波羅結騎兵團的歸屬俄國軍隊，烏克蘭傳統的蓋特曼統治基礎，在削弱並逐漸趨向消亡；隨著大土地莊園的形成、農奴終身依附於莊園主的狀態固化，以及俄國貴族莊園主在這一地區的開發與經營，在這個草原地區就出現了一個俄國農奴制的發展和興盛時期；隨著俄羅斯人和小俄羅斯人大量遷進這一省分，以及哥薩克居民的外流，這裡的居民民族成分和信仰發生了於羅曼諾夫王朝有極大利害關係的轉變。這一切顯然可以概括為是：哥薩克的非軍事化，社會結構的非「謝奇」化，民族成分和居民信仰的東正教化，也就是說，這就是葉卡捷琳娜二世所期望和在上諭中反覆強調的「俄國化」。總之，新俄羅斯省的設置與發展是在「俄國化」的這一主線下運作、發展和興盛的，新俄羅斯省的「俄國化」是俄國這一時期收集土地的新路線、新方針、新策略。

總之，葉卡捷琳娜二世的新俄羅斯「俄國化」是多方面、多層次和多因素的，其旗號是「改革」國家管理體制，手段是以移民和墾殖為手段的兼併，首要前提是清除「讓狼進了森林」的「自治」——「城鎮烏克蘭」和「蓋特曼統治」，而最終目的是將新收集到的土地永遠地歸屬俄羅斯

1　編注：謝奇（Sich）是十六至十八世紀聶伯河哥薩克人的基層軍事和行政中心之名稱。

帝國，使它們一勞永逸地成為俄國牢固的新邊疆。

正如上述，這種「俄國化」並不始自這位鐵腕女皇。但是，在羅曼諾夫王朝的使新土地「俄國化」的進程中，葉卡捷琳娜二世成了一個真正的「大帝」：相對於前行者她是收集土地方略的集大成者，而相對後來者她則是可讓後世沙皇仰慕和繼承的開創者。所以，自她之後，歷代俄國統治者都遵循她的「俄國化」政策，都在執行這一政策的困難和險境中不斷向她望，從她的「俄國化」中尋求或起死回生的辦法，或披荊斬棘的前行之路。

經過新俄羅斯省的設置，俄國在烏克蘭收集到的土地得到了穩定和鞏固，帝國的疆土擴大至了亞速海沿岸廣闊的土地：聶伯河左右兩岸，以及遠至盧甘斯克和頓涅茨克的土地上。可以說，除了克里米亞半島，烏克蘭全境已經納入俄羅斯帝國的版圖。不過，在那時，在新俄羅斯省建立之後，烏克蘭土地上的「俄國化」進程遠沒有結束：烏克蘭的蓋特曼統治以及蓋特曼的存在仍然是葉卡捷琳娜二世的心病，那個在土耳其勢力影響下的克里米亞還在俄國的疆土之外……

26 竭盡全力讓蓋特曼的名字永遠消失

葉卡捷琳娜二世

在「新塞爾維亞」和「斯拉夫塞爾維亞」的「自治」被取消，「新俄羅斯省」建立之後，葉卡捷琳娜二世取消「地方自治」的目標並沒有完全實現，更不用說將烏克蘭全境囊括進俄國的版圖了。最令她頭痛的是烏克蘭的蓋特曼及其統治的存在。這位女皇執政伊始所宣布和執行的國策，就是要對收集到俄國版圖內的土地實現莫斯科號令下的「君主專制」管理。為此，她所需要的是建立一個大一統的帝國。這個大一統的帝國，在政治上，收集到的所有土地必須皆為沙皇之地，必須實行統一的行政體制，由統一的法令進行管理；在宗教上，要以莫斯科的東正教為唯一的信仰，萬民皆要為莫斯科君權神授的帝皇宣誓效忠；在經濟上，要消除因「自治」而形成的「經濟壁壘」，以保證這些土地上的稅收全部歸入國庫，並且能使「內部殖民」的墾殖移民區的發展有足夠的經濟支持；在人事上，要選用有頭腦的人——女皇的得力大臣來當地方省的總督，以防可能出現的對莫斯科的叛離。

因此，取消「自治」的最終目的是強化對地方的絕對控制，要地方經濟的國有化，並最終強化葉卡捷琳娜二世的「君主專政」。所有這一切可以歸結為這位女皇在一七六四年的上諭中所使用的一個詞——「俄羅斯化」或「俄國化」（обрусение）。所以，她的省制改革、編纂新法典等的改革，其矛頭就是指向沒有「俄羅斯化」和不肯「俄羅斯化」的地區。因此，烏克蘭左岸地區（即聶伯河西岸）尚存的蓋特曼統治及其首領蓋特曼就首當其衝。

烏克蘭的蓋特曼統治以及蓋特曼的設立有個漫長的過程。這種統治的最大特點就是他們享有一系列特權，可以在自治的旗號下自行管理，因此它們表面上臣服莫斯科，而實際上卻是常常游離於沙皇君主專制的「獨立王國」。所以，羅曼諾夫的沙皇們時而給他們「自治」的自由，時而又收回這種自由，於是，蓋特曼也就時而是沙皇封號下的地方治理者，時而又被沙皇廢掉，淪為到處游擊為生的哥薩克。這時，烏克蘭左岸地區的蓋特曼是基里爾·拉祖莫夫斯基。烏克蘭的蓋特曼統治是一七四七年由伊莉莎白女皇恢復的，其蓋特曼是這位女皇欽點並精心培養的基里爾·拉祖莫夫斯基，封號是「皇帝陛下全小俄羅斯、聶伯河兩岸和札波羅結軍蓋特曼」。這位基里爾正是女皇寵臣阿列克謝·拉祖莫夫斯基的弟弟，儘管如此，伊莉莎白的封號還是在警告基里爾：「你雖為蓋特曼，但你仍是沙皇陛下的！」

葉卡捷琳娜二世與基里爾·拉祖莫夫斯基的關係親近而又神祕。葉卡捷琳娜政變上臺時，主要依靠的是伊茲梅洛夫近衛軍團的力量。而基里爾當時正是這個軍團的指揮官之一，他積極地支援這次政變，竭力輔佐葉卡捷琳娜上臺。所以，這位女皇執政後，仍然讓烏克蘭蓋特曼統治存在和基里爾為蓋特曼。但是，葉卡捷琳娜二世所以能成為俄國歷史上唯一一位女大帝並不是沒有緣故的。對於她來說，他感謝基里爾在政變時的助力，但帝國一統的利益畢竟是第一位的，取消烏克蘭土地上的「自治」——蓋特曼統治是高於任何個人感情的。但是，烏克蘭蓋特曼力量要比兩個塞爾維亞強大得多，這裡哥薩克的軍事組織和戰鬥力也遠遠超出於那兩個自治區，而更為重要的是作為首領的基里爾，其財富、權力和地位，更是賀瓦思和舍維奇所望塵莫及的。

於是，關於葉卡捷琳娜二世取消蓋特曼統治和蓋特曼的封號，在俄國史書上就有了兩種截然不同的解說。一是實證論，二是陰謀論。

「實證論」是說，葉卡捷琳娜二世最後決定取消蓋特曼統治和廢除蓋特曼的封號是事出有因，根據了幾個不可辯駁的事實。第一，蓋特曼不向莫斯科上交任何稅收，而是將全部收入歸為己有。第二，在信仰上愈來愈強調烏克蘭東正教的獨立性，基輔主教因強烈反對女皇的教會財產國有化而被女皇處死。而這位主教是蓋特曼的密友，這一事件最終導致了基里爾與葉卡捷琳娜二世的嚴重衝突。第三，蓋特曼基里爾常年居住在聖彼得堡，過著西方式的奢華生活，並進而培植起一批遵從自己的哥薩克貴族和知識精英，並在他們之間煽起反莫斯科的情緒。第四，蓋特曼的權力不斷擴大，並正在向全烏克蘭擴張，這越出了葉卡捷琳娜二世所允許的範圍，對女皇的「新俄羅斯」計畫產生了極為不利的影響。第五，烏克蘭的哥薩克貴族精英集團正在策畫為將蓋特曼統治永恆化和蓋特曼世襲化而採取行動。

「陰謀論」的故事則很具神祕色彩。這個論說的主角是葉卡捷琳娜二世的親信大臣、基里爾的保護人、蓋特曼辦公廳大臣俄羅斯族人捷普洛夫。史料記載，他受葉卡捷琳娜二世的密旨對基里爾進行監督並要上報烏克蘭蓋特曼的社會狀況。在不斷向女皇的報告中，捷普洛夫所描繪的烏克蘭蓋特曼統治完全是一個不遵從莫斯科的法制、濫用女皇賦予的自由和特權的地區。這裡的哥薩克統領強搶普通哥薩克和民眾的土地和財產，正在演變成為大的莊園主和農奴主。蓋特曼的權力在擴大，無所約束，蓋特曼統治正在擴展至烏克蘭全境。蓋特曼和哥薩克統領已經不準備再忍受莫斯科的諭令和壓迫。而在捷普洛夫的報告中最令葉卡捷琳娜二世不可容忍的是：基里爾正在全力使烏克蘭蓋特曼世襲化。這些論點所以被說成是「陰謀論」，是因為持這種論點人認為，捷普洛夫的報告是奉女皇之命蓄意編造的，目的是要為取消蓋特曼統治和廢除蓋特曼造勢和準備。

不過，縱觀這一時期的俄國歷史進程，這兩種論點卻有兩個共同的東西。一是，蓋特曼的權勢和蓋特曼統治的地盤已經越出了葉卡捷琳娜二世可以容忍的範圍。二是，蓋特曼的世襲問題。這是當時，莫斯科的女皇君主專制與蓋特曼統治的核心分歧。也許，這可以歸結為是：女皇的「俄羅斯化」與蓋特曼的「抗俄羅斯化」或「烏克蘭化」的爭鬥。「抗俄羅斯化」或「烏克蘭化」，就是要保持烏克蘭蓋特曼統治的自治、獨立性以及享有並希冀逐步擴大的特權，而「俄羅斯化」，就是要一勞永逸地取消蓋特曼統治和廢除蓋特曼，無論在政治上、經濟上、信仰上、還是社會結構上都該如此。所以，歸結起來，在這些紛亂如麻的糾結中，烏克蘭蓋特曼的世襲問題是關鍵。

而這時，葉卡捷琳娜二世最關心的卻是自己皇位的牢固問題，最擔心的是烏克蘭全境能不能最終徹底歸屬、臣服莫斯科的問題。但限於與蓋特曼基里爾曾有過私人關係，這位女皇遲遲沒有採取行動，而是先將取消「新塞爾維亞」和「斯拉夫塞爾維亞」作為解決烏克蘭問題的前奏。

促使葉卡捷琳娜二世下定決心的是三件事。第一件事發生在一七六三年年底。女皇得到密報，說是烏克蘭哥薩克的統領們正在密謀，要向女皇請願准予蓋特曼的爵位可以繼承。也就是說，基里爾可以將自己的位子傳給自己的兒子。哥薩克統領們的理由是：當年，赫梅利尼茨基向沙皇表示臣服時，莫斯科所同意的協議上就明確規定烏克蘭蓋特曼可以世代繼承。另外一點是，基里爾的十一個子女已經長大成人，受到良好教育，有了繼承的條件，到了選定繼承人的時候了。

葉卡捷琳娜二世得到這個密報後，深感不安：烏克蘭蓋特曼的世代繼承將是對「新俄羅斯」計畫的最大潛在破壞力。她立即召基里爾到聖彼得堡來。基里爾直到次年的二月才姍姍來到聖彼得堡。女皇冷冷地接待了他，陪同她的是捷普洛夫。女皇對基里爾說：她已經盡了一切努力了，沒有辦法讓他繼續做蓋特曼了，勸他自己放棄這一位置。基里爾表示，放棄蓋特曼的事要商量，要慢慢來。這場會見不歡而散，捷普洛夫微笑著送他出宮並且吻別。對於這種戲劇性場面，女皇的寵臣奧爾洛夫這樣形容：「他一面親吻他，一面出賣他。」

第二件事是發生在上述事件後，基里爾試圖利用法國王朝的力量來使烏克蘭蓋特曼從俄國分離出去，倒向波蘭。一七六四年五月，基里爾派出兩名使節與法國國王的代表在波蘭邊境城市熱茹夫祕密會晤，商量分離的事。葉卡捷琳娜二世得知後，決心下手消除蓋特曼統治和其封號。

而第三件事則最終加速了女皇的行動。一七六四年八月，發生了一件圖謀推翻葉卡捷琳娜二世的事件。這是一個名叫米羅維奇（Vasily Mirovich）的落魄烏克蘭哥薩克貴族發動的。此人策畫了一場扶植羅曼諾夫家族伊凡系的被廢繼承人來替代葉卡捷琳娜二世的行動，目的是想借此讓自己重登權力寶座。但這場陰謀很快就被葉卡捷琳娜二世鎮壓了下去，米羅維奇旋即被處死。

這場陰謀本不算什麼大事，因為米羅維奇是個微不足道的人物，根本就沒有力量來扶植一個被廢的、幾近瘋癲的前繼承人來替代葉卡捷琳娜二世的政權。但在審訊米羅維奇時，他供出曾向基里爾談及過自己的想法。基里爾對他的回答是極為含蓄的：「你還年輕，應該為自己奔出一條路來。你要努力，要像其他人那樣，為了哥薩克人頭上的那縷長髮，抓住命運之神，那時你就會成為貴族，與其他人一樣。」這件事讓女皇聯想到，基里爾可能與米羅維奇的陰謀有關。

於是，基里爾·拉祖莫夫斯基的命運就被決定了。最後，葉卡捷琳娜二世對基里爾發出了「最後通牒」：如果你堅持不退的話，不僅你的權杖沒有了，還可能會碰上大麻煩。基里爾這次明白了，此時不退，將大禍臨頭，於是他向女皇提出了辭呈，放棄烏克蘭的蓋特曼之位。他在辭呈裡說：「請准予我辭去蓋特曼一職，它是個如此的不堪重負和極其危險的職務。請對我這個人數眾多的家族恩賜仁慈吧。」

一七六四年十一月十日葉卡捷琳娜二世頒布了下列上諭：

> 我，葉卡捷琳娜二世，全俄國，以及俄國所有、所有、所有地區的皇帝和專制君主，現向忠誠歸順於我的小俄羅斯人民宣告：
>
> 小俄羅斯蓋特曼拉祖莫夫斯基伯爵請求我，忠誠至極地，要我考慮鑑於在小俄羅斯有著眾多難以解決的事務，以及在大俄羅斯對其管理存在並非無關大局的非議，解除他的蓋特曼封號和他對小俄羅斯的管理：我瞭解他，拉祖莫夫斯基伯爵，確實負擔不小，諒察他對我的忠誠至極的請

求，恩賜解除他的蓋特曼封號以及他對小俄羅斯一切事務的管理。但是，小俄羅斯人民自古以來就和大俄羅斯人同族、同信仰、同宗，多少年來都臣服於我君主專制，與其人民一起過著上帝責成我給予各族人民的幸福生活，並且依存於我對他們的無比的母愛關懷和庇護之下，因此，我，一心要把他們的富足提升到他們能認知我帝皇仁慈之心的程度，但該地區若不進行適當的治理就將不復存在，在我有時間和經驗來採取更好的治理辦法之前，先在該地區建立小俄羅斯委員會，以代替原有的蓋特曼統治，並將此作為我的特諭知悉我的參政院。我命令任我軍上將和勳章獲得者魯緬采夫（Pyotr Rumyantsev）伯爵為該小俄羅斯的省督，以及能確定該委員會中大俄羅斯和小俄羅斯委員比例的主席，他的人格我們早已知悉並相當清楚，他不僅能掌控委員會而整頓秩序，令那裡的人民滿意，而且也有利於大俄羅斯人自己，對我來說他也將是永遠友善和可靠的保護人。鑑此，我希望小俄羅斯人民能見到我對他們寬宏大量的母親般的保護，不會忘記表示我對他們所期待的效忠之謝，因為我所期待的正是從我的先祖至我帝位的誓死忠於君主專制的人民。

在這份上諭裡，葉卡捷琳娜二世所強調的是，小俄羅斯人是自古以來就與大俄羅斯人同族、同信仰、同宗的；是歷來臣服於大俄羅斯的土地的；是在女皇慈母般關懷下生活的，其幸福是女皇所恩賜的。所以，她希望小俄羅斯人要永遠感謝沙皇，要永遠效忠於大俄羅斯。這些話歸結起來就是：小俄羅斯只有按照大俄羅斯的法律、制度和準則才能存在，唯有此存在，小俄羅斯才能有女皇以上帝名義恩賜的福利。這也就如同葉卡捷琳娜二世所說的，小俄羅斯只有「大俄羅斯化」

和「俄國化」，否則將不復存在。

在下達了這份上諭後，葉卡捷琳娜二世給魯緬采夫下達了兩份指令，一份是「公開的」，也就是讓小俄羅斯人能知道的。在這份指令裡，女皇強調了兩點，密切關注小俄羅斯人和大俄羅斯人之間有無分歧；要促進他們之間的相互友好關係的發展。這份指令顯然是為魯緬采夫赴任烏克蘭而精心準備的，目的是預防那裡的哥薩克統領們可能發生的抗命。而第二份指令是「密令」，所謂「密」，就是不能讓外界，尤其是小俄羅斯人知道的。這份指令很長，其內容就是女皇為消滅蓋特曼統治而要魯緬采夫採取的行動。

在這份指令中，葉卡捷琳娜二世對魯緬采夫總結了小俄羅斯狀況：小俄羅斯是個非常富有和土壤肥沃的地區。但由於那裡存在自治的治理習慣，俄羅斯帝國無法從它那裡獲得任何利益（也就是說，國庫沒有任何的收入）。為此，女皇給他列出了下述重大行動：一，必須對小俄羅斯進行一次人口調查，弄清楚它的支付能力，實行與大俄羅斯相同的納稅辦法，以保證帝國的收入。二，在烏克蘭沒有全面實行帝國農奴制，農民能夠從一個莊園主流向另一個莊園主，而這在大俄羅斯早已實行了。必須結束這種狀態。三，女皇要魯緬采夫特別關注烏克蘭存在的對大俄羅斯人的仇恨情緒。這種情緒在上層哥薩克統領們中間尤為嚴重。在這個問題上，女皇把在「公開」指令中「密切關注小俄羅斯人和大俄羅斯人之間有無分歧；要促進他們之間相互友好關係的發展」的話語演繹成了一個完整的行動方案：密切監視哥薩克統領，防止他們結成反對派；在普通人中竭盡全力發展他們對大俄羅斯人的信任和同情，不使他們成為哥薩克統領的支持者和基礎。

這三項行動都是極為艱巨的。所以，女皇特別重視在烏克蘭的普通民眾中，強化宣傳鼓動工作。在指令中，他要魯緬采夫反覆向農民說明，他們處境的艱難完全是由蓋特曼的自治統治所造成的，是「小俄羅斯習俗」的落後性殘餘所決定的。女皇叮囑這位新省督「千萬別引起小俄羅斯人對大俄羅斯人的仇恨」，要謹慎行事。女皇對魯緬采夫用了一個形象的比喻：「要有狼的牙齒，但尾巴是狐狸的。」[1]這就是說，葉卡捷琳娜二世要魯緬采夫在烏克蘭執行一條「皮鞭加蜜糖餅」，也就是「鎮壓加懷柔」的政策。

而魯緬采夫是軍旅出身，早年在「七年戰爭」中就因指揮得當，軍銜屢升。此後在歷代沙皇收集土地的戰鬥中又軍功卓著，進入了帝國統帥軍官的行列。所以，他一到烏克蘭就用軍事的辦法，依靠部隊的力量來實施女皇交辦的種種行動。他一手操縱的「小俄羅斯委員會」由八名委員組成。名義上大俄羅斯人和小俄羅斯人各半，但上諭規定委員會主席和總檢察長必須由大俄羅斯人擔任。因此，小俄羅斯委員會也只是個形式，處理烏克蘭事務的大權都掌控在魯緬采夫的手裡。這種成立專門委員會來解決各地區（尤其是大俄羅斯族之外地區）問題的辦法，是一種打著各族平等、尊重地方的旗號來推行大俄羅斯化、俄國化的決策和統治手段。自葉卡捷琳娜二世起，這種以大俄羅斯人為首、由大俄羅斯人絕對掌控的外省、外族地區的國家管理方法就被羅曼諾夫家族的後代帝皇們繼承不衰，萬變不離其宗。

1　在俄語中，「狐狸尾巴」是狡猾的、偽善的意思。

魯緬采夫將自己的軍官派往各地，控制人口調查、監視哥薩克統領和農民農奴化等的所有重大行動，不僅在國家機構管理上，且在人們的習俗、信仰和社會生活上強制推行大俄羅斯化、東正教化。有反抗葉卡捷琳娜二世取消蓋特曼統治的人和行動都迅疾遭到可怕鎮壓。魯緬采夫對女皇堅決消除蓋特曼統治的遵循和效忠，在一七六七年的新法典編纂委員會選舉進程中發展到了極點。他要求被選出參加新法典編纂委員會的烏克蘭代表都要擁護女皇的帝國新法典，而烏克蘭所有代表卻再度要求恢復已經失去的「自治」和「特權」。魯緬采夫稱這些人是「烏克蘭分裂主義者」，以逮捕、審訊、監禁和死刑來解決問題，其殘酷程度竟達到了有三十人被判處死刑。

葉卡捷琳娜二世對魯緬采夫的指令是「要有狼的牙齒，但尾巴是狐狸的」，是要他執行「皮鞭加蜜糖餅」的政策。「狼的牙齒」和「狐狸的尾巴」不能分開，「皮鞭」和「蜜糖餅」不能僅取其一。所以，葉卡捷琳娜二世對魯緬采夫的操之過急也頗為擔心，諭令說：「隨著時間的推移，對官位的渴望，尤其是對賞賜的渴望定將逐漸凌駕於舊時代的觀念之上。」女皇在這裡所指的是「收買」，也是她所期望的是：金錢、爵位、賞賜最終將解決一切問題。對這位女皇來說，「狐狸的尾巴」和「蜜糖餅」似乎更應是常用的手段。所以，她在蓋特曼土地上的農奴化上是花了大筆錢財，即將大量的土地賞賜給哥薩克上層統領，把他們封為新的貴族，讓農奴們永遠依附於莊園主。事實上，這種賞賜和收買的辦法也大大惠及魯緬采夫本人。女皇給魯緬采夫的薪俸高達數萬盧布，他在烏克蘭人口調查的進程中也攫取了大量的土地歸為己有，從而成為一個大農莊主，被稱為「烏克蘭新的闊老爺」。

在十八世紀六〇年代的這一進程中，隨著蓋特曼地區的「大俄羅斯化」、「俄國化」，在與它鄰近的「斯洛博達烏克蘭」（「村鎮烏克蘭」）中尚存的哥薩克騎兵團的建制也被取消，改變為「哥薩克驃騎兵團」。哥薩克軍不再是自由奔襲的剽悍軍隊，它的指揮權歸屬了俄羅斯帝國；哥薩克也失去了以前的地位，變成了必須繳納人頭稅的農民。到八〇年代末，最後被消滅的命運落到了「札波羅結謝奇」的身上。在新俄羅斯省建立之後，俄羅斯帝國的南部邊疆伸展到了札波羅結謝奇的土地。為了帝國南疆的設防和鞏固，葉卡捷琳娜二世加緊向這些草原地區移民和修築防禦工事線，而這兩項措施最終都要經過札波羅結謝奇的土地。札波羅結人反對帝國的新防禦工事線經過自己的土地，抗拒新俄羅斯省的邊界畫進札波羅結的範圍之內。

而這時在統領卡爾尼舍夫斯基（Petro Kalnyshevskyi）治理之下的札波羅結是一大片草原地，因為緊靠黑海而具有極為重要的戰略意義。這是烏克蘭土地上最後一塊哥薩克的自由之地，名稱就叫作「謝奇自治村社」。不消滅這最後的哥薩克之地，不能使它大俄羅斯化，是對葉卡捷琳娜二世向黑海、越過黑海向君士坦丁堡，甚至向巴爾幹收集土地的嚴重障礙。於是，札波羅結謝奇的最後消失也就是個時間問題了。

一七七五年五月，葉卡捷琳娜二世下令軍事征討札波羅結謝奇，指揮官是參加過「七年戰爭」和俄土戰爭的指揮官、塞爾維亞族人鐵克利（Petr Tekeli）。在帝國大軍壓境下，札波羅結謝奇不得不投降，俯首稱臣。對於俄羅斯帝國的擴張來說，取得札波羅結保證了女皇進一步向黑海的推進，此功莫大焉。女皇甚至詢問鐵克利本人需要什麼獎賞。鐵克利只說了句：「請寬恕賀瓦思！」

於是，被關押的「新塞爾維亞」統領賀瓦思走出了牢籠。而札波羅結謝奇的最後一位統領卡爾尼舍夫斯基時年八十五歲，被流放至遙遠北方孤島上的索洛維茨修道院，在那裡被關押了二十八年之久，活到一百一十多歲才去世。

從一七六四年到一七八二年，魯緬采夫毫不含糊地執行了葉卡捷琳娜二世的消滅蓋特曼統治和蓋特曼封號的戰鬥。與此同時，葉卡捷琳娜二世也消滅了哥薩克騎兵團的建制、哥薩克軍和小俄羅斯哥薩克階層；除克里米亞半島，烏克蘭全境建立起了大俄羅斯式的國家管理制度，實施了統一的大俄羅斯國家法律，達到了女皇預期的大俄羅斯化、俄國化。而魯緬采夫本人也獲得了極高的帝國榮譽和女皇豐厚的賞賜：在一七六八至一七七四年俄土戰爭後，他成為小俄羅斯和斯沃博達烏克蘭省的省督，烏克蘭師的指揮官和帝國騎兵總司令。一七七九至一七八〇年，女皇又先後任命他為庫爾斯克省、哈爾科夫省和小俄羅斯省的省督。

一七八七年，又一次俄土戰爭爆發。這時，葉卡捷琳娜二世的寵臣奧爾洛夫伯爵已經失去了往昔的恩寵和權勢，新寵臣波將金粉墨登場，他被女皇任命為俄軍的總司令，而魯緬采夫位居其下，只有指揮一個軍的權力。於是，在俄羅斯帝國的這個舞臺上，葉卡捷琳娜二世和波將金開始了一場兼併克里米亞半島的大劇。

克里米亞

27 俄國國旗升上了黑海的天空

葉卡捷琳娜二世

克里米亞半島有一處陡峭的山崖，叫作「白色峭壁」。大概因為它的緣故，它所處的地區就叫「白石區」。這裡離克里米亞首府辛菲羅波爾只有四十七公里，現在是這個半島上著名的旅遊區。「白色峭壁」，說是峭壁，而實際上也只高百米有餘。但從這孤零零挺拔的「白石」頂端向四下俯瞰，伸展至遠處的峽谷和峽谷上鬱鬱蒼蒼的林木草地卻不僅非常的美麗誘人，且會使人產生一種望蒼穹而思遠古之情。但這塊峭壁在俄羅斯歷史上卻是異常的有名，它的名聲要歸功於葉卡捷琳娜二世及其寵臣波將金將克里米亞最終兼併進俄羅斯帝國版圖的偉業。

這是一個很長的故事，一段錯綜複雜的歷史事件。

黑海、亞速海、高加索、克里米亞以及巴爾幹，一直是俄國與鄂圖曼帝國土耳其激烈爭奪的對象。雙方為此進行的戰爭從十七世紀最後的三十年就開始了，主要的戰場就是在黑海沿岸地區和克里米亞半島，而克里米亞半島更是俄土雙方在每次戰爭中都非爭奪不可的要地。每次俄土戰爭的結局，各有勝負。但是，克里米亞卻是三百年來一直處於土耳其的庇護之下，這裡建立了臣服於土耳其的「克里米亞汗國」。

將克里米亞收集進俄國的版圖，這是羅曼諾夫家族歷代帝王們夢寐以求的，始終把此視為收集土地的極為重要的外交決策和行動。到葉卡捷琳娜二世執政，俄土戰爭已經打了四次，主要的戰場就是在黑海沿岸和克里米亞半島。但是，俄羅斯帝國始終未能將克里米亞歸為己有，因此從彼得一世就開始的奪取克里米亞，占領黑海水域，開闢通過海峽地區進入大西洋的水上通道的謀畫就依然是紙上談兵。隨著新俄羅斯省、亞速省先後的建立、烏克蘭蓋特曼統治的廢除，俄國南疆的亞速海地區已經較為牢固地控制在俄國的手中；隨著新的戰略線——聶伯工事線的構築，俄羅斯帝國的邊防力量已經大大加強，被黑海三面環繞的克里米亞就成了俄國的強弩所指。

克里米亞半島的阿克-卡亞山，山體由石灰岩和砂岩形成，如白色峭壁。（iStock／Kalichka）

亞速海、黑海、克里米亞是俄國的生命線，是俄國成為強國、帝國必須的前哨陣地。葉卡捷琳娜二世立國決策的中心就是將包括克里米亞在內的全部烏克蘭歸屬俄羅斯帝國，因此，與土耳其以戰爭的方式解決克里米亞問題就成為須與不可推遲的急務。但是，與自己的先皇們不同的是，葉卡捷琳娜二世在採用戰爭手段的同時，竭盡全力利用「收買」，扶植親俄派，讓親俄派的人當「克里米亞汗」。女皇所要達到的目的，首先是期望在親俄派汗的名義下，架空克里米亞汗國歸屬土耳其的事實，第二步是使克里米亞汗國脫離土耳其成為「獨立的汗國」，最終是要將「獨立的克里米亞汗國」歸屬俄羅斯帝國。葉卡捷琳娜二世的這種決策和行動是深謀遠慮的，具有絕對真正的「要有狼的牙齒，但尾巴是狐狸的」，簡言之，即「狼牙狐尾」的撲朔迷離的色彩。

一七六八至一七七四年俄土戰爭的最初幾年，克里米亞半島戰線是由帕甯（Nikita Panin）將軍指揮的，但戰事進展並不順利，帕甯對女皇的「狼牙狐尾」的意圖也執行不力。女皇不得不在一七七〇年四月二日給他的信中點明了這個問題：「我們完全無意占有這個半島，並讓屬於汗的韃靼帳臣屬俄國，而只是希望他們脫離土耳其並永遠獨立。」到了一七七一年，俄國在這場戰爭中的訴求變得更為清晰了。一定要占領克里米亞半島，為此俄國軍隊要向西挺進摩爾達維亞、瓦拉幾亞和比薩拉比亞，為最終占領克里米亞做掩護。女皇將克里米亞戰線的指揮權交給了多爾戈魯科夫（Vasily Dolgorukov）公爵，囑他要竭盡全力占領克里米亞的戰略要地，而攻城掠地的目的是扶植親俄的人當克里米亞汗，以達到克里米亞「獨立」的目的。

多爾戈魯科夫公爵果然不負女皇的囑託，很快就占領了克里米亞的半壁江山，並且在作戰進程中不斷向女皇快馬遞送戰報。葉卡捷琳娜二世對他為俄國利益的奮戰大加讚賞。一七七一年八至九月間，葉卡捷琳娜二世頻繁給多爾戈魯科夫寫信，對他的戰功表示感謝。她在得知多爾戈魯科夫的軍隊已挺進到彼列科普地峽時，給他的信中這樣寫：「您在這次戰爭中已經不止一次地證明，什麼是帝國所需要的利益所在，您勇往直前，唯一的目的就是掃除一切障礙。您可深信，對您的功績我極為關注，我也永遠不會忘記您的功績和您對我的愛，我對您特別賞識並會永遠善待於您。」

彼列科普地峽是烏克蘭連接克里米亞的唯一陸上通道，從克里米亞進入烏克蘭、俄國或由烏克蘭、俄國進入黑海的「門戶」。多年來土耳其在這裡修築了堅固的要塞——「奧爾-卡普要塞」，也叫「彼列科普要塞」。土耳其文「奧爾-卡普」的意思是「門」，正是這道門幾個世紀以來阻斷了俄國進入黑海的通道。這是讓歷代沙皇耿耿於懷的事，更是葉卡捷琳娜二世要多爾戈魯科夫誓必奪取的地方。所以，當「奧爾-卡普」要塞，隨後是阿爾巴特要塞被多爾戈魯科夫奪下後，女皇欣喜不止，立即給這位統帥寫了一信：「所有這一切都不僅是我的軍隊英勇奮戰的結果，也是您率軍智慧、指揮有方，為此我向您表示特別的感謝。」

而當多爾戈魯科夫的部隊占領了亞速海的刻赤、亞速海灣上的葉尼卡列和巴拉克拉瓦要塞之後，這位女皇更是抑制不住自己的興奮，給公爵的信中這樣寫：「我得承認，雖然卡法[1]是座偉

1　即克里米亞半島西南部的費奧多西亞。

大的城市，還是座海港；但是，葉尼卡列和刻赤卻是為西尼雅溫先生[2]敞開的一條通向該港口的水路，這真是讓我非常的高興。我感謝您，因為您又把俄國國旗升上了黑海的天空，而在那裡早就沒有這旗子了，可它們現在又飄揚在那些艦船上了……您的忠誠之力和作戰技術有了圓滿的結果；您達到了自己的目的，您在極短的時間裡，奪得了幾乎整個克里米亞半島，讓祖國獲利，也為自己獲得了榮譽。」

為了感謝多爾戈魯科夫，葉卡捷琳娜給他頒發了「一級聖喬治軍功勳章」、獎勵六萬盧布。對此，女皇還覺得不夠，又送給他一個畫有自己畫像的鼻煙壺，同時在信中寫道：「……此情此景我能怎麼向您表達友好之情？在克里米亞沒有我的肖像，但您可以在我送給您的鼻煙壺上找到它。請您帶著它，因為我是出自好心送給您當紀念的。」

葉卡捷琳娜二世對多爾戈魯科夫如此感謝和不厭其煩地表達自己的善意，一個根本的原因就是這位統帥完成了以前的統帥們沒有完成的偉業：武裝占領了幾乎整個克里米亞，為俄羅斯帝國謀取到了前所未有的利益。多爾戈魯科夫讓女皇極為滿意的還有另一件事，這就是他遵從皇囑，在武力占領和控制克里米亞的情況下，趕走了土耳其的克里米亞汗賽里姆·格萊（Selim III）[3]。葉卡捷琳娜在給公爵的信中指示接下來該怎麼做：「在賽里姆·格萊汗猝然逃走後，克里米亞的軍事長官們應迅疾選舉沙希布·格萊（Sahib II Giray）為新汗，他的兄弟沙辛·格萊（Shahin Giray）為卡爾加，他們的侄子巴哈迪兒·格萊（Bahadir II Giray）為努拉迪內[4]，還要有他們高級官員的代表，並且保證所有的蘇丹官員要公開宣誓效忠，絕對脫離鄂圖曼帝國政府，而且只有進行如此有利於我們的選舉，才能向韃靼人證明，這一切都是符合他們的願望的，進而可毋庸置疑的向他們表明，我們正在盡力為他們提供克里米亞的完全的獨立。」

在這封信裡，女皇提出了一個完整的有利於俄國的「選舉方案」：在大兵壓境或占領絕大部分土地的情況下，讓自己挑選出的韃靼人充當汗的唯一候選人和汗以下的兩個重要的當政者——卡爾加和努拉迪內，作為進行這種選舉的先決條件，則是要保證被選的韃靼人宣誓效忠於俄國和脫離鄂圖曼帝國，選舉的目的是賞賜給克里米亞「完全的獨立」。

當然，葉卡捷琳娜還不止於此，她對克里米亞的完全獨立，以及獨立後的事務看得更遠。所以，她在信中極為詳細地描述了這個對俄國來說無比光明的未來：「因此，你再以我的名義和詔令，向汗，還有所有的上層官員做出符合禮節的回答，准予汗實際上對克里米亞半島進行治理，可保留一切，他們所固有的和從前的信仰、法制和特權，而後他要簽署法令，要向自己的人民宣布脫離鄂圖曼帝國政府，要保證無論何時和無論情況怎樣變化都不再聽命於它，而是永遠與我帝國保持友好與結盟，為此我責成您把這份法令以及信使送往我的宮廷，還要有一份特別的公文（其中應含這份法令的內容），即正式和直接宣布汗位的選舉和核准都要在我的庇護之下，這份

2 彼得一世時期負責在黑海地區造船和開闢黑海海上通道的西尼雅溫家族。

3 編注：克里米亞統治者「格萊」家族，祖先為成吉思汗孫、拔都之弟禿花帖木兒，在金帳汗國建立後，領有克里米亞為其封地。

4 汗、卡爾加和努拉迪內為克里米亞汗國的順序三個最高統治者。

宣告將永遠收藏於此，作為汗承擔責任的保證，而法令，隨同信使，退回，收歸克里米亞檔案。」

總之，葉卡捷琳娜二世兵發克里米亞半島的目的，名義上是要使克里米亞汗國脫離鄂圖曼帝國，保證它的「獨立」，但實際上是要將它最後歸屬為俄羅斯帝國，以便最終將黑海沿岸控制於己手。這一點，女皇在給多爾戈魯科夫的信中也說得十分直率：「在與土耳其政府的戰爭仍在進行時，任何克里米亞土生土長的人都無疑可能會敏感地認識到，我帝國的軍隊在克里米亞占領的土地越多，尤其是在黑海沿岸，它們對於抵抗土耳其人的侵犯就會愈無慮和愈安全……」

多爾戈魯科夫隨即在克里米亞實施女皇詔令的「選舉方案」的行動。他召集克里米亞汗國有權勢的「別伊」開會，讓他們選舉女皇指定的唯一候選人沙希布・格萊三世為「獨立的」克里米亞汗國的汗，並且讓「別伊」會議簽訂了一份與俄羅斯帝國的盟約。根據這一條約，克里米亞汗國被宣布為是俄國保護下的「獨立」汗國；刻赤，金布林恩和葉尼卡列要塞歸俄國所有。俄國可以在克里米亞的一系列城市駐防。隨之，這個「獨立的汗國」成了俄國實際上的附屬國。

對於這種結果，土耳其當然是不可接受的，暗中策畫了一場又一場推翻親俄派汗的行動。一七七四年初，土耳其扶植「自己人」德夫萊特・格萊（Devlet IV Giray）為「克里米亞汗」。七月，土耳其軍隊護送德夫萊特・格萊至阿盧什塔。阿盧什塔是黑海南岸的重要港口與碉堡，是土耳其軍隊歷次進攻俄國南疆的登陸之地。七月二十四日，土耳其軍隊在這裡遭遇到三千俄軍的抵抗。在這裡指揮的是多爾戈魯科夫麾下的莫斯科軍團近衛連的庫圖佐夫。庫圖佐夫的軍隊擊退了土耳其軍隊，但他自己的右眼被打瞎。但此戰成了這位未來統帥輝煌軍旅生涯的一個閃亮起點。多爾戈魯科夫上報了他的戰功，葉卡捷琳娜二世對於他的保衛克里米亞的「獨立」和守住黑海一線的戰功大加讚賞，親自恩准他帶薪去奧地利治傷療養。

對於葉卡捷琳娜二世來說，更重要的是，一七七四年成了這次俄土戰爭的結束之年。這一年的七月，俄土雙方在保加利亞的一個小村莊——庫楚克－凱納吉簽署了停戰和約，這場持續了六年的戰爭結束。俄方簽字的是多瑙河一線的最高指揮官魯緬采夫，土方代表是鄂圖曼帝國最高維齊爾[5]穆罕默德．帕夏（Muhsinzade Mehmed Pasha）。該條約以地命名，這就是有名的《庫楚克－凱納吉條約》（Treaty of Küçük Kaynarca）。

根據這份停戰條約，承認克里米亞及其毗連的韃靼人的地區獨立；亞速、刻赤、葉尼卡列、金布林恩和聶伯河與布格河之間的土地，以及大小卡巴爾達均由俄國占領；俄國商船有權自由來往於黑海和穿越黑海海峽；摩爾達維亞和瓦拉幾亞轉歸俄羅斯帝國保護；俄國有權在君士坦丁堡修建教堂，土耳其政府要堅定地保護基督教法律、教會及教徒；俄國有權可以不支付任何費用地去耶路撒冷及其他聖地；俄國要土耳其從喬治亞和米格列爾地區撤走軍隊，那裡的碉堡要塞由當地人的軍隊駐守。俄國還要往土耳其政府派駐使節（包括譯員）以保證俄國商人在鄂圖曼帝國的利益。此外，土耳其還要向俄國賠款「戰爭損失費」七百五十萬皮阿斯特土耳其幣（四百萬盧布）。

這是一份顯然對俄羅斯帝國大有利益的條約。一個最最主要的問題是，葉卡捷琳娜二世終於

5 編注：維齊爾，清代譯作倭色爾，指高級行政顧問與大臣，亦即為蘇丹或哈里發服務。

實現了從彼得一世以來先皇們兩大願望：一是向西，向多瑙河收集新土地，對摩爾達維亞和瓦拉幾亞的保護開啟了俄羅斯帝國對多瑙河沿岸土地的新一輪爭奪：二是占領克里米亞半島，進而奪取黑海出海口，成為海上強國。從這位女皇當時的戰略意圖來看，這個條約為最終將克里米亞徹底歸屬俄國作好了政治、軍事和社會輿論方面的準備，為一七八三年波將金公爵以「自願加入俄國」為旗號，以繼續完善征戰和收買相結合的手段（「狼牙和狐尾」相結合的策略），在克里米亞實現俄國化的統治鋪平了道路。而從俄國歷史發展的更遠處看，在克里米亞即將崛起的海港建設和軍艦製造，將開啟一個俄國成為一個真正海上大國的時代。在這個時代裡，俄國的黑海艦隊將從此成為西方國家揮之不去的噩夢，而那些能為俄羅斯帝國爭奪更多更大國家利益的統帥們，如庫圖佐夫、蘇沃洛夫（Alexander Suvorov）等，也將一個個登上俄國歷史的舞臺，成為一座座光彩奪目的豐碑。

魯緬采夫和多爾戈魯科夫雖然為俄羅斯帝國立下汗馬功勞，葉卡捷琳娜二世也對他們寵愛尤加且賞賜豐厚，比如，女皇就封多爾戈魯科夫為「克里米亞伯爵」。但他們畢竟是軍人，對治國謀略和開發新土地之道，智慧和手段都不足。葉卡捷琳娜二世兼併和開發土地的舞臺上需要有一個新人，一個既有軍事家的驍勇，又有政治家的深謀遠慮，更善於有對新土地斷然治理手段的人。這個新人就是本文一開始提到的那位波將金。不過，現在離他站在那塊「白色峭壁」上的輝煌時刻還有九年的時間……

28 從新俄羅斯進軍，向克里米亞進發

葉卡捷琳娜二世

波將金是一七六八至一七七四年俄土戰爭中躍上俄國政治舞臺的新星。早在葉卡捷琳娜二世實施新俄羅斯計畫的初期，他就緊隨魯緬采夫在烏克蘭境內，參與徹底消滅蓋特曼的政治和軍事行動。在魯緬采夫的統領下，他參加了一系列與土耳其軍隊的戰爭，戰功卓著，聲名大振。一七七四年七月，他被晉升為伯爵，被授予上將軍銜，成為葉卡捷琳娜二世的新寵。從這時起，葉卡捷琳娜二世幾乎事事都要徵詢波將金的看法，在她的大小決策中無不有波將金的身影。在俄國的史書上，用「好男人」和「無價伴侶」來形容這時的這位將軍。

也是在一七七四年，波將金成為女皇最重要的決策機構——軍事委員會的副主席，但葉卡捷琳娜二世對於波將金的期待遠不止於此。克里米亞的「獨立」和臣屬俄國給女皇所帶來的不僅有勝利和歡呼，更為重要的是，它還帶來了一個極為嚴重的問題，即把一個須臾不可推遲的大事提上了俄羅斯帝國的議事日程。這就是如何將荒涼的、極少得到開發的新俄羅斯省和亞速省的土地變成堅固的俄國南疆，如何穩定克里米亞的局勢，並將新俄羅斯省、亞速省和克里米亞連在一起，組成一個帝國可絕對控制的黑海戰略區。

數個世紀以來，即從俄國與鄂圖曼土耳其爭奪克里米亞和黑海沿岸地區，雙方就一直保留一個「習慣法則」：俄國南部的「蠻荒草原」，即新俄羅斯省和亞速省一帶必須是個「緩衝區」，雙方都不得在這一地區築壘、駐防。而事實是，這個草原地區恰是雙方爭奪新土地的戰場和據守新土地的要塞之地，更是克里米亞汗國的驍勇騎兵向俄國中部地區劫掠的必經之途。結果是，這個本為豐腴的水草之地卻成了人沿稀少、牲畜難覓、商旅不通、經濟低迷的悽苦之地，而有了「蠻荒草原」之稱。

位在聖彼得堡的葉卡捷琳娜二世銅像，正下方就是波將金。（John Slava Pei）

這樣的草原就難以成為俄國的戍邊陳兵、土地耕耘、國庫稅收和邊疆固防的基礎和保證。葉卡捷琳娜二世實施新俄羅斯計畫的目的就是加速這一地區的開發，使之成為兼併克里米亞的橋頭堡，進而成為黑海-亞速海防線的不可摧毀的後方。取消「新塞爾維亞」、「斯拉夫塞爾維亞」，取消蓋特曼統治和蓋特曼封號，都是女皇為實現這一目的而採取的斷然措施。而當克里米亞「獨立」和臣屬成為事實時，新俄羅斯省和亞速省地區的經濟開發和行政管理，以及隨之而來的對克里米亞的經濟開發和行政管理就成了葉卡捷琳娜二世決策的重中之重。

一七七五年，在魯緬采夫對蓋特曼統治採取行動時，波將金向女皇進言：蓋特曼烏克蘭是多事之地，札波羅結謝奇是動亂之源，必須剷除之。此言深得女皇的賞識，波將金奉命率兵參加了剷除札波羅結謝奇的一系列行動。女皇在波將金的身上看到了治理南疆和克里米亞的宏大前景。於是，她在給波將金的一封信中表達了自己的厚望：「我將新俄羅斯省和亞速省的經濟交由您來管理，與此同時，也把我已經核准的聶伯防線，以及與之相關的一切責成您來全權操持和指揮。我過去堅信您對我和對國家的忠誠和勤勉，現在依然完全相信，我最高尚的意圖，即使這條線成為邊界地區不受韃靼人奔襲的完善屏障，定能如願建成。」

女皇在這封信裡給波將金列出了兩項任務，一是加速黑海要塞線的構築。二是完善新俄羅斯省和亞速省的經濟開發，並將這兩件大事完全歸屬波將金一人管轄。從這封信的措辭來看，女皇的心情是很迫切的，大概是因為在她的決策裡，兼併克里米亞的行動已經弓在弦上，如果不安排好新俄羅斯省的事，這一祖傳了許多代的帝王之求就不僅難以實現，還有終成泡影的危機。開發新俄羅斯省和亞速省必須成為未來克里米亞經濟開發和行政管理的試點來完成，必須作為於君王於國家有最大利益的事情來辦理。總之，葉卡捷琳娜二世交給波將金的是一項將新俄羅斯在政治、經濟、社會和信仰上全面「俄國化」的大事。於是，女皇隨即任命波將金為新俄羅斯省、亞速省和阿斯特拉罕省的省督。此項任命不僅可見葉卡捷琳娜二世察人之深，更見她收集新土地的遠無止境的宏才大略。

這時，正是這位女皇大刀闊斧地進行俄國行政管理體制改革的時候。這一改革的核心就是君主的集權——將對地方的管理權集中於己手。為此，就是將地方的兩套班子：行政管理和軍事指揮統一起來，建立「省制」以及「省督」和「督軍」合二為一的班子，由女皇派出的親信大員擔任省督和督軍合一的「欽差大臣」。而新俄羅斯省的建立和波將金一身兼省督和督軍的人事安排，是這時葉卡捷琳娜二世改革的核心與基礎。沒有這種絕對親信可靠的絕對集權，不僅兼併克里米亞，建立黑海艦隊會成泡影，而且也將嚴重影響俄羅斯帝國的進一步向東西方收集土地和疆土的擴展。

波將金接手時的新俄羅斯省並不大，或者說，它還遠沒有囊括女皇所期望的聶伯河兩岸和黑海沿岸的全部土地。它南北長只有五百俄里，東西寬只有二〇〇俄里，下設三個行政區：克列緬丘格行政區，葉卡捷琳娜行政區和伊莉莎白行政區。此外，一個更嚴重的問題是，這裡的居民主要是札波羅結謝奇留下的哥薩克，或者如俄國史書常使用的「韃靼人」。所以，面對這個自古以來有著「蠻荒草原」惡名的地方的「俄國化」，波將金準確地按照葉卡捷琳娜二世處理「新塞爾維亞」和「斯拉夫塞爾維亞」的辦法行事：著手將這草原上居民的構成「俄國化」。

波將金的做法是，實施「遷出」和「准進」的雙向移民政策。這個政策一方面是定向於當地居民。他向「韃靼人」宣布，宣誓效忠於女皇、永遠臣服於俄國的人可以繼續在原地原房舍居住，而那些不願效忠和臣服的人必須立即離開，滾到土耳其去，他們的土地和房產沒收。同時，還將原來的哥薩克軍隊的建制徹底取消，將謝奇所在地的剽悍哥薩克遷往聶伯河的庫班地區。這個政策的另一面是對從外部移民進新俄羅斯省而言的。由於大量的原地居民都紛紛逃亡土耳其，雖然留下了大量的土地，但是無人耕種和經營，這種「遷出」措施造成了新的困境。於是，從外部移民成了波將金解決這裡「荒無人煙」問題的主要手段。

他頒布命令宣布：每一個移民新俄羅斯省的男性將無償得到八俄畝耕地，若是男女雙方，除土地外，尚可得到一匹馬和一頭牛，並且可免除賦稅。於是，從一七七五年起，出現了一個向新俄羅斯省湧入的移民潮。這些移民有幾大部分：從黑海對岸來的、從波蘭來的、從俄國中部地區來的、從克里米亞半島來的。這些移民中有各個民族的人：希臘人、波蘭人、斯拉夫人、俄羅斯人、猶太人等。這種雙向移民的重大後果是，多民族的構成替代了原來札波羅結哥薩克單一的居民主體結構，新俄羅斯省的居民就變成了基本上由三組人構成：表示臣服俄羅斯帝國的札波羅結哥薩克，以移民墾殖名義進入的斯拉夫人，以及從波蘭和俄國中部因不堪莊園主剝削和逃避鎮壓而來的農奴、騷動和起義者。

但是，這種移民並沒有徹底解決「蠻荒草原」的經濟開發問題。遷出的「韃靼人」留下的土地開始集中於少數莊園主之手。其中最大的兩個莊園主就是波將金本人和烏克蘭的最後一位蓋特曼基里爾．拉祖莫夫斯基。他們幾乎均分了札波羅結中部最好的地段。波將金占有了聶伯河右岸沿岸十六俄里地區的耕地；當年札波羅結謝奇所在地——霍爾季察島以及附近一萬俄畝土地則歸屬基里爾．拉祖莫夫斯基所有。與此同時，波將金動員俄國中部的莊園主遷居到新俄羅斯省，並且鼓勵「農民」——莊園中的農奴脫離原莊園主到新俄羅斯省來耕種。這一措施遭到了中部莊園主的激烈反對，他們紛紛要求將「逃亡」到新俄羅斯省的農奴還回來，波將金堅決不同意。一七七五年八月，他在給新俄羅斯省的一位督軍穆羅姆采夫（Matvey Muromtsev）明確指令：「應向到您那裡請求將札波羅結的農民發還給前謝奇的地主們宣告，奉女皇聖諭，居住在哥薩克軍地區內的農民已歸軍方和社會管理，他們中的任何一個人都不得發回。」

波將金隨後又頒布命令，反覆強調：只要逃亡的農奴越過邊界進入新俄羅斯省和亞速省內，就不得交還原莊園主。隨之，從俄國中部進入新俄羅斯地區的農奴就愈來愈多。這些農奴的到來不僅使新俄羅斯地區的俄羅斯民族成分的人數增多，而且他們帶來了嫻熟的農業耕作技術以及農奴主莊園中耕作的管理和經驗。而這一切正是女皇所迫切要求的、波將金在急辦的事——在使人口比例「俄國化」的基礎上，迅速使農業的耕作和管理「俄國化」，也就是將在俄國其他地區的「內部殖民」在新俄羅斯地區紮下根來。隨之而來的是，俄國中部發達的、成熟的農奴制在這個「蠻荒草原」上也以極大的力量和速度發展起來。

波將金在移民中，把移民的信仰問題放在很重的地位。他要求移民進新俄羅斯的人在宣誓效忠臣服俄國的同時，要放棄自己原有的信仰。他在新俄羅斯實行「眾教歸一」政策，即移民必須信奉東正教。為了保證這種「一教信仰」的實現，波將金看中了俄國東正教中的一個古老的教派——「古老信徒派」。這個教派的信徒虔誠於古老的宗教禮儀，與正統的東正教徒在祈禱等禮儀上有一些不同。但這些教徒能吃苦、肯幹、善於經營，在俄國歷史上常常被用作對新土地的開發。當年，伊莉莎白女皇就曾用他們來開發「新塞爾維亞」和「斯拉夫塞爾維亞」，葉卡捷琳娜二世在頒詔引進外族人來開發俄國新土地時，也曾移民過古老教派的教徒。

波將金將相當數量的古老教派教徒移民進了新俄羅斯地區，讓這些教徒要承認並接受所居住地區的東正教教區的管轄，並給他們派去指定的神父。隨著古老教徒的「歸一」，穆斯林、猶太教、天主教，以及韃靼人的眾多「神教」也在強力下（一些俄羅斯的史家稱之為「在俄國的刺刀下」）紛紛「歸一」。每建一處移民墾殖地，波將金就同時興建東正教教堂；每構築一處要塞，教堂就隨之而立，東正教神職人員就接踵而來。這一切，波將金都是在葉卡捷琳娜二世核准下進行的。一七七五年，波將金在給女皇的一份報告中這樣寫道：「所有這些古老教派教徒正移居到聶伯河與彼列科普之間的地方，請准予從塔夫利達派高級僧侶神父去那裡，讓他們按照古老教派的經書供職，並將其歸屬於古老教派優惠村鎮教區。」這種通過古老教派教徒「歸一」的做法，帶動了其他教派「歸一」東正教的行動。新俄羅斯地區教派「歸一」進程最終發展成了一個信仰一統的「俄國化」進程。

波將金的移民政策並不是他自己的獨創，這一切淵源於葉卡捷琳娜二世本人的運籌帷幄。她執政伊始，目光就緊盯著烏克蘭、克里米亞和黑海、亞速海沿岸的土地之上。在政治上，她用「狼牙狐尾」的手段，在經濟上是以「內部殖民」為主線的經濟措施。這些手段和措施不同於她的先皇們的殘酷軍事征剿高壓手段，顯得有人性、肯寬容，能給被征服者和臣服者以希望。所以，俄國的史書上把她的統治稱為「開明專制」。開明者，手段也；專制者，實質也。以開明求專制，為專制而施仁政，而施開明。

波將金所以得寵於葉卡捷琳娜二世，精通女皇統治權術是根本的原因。他在新俄羅斯地區的治理同樣是以「仁政」為手段，「內部殖民」為主線，執行一條女皇決策的不折不扣的「俄國化」路線、方針和政策。而在移民上，波將金還極力將大量的俄羅斯族軍人（步兵和騎兵）調入新俄羅斯，承擔墾殖和戍邊合二而一的任務；將烏拉爾地區工廠內的苦役犯用作新俄羅斯的勞動力。尤其是，利用苦役犯勞動力成了俄國其後的執政者用之不停、不斷擴大「囚犯大軍」的人數、以解決國家勞動力嚴重不足的主要措施，這也逐漸演變和完善成俄國獨具特色的經濟發展之路。

波將金在實施移民政策時，他的目光不僅僅是落在「內部殖民」的墾殖上，他同時等量考慮的是「聶伯工事線」。他給移民選定了定居和墾殖的地點都在「聶伯工事線」的沿線。「聶伯工事線」是葉卡捷琳娜二世一七七〇年頒布上諭構築的。在此之前，為了奪取烏克蘭東南部的土地，尤其是札波羅結，修築了一條「烏克蘭工事線」，它從聶伯河中游起延伸至札波羅結。借助於這條工事線，帝國政府將南疆擴展到了札波羅結地區。隨著葉卡捷琳娜二世將包括克里米亞在內的烏克蘭全境兼併為己有的計畫的實施，需要一條繼續向南，向黑海和亞速海沿岸，直至克里米亞半島延伸的工事線。所以，女皇構築這條工事線的上諭就叫《沿別爾達河與莫斯科夫卡河建造工事線》。

讓波將金在新俄羅斯地區實現全方位的「俄國化」政策，這是葉卡捷琳娜二世兼併克里米亞走的一步大棋。與此同時，她走的另一步大棋就是構築「聶伯工事線」，以保證俄國軍隊能抵達黑海，進而對克里米亞形成不可突破的壓力。一七七〇年九月，她在給斯洛博達省督的詔令中這樣寫：「我總是在不斷地急切思考，如何讓上帝託付給我的人民安康和過上安穩的日子，所以，我認為有必要構築一條從別爾達河至聶伯河的工事線，以保證小俄羅斯和斯洛博達省永遠脫離蠻夷的歐洲。」在這裡，葉卡捷琳娜二世以最冠冕堂皇的話講述了一個實實在在的兼併克里米亞的宏大計畫。所以，聶伯工事線名義上是條守衛南疆的防禦線，但實際上是一條武力兼併克里米亞的專用工事線。

到一七八二年，即波將金一手操縱的「克里米亞自願臣屬俄國」的前夜，聶伯工事線已經構築成功。它的起點是札波羅結地區的「莫斯科夫卡河」流入聶伯河的河口，終點是亞速海岸邊的別爾達河河口，沿線修建起了七座堅固的要塞，從西到東將克里米亞半島圍得嚴嚴實實。隨著這條工事線的構築成功，波將金也逐漸將移民、墾殖點推向到了克里米亞半島的北部，於是。在克里米亞半島的中部至西南部，布滿了波將金的移民墾殖地，也是俄國軍隊的駐防地。隨之也就有了一條自半島西南岸的阿廖什基、巴拉克拉瓦，費奧多西亞直至亞速海口的刻赤的軍事線。

葉卡捷琳娜二世的另一步大棋，就是在克里米亞半島籌建造船場和軍港，目的是二。一是，最終建成黑海艦隊，保證俄國南疆的出海口；二是，保證在克里米亞半島有一支震懾的力量，以便對那裡的受保護的汗國升格為俄羅斯帝國的領土。儘管這時俄國已經有了亞速海小型船隊，但沒有好的船塢和能出海的大艦船。一七七四年起，葉卡捷琳娜二世就在策畫要建設一座擁有港灣、造船場和船塢的城市。讓女皇下這麼一著棋的動因很簡單，那就是隨著新俄羅斯地區行政管理、移民墾殖的俄國化，以及聶伯工事線的構築，大量的人口集中到了這個以前的「蠻荒草原」，黑海沿岸土地得到開發，城市、村鎮（碉堡，要塞）相繼建起，為了保衛這片新收集到的土地，建造一個完整的工事系統已經是勢在必行的事。

一七七八年六月，葉卡捷琳娜二世就頒發詔令，要在烏克蘭南部聶伯河口的赫爾松建造這座海港-海軍城市，並將此事交與波將金總管。具體的建造事務由加尼巴爾（Ivan Gannibal）少將負責。從一七七八年八月上旬到一七七九年五月，造船場就造出了第一艘黑海上的戰船——六十門炮的戰船。該船被命名為「光榮葉卡捷琳娜號」，加尼巴爾也因此被女皇晉升為中將。要塞、城堡也隨同造船場、船塢一起拔地而起。一時間，赫爾松雄踞在面對希臘、土耳其的方向上，成了俄國黑海邊上的第一座造船場、第一座軍港、第一座軍用船塢。

在眾多要塞圍困、刀槍炮口對準、大兵壓境的局勢下，彈丸之地的克里米亞還能擺脫從葉卡捷琳娜二世治下的保護國升格為俄羅斯帝國的新屬地——一個新省的命運嗎？不過，兼併克里米亞還沒有到曲終的時候，女皇還要解決兩個問題：一是克里米亞半島上，俄國扶植的受保護的汗，地位不穩，動亂不止；二是，土耳其並不甘心於多年來歸屬自己的克里米亞為俄國所攫取，正在為使之重歸己有而謀畫。而波將金對兼併克里米亞有著女皇的其他臣屬沒有想像到的深謀遠慮，位高權重的他也在繼續運籌帷幄……

29 克里米亞是俄國的了！

葉卡捷琳娜二世

就在波將金實現葉卡捷琳娜二世兼併克里米亞的宏大計畫時，克里米亞就像是黑海中的一艘船，艱難地在風浪中搖擺，搖擺它的既有強勁的俄國之浪，也有不肯止息的土耳其的風波。對波將金而言，他並沒有停止在自己的新俄羅斯省、亞速省以及黑海北岸地區的移民、墾殖、設防的行動上，因為這一行動尚沒有全部完成。波將金只完成了這一行動的前半部分，就是將札波羅結的哥薩克移民到多瑙河和庫班地區，使黑海北岸的土地和居民「俄國化」，但這行動的另一部分，對兼併克里米亞具有決定意義的那部分，即將在半島上有深厚勢力和影響的亞美尼亞人和希臘人遷出去，以削弱克里米亞汗國，強化汗國對俄國的依附。

波將金繼續在行動中。

一七七八年，波將金實施了一項重要的人事任命：三月，蘇沃洛夫被任命為駐克里米亞和庫班俄軍的指揮官。波將金指令他，必須從移民著手，加速實施克里米亞和庫班歸順俄國的行動。蘇沃洛夫迅速在黑海沿岸布崗設哨，刀槍林立，以武力將亞美尼亞人和希臘人強行遷出克里米亞。從一七七八年的五月至九月，從克里米亞遷出了三萬一千人之眾。這一行動不僅對克里米亞汗國的政治、經濟和社會狀況造成了極大的損害，而且使土耳其欲將克里米亞重新歸屬自己的策畫陷入新的危險境地。於是，在俄國和土耳其之間，爆發了一場新的對克里米亞的爭奪。

這時的克里米亞汗是克里米亞格萊家族中親俄國的沙辛·格萊。前文裡曾寫過，他是在一七七七年被俄國大軍扶植登上汗的座位的。但沙辛·格萊卻沒有完全按照「俄國化」的方式，而是按照西方的方式進行治理和改革，尤其是在韃靼人的傳統習俗和伊斯蘭宗教信仰方面的「改革」，令克里米亞當地的權貴和伊斯蘭宗教人士極為反感、不滿，他們不斷策畫於密室，發起反對沙辛·格萊的騷亂。在一七七八年的兩次騷亂中，土耳其都派出艦船試圖在黑海沿岸，援助親土耳其的克里米亞貴族。但是，土耳其的艦船兩次都被蘇沃洛夫的守軍擊退。這新一輪的爭奪以一七七九年的《艾拉雷－卡瓦克協定》（Treaty of Aynalikavak）暫告一段落。根據這一協定，土耳其政府不得不最終承認了克里米亞汗國的「獨立」，認同沙辛·格萊為克里米亞汗。

但是，一七八〇年底，一七八一年五月至同年秋天，克里米亞大規模動亂。一七八〇年的那次，還伴隨有一個克里米亞的莫爾紮代表團去聖彼得堡情願，向葉卡捷琳娜二世申訴沙辛·格萊的暴行，要求換個新汗。但是，儘管沙辛·格萊的西化傾向令女皇擔心，但在暫時別無他選的情況下，波將金進言不動此人。於是，沙辛·格萊依然穩坐克里米亞汗的座位。

一七八一年的騷動的結果是，一七八二年五月，沙辛·格萊被趕下臺，親土耳其的巴哈迪兒·格萊被推為克里米亞新汗。沙辛·格萊向女皇求救，而巴哈迪兒·格萊則向土耳其求助。對此，葉卡捷琳娜二世親令波將金急辦克里米亞的事：「在克里米亞，韃靼人又弄起了不小的騷亂，因此汗和維謝里茨基由水路跑到了刻赤。現在，必須對汗給予所承諾的保護，要捍衛他的國界和他本人，我們的這位朋友。」波將金的進言是：「這一新的反叛是韃靼人反對俄國的無法回避的和永遠的驅動。」因此，他認為一勞永逸的辦法是俄大軍挺近克里米亞，在強大的武力震懾下，讓克里米亞汗自願併入俄羅斯帝國。

在處理克里米亞騷亂的進程中，女皇和波將金還極為重視以外交手段，來瓦解土耳其爭奪克里米亞的力量。他們判定，奧地利是俄國在與土耳其的爭奪中可以借助的力量。波將金不斷派遣自己的「密使」去奧地利做工作，這事在一七八〇年終於有了結果。波將金安排葉卡捷琳娜二世和奧地利皇帝約瑟夫二世（Joseph II）在俄國的莫吉廖夫城會面。葉卡捷琳娜向約瑟夫通報了克里米亞的騷動局勢，要求約瑟夫協助解決那裡的動亂之源。約瑟夫表示同意，兩位君主會面的結果是，兩國通過談判締結雙邊防禦條約。莫吉廖夫會面標誌著，俄國在兼併克里米亞的事情上爭取到了奧地利這個盟友。但是，葉卡捷琳娜二世和波將金兼併克里米亞的計畫是極端保密的，到此為止的整個進程中，俄羅斯帝國政府沒有向外界透露一點風聲。歐洲各國只知道，俄國軍隊對克里米亞騷亂的制止是在盡克里米亞汗國保護國的職責。對於女皇和波將金來說，行動的絕密是兼併成功的首要條件。所以，在兩位君主的這次會面後，波將金在與另一位大臣起草俄奧雙邊條約的條文時，波將金就堅持：「要做到對克里米亞應一字不提。只簡單地提俄國的邊界是黑海。不要提所有的島嶼，只提一兩處就行。」

在外交上取得了奧地利倒向俄國的結果後，葉卡捷琳娜二世將被反對派趕下臺的沙辛・格萊保護在了彼得羅夫斯克要塞之中。彼得羅夫斯克要塞位於聶伯工事線的最南端、位於亞速海別爾達河口，是當時從克里米亞來俄國陸地的必經之地。女皇要沙辛居住於此，實際上是將這個汗囚禁了起來，以便在與土耳其的較量中玩於股掌之中。一七八二年九月二十三日，波將金被授全權在彼得羅夫斯克要塞與沙辛．格萊見面，把女皇的信交給了汗。女皇告訴他，她已決定派大軍進入克里米亞，這可能導致俄土間發生戰爭，要他考慮自身的安全。沙辛．格萊明白女皇的所指，但躊躇沒有回答。波將金直率地告訴他，偉大女皇的決定是不可更改的，克里米亞必須完全臣屬俄羅斯帝國。

四天後，在波將金的命令下，德．巴里緬將軍（Anton Bogdanovich de Balmen）的軍隊迅速進駐克里米亞全境，亞速海艦隊的船艦將克里米亞圍得水泄不通。波將金給德．巴里緬的指令是：「進入克里米亞，完成將沙辛．格萊重新扶上汗位所應做的一切，同時，對待居民要溫和，當大批頑固不化者鬧事有需要時，才可動用武器，但不可殺害個人。要殺人的話，讓汗自己去幹，如果他沒有仁慈之心的話，我們的君主曾對他說過要有仁慈之心。要是居民的期望強烈，表示自願歸順偉大女皇陛下的管轄，如果這樣，您就可回答，除了幫助汗，沒有其他授權。」

波將金這份指令的核心內容就是要德．巴里緬將軍借大軍壓境之勢，以「居民願望」的名義，最終實現「自願歸順」形式的克里米亞兼併。同時，這份指令還充分顯示了波將金深諳、精通葉卡捷琳娜二世「狼牙狐尾」的手腕，「我不殺人，讓汗殺人」的兵不血刃之術。在俄國的歷史著作中，波將金的這種對居民溫和、不要殺人的手段歷來被贊為是克里米亞自願臣服俄國的證據，是女皇和波將金這些兼併克里米亞的大臣將軍們的善舉，是對克里米亞人的拯救。

　　但是，俄國保護下的克里米亞汗國仍然動亂不止。克里米亞歷來是土耳其進攻俄國時的橋頭堡，它的覬覦隨著克里米亞的失去而愈益強勁。更為重要的是，克里米亞汗國的動亂和土耳其的強勁覬覦都是俄國兼併克里米亞的最大障礙。但此時的葉卡捷琳娜二世仍未下定最後的決心，她擔心兼併克里米亞會導致俄國與土耳其的戰爭，並且遭到歐洲各國的妒忌和反對。但處於「克里米亞旋渦」中的波將金更深諳此中的危險和同時存在的機遇。波將金明白，兼併克里米亞、使俄國擁有囊括黑海北岸全部土地的時機已經到來；萬事俱備，時不待我，勝利在此一舉。於是，一七八二年十二月，他從赫爾松回到彼得堡時，給葉卡捷琳娜二世上書，力挺快速兼併克里米亞。

　　波將金在書中進勸女皇：「大仁至聖的女皇！我對您的無限忠誠迫使我要對您說：您不要理會妒忌，它不可能阻撓您。您當盡責提升俄國的榮譽。您瞧瞧吧，他們在與誰爭奪，誰又獲得

烏克蘭赫爾松市的波將金紀念碑。（iStock／nndanko）

了什麼：法國占領了科西嘉，皇帝們不動干戈地從土耳其人的摩爾達維亞所奪取的要比我們多。現在，歐洲沒有一個強國不在彼此間對亞洲、非洲、美洲進行瓜分。占有克里米亞既不能使您強大，也不能讓您富有，但它能給您提供安靜。給誰猛烈一擊？給土耳其人。請相信，您將因這種占領而獲得名垂千古的榮光，一種從沒有一位俄國的國君享有過的榮光。這一榮光將開闢通往另一個和更多的榮光之路：隨著對克里米亞的占領，您將擁有對黑海的霸權。封鎖土耳其人的通道以及養活還是餓死他們，都將取決於您。至於汗，您想讓他去波斯就開恩吧，他會高興的……應該賦予這種占領以儘量多的榮光，以使後代兒孫不至為您感到羞愧和譴責，那他們在碰到自己的麻煩事時，就會這樣說：她能夠，但她不願意或者放手了。」

一七八二年十二月十四日，葉卡捷琳娜二世給波將金回了一份絕密的上諭，要他「占領半島並將其併入俄羅斯帝國」。與此同時，女皇和波將金一起準備了一份名稱為《將克里米亞半島、塔曼島和整個庫班地區併入俄國版圖》的上諭，一七八三年四月八日，女皇簽署了這一上諭，但為了兼併行動不出現問題（與土耳其的戰爭和歐洲國家的干涉），上諭沒有公布於世。隨之，在波將金的親自指揮下，開始了對克里米亞半島、塔曼島和整個庫班地區的兼併行動。

波將金坐鎮赫爾松，與沙辛．格萊約談多次，告訴他克里米亞必須併入俄國版圖，克里米亞的土地上必須永遠消滅汗的封號，因此他的唯一出路是「自動退位」。波將金同時下令克里米亞和庫班兵團指揮官蘇沃洛夫、高加索兵團指揮官帕維爾．波將金（Pavel Potemkin）[1]兵發庫班河右岸，以彈壓那裡的諾蓋人和哥薩克的反抗。波將金還在克里米亞半島搞了一場大規模的「民意測驗」：他印製了一種「宣誓書」，上有某地某居民欄，還有簽字蓋章欄。在俄國軍隊的監視下，居民們要在指定的場合，在「宣誓書」上簽名蓋章，宣誓效忠俄羅斯帝國。事後，波將金向女皇稟報：「所有的人都興高采烈地要歸順您的帝國。」波將金的這一「民意測驗」是俄國收集土地歷史進程中的首次「全民投票」，它賦予了女皇的土地兼併以「居民自願」、「收集合法」、「行動民主」、「俄國恩賜」的「憲政色彩」，以這種行動描繪了一幅「兵不血刃」、「帝國繁榮」、「世界升平」的輝煌景象。從波將金起，這種民意測驗式的「全民投票」就成了俄國後世帝王們收集土地頻繁使用的法寶和對這種土地收集永唱讚歌的民族主義圭臬。

當一七八二年即將過去時，克里米亞被俄羅斯帝國兼併的命運已經屈指可數了。一切都安排就緒，一切都如君主之願。波將金躊躇滿志地向女皇報告：「現在您可以拍板了，克里米亞是您的了，眼皮底下的這個疣子終於除掉了——這邊界的狀況一下子就好極了。新俄羅斯省居民的信任會是無可置疑的。能在黑海自由航行了。要不然，您可以想見，您的艦船出海難，而進海就更難。」

一七八三年來到了，葉卡捷琳娜二世終於拍板了，俄羅斯帝國的好日子也來到了。這一年的六月二十八日，波將金登上了辛菲羅波爾郊區的「白色峭壁」，站在那裡宣布了克里米亞「全民投票」結果：全體居民自願併入俄羅斯帝國。隨後，他宣讀了在整個兼併過程中處於絕密狀態的

1 波將金伯爵的一個親戚。

女皇的上諭——《將克里米亞半島、塔曼島和整個庫班地區併入俄羅斯帝國》。

上諭對一七八二年來俄國大軍進入克里米亞和庫班事件的解釋，顯示了女皇這個帝國「保護國」君主的冠冕堂皇：「去年發生的新騷亂迫使我再次完全使用武力，並將我軍的新部隊派進克里米亞和庫班地區，他們仍一直留駐至今，因為沒有這些軍隊，在韃靼人中間就不可能有和平、安寧和秩序，而多年的騷亂活動仍在竭力地證明，他們從前對鄂圖曼帝國的歸屬既是兩個帝國間內訌和紛爭，也是變他們為自由地區的動因，而在他們不能享受這種自由果實時，這就使我們經常處於不安之中，並給我的軍隊帶來損失，造成困境。」

上諭還宣稱：「與鄂圖曼帝國政府打過一仗，當時，我的軍力強大，取得了勝利，其結果是使克里米亞變得對我們完全有利，而它曾經是我所掌控的。那時，我讓出了一些占領地，重新恢復了與鄂圖曼帝國政府的友好協議和友誼，由此使韃靼人處於自由和獨立的狀態，目的是永遠結束內訌與不和的事件與手段，而這一切在韃靼人以前的狀態中，在俄國與鄂圖曼帝國之間是頻繁發生的，但是，現在，根據屬於我的保護祖國福利和偉業的職責，將盡力確保它的利益和安全，使之成為永遠擯棄妨礙俄羅斯帝國和鄂圖曼帝國之間締結永久和約的不利因素的潛在力量……為此，我決定，將克里米亞半島、塔曼島和整個庫班地區併入我偉大的帝國。」

這份上諭還以「美好」和「寬慰」的言辭向當地的居民宣示：「我向這些地方的居民宣告，我君主上諭，有力量使它們的生活發生變化，我允諾我自己和我的皇位繼承人將虔誠地和堅定不移地使他們與我的血統的國民享有同等的權利，將維護和捍衛他們的人身、財產、教堂寺院和他們與生俱來的信仰，信仰自由以及其一切的正當禮儀都將不受侵犯，最後，准予他們中的每個人都享有與俄國人同等的全部法律和財產地位。」

當波將金在高聳的「白色峭壁」上宣讀完這份上諭後，克里米亞的顯貴們匍匐於地，宣誓效忠於偉大的俄羅斯帝國和它的至高無上的女皇。為了慶祝這一兼併的最終勝利結局，波將金還搞了大規模的遊藝、宴請和賞賜活動。對於俄羅斯帝國和葉卡捷琳娜二世來說，一七八三年的這個夏天正可謂是花團錦簇、讚歌遍地的，而對於波將金來說，則是功莫大焉！

一七八三年七月十日，波將金又從他在克里米亞的營地卡拉蘇巴紮爾向女皇報告：「所有的人都興高采烈、歡呼雀躍，臣服您的帝國。」曾經存在過三百多年的克里米亞汗國從歷史上永遠消失了。由於女皇和波將金的密室籌畫，由於君主麾下的將軍們的戰馬馳騁和外交使節們在歐洲的遊說，克里米亞併入俄羅斯帝國版圖一事並沒有引起歐洲各個國家的強烈反對，只有法國表示了不痛不癢的抗議。而土耳其在稍作沉默之後才不得不接受這一事實。一七八三年十二月十八日，俄土簽署了《克里米亞、塔曼和庫班併入俄羅斯帝國協定》，這份協定廢除了《庫楚克－凱納吉條約》中關於克里米亞獨立的條款。與此同時，喬治亞也「自願加入」俄羅斯帝國。

一七八四年二月，葉卡捷琳娜二世頒布詔令，將克里米亞半島、塔曼島合併成立「塔夫利達區」，並將重任委託給了波將金：「將克里米亞以及彼列科普與葉卡捷琳諾斯拉夫總督管區邊界之間的土地建立塔夫利達區，其間，居民的增加和各所需機構的設置將為建立省制提供方便，我委託我的將軍，葉卡捷琳諾斯拉夫和塔夫利達總督波將金公爵對其進行管理……」

在這同一份詔令中，女皇命令建設「一座包括造船場、船塢和要塞的軍港——作戰之城」。女皇派剛剛從國外養傷回國的庫圖佐夫到克里米亞去，負責處理與俄國兼併克里米亞有關的外交和政治方面的問題。一七八四年初，女皇要求的軍港——作戰之城奠基，她賜名為「塞瓦斯托波爾」，意即「雄偉輝煌之城」。隨著這裡作為黑海艦隊基地的快速建設，大量的「外地人」湧入到這一地區，駐軍、工人、居民，絕大多數都是來自俄國本土的俄羅斯人和小俄羅斯的人，於是塞瓦斯托波爾地區很快就成了克里米亞半島上，居民及其信仰與習俗最俄國化的地區，並由此成為克里米亞半島上俄國化管理的最強大的基礎和支柱。俄國化和軍事化，這兩個紛繁複雜、交錯在一起的線索，從此難以更改地主宰和決定著這個半島的歷史走向和坎坷命運。

四年後，一七八七年五月十九日到三十一日，葉卡捷琳娜二世對克里米亞半島作了為期十二天的巡視。為迎接這位女皇的到來，從女皇的出發地吉季科爾曼到彼列科普，波將金沿途派設重兵防守，而且花大量錢財構築了外觀極為美觀整齊的軍營，到處匆匆建設歡迎女皇的宮殿、館舍、樓閣、噴泉和東正教的修院，放眼看去到處都是興建的整齊的房舍和生機盎然的農田，把他管轄下的克里米亞構造得人間美景、盛世之地一般。他還特意鑄造了呈現給女皇的名為「為利益之路」的金幣。對於這種豪華的「迎駕之途」，波將金自己曾得意地描述過：「從吉季科爾曼到彼列科普之路是不計錢財造成的，它絕不遜於羅馬之路，我稱它為葉卡捷琳娜之路。」

而葉卡捷琳娜二世本人，對這趟巡視也極為滿意：更添了大國帝王之勢，更增強了再收集土地之決心。她滿懷豪情地宣稱：「克里米亞——這是我皇冠上的一顆價值無比的珍珠！」波將金為此獲得了「塔夫利達公爵」的尊貴封號。俄國的女皇、寵臣、將軍們沉浸在無比的興奮與歡樂之中，這種興奮和歡樂被後世的俄國人、蘇聯人、俄羅斯人概括為一句話：「一七八三年，克里米亞是俄國的了！」

至於克里米亞汗國的最後一位汗沙辛．格萊，他被迫退位後，女皇建議他到俄國中部的某個城市去安度晚年，但諳熟俄國手段的汗遲遲不願成行。最後，波將金警告他，再不去俄國內地，他的安全就沒有保證。沙辛．格萊不得不在俄軍的保護下，先後在幾個城市住了四年。就在女皇巡行克里米亞的一七八七年，他設法跑到了土耳其，但土耳其也不歡迎他，將他流放到一個孤島上。這個長期搖擺於俄土之間受「保護」的傀儡汗最後被土耳其蘇丹下令殺死。

還有一點值得一說的是，由於葉卡捷琳娜二世的這趟克里米亞之行，俄國歷史上曾經出現一個新的稱號——「波將金村」。它指的是，波將金為了顯示自己在克里米亞所開創的盛世偉業，為歡迎女皇臨時建造起來、女皇走後又或散落或廢棄或荒蕪的「德政工程」。自從這個稱號出現後，在俄國，「波將金村」就成了獻媚當今，矇騙百姓、偽造盛世的代名詞，隨後，在世界範圍內也被廣泛引用。多少年來，俄國似乎沒有人對這個稱號提出過異議，但在近年，卻是懷疑頻起、否定有加，根據是：歷史上只有葉卡捷琳娜二世時期的一位外朝使節提到過這件事，用過這個稱號，此外再也沒有同時期的人提起過，也沒有留下任何實物憑證。當年波將金在克里米亞全面開花地大搞開發和建設，一些成功了，留存至今，而相當多的項目上馬不久就停了下來，成了無法完結的工程，任其散落、隨風而去。無論是成功的，還是沒有成功的，都是波將金遵循女皇的意志而搞的，都是為了顯示俄羅斯帝國對克里米亞等地的兼併是一個恩賜，一種善舉，一場被兼併的居民永不能忘記的拯救。波將金本人所說的，他的「葉卡捷琳娜之路」的奢華是不遜於羅馬人的，這句話還不足以說明「波將金村」的興起和衰落嗎？

最後，也許還不應該忘記土耳其。土耳其雖然吞下了克里米亞被俄國兼併這顆苦果，但它的炮艦仍然游弋於黑海之岸，艦船上的炮口還緊對著偉大女皇皇冠上的這顆閃光的珍珠！

波蘭

30 從「不宣而占」到「不宣而戰」

葉卡捷琳娜二世

波蘭的東面是俄國，西面和西南面分別是普魯士和奧地利，而在東北方向上，隔海與瑞典相望，西南面還與鄂圖曼帝國接壤。這個波蘭早在一五六九年是由波蘭王國和立陶宛大公國聯合而成的，到葉卡捷琳娜二世上臺的一七六二年，已經存在了一百九十三年。在這近二〇〇年的歷史進程中，尤其是在十七世紀上半期，這個波蘭一度強盛，不斷地與俄國、瑞典和鄂圖曼帝國打仗，參加過歐洲著名的三十年戰爭。但從一六五四年波蘭哥薩克赫梅利尼茨基「背離波蘭」、「自願臣服」俄國，隨後參加了俄國和瑞典的北方戰爭，波蘭的大部分國土成了戰場和周邊強國爭奪的勢力範圍。在這種爭奪中，俄國對波蘭的事務干預最深、影響最大，因此也就處於俄羅斯帝國的「保護」之下。

羅曼諾夫王朝的沙皇們對波蘭的態度是高傲的、敵視的：波蘭必須是俄國與瑞典、普魯士、奧地利之間的緩衝地帶，可進可退的戰場；如果它是盟友的話，也必須是小的、軟弱的盟友。但是，歷史沒有讓波蘭有更多的機會作為俄國的盟友，而是給了它作為俄國敵人的不二選擇。到葉卡捷琳娜二世時，波蘭成了俄國、普魯士和奧地利激烈爭奪的對象，各方都覬覦它的土地。那時的波蘭所擁有的土地確實是使這三個強國眼紅的：東面與俄國的接壤，北自波羅的海口的里加到南部聶伯河下游的基什尼奧夫，西面和西南面與普魯士和奧地利的交接，北自波羅的海海口的但澤，經波茲南、克拉科夫直至離摩爾達維亞不遠的邊境地區。而覬覦波蘭的這三個國家為了這些土地又各懷鬼胎、互使手段，時而刀槍相見，時而握手密談。

葉卡捷琳娜二世的目光遠勝於她的祖先們。她的戰略眼光始終立足於一點：俄國是個歐洲國家，俄國必須成為歐洲的強國和歐洲強國的霸主。因此，她竭盡全力南下、兼併克里米亞，西出黑海，目的是最終兼併高加索和巴爾幹半島；另一著棋就是西擊波蘭，囊括歐洲更多的土地，堅固波羅的海的出海港口，以便開闢通往更遠的大洋之路。在她加冕後的第二年，一七六三年，西擊波蘭的大好機遇終於出現了：這一年，波蘭國王奧古斯特三世去世，沒有繼承人，皇位空缺。波蘭的貴族們要選舉一位繼承人，在候選人中有一位叫波尼亞托夫斯基（Stanisław Poniatowski）。葉卡捷琳娜二世對波蘭貴族施加全面的壓力，竭力要此人當選為波蘭的新國王。最後，葉卡捷琳娜二世獲勝，波尼亞托夫斯基當選為國王。一七六四年，在女皇的力挺下，在華沙為這位新國王舉行了極為奢華的加冕儀式。

葉卡捷琳娜二世如此看重波尼亞托夫斯基，是因為他曾是她成為俄國沙皇前的情人，兩人有過長達三年的浪漫史。女皇把他扶上波蘭的寶座，手中就有了一枚「解決波蘭問題」——攫取波蘭更多土地的王牌。在女皇看來，有了波尼亞托夫斯基這張牌，她的西擊波蘭的戰略就有了更多的勝算。所以，一些史學著作把此稱為：「女皇為了昔日的愛情，贈送了一個王國。」

許多史學著作都詳細寫過的「三次瓜分波蘭」，事實上也是從此拉開帷幕的。一開始，葉卡捷琳娜二世在西擊波蘭問題上，只是兼併西烏克蘭和白俄羅斯，而使波蘭處於一個依附於俄國的軟弱的「盟友」的地位。但是，波尼亞托夫斯基並沒有按照女皇的意願、俄國的方式，而是模仿西方，尤其是英國的方式來治理波蘭，並為此進行了一系列改革，這令葉卡捷琳娜二世大為不滿和擔心。女皇加強了對波蘭的干預，而與此同時，普魯士和奧地利對波蘭的覬覦也愈益強化。這一切最終導致了俄國、普魯士和奧地利三國長達二十三年的「三次瓜分波蘭」的大劇。

第一次瓜分是在一七七二年，第二次是在一七九三年，第三次是在一七九五年。第一次瓜分的結果是：俄國兼併了白俄羅斯的東部和波羅的海的部分土地（英夫蘭），總計面積是九萬兩千平方公里，人口是一百三十萬；奧地利奪得了烏克蘭西部的部分土地和波蘭南部的部分土地，總計面積是三萬六千平方公里，人口是五十八萬人；普魯士占有了波蘭西北部，總計面積是八萬三千平方公里，人口是兩百六十萬人。

第二次瓜分，俄國將包括明斯克、涅斯維日和斯盧茨克幾城在內的白俄羅斯中部地區歸為己有（二十五萬平方公里，人口是三百萬人），而普魯士則獲得了格但斯克、波茲南和托倫以及波蘭北部的部分土地（具體的面積數和人口數不詳）。奧地利沒有參加這次瓜分。

第三次瓜分，俄國將直至涅米羅夫－格羅德諾一線的白俄羅斯、烏克蘭、立陶宛的土地（包括庫爾蘭和沃倫的西部）併入俄國版圖，總計面積十二萬平方公里，人口是一百二十萬人；普魯士占有了立陶宛西部的土地以及由涅曼河、維斯瓦河和布格河以西的包括華沙在內的波蘭土地，面積總計為五萬五千平方公里，人口是一百萬人；而奧地利占有了包括克拉科夫、盧布林在內的「小波蘭」以及布列斯特省的西部，總計面積是四萬七千平方公里，人口是一百二十萬人。

這三次瓜分波蘭是與兼併克里米亞同時進行的。如果說，波將金兼併克里米亞的行動是以「自願臣服」為旗號，以「善待和拯救」為手段的話，那俄羅斯帝國對波蘭的瓜分，就是赤裸裸的兵戎相加、武力占有。俄國大軍壓境是保證瓜分的唯一手段。從歷史的進程來看，俄國和波蘭是宿敵，不僅信仰各異、相向而對立，而且政治訴求也背道而馳，終至解決問題常常訴以強力，甚至戰爭手段。俄國所需要的是一個軟弱的、聽話的臣屬之國，一位能被操縱和利用的傀儡國王，而波蘭卻是時時要擺脫俄國的控制，力圖按照自己的方式來發展。這就導致了俄國與波蘭之間永恆的宿怨。從一七六八年起，葉卡捷琳娜二世就向波蘭派駐重兵，鎮壓那裡的異端改革和反對俄國的行動，進一步操縱波蘭的國務。

對波蘭的三次瓜分就是建立在俄國與普魯士以及奧地利的密謀外交和不宣而戰的基礎上的。一七七二年，俄、普兩國君主（葉卡捷琳娜二世和腓特烈二世）在聖彼得堡會面，搞出了一份冠冕堂皇的瓜分波蘭的祕密宣言——《俄普關於瓜分波蘭的聖彼得堡協議書》。這份協議書開宗明言，「在波蘭共和國，由於達官貴人的分歧和全體公民風氣的淪喪，出現了普遍的暴亂，結果雖然採取了一切必要的措施，但那裡的黨派和造反習氣卻是愈演愈烈，那裡的無政府狀態是如此的根深蒂固，以致令人不得不擔心暴亂和紛爭的持續將會招致國家的解體……鑑於這些情況，女皇知會國王將派遣自己的一個兵團進駐波蘭，並下令占領她擁有古老權益的地區；兩國陛下仔細權衡了對兩帝國自身利益與邊界安全有直接關係的這個國家目前的處境，認為必須協調彼此間預先防護各自對波蘭共和國的權益與要求的手段，將這個王國的某些地區併入各自的領土，並以此來保證，一方面是保住自己的權益，另一方面是對波蘭人的分裂習氣施加最強大的影響，並要讓他們明白，其居民的狂暴將會使他們面臨其祖國安寧的終結。」這份協議書總計五條，第一條寫明了俄普兩國軍隊進駐的地區，也就是兩個帝國分解波蘭的具體計畫和行動綱領。

從這份協議書，可以明確看出幾點。一是，在波蘭發生的一切「騷亂」和「紛爭」都是有損俄普兩國的權益和破壞邊界的安寧的；二是，派兵進駐波蘭既是保證兩國在波蘭的權益，也是拯救波蘭貴族和全體居民、不致使波蘭國家解體的行動；三是，兩國君主都要求對軍隊進駐波蘭保密，協調彼此間的行動。這份協議書實際上揭開了羅曼諾夫王朝史上新的一頁：即以國家最高層的外交密談，來制定絕密的「不宣而占」的收集土地的行動。這種「不宣而占」是以帝國利益為首位，以強權和實力為基礎，以「拯救」和「解放」為旗號的。更有意思的是，葉卡捷琳娜二世使用了一個新的稱號——「擁有古老權益的地區」，來為俄國瓜分波蘭做出了理正詞嚴的解釋：俄國對波蘭土地的收集不是對他國土地的占領，而是收回俄國「擁有古老權益的地區」。葉卡捷琳娜二世所開創的這種收集土地的先例以及她的這種辯解，為她的後代兒孫們提供了行動和宣言的範本，在這個國家此後的又一個二〇〇多年的歷史進程中，在其外交和政治舞臺上，又上演了多少震懾人寰的由「不宣而占」到「不宣而戰」的活劇！

從這份協議書也十分清楚地看出，一七七二年的第一次「瓜分波蘭」實際上是葉卡捷琳娜二世主動提出的，是她首先向普魯士君主「知會」俄國軍隊將進駐波蘭的行動的。這位女皇收集土地的宏大戰略計畫使她成了「三次瓜分波蘭」的推手。一七九二年的第二次瓜分波蘭也同樣說明了這一點。

一七九二年是兼併了克里米亞的九年後。一七八三年俄國兼併了克里米亞後，土耳其並不甘心，一直覬覦要奪回克里米亞。就在葉卡捷琳娜二世一七八七年五月巡行克里米亞之後的八月，土耳其政府向俄國提交了最後通牒，其內容有三：一是，將克里米亞歸還土耳其保護；二是，承認喬治亞是土耳其的屬地；三是，俄國船隻經過博斯普魯斯海峽時土耳其有權檢查。俄國拒絕了這一通牒，但土耳其在英、法和普魯士的支持下，遣二十萬大軍計畫在聶伯河口強行登陸，占領赫爾松，再把戰事擴大到高加索去。事態的發展表明，俄國和土耳其在高加索和巴爾幹半島的利益衝突再度升級。俄國與土耳其在黑海地區的衝突升級，也極大地影響到了俄國對波蘭的掌控以及隨之而來的波蘭國內局勢的愈益嚴重的動亂不安。

波尼亞托夫斯基當上國王後，俄國大軍在波蘭境內駐紮，波蘭的國務受葉卡捷琳娜二世的絕對操控。波蘭國內的反對派頻起，不滿和抗議對俄國的俯首貼耳。一七八七年葉卡捷琳娜二世巡行克里米亞時，波尼亞托夫斯基曾到克里米亞去見過她，而此時當年二人的浪漫激情早已不復存在。連這位波蘭國王自己也記敘過：兩人都容顏大變，幾乎都辨認不出來了。葉卡捷琳娜二世在兼併的狂歡中，想的是更宏偉的收集土地的規畫，尤其是進一步掌控波蘭，與普魯士爭奪新的勢力範圍、躋身於歐洲強國舞臺的宏願大略，而波蘭國王祈求的是女皇能放他一馬，讓他有權去處理自己的國務。結果是，會面短暫，不歡而散。其後，就是波尼亞托夫斯基與普魯士結盟反對俄國，這極大地激怒了女皇。

而令女皇決心懲治波蘭的另一個動因是法國大革命。她深知，法國革命是一個強烈的催化劑，它會使波蘭的反俄勢力愈益強大，俄國對波蘭的操縱就會逐日衰落。早在第一次瓜分波蘭時，波蘭的小貴族和新興資產階級分子就對波蘭國會開會通過瓜分協議書表示過強烈的反對。他們的代表人物雷伊坦（Tadeusz Rejtan）就曾以死抗爭：他躺在國會門口的地板上，竭力阻止通過瓜分協議書，口中高呼：「你們幹掉我吧，但不要幹掉我的祖國！」所以，葉卡捷琳娜二世特別擔心雷伊坦，在法國大革命的影響之下，波蘭國內的這種反對君主專制（即反對俄國女皇的絕對專權）、希望民主自由法制的聲浪會更高，愛國主義派別和親俄國派別的人士的對抗會更激烈。

所以，這第二次瓜分與第一次瓜分的進程幾乎完全一樣：俄國先發兵進駐波蘭（一七八二年五月），然後與普魯士簽署了《俄普關於第二次瓜分波蘭的協議書》（一七九三年一月十二日）。其中，葉卡捷琳娜二世對法國大革命的恐懼明示於紙上：

在法國發生了那場該死的革命後，正在歐洲發生的暴亂，就其發展和擴散來講是一場不可避免的和全面的危險，安全與全面的和平是保有良好秩序之唯一牢固基礎，如果與此利益相關的帝國在此事上不去關心以最堅定的和最有效的手段來保衛自己的話，那它們就會遭遇到這種暴亂；

俄國女皇陛下和普魯士國王陛下迅即順利地恢復了彼此間有過的友好與同盟條約，立即對如此重大事情給予密切關注，雙方相互通報並完全相信各自在這一問題上的意圖和設想，於此，他們認為下述情況更為令人擔心，根據可信的徵兆，他們確信如今在法國蔓延的那種起義和新舉的精神，正要在與兩個帝國有直接鄰界的波蘭王國出現。事情的這種狀況自然而然地令女皇和國王陛下認為，必須以雙倍的防範和努力來保護自己的臣民，使之免受這種蠱惑人心的和通常是具有傳染力的現象之殃，並且與此同時，還要安排得使這些努力不僅可以保障現在和未來的安全，而且還能對它們所遭受的極度的損失得到賠償。

這第二次瓜分協議書十分清晰地揭示，在法國大革命的新形勢下，葉卡捷琳娜二世向西、向歐洲大陸的收集土地的戰略遭到了巨大的挑戰。對法國革命所引起的對專制皇權的挑戰與蔑視的蔓延，讓女皇所期望的軟弱的、臣屬的波蘭可能消失，都使女皇感到了極度的恐慌。而這場法國革命令葉卡捷琳娜二世更為不安和擔心的是，她的出黑海，奪君士坦丁堡的收集土地的戰略將會遭到嚴重的挑戰，最後可能功虧一簣。她在兼併克里米亞後的決策立足點，就是想盡辦法將歐洲國家，尤其是強盛的普魯士和奧地利攪在一起，組成某種聯盟，來對付因法國革命而興起的反對君主專制、反對俄羅斯帝國兼併更多土地的騷亂和起義，最終絞殺和撲滅法國大革命，蕩滌催生新的騷亂和起義的根源。

為此，葉卡捷琳娜二世對內加速克里米亞作戰之城——塞瓦斯托波爾的建設，迅速組建黑海艦隊。她調派烏沙科夫統領艦船的建造和黑海艦隊的組建，而對外就是在歐洲外交舞臺上更多地訴諸普魯士和奧地利的較量，縱橫捭闔地與普魯士、奧地利結成瓜分波蘭的聯盟。葉卡捷琳娜二世及其左右臣屬的判斷是準確的，俄國與普魯士、奧地利一時的盟約不僅成了它們為己利瓜分波蘭的「契約」，而且成了鎮壓法國革命和蕩滌其影響的「權杖」。對於這種臨時的、各懷鬼胎的「契約」，它們在表面上都視之為「神聖」，並以這種神聖的光環「偉大」自己，「蔑視」敵人。所以，瓜分波蘭的兩份協議書一開始都寫有顯明的一行大字：「為了至聖的和不可分離的三位一體。」這個「三位一體」在宗教的教義裡，指的是聖父、聖子、聖靈融為一體的上帝，而在這裡強調是俄普奧是融合在一起的，而三者的上帝則是俄羅斯帝國，是俄國沙皇葉卡捷琳娜二世。這種現實版的「三位一體」是女皇的寵臣波將金和先後為她主管外交事務的大臣別茲波羅德科（Alexander Bezborodko）和奧斯特曼（Ivan Osterman）策畫和進言，女皇全部接受的。而對於俄國女皇來說，無論是「至聖的」，還是「不可分離的」，都是作為「一體」的幌子，都意味著「神聖的瓜分，瓜分我做主」。

歷來的史書在評析「三次瓜分波蘭」這一重大的歷史進程時，都把重點放在了「瓜分」上，而忽略了在這「瓜分」下葉卡捷琳娜二世對歐洲反對君主專制思潮和行動的深惡痛絕。從這個意義上說，「三次瓜分波蘭」不僅是俄國在國際舞臺上外交戰略的重大轉向，更是俄羅斯帝國在收集土地上的一個新風向標——在恢復古老權益、保持帝國穩定、世界秩序固有的旗號下，向君士坦丁堡，向高加索，向巴爾幹半島，向西方更遠的大洋和向東方更遼闊的土地的進軍。

「三次瓜分波蘭」也深刻揭示了這位女皇「開明專制」的實質：捨棄自己的祖先，尤其是彼得一世使用的殘酷的、不計一切後果的手段，改用較為「民主的」、「仁慈的」方式方法來治理國家和轄制民眾。對此，葉卡捷琳娜二世在評價她一度癡迷的法國啟蒙者伏爾泰時是這樣說過：「假如我真的聽信了他的話，那麼，我恐怕就不得不對我的整個帝國做一番大刀闊斧的改革了，不得不取締現行的法律、變更政府、改變政策並調整財政方案，並以難以實現的幻想取代現行的一切。」也許，葉卡捷琳娜二世的「狼牙狐尾」就是這種「開明專制」的核心。

在這場「瓜分」中，葉卡捷琳娜二世也有失去的，那就是她的寵臣、密室同謀者、收集土地的天才將軍波將金一七九一年十月十二日死於摩爾達維亞。當使臣飛報至葉卡捷琳娜二世時，這位女皇不禁潸然淚下，當夜在一封信中這樣寫：「我的學生，我的朋友，可以說，我的偶像，塔夫利達－波將金公爵在摩爾達維亞病了整整一個月後去世，這真是可怕的打擊，恰如當頭棒擊，令我震驚。您無法想像，我是如何的傷心……他滿腔熱血地、孜孜不倦地忠誠於我；當他認為事情做得不像該做的那樣的時候，會斥責、發怒，但他有一種區別去於其他所有人的稀有品質：他勇敢，內心勇敢，頭腦勇敢，靈魂勇敢。故由於這點，我們總是能相互瞭解並且對比我們頭腦簡單的人們的議論不予理睬。在我看來，波將金公爵是個偉大的人，他只完成了他能做的事情的一半。」

在葉卡捷琳娜二世的情人寵臣中，波將金是唯一一個得到女皇這種發自內心褒獎的人。女皇對他的過早死亡表現出了深情和遺憾，這是建立在收集土地這個羅曼諾夫王朝世襲的國策上的，是表達於延續了數百年國家利益至上的俄國愛國主義和民族主義之中的。所以，在為俄國收集土地的帝皇和權貴立碑的「俄國千年紀念碑」上，葉卡捷琳娜二世的身旁圍繞的正是波將金和幾位在三次瓜分波蘭中的將軍和外交大臣。所以，對波將金和沙皇兼併土地的讚頌成了俄國的傳統。俄國的著名詩人傑爾查文（Gavrila Derzhavin）這樣歌頌波將金：「他一隻手在下棋，另一隻手在征服。他一隻腳令友敵震驚，另一隻腳在踏擊世界的邊沿。」這幾行詩所表述的不正是葉卡捷琳娜二世時期收集土地的宏偉盛景，還有女皇的「只完成了一半」的遺憾與期待嗎？

31 俄國沒有奪取過波蘭一平方公里的土地

葉卡捷琳娜二世

在三次瓜分波蘭的進程中，有過兩份《聖彼得堡瓜分協議書》。這是俄國、普魯士和奧地利對外的一種宣言，是為他們瓜分波蘭所作的說詞。這兩份協議書的主要內容，已經在前文作了扼要的解讀。現在，在能讀到的有關瓜分波蘭的著作和史籍中，雖無詳細介紹，到也頻繁地，簡括地提起過。但是，有一份以俄羅斯帝國女皇葉卡捷琳娜二世名義頒布的關於瓜分波蘭的詔令卻是少為人知的。女皇的這份詔令頒布的方式也是很令人深思的，它沒有以官方文字的方式，而是從參與瓜分波蘭的一位將軍口中下達的。這份詔令的名稱叫《將波蘭的一些地區併入俄國》，傳達這份詔令的是俄國上將克列切特尼科夫（Mikhail Krechetnikov）。

事情發生在第二次瓜分之後。這時，名義上仍是獨立國家的波蘭其東部邊界大幅向西退縮，處於俄軍的包圍之下。而對俄羅斯帝國來說，它已經奪得了包括沃倫、波多利耶、波列西耶在內的白俄羅斯和烏克蘭西部的土地以及直至道加瓦河和茲布魯奇河一線的立陶宛和拉脫維亞的地區，帝國所面臨的任務已經不是鎮壓和殺伐不聽話的波蘭和它的國王及臣民了，而是要對瓜分得來的新土地和居民進行管轄和治理。

這是一七九三年的事，這一年的三月二十七日，克列切特尼科夫上將在俄軍波羅涅營地奉女皇之命宣讀了下面的詔令：

……我，米哈伊爾・克列切特尼科夫，奉我至仁至愛君主陛下之意志和命令，向如今已從波蘭貴族共和國永久併入俄羅斯帝國的地方和這土地上所有居民，特別是有任何官職和封號的每個人，宣讀此詔令。

「全俄皇帝陛下首肯了對波蘭事務的干預，這一切始終都是基於兩國最為親密的、根本的和共同的利益。過去所做的一切不僅毫無結果，而且成了沉重的負擔，蒙受了難以計數的損失，因此，在這種情況下，皇帝陛下所關心的就是在與波蘭的邊界地區保持和平、安寧和自由，而這是被三十年來的經歷所證實了的，清晰和毋庸置疑。由於紛爭與不睦而出現了混亂和暴力，這使波蘭共和國不斷地分崩離析。皇帝陛下始終深切同情地關注著與俄羅斯帝國毗鄰土地和城市所遭受的欺壓，而這些土地和城市早在很久以前就歸屬她的帝國所有了，東正教基督信仰所創造和開化，並且直至今日仍然信奉該教的居民是她的同族人，這是確切無疑的事。現在，一些卑鄙的波蘭人，那些自己祖國的敵人，正在恬不知恥地鼓動法蘭西王國中不信神的造反者來治理，並祈求他們的錢財，以便與他們一起將波蘭拖進血腥的內訌中去。由於他們的厚顏無恥，負有拯救使命的基督信仰，以及上述土地上居民的安寧都面臨著更大的危險。一種新的致命的說教正在傳播，它力圖毀滅公民的和政治的一切聯繫：每個人的良心、安全和財產。因此，上述敵人和普遍和平的仇恨者得以效法那幫不信神的、瘋狂的和道德敗壞的法國造反者，在整個波蘭去竭力傳播和擴散這種說教，並進而永久地消滅其財產和它的鄰居們的安寧。

帝國陛下，至仁至愛的國君出於對此一切的考慮，既是為了彌補自己大量的損失，也為了預先保證俄羅斯帝國，同樣也是波蘭自身地區的利益，同時也是為了一勞永逸地預防和制止一切突變和形形色色的權力頻繁更迭，現特恩准將所有位於下述邊界線內的土地及其居民永遠併入我的帝國：即自塞米加利亞[1]邊界一角的德維納河左岸的德魯雅村起，由此延伸至諾羅奇和杜布羅夫，再沿維爾諾省之界至斯托爾普徹，到加利西亞邊界附近的涅斯維日[2]，再去明斯克，並由此經過加利西亞附近的維什格拉德和諾沃格羅勃內之間的庫涅夫，與該界相接後，沿聶伯河擴展，最後沿該河而下，與俄波前邊界哨所葉戈爾雷克相接，因此，上圖所標俄波新國界線範圍內的所有城市與區域的土地，現在已經永遠處於俄羅斯帝國的統治之下；這些土地上的居民和土地所有者，無論是何族，也無論有何封號，均為帝國臣民。

至仁至愛君主陛下不僅恩准和確認，所有臣民在舉行他們信仰的公眾儀式中，以及在每個人的合法領地和財產上，都享有完全的和不受任何限制的自由；而且可在自己國家的保護下有完全的收養權，並可添列於俄羅斯帝國的榮光和安寧之冊。此外，還恩准以效忠於陛下、在她英明的

1 拉脫維亞北部地方。
2 在白俄羅斯的明斯克地區。

和慈祥治理下的白俄羅斯居民為例，自此時始，再對所有人及各個個人予以獎賞，該賞是全面的，並不剝奪他們的任何權益、自由與特權，與自古歸屬帝國的臣民的權益等同。最後，已經歸屬帝國土地上的居民，自今日起，無論哪個階層在俄羅斯帝國全境都能擁有屬於他的全部權益。陛下也在期待並要求自己新臣民的讚頌和感恩：既然他們已經得到了與俄羅斯人相同的安康和恩惠，那就應盡力使自己和自己的姓氏真正無愧於如今是新的，但自古就是他們的祖國，熱愛並在今後仍堅定不移地忠誠於權力無邊和寬宏大量的君主。

鑑此，所有的人，從最為顯赫的貴族、官員，到最底層的人都必須在一個月內莊嚴宣誓效忠，由我對此欽定的派員現場作證。若有貴族和擁有不動產的其他階層的人不顧自己的富足安康，不願宣誓效忠，恩准其變賣自己的不動產並在三月內自動離境，此後，其所有留存財產均予以沒收，上交國庫。

神職人員，無論是高級的還是低級的，作為心靈的牧師，都應首先宣誓效忠，以作楷模，並且要每日在向上帝做祈禱時，當眾溫情祈願偉大皇帝、至仁至愛君主及其親愛的皇子與繼承人保羅·彼得羅維奇大公以及陛下全家吉祥萬福，為此所需的儀式將予以頒布。

在經上述效忠確認後，所有的人的信仰都將是自由的，其財產完全不受侵犯，因此，居住在併入俄羅斯帝國各城市和土地上的猶太民眾也將保留和擁有所有的自由，這些自由是他們如今在法律和財產方面該享有的自由，因為，皇帝陛下對所有人都關懷仁愛，所以對這些人也不例外，總是要將其置於上帝護佑的她的帝國之下，使其未來能豐衣足食，終至他們自己能循規蹈矩，作為忠順的臣民生活並在自己的名號下經營市場和手工業。在他們現居的地方，判決及執行將以皇帝陛下之威名與權力繼續，其程序與司法將受到嚴格監督。

在宣讀完女皇的詔令書後，克列切特尼科夫上將還特意補充了下述話語：

奉皇帝陛下詔令，現在所有軍隊已經是在自己的土地上了，都要最嚴格地遵守軍紀；據此，無論部隊進駐什麼地方，也無論治理發生什麼變化，誰都不能，也絲毫不得對平安無事的房屋建造、集市和手工業予以阻撓；因為它們的增多能更好地為地區的利益服務；進而會為皇帝陛下之需和眷顧效勞。

本詔書於本月（三月）二十七日在所有的教堂中宣讀，載入城市文書並在適當的地點下達全民所知。為證實其完全可信，我以賦予我的權力，以我手簽署，並附蓋我的紋章。由我公示於我所管轄的軍隊的波羅涅總部。

這份詔令是由克列切特尼科夫上將傳達的，其中時而是女皇詔令的原文，時而是這位上將本人的效忠之詞。詔令的內容是三大部分，一是對「瓜分波蘭」的定論，二是列明俄波新邊界的畫分和地區，三是在新收集的土地上的治理問題。

在第一部分，關於「瓜分波蘭」的定論中，詔令的語言是極其冠冕堂皇的，「瓜分波蘭」被

「干預波蘭事務」一詞所替代。而俄國對波蘭事務的這種「干預」是「基於兩國最為親密的、根本的和共同的利益的」，而這種「共同利益」就是保持俄波邊界地區的「和平、安寧和自由」。但在女皇的眼中，邊界地區的「和平、安寧和自由」並不是雙向的，只是對俄羅斯帝國而言的。詔令中列出了兩點理由：一是，這些地區雖是邊界，但實際上是俄國的土地，用詔令的話來說，就是「早在很久以前就歸她帝國所有了」。二是，這一地區的居民與俄國的居民是同族的人，都是信仰東正教的，詔令用的詞是：「東正教基督信仰所創造和開化，並且直至今日仍然信奉該教的居民是她的同族人。」女皇坦言，她為邊界的這種「和平、安寧和自由」奮鬥了三十年，如今卑鄙的波蘭人效法「不信神的法國人」，以暴亂、騷動破壞了俄波邊界的「和平、安寧和自由」，威脅到了俄國的安全和生存。所以，俄羅斯帝國為了和平、安寧和自由，「基於共同的利益」，要來干預波蘭的事務。在這裡，還潛藏著女皇內心深處的更宏大的謀略：為了俄羅斯帝國收集新土地的壯舉和稱霸歐洲的偉業，必須迅速切斷不信神的法國人所掀起的暴亂的擴展，並最終要讓法國大革命失敗和「不信神的法國人」毀滅。

「很久以前就是俄國的土地」和「那裡的居民與俄羅斯人同族」，女皇的這兩個定論，就像矗立在她的帝國國徽上的雙頭鷹，成了俄國收集新土地的兩根上至蒼穹下至地泉的赫然標竿，為帝國立矩，為後人刻石。在這份詔令的後兩個部分，這兩個標竿依然是決策的出發點和歸屬。在第二部分中，以瓜分得來的新土地為線，重新畫分俄波之間的邊界。結果是，俄羅斯帝國疆界自北至南大面積的西擴，而波蘭則龜縮到了歐洲的一角。對於這種畫界，詔令指出這首先是為了俄羅斯帝國的安全，當然也順便補充了一句美言：「同樣也是為了波蘭自身地區的利益。」詔令所強調的是，自此這些地區永遠處於帝國的統治之下，而那裡的居民也永為帝國臣民。

詔令的第三部分，是對這永遠處於帝國統治下的土地和帝國臣民的治理。這部分的文字最長，但其精髓是四點。一是，女皇恩准將新收集土地上的居民視為同族人，並以效忠於帝國的白俄羅斯人為例，讓他們享受與俄羅斯人相同的權利和自由。不過，這種權利和自由並不是想要就要的，女皇規定了明確的條件：要宣誓效忠於帝國及其女皇；要對女皇讚頌和感恩。女皇說得很清楚，新臣民所享受的權利和自由是女皇的恩惠和賞賜。還有更重要的是，新臣民居住的土地「自古就是他們的祖國」。效忠必須在一個月的期限內進行，只有這樣才能擁有財產和權利的自由；不願宣誓效忠者，則勒令在三月內離境，一切財產充公。二是，信仰上的權利與自由也是有規定的，即神職人員要帶頭宣誓效忠，要像信奉東正教的俄羅斯人那樣每日祈禱時要為女皇及其家族祈福。三是，詔令特別強調，新收集土地上的猶太居民在宣誓效忠後，享有與其他臣民同樣的權利和自由。在瓜分之前，在這些屬於波蘭的土地上，尤其是在烏克蘭的西部地區，猶太人大量遷居在這裡，從事手工業、經營集市。他們的善於經營和管理，曾經是波蘭貴族共和國一度強盛的經濟基礎。詔令特別恩賜給猶太人的權利與自由，也正是基於猶太人的手工業和集市經營將會為俄羅斯帝國提供經濟利益這一點的。四是，詔令宣告，在所有這些地區，將執行俄羅斯帝國的法律和法令：「在他們現居的地方，判決及執行將以皇帝陛下之威名與權力實施，其程序與司法將受到嚴格監督。」

縱觀詔令，不難看出，女皇是要在瓜分得來的土地上，繼續執行「新俄羅斯計畫」，使這些地區和居民在政治、經濟和信仰上全部俄國化。

女皇選擇克列切特尼科夫上將在剛剛收集得來的土地上，在戰馬仍在嘶鳴、戰場仍未打掃的軍營裡宣讀這一詔令不是沒有緣故的。克列切特尼科夫是二次瓜分波蘭的驍勇戰將，早在第一次瓜分波蘭後，他就負責與波蘭畫分國界和與土耳其簽停戰條約的工作，上將這個稱號正是由此得來的。而在第二次瓜分中，他是瓜分波蘭的兩統帥之一，曾率領三萬兩千俄軍進入立陶宛，另一位統帥是卡霍夫斯基（Vasily Kakhovsky），他率六萬五千俄軍從南部進入波蘭。在一七九三年三、四月的第二次瓜分波蘭期間，克列切特尼科夫被女皇任命為新收集土地上駐軍的總司令和當地的督軍。在奉旨宣讀了這份詔令後，克列切特尼科夫將自己的督軍區分成了三個省，開始按照女皇的旨意在新土地上進行「俄國化」的治理整頓工作。

還在一七九一年五月三日，波蘭的國會就通過了一部憲法，其核心就是期望訴諸資產階級憲法的民主和自由，來反對俄羅斯帝國的霸權、反對葉卡捷琳娜二世的君主專制獨裁。甚至波蘭國王波尼亞托夫斯基也站到了《五三憲法》派的一邊，他向葉卡捷琳娜二世表示，只要她能准予在波蘭實行憲法，他可以將王位讓與她的孫子康斯坦丁·帕夫洛維奇（Konstantin Pavlovich）。但是，女皇對波蘭人企圖擺脫沙皇的君主專制，與自己背道而馳深惡痛絕。於是，俄軍大軍壓境，以「捍衛自古以來的權利和自由」為旗號，大肆鎮壓憲法派。而到了一七九三年，克列切特尼科夫要在瓜分得來的土地上全面實行「俄國化」的治理，這就觸發了新的一輪反對專制暴君的動亂。

這場動亂就是一七九四年在克拉科夫爆發，隨之擴展至整個波蘭的起義，起義者甚至攻占了華沙。起義的領導人叫塔迪烏什・科斯秋什柯（Tadeusz Kościuszko），起義的口號是：波蘭人的自由，反對俄國的干預，把波蘭農民從俄國的農奴制下解放出來。這讓葉卡捷琳娜二世無法容忍，當即派出最優秀的指揮官蘇沃洛夫率大軍鎮壓。蘇沃洛夫的軍隊一路殺伐，奪取了布拉格後血腥屠城，最後在攻占華沙後，以殘酷的手段鎮壓了憲法派和參與抵抗俄軍的大量平民百姓。參加過攻打布拉格的指揮官馮・克呂格（Ivan Ivanovich von Klugen）曾經記下了這場血腥屠殺：「我們在死人堆裡爬行，一刻也不停留，衝進戰壕。立即就開始了屠殺……碉堡裡沒有一個活人——所有的波蘭人都被殺死了……在所有工事裡的人都遭遇到同樣的命運，隨後，我們排成一列，向中心廣場追捕逃跑的人。人們從房屋的窗戶和屋頂上朝我們射擊，而我們的士兵就衝進屋裡，把碰到的每一個人都殺死。報復的殘酷和渴望達到了極其瘋狂的程度……清晨五時，我們開始進攻，九時，保衛布拉格的波蘭軍隊已經蕩然無存，無論是布拉格這座城，還是它的居民。四個小時裡，完成了對在華沙被殺害的我們的人令人恐怖的復仇。」而起義領導人科斯秋什柯在重傷後被俄軍俘虜，被押送至聖彼得堡，關押在彼得-保羅要塞。直至葉卡捷琳娜二世駕崩，他才以「假效忠」新沙皇的手段，出走法國。

蘇沃洛夫的軍隊在鎮壓這一起義中的殘酷和血腥，正是俄軍不惜一切手段瓜分波蘭的明證。在女皇的上述詔令中，克列切特尼科夫的一番話也證實了這一點。不過，這位上將用「不遵守軍紀」覆蓋了俄軍在瓜分進程中的殘酷和血腥。這番話是這位上將在宣讀了詔令後自己所加的：所有軍隊都要最嚴格地遵守軍紀，因為現在他們已經是在自己的土地上了。這番話透露出了俄軍在瓜分波蘭土地的進程中，是不遵守軍紀的：為了懲戒「卑鄙的波蘭人」，殺人劫掠，焚燒村莊，在所不惜。三次瓜分波蘭進程中的一切問題都是以兵戎來解決的。對於俄羅斯帝國來講，三次瓜分的主力就是軍隊以及指揮他們英明的、戰無不勝的將軍、統帥：魯緬采夫、波將金、蘇沃洛夫、烏沙科夫、克列切特尼科夫、卡霍夫斯基。這些將軍、統帥都是在葉卡捷琳娜二世的「新俄羅斯」計畫中脫穎而出，在三次瓜分波蘭的軍旅生涯中從中級軍官晉升為高級將領、軍事統帥的。

這些將軍、統帥的另一個共同特點是，他們都是在克里米亞的軍港塞瓦斯托波爾的建造中成長起來的，都是在俄國黑海艦隊的發展、壯大中馳向女皇所命令的各個戰場的。烏沙科夫和蘇沃洛夫就是葉卡捷琳娜二世親自派去克里米亞的赫爾松和塞瓦斯托波爾，讓他們負責海港和黑海艦隊的建造。在科斯秋什柯起義後，也是女皇下令從赫爾松召回了蘇沃洛夫，派他率軍去波蘭鎮壓起義的。所以，兼併克里米亞是收集更多新土地的序曲，而塞瓦斯托波爾和黑海艦隊則是俄羅斯帝國獲取歐洲霸權的基地和保證。正是由於有了克里米亞、塞瓦斯托波爾和黑海艦隊，在葉卡捷琳娜二世執政的三十四年中，魯緬采夫才能在摩爾達維亞重創土耳其軍隊，戈利岑才能占領羅馬尼亞的雅西和霍京，波將金才能奪取烏克蘭的奧恰科夫，蘇沃洛夫才能在羅馬尼亞的雷姆尼克城下大敗土耳其軍隊，占領被稱為「不可逾越的」烏克蘭的伊茲梅爾和阿納帕。無此一切，俄國就不可能擁有對黑海北岸的控制權，也就不可能三次瓜分波蘭。

三次瓜分波蘭的結果是，這個一度強盛、始終與俄羅斯帝國為敵的波蘭貴族共和國不復存在。

經過三十四年的「開明專制」，葉卡捷琳娜二世把俄國的疆界極大地向西部擴展了，俄國的人口增加了一倍，達到了三千六百萬，把俄國推上了歐洲列強爭霸世界的舞臺，讓羅曼諾夫王朝有了進一步收集土地和奪取世界霸權的實力。因此，在俄國歷史上有了第二位「大帝」，作為女性「大帝」，她是俄羅斯帝國空前絕後的有「大帝」正式封號的統治者。她年輕時美豔動人，年老時雍容華貴，從不失帝王之尊嚴、獨裁之霸氣。她作為君主雖然受眾人推崇與信仰，寵臣和隨從如雲，但似乎她內心總是孤獨的。她有個習慣：清晨不允許任何人進房間叫醒她，所以侍從們每天只能等候她「自然醒」。但十一月初的那一天，她卻沒有「自然醒」。久等之後，侍從闖進她的臥室，發現這位光耀之頂點的專制君主已經衣衫不整地、雙眼散瞳地倒臥在地板上。一七九六年十一月，葉卡捷琳娜二世因中風而亡。關於她之後誰來繼承皇位，她一手締造的這個強大的俄羅斯帝國如何治理，關於這些女皇都沒有留下任何遺囑。於是，在俄國關於她的死就有了許多的神話和傳說。

不過，這位大帝給俄羅斯帝國，給她羅曼諾夫王朝的後代兒孫們留下的東西是太多太多了。除了這前所未有的疆土、空前強盛的國力，在統治者以及俄羅斯人的意識、思想和行為中所留下的東西，似乎是永不會磨滅的。本文上述的一七九三年她的《將波蘭的一些地區併入俄國》也可以看作是她預留的一份政治遺囑。這個「遺囑」留下的是收集新土地的權謀，是專制獨裁的治理之術，是「狼牙狐尾」征服人心的方略。這些可以歸結為幾點：一是，對於他人他國土地的收集、兼併都是出於俄國與他人他國的共同利益，是為了首先是保證俄國的安全的。對於他人他國來說，這種收集和兼併是偉大沙皇的恩賜，是使他們免於暴亂、騷動、能過上安寧生活的一種解放、拯救和保障。二是，俄國所收集的土地都是自古屬於俄國的，這土地上的居民因而自古也就是俄羅斯帝國的臣民，收回自古屬於俄國的土地，讓帝國的臣民效忠於自己的帝國和君主，這是正義之師亮劍的公正。自此，效忠君主就成為俄國臣民的生活第一守則，效忠君主就是效忠國家就成為統治者的座右銘。三是，君主的威嚴、權益是俄羅斯帝國的、俄羅斯帝國臣民的核心利益所在，維護君主的尊嚴，保證獨裁者的權威和力量，反對暴亂者祈求的任何憲法，鎮壓任何自由與民主就是首要的、決定一切的，就是保證君主專制獨裁的須臾不可捨棄的手段。自此，君主專制獨裁和對自由、民主憲法的追求與抗爭就成為這個帝國的常態。四是，在已經屬於自己的土地上要遵守軍紀成為定論。這就是說在兼併、征服的過程中軍隊可以不講軍紀，外交可以不擇手段，「狼牙與狐尾」兼施，但在收集到手的土地要寬容，要施以仁政，要「開明專制」。俄國還有一個諺語同樣能說明這種「遵守軍紀」且「狼牙狐尾」決策的實質，能充分體現女皇的這一政治遺產的精髓，這就是「明智若蛇，溫柔似鴿」。

葉卡捷琳娜二世之後俄國的歷史進程，表明了她的這種政治「遺產」是影響深遠、潛力雄厚、為俄國爭得的利益是極其巨大的。在漫長的歲月中，關於三次瓜分波蘭，俄國的史籍和著作中，甚至政策、文獻中，總會出現一句話：「俄國沒有奪取過波蘭一平方公里的土地。」如果將其與上述女皇的政治「遺囑」相比較，何其相似乃爾！

最後，寫一下波蘭亡國之君的最後結局不會是多餘的。一七九五年十月二十四日，波尼亞托夫斯基宣布退位後，被女皇勒令居住在俄國的格羅德諾，但他終身再也沒有再見到這位女皇——自己年少時的情人。一七九六年，葉卡捷琳娜二世去世，新沙皇保羅一世將他轉至聖彼得堡的大理石宮。他在那個極為豪華而又蕭瑟冷落的宮殿裡，終日鬱鬱寡歡，往事不堪回憶。兩年後，腦溢血而死。這位國王帶著對女皇的怨恨和期待離開了這個世界，而女皇卻是懷著對波蘭的滿腔憤怒撒手人寰的。在俄國民間，關於葉卡捷琳娜二世流傳有許多趣聞，其中一則是：出兵波蘭的統帥行前問葉卡捷琳娜二世：她需要從波蘭帶什麼禮物回來。女皇聲色俱厲地說：「把那個國王的寶座帶回來，我要用它當馬桶蓋！」

32 外交權術，血腥爭奪和大規模戰爭

保羅一世——亞歷山大一世

葉卡捷琳娜二世死後，其子保羅一世和其孫亞歷山大一世相繼登上沙皇之位。在這不到三十年的時間裡，上演了兩場兒子推翻前朝政策，「除舊布新」的變革。保羅一世以廢除貴族特權為核心，大肆顛覆母親葉卡捷琳娜二世的「開明專制」政策，而亞歷山大一世，則以恢復葉卡捷琳娜二世給予貴族以特權為主線，將父親保羅一世的新政廢除、化為烏有。這兩種顛覆都是以「革新」名義進行的，這種顛覆也再次上演了羅曼諾夫王朝帝王的「不幸更迭」：妻殺夫，子弒父，兄弟姊妹相殘的悲劇。一輩子與母親相向而立的保羅一世被貴族們殺死在宮闈自己的床榻之上，亞歷山大一世壯年時不明不白地死於征途的南疆。

不過，無論是保羅一世，還是亞歷山大一世，他們在對前朝的背叛和革新中卻有一點是忠實繼承下來，並不惜力量堅持拓展的，這就是為俄羅斯帝國收集更新的、更多的土地。從法國大革命時起，葉卡捷琳娜二世在收集土地中外交權術的運用就極盡狡黠之道。而她的子孫所面臨的更大難題，是要在與拿破崙的周旋中，保持住帝國已經收集到手的土地，因此與歐洲列強的結盟與相向、今日歡笑，明日翻臉的景象就時常出現在談判桌上，勾心鬥角和政治舞臺上也就頻繁上演

刀光劍影的活劇。

保羅一世沒有母親的膽識，更沒有她的剛毅和力量。他的決策是基於「守成」這個原則。一七九八年，俄國與英國、奧地利、鄂圖曼帝國結成反法同盟，其目的就是：採取最有效的措施制止法國的武力擴張、迫使它退回到自己的原有邊界之內去，保持歐洲的「永久和平與政治均衡」。在這種表面一致，內裡各懷私利的結盟下，蘇沃洛夫被任命為「盟軍司令」。他率領「盟軍」，進行了兩場反對法軍的遠途征戰：義大利戰役（一七九八年）和瑞士戰役（一七九九年）。在義大利戰役開始時，保羅一世曾對蘇沃洛夫授權：「這場仗你想怎麼打就怎麼打！」而蘇沃洛夫也以「恢復義大利北部的舊秩序」為名出征。此役的結果是，俄國軍隊把法國人趕出了義大利的北部，但這塊土地由奧地利的軍隊駐守。

瑞士戰役的目標是英國的願望——占領瑞士，再兵發法國。作戰的主力仍是蘇沃洛夫的軍隊，名義上協同作戰的是奧地利軍隊。在此戰役中，蘇沃洛夫的軍事天才發揮到極致。他率軍強過了一系列險峻的山隘、峽谷、峭壁，最終越過了阿爾卑斯山。但俄軍一過阿爾卑斯山就被圍困，不得不轉去奧地利。瑞士戰役沒有達到預設的目的，俄國上下歸罪於盟友軍隊的不協力。而蘇沃洛夫自己對此次戰役卻是評價極高：「俄國的刺刀刺進了阿爾卑斯山。」

儘管俄國軍隊進行了這兩次大規模的戰役，但卻是一無所獲：既沒有將法國軍隊趕回法國去，也沒有實現覬覦於更多新土地的最初願望。只有蘇沃洛夫的赫赫戰功和軍事天才得到了源源不斷的讚譽及各種高級勳章；在義大利戰役後，保羅一世甚至奉他為「義大利公爵」的尊號，但這個公爵卻是不能管轄義大利土地的。

不過，有件事卻是這次結盟中俄國獲得的唯一利益。一七九八年九月，一直在克里米亞的塞瓦斯托波爾負責黑海艦隊工作的烏沙科夫率領艦隊進入了博斯普魯斯海峽。一七九九年一月，俄國與鄂圖曼帝國締結了反對法國的盟約後，俄土聯合艦隊成立。就在蘇沃洛夫西征時，由烏沙科夫統領的俄土聯合艦隊兵發希臘海岸的伊奧尼亞群島，攻占了科孚島，該群島是拿破崙一七九七年兼併歸法國的。一八〇〇年三月，俄土在君士坦丁堡簽署協定，在該島建立共和國，由俄國和土耳其共同「保護」，但實際上，土耳其是名義的，「保護」的實權掌握在俄國手中。

離開了談判桌，保羅一世就密令烏沙科夫在「被俄軍解放的島上」成立一個受俄羅斯帝國保護的「獨立共和國」。烏沙科夫遵照沙皇的諭令，按照波將金的辦法，在該島上挑選了親俄國的卡波迪斯特利亞（Ioannis Kapodistrias）作為唯一候選人，選舉組成了地方當局，成立了一個「七島共和國」。從一八〇〇年到一八〇七年，卡波迪斯特利亞先後掌管了該共和國的軍事和民事管理大權，擔任了該共和國的國務大臣和地方員警首腦。由於俄國占領了該群島，並且有了親俄的地方政府，伊奧尼亞群島一時間成了俄國掌控的地中海的通道。烏沙科夫因此功而被保羅一世晉升為海軍上將，聯合艦隊的另一方，土耳其蘇丹也贈給他紫貂皮大衣和鑽石等厚禮。

但是，這種表面的歡騰喜悅並不能掩蓋這些「盟國」間帷幕後的運籌密謀。烏沙科夫在建立了「七島共和國」後，又率海軍陸戰隊迅速占領了巴勒莫、那不勒斯和整個義大利的南部，並且向羅馬挺進。這就像蘇沃洛夫所說的：「俄國的刺刀刺進了義大利！」俄國軍事力量在歐洲的擴展和壯大令奧地利、土耳其和英國感到了威脅，它們預見到了俄國兼併更多土地的可怕前景，紛紛開始了對這場結盟的重新洗牌。土耳其艦隊沒有預警地從聯合艦隊中撤離回國，奧地利軍隊讓蘇沃洛夫在瑞士單獨作戰。

而英國早就與俄國為爭奪地中海上的馬爾他勾心鬥角。對於英國來講，將馬爾他據為己有是英國參加這次反法同盟的重要目的。對於俄羅斯帝國來講，馬爾他是它經黑海、穿越地中海、西進歐洲的必奪之地，是它試圖建立的海上之路的重要一環。一句話，由於馬爾他扼守地中海上的重要戰略地位，它成了各強國，尤其是英俄之間爭奪的目標。早在十六世紀的中期，那裡就由西班牙國王封號的「聖約翰馬爾他騎士團」行使權力。一七九八年，保羅一世當選為馬爾他騎士團的大首領。這位沙皇馬上就將馬爾他作為收集新土地的目標。他諭令將馬爾他建為「俄羅斯帝國的一個省」，將該島併入俄國。雖然這位帝王缺少力量和鐵腕，但他的雄心不減於自己的祖先，決心要將馬爾他建成一個海軍基地，使其成為在地中海，及至歐洲南部保障俄羅斯帝國利益的核心基地。

保羅一世的這一宏願遭到了英國的迅疾反對，英國出兵攻占了馬爾他的首府瓦勒他，在島上升起了英國旗，任命了島上的英國總督。隨之，這次同盟中的最後一個盟國與俄國分手，至此，這在史書上被稱為的第二次反法同盟解體。保羅一世對於英國的反目懷恨於心，隨與法國接近，試圖與它共同反對英國。說保羅一世收集新土地的雄心不亞於他的先祖，還有個例證：在他被殺前一年，還派哥薩克軍隊遠征印度，試圖將那裡囊括為己有，但力不從心，遠征以慘敗告終。

保羅一世留給兒子亞歷山大一世的遺產是一個變幻莫測的歐洲，一個各強國在對待法國態度與決策上游離不定的外交舞臺。亞歷山大一世面對一系列的對手和強敵：為了使喬治亞、達吉斯坦和亞塞拜然北部徹底臣服，遭到波斯和土耳其的反對；俄國與自己的主要交易夥伴英國的經濟活動遭到了拿破崙的封鎖；土耳其封鎖了博斯普魯斯海峽，俄土之戰的戰火蔓延到摩爾達維亞、瓦拉幾亞和保加利亞……

一八〇四年五月，拿破崙稱帝。他兼併整個歐洲的野心令歐洲各國震驚。於是，歐洲的外交舞臺上開始了新一輪的博弈，這一博弈中的主角是法國拿破崙皇帝和俄國亞歷山大一世。博弈的實質就是：誰來把歐洲各國置於自己的「保護」之下，誰應是歐洲的「盟主」，是沙皇亞歷山大一世，還是法蘭西皇帝拿破崙？這是一場歐洲大陸上收集土地的生死較量。對於亞歷山大一世來講，俄國祖輩所奪取的波蘭以及多瑙河沿岸的土地不能拱手讓給拿破崙，三次瓜分波蘭後建立的俄國西部邊界絕不能東退。俄國需要的是一個帝國，一個歐洲霸主的地位，而不是屈居於拿破崙之下的，甚至是僕從的地位。為了「神聖的土地」，為了「勢在必得的霸主地位」，亞歷山大一世需要一個新的反法同盟，為此，盟友可以是過去的對手、競爭者或敵人。於是，俄國開始由接近法國反對英國轉向聯合英國抗擊法國，最後於一八〇五年組成了俄國、英國、奧地利、瑞典和那不勒斯的第三次反法同盟。

這第三次反法同盟是拿破崙的領土擴張與亞歷山大一世收集土地政策對抗到極點的結果。此外，在亞歷山大一世外交轉向的決策中，他的主持改革新政的「祕密委員會」的成員起了關鍵的作用。而其中的亞當・恰爾托雷伊斯基（Adam Czartoryski）所起的作用更令人刮目相看。這位外交大臣是波蘭人，一位忠誠的波蘭愛國主義者。一七九四年，他的父輩支持科斯秋什柯領導的波蘭起義，這次起義失敗後，葉卡捷琳娜二世恩准赦免了他們的罪行，但將兩個兒子——亞當和他的兄弟送到彼得堡作人質。恰爾托雷伊斯基進了俄國的禁衛軍，在俄國的宮廷中行走，並與當時的皇太子亞歷山大過從甚密，成了好朋友。亞歷山大繼承了皇位後，恰爾托雷伊斯基受到寵信，從祕書、顧問，直至升任為外交副大臣（一八〇二年）和外交大臣（一八〇四年）。

但恰爾托雷伊斯基潛藏的心願就是促使歐洲重組，以恢復波蘭的獨立，把波蘭的疆界推進到俄國三次瓜分前的那條邊界線上去。所以，他在主持外交工作中，不斷向亞歷山大陳述一個概念：恢復獨立的波蘭與俄國的切身利益悠切相關。恰爾托雷伊斯基將一個重要的戰略概念灌輸給了亞歷山大一世。他在給亞歷山大的一封報告中這樣陳述：「現在，俄國的注意力不應死盯在波羅的海和德國的北部，而應該在巴爾幹、地中海和近東。俄國必須緊急在伊奧尼亞群島派駐自己的軍隊並強化地中海艦隊。俄國還應該強化對巴爾幹半島的軍事干預並將軍隊集中於摩爾達維亞公國的邊界。」「祕密委員會」的其他三位成員：斯特羅甘諾夫（Pavel Stroganov）、科丘別伊（Viktor Kochubey）和諾沃西爾采夫（Nikolay Novosiltsev），在俄羅斯帝國的收集土地以及戰略方向的轉向上都具有大致相同的看法。他們是俄國作為盟主的第三次反法同盟的支持者和核心力量。亞歷山大一世決定與英國、奧地利結盟、向拿破崙宣戰，顯然受到了恰爾托雷伊斯基戰略思想的直接影響。

但是，這第三次反法的較量以同盟者的失敗告終，亞歷山大無法以戰爭來阻止拿破崙的領土擴張。一八〇五年十二月二日的奧斯特里茨一戰，決定了這次同盟者的屈辱命運。這場命運之戰是在奧斯特里茨（該城當時位於東普魯士，現在俄羅斯的加里寧格勒州）城下進行的。當俄奧反法聯軍抵達奧斯特里茨城下時，統帥庫圖佐夫堅決反對在這裡打一仗。他的理由是：此戰非時，而且小城奧斯特里茨地區不宜於打大仗，若打起來，俄奧盟軍必將受到重創。他建議，軍隊後撤，拉長法軍的戰線，然後從側翼給以致命的打擊。但是，親臨戰場指揮的兩位皇帝——亞歷山大一世和奧地利皇帝法蘭茲二世（Franz II）卻認為是機不可失。

而另一個皇帝拿破崙卻是個很有心計的人，他通過各種途徑散布謊言：他是渴求和平的，法國軍隊士氣不振，不能作戰了，並且派出使節去見亞歷山大一世求和。亞歷山大一世相信了，真的派出了一位年僅二十八歲、毫無政治、外交談判經驗的多爾戈魯科夫公爵去見拿破崙。多爾戈魯科夫向亞歷山大報告了談判的情況，說：「拿破崙害怕打仗，他的軍隊裡混亂不堪，軍心動搖，他已經完全失去了對自己軍隊的控制。」亞歷山大接到報告後大喜，立即下令進攻拿破崙的軍隊。而此時此地的拿破崙已經做好了迎戰的準備，並及時記下了對這位俄國「紈袴子弟」多爾戈魯科夫的評價：「這個吹牛的黃毛小兒竟敢這麼說話，就好像我不是一位皇帝，而是他要流放去西伯利亞的一個貴族。」

奧斯特里茨之戰一結束，「三個皇帝之戰」中的兩個皇帝——亞歷山大一世和法蘭茲二世就再次相向而立，自尋生路。法蘭茲二世在戰後的第二天就親自去見拿破崙求和，隨後簽訂了奧法和約。一度被俄國收集到手的萊茵河沿岸成了拿破崙的囊中物，進軍巴爾幹和地中海的宏願不能實現，亞歷山大一世對此心不甘。於是，他著手拼湊新的、第四次反法同盟。這次不是奧地利了，他的目光對準了普魯士，而此時的普魯士正處於法國大軍的兵臨城下之圍，普魯士國王腓特烈・威廉三世（Friedrich Wilhelm III）期望在與俄國的結盟中收復失地。一八〇六年秋天，以俄國為首的、由普魯士、英國、瑞典和薩克森參加的第四次反法同盟成立，俄軍與普魯士軍隊對拿破崙展開了軍事行動。但面對大量的、勢如破竹的法國軍隊，普魯士慘敗，腓特烈・威廉三世隻身逃亡，而俄軍也在一八〇七年六月二日在弗里德蘭之戰後遭到法軍毀滅性的打擊，潰不成軍，法國大軍直逼俄國的界河——涅曼河。

第四次反法同盟失敗，亞歷山大一世派大臣洛巴諾夫－羅斯托夫斯基（Dmitry Lobanov-Rostovsky）去與拿破崙談判。拿破崙拒不接受，撂下話：「我只與俄國皇帝談判！」亞歷山大一世不得不親自跑到了涅曼河中的一個木筏上與盛氣凌人的拿破崙見面。河的對岸是蒂爾西特城，而這一岸是俄普的陣地。兩個皇帝見面的結果是簽署了《蒂爾西特和約》（Treaties of Tilsit）。根據這一和約，勝利者拿破崙和失敗者亞歷山大一世重新畫分了歐洲的國界：普魯士所占領的大片土地歸屬拿破崙，俄國新收集到手的伊奧尼亞群島重歸法國，而法國建立了一個臣屬自己的「華沙公國」，作為與英國的「緩衝地區」；俄羅斯帝國的土地大大減少了，國界線退到了涅曼河邊；俄國與英國的經濟夥伴關係受到了法國的嚴厲制裁。也許，可以用一句話來概括這份和約的核心內容：俄國不得不承認了拿破崙所占領的土地現狀以及難以抗拒這種趨勢向俄國境內發展的前景。

更為重要的是，《蒂爾西特和約》有一個主要的條款，也即一份密約，當時並未公布，其主要內容是：俄國和法國保證，在遭遇任何進攻和防禦性戰爭時，只要情況需要就相互支援。這個密約的重要性就在於，表面上看來，俄國與法國是對手、敵人，但實際上拿破崙和亞歷山大在收集土地這一點上達到了一種共識：收集土地，也即領土擴張，對手可以一定的條件下，一段時間裡，容忍各自的「勝利果實」，畫定一條特定的界限，雙方可以在這條界限的兩邊積蓄力量、等待戰馬奔馳、兵戎相見的時刻。《蒂爾西特和約》就是這樣一條臨時的線，對亞歷山大一世來說，此線以西的土地，我暫時管不了，你拿破崙去稱雄吧；而此線以東的土地仍在我的統治下，我是這裡的霸主。而對拿破崙來講，他站在涅曼河的木筏上與亞歷山大一世握手言歡時，眼睛是瞄著那岸的俄國土地的，他的目光甚至看到了東正教堂林立的莫斯科。

《蒂爾西特和約》是亞歷山大一世執政的一個重大里程碑，它標誌著俄羅斯帝國傳統的土地收集政策進入了歐洲地緣政治的新範疇。在這個新範疇中，收集土地的對象越出了一國之內的種族、民族的限制，從收集弱者、臣屬的土地轉而到與強者、同為領土收集政策實施者的血腥爭奪和大規模戰爭。從繼位到簽署《蒂爾西特和約》，亞歷山大一世在外交舞臺上的運籌帷幄都是圍繞著俄國的土地和霸權這個主線的。在羅曼諾夫王朝歷來簽訂的停戰條約或和約中，都會有各種各樣的附加條件，而在《蒂爾西特和約》中如此明確規定雙方在遭受侵略或侵略他國的戰爭中相互支援的條款，卻是開創了一種先例，其後的俄國統治者們都把這種和約的表面光亮與密約的勾心鬥角巧妙地結合在一起，做得和執行得愈來愈微妙和狡黠。

《蒂爾西特和約》還表明，俄羅斯帝國與他國的結盟都不可能是永恆的。為了追求自身的利益，盟友既可順勢利用，也可暫態被拋棄。無論是與奧地利的結盟，還是與普魯士的結盟，作為盟友的俄國都是不可靠的，儘管奧地利和普魯士與俄國的結盟也是為了利用俄國的力量和威望來擴張自己的領土。亞歷山大一世的土地收集政策再次證明，在帝皇們之間，在強國與霸權的殘酷爭奪中，互利的局面和雙贏的結果不是泡沫似的空話，就是存心騙人的謊話。

《蒂爾西特和約》是一條臨時的霸權分界線。亞歷山大一世不會止於此，反對法國的擴張和拿破崙的野心與霸權，再次結成反法同盟，最後與拿破崙決一死戰，是他須臾不能捨棄的執政目的。而拿破崙更善於笑裡藏刀，一八一二年六月二十二日，當他的大軍進逼涅曼河邊的俄國國界時，他壓抑不住狂喜，豪言張口即出：「如果我占領了基輔，我就抓住了俄國的腳；如果我掌握聖彼得堡，我就抓住了俄國的頭；一旦占領莫斯科，我就擊中了它的心臟。」

俄法兩個帝國、兩個皇帝之間的一場大戰、惡戰在所難免，他們對歐洲大陸土地和權威的再次瓜分，必將導致俄法關係以及整個歐洲大陸地緣政治的重組。

高加索

33 兼併喬治亞

葉卡捷琳娜二世——保羅一世——亞歷山大一世

《蒂爾西特條約》並沒有結束俄法之間領土和霸權的爭鬥，相反，雖然俄法雙方承擔了「盟國」的義務，但這些祕密條款也只是為兩個帝王提供了喘息的機會。兩隻猛獸仍隱伏各自的角落裡，虎視眈眈著他日的生死較量。亞歷山大一世因這一和約和「結盟」而失去了不少東西，但他獲得的機遇和時間卻要多於拿破崙皇帝。

羅曼諾夫王朝的土地收集歷來是立足於全方位拓展的：西有波蘭、立陶宛之界，西北有波羅的海沿岸土地，東有西伯利亞和遠東、太平洋的無邊疆域，東北有堪察加的荒原，北有北冰洋的未開發之地，南有裏海、亞速海、黑海的浩瀚海路，東南有君士坦丁堡、地中海的通往世界的神聖窗口。時間不同，掌權的君主決策各異，兵力、國力所提供的保證有大有小，因之，一定時期的土地收集方向會隨之發生變化，有輕重緩急之別。但是，歷代沙皇們從來沒有放棄過收集土地的國策。到了葉卡捷琳娜二世時期，這位女皇以極大的力量，把收集土地的方向集中到了俄國的南疆，也即集中到了裏海、亞速海、黑海、地中海一線。

收集土地的方向發生重大的轉移，這是俄國君主更強烈地覬覦和爭奪大國霸權地位的深層訴求。如果說，葉卡捷琳娜二世之前沙皇們的目光更多地集中於波羅的海沿岸和烏拉爾－西伯利亞方向上的話，那葉卡捷琳娜二世在實現「新俄羅斯計畫」、三次瓜分波蘭的進程中，就逐漸把收集土地的目光更多地專注於俄國的南疆，把大高加索山脈以南的土地囊括進俄國的版圖就成了這位偉大女皇的新目標。

那時，在大高加索山南麓的土地上，從裏海邊的巴庫到西北去的喬治亞和亞美尼亞的大片土地上，有著一系列的公國和「汗國」。幾個世紀以來，它們都處於俄羅斯帝國與土耳其、波斯的爭奪之中。此外，這些公國和汗國還不斷與來自西南部，即亞塞拜然北部和達吉斯坦的各部族進行爭奪草原和資源的內訌與戰爭。因此，在一段相當長的歷史進程中，它們或是依附於土耳其、波斯，或是在俄國的保護下求其生存。早在一七八三年，當時喬治亞東部存在一個卡特爾－卡赫基亞王國，國王叫伊拉克里二世（Heraclius II of Georgia）。這位喬治亞國王懼怕土耳其和波斯的進攻，又擔心在內訌中王位不保，通過當時掌控高加索的波將金公爵，請求沙皇俄國的保護。這一年的八月初，卡特爾－卡赫基亞王國與俄羅斯帝國在北高加索的格奧爾基城簽署了《格奧爾基條約》（Treaty of Georgievsk），俄國為首簽署的就是帕維爾・波將金公爵。

伊拉克里二世請求的是純粹的保護，而不是歸降俄羅斯帝國，但簽約的結果卻是卡特爾－卡赫基亞王國完全成了俄國的臣屬、附庸。這份條約的幾個主要內容是：俄國承認接受對卡特爾－卡赫基亞王國的保護，但條件是它必須放棄獨立的外交政策；葉卡捷琳娜二世保證喬治亞東部領土的完整，但喬治亞軍隊要效忠俄國女皇；俄國承擔了發生戰爭時將對喬治亞予以保護，但俄國在和約中堅持了「土地」回歸的要求，即要將「自古屬於該喬治亞王國的土地」還給喬治亞。當卡特爾－卡赫基亞王國臣屬於俄國時，這種土地的回歸事實上也就是向俄國的回歸。因此，這份條約的核心就是，這個喬治亞東部的王國失去了獨立自主的外交權和在戰爭與簽約時的國家大權。這是一份完全有利於俄羅斯帝國的條約，一個一箭雙雕的條約：既削弱了波斯和土耳其在高加索的影響與實力，又使東喬治亞成為俄國的實際附庸，讓同樣信奉東正教的喬治亞成為對抗來自土耳其、波斯和英法的伊斯蘭教和天主教的前哨陣地，為俄國實現「大東正教帝國」創造條件。所以，俄國的史學家一直這樣書寫這段

位在東喬治亞哥里的哥里堡壘，首建於十三世紀，十九世紀初俄羅斯占領喬治亞後，則由俄軍駐守。（John Slava Pei）

歷史：自此，東喬治亞自願臣服俄羅斯帝國，那些「自古屬於東喬治亞的土地」也就順勢「自古屬於俄羅斯帝國」。

在《格奧爾基條約》簽署後，俄國對卡特爾－卡赫基亞王國進行了全面的控制，從莫斯科派往喬治亞的官員、使節、軍隊絡繹不絕。於是，俄國在連接南北高加索的一條古道上修建了「喬治亞軍路」，該路始自俄國新築的城堡——弗拉季高加索[1]，直通卡特爾－卡赫基亞王國的首府梯弗里斯[2]。

在其後的數年中，東喬治亞並沒有處於臣屬俄國的平穩與安定之中。到了十八世紀九〇年代，東喬治亞以及整個高加索血腥的內訌與戰爭此起彼伏。波斯、土耳其和俄國對高加索的爭奪日趨激烈。波斯的新阿沙——阿迦・穆罕默德汗（Agha Mohammad Khan Qajar）開始積極爭奪高加索，派出侍臣到各個汗國，以戰爭相威脅，要他們臣屬波斯。首當其衝的是亞塞拜然北部的各個汗國——巴庫汗國、傑爾賓特汗國、卡拉巴赫汗國和舍金汗國等，再遠一點就是東喬治亞的王國。一些汗國，卡拉巴赫汗國和舍金汗國等不從，被波斯大軍所滅，而巴庫汗國和傑爾賓特汗國不得不向俄國求援。巴庫的胡笙古魯汗（Huseyngulu Khan）請求俄國保護。

一七九五年十二月，葉卡捷琳娜二世下令接受巴庫汗國的臣服。在有關巴庫汗國臣服俄國的協

1　位於今北奧塞梯，即「占領高加索」。
2　即今第比利斯。

議中，寫有這樣幾條：「第一條，汗及其繼位者的汗的封號須由皇帝陛下核准。第二條，汗在沒有事先取得高加索防線司令官同意的情況下，不得在重大事務上與不臣屬於俄國的周邊的汗們接觸。第三條，給俄國商人提供優惠利益。第四條，將擱淺於海岸的船隻連同貨物全部地，在適當時候交還船主。第五條，要讓一艘俄國船永遠停留在巴庫港。第六條，在審理俄國人與波斯人以及其他人的商界事務時不得只有巴庫長官一人，而要與俄國領事同辦。」

這份協議書很清楚地表明，對於俄羅斯帝國來講，所謂的保護，就是要接受保護者完全臣服沙皇，聽命於俄羅斯帝國的意志。在這種表面光亮的「保護」言辭下，占有和剝奪就是實質：受保護者不僅沒有了處理自己汗國的內外事務之權，而且在汗國內，俄國和俄國人的利益是首位的，獨立的管理、司法權也被勒令要與俄國領事「同辦」，沒有駐地司令官的同意，汗什麼事也不能辦理。

所以，汗國在桌面上的協議之後的遭遇就可想而知。一七九六年春天，葉卡捷琳娜二世下令派大軍向巴庫征討，要把紙面上的東西付諸實現。統領大軍的是葉卡捷琳娜二世最後一位寵臣普拉東・祖博夫（Platon Zubov）的哥哥瓦列里安・祖博夫（Valerian Zubov）。在他的大軍進駐到離巴庫二十俄里的地方時，胡笙古魯汗派來使節向祖博夫表示：「汗率領自己的全部奴僕聽命於女皇的意志。」而當俄國大軍兵臨巴庫城下時，胡笙古魯汗親自出城，將巴庫城的鑰匙獻給了祖博夫。而這位俄國將軍並不滿足於此，立即下令以步兵、馬隊和野戰炮部隊組成的大軍迅速占領巴庫。與此同時，將裏海艦隊封鎖住了巴庫灣。到此，俄羅斯帝國保護巴庫汗國的進程大功告成：

俄國以軍事占領的方式完成了對沙皇宣誓效忠的「保護」，以封鎖、隔絕的手段實施了俄國經典的「自願臣服」。

巴庫是俄羅斯帝國爭奪高加索的重要一步，葉卡捷琳娜二世如此急切地征討和占領巴庫，根本的原因有三：第一，巴庫灣一帶有著極其豐富的油田，蘊藏著不可估量的石油，這是一筆巨大的財富。俄國與土耳其、波斯爭奪高加索的不可捨棄的經濟目的就是這裡的石油。且這裡還有許多盛產優質鹽的鹽湖，對於俄國來講，莫斯科周邊地帶缺少的正是這種鹽湖和鹽礦地。爭奪與控制鹽的生產與貿易一直是俄國商人和政府的重要議題和日程上的大事。第二，巴庫的戰略地位十分重要，它背靠大高加索山脈的崇山峻嶺，面對廣闊的裏海。歷來都是土耳其、波斯登陸高加索的橋頭堡，也是沙皇們擴展南疆勢在必奪的灘頭要地。第三，只要占領了巴庫，亞塞拜然北部的各個汗國就會控制於手。巴庫的北部是喬治亞，喬治亞的西部是黑海，而北部則是難以逾越的大高加索山脈，巴庫汗國被「臣服」，土地被占領，從喬治亞直至黑海邊的巴統，就有了一條無法攻破的戰略線。

在「臣服」巴庫汗國的同時，俄羅斯帝國也在解決東喬治亞的問題。一七九五年的九月，東喬治亞的卡特爾－卡赫基亞王國的伊拉克里二世拒絕了波斯阿迦．穆罕默德汗的威脅，相信俄國會根據《格奧爾基條約》來保護自己的王國。但是，俄國遲遲不發兵來保護這個王國，而七十五歲的伊拉克里二世雖有眾多兒子，但也無人可領兵馳援。於是，這位國王只能親率弱將殘兵抗擊波斯大軍，其結果是大敗，國王被圍，險些喪生，波斯軍隊攻進梯弗里斯。波斯汗的這一勝利動搖了俄國在高加索剛剛取得的一些進展，不僅令巴庫汗國臣服的美好前景有再失去的危險，而且深刻影響到俄國在高加索收集土地的大計。只是在這時，一七九五年五月，承擔「保護」職責的葉卡捷琳娜二世才諭令對波斯宣戰，出兵東喬治亞。但是，這位女王的驟然死亡中斷了俄國對東喬治亞的「保護」。

葉卡捷琳娜二世駕崩後，保羅一世將俄國軍隊撤出了巴庫汗國，也停止了對東喬治亞的「保護」。而卡特爾-卡赫基亞王國內也發生了重大變故：七十八歲的老王伊拉克里去世，他的兒子格奧爾基十二世（George XII of Georgia）繼位。新王鑑於無力與強大的波斯抗爭，又困於自己的兒子們爭奪繼承權的紛爭，只好再次向俄國請求保護。格奧爾基對自己派去聖彼得堡的使節說的話十分淒涼：「把我全部的王國和我全部的所有都給他們吧，這是真誠的，虔誠的犧牲，祈求的不僅是至高無上的俄國皇帝神座的保護，還得竭盡全力要他們的權力和照管，目的是，雖然從此時起王國可認為是屬於俄羅斯帝國的了，但它應擁有俄國其他地區所享有的同等權利。」對這種「保護」，格奧爾基還是有前提條件的：「不能在王國內終止我的王的封號，要准予承繼我祖先的辦法來治理王國。」

保羅一世雖然與母帝相向而立，但作為羅曼諾夫王朝的繼承人，在收集土地這件大事上不僅不糊塗，而且深有心計。對待格奧爾基十二世的「保護」請求，保羅一世先下了一步棋：他挑選九〇年代初在組建庫班和高加索軍隊中立了大功的拉紮列夫（Ivan Lazarev）將軍統領軍隊，沿「喬治亞軍路」，急行軍至梯弗里斯，將格奧爾基十二世及其子女控制於手。拉紮列夫奉皇諭以各種手段，瓦解了格奧爾基的繼承人們的不滿與反抗。與此同時，保羅一世還往喬治亞派去了「喬治亞事務全權大臣」科瓦連斯基（Pyotr Kovalensky），讓他掌控對這個王國的全部事務管理。

在這樣「穩定」了東喬治亞的局勢後，保羅一世才答應了格奧爾基的請求。一八〇〇年十二月二十二日，這位沙皇諭令，宣布永遠接受對喬治亞的「保護」。但在這份詔諭中，保羅事實上並沒有接受格奧爾基的前提條件。沙皇所宣布的是：廢除東喬治亞的這個王國，將其變為俄羅斯帝國的一個邊疆省分。一八〇一年一月三十日，保羅一世的《俄國兼併喬治亞詔書》公布。詔書用最美麗的言辭對被兼併的喬治亞做出了誘人的保證：「我帝王金口玉言，宣布將喬治亞王國永久合併於我帝國之內，這不僅使每個人能得到屬於他的全部權利、尊位和財產，而且上述地區的各族民眾也都能得到自古以來俄國臣民所享受的那些權利、自由和尊位，亦如我的先祖恩賜之保護。」

而事實並非如詔書所示。詔書在梯弗里斯公布後，拉紮列夫將軍立即逮捕了格奧爾基的所有皇子，勒令他們放棄王位，遷居到俄國內地去。隨後，拉紮列夫還面對格奧爾基的遺孀馬麗亞姆（Queen Mariam），嚴令要她也要遷居到俄國去。馬麗亞姆憤懣回到後宮。次日，她召見拉紮列夫，說是同意去俄國。當拉紮列夫面見她時，她拔出暗藏的利刃，將這位對自己丈夫的王國實施「保護」的英勇將軍刺死於階下。一八〇一年的一月，莫斯科盛典慶祝東喬治亞併入俄羅斯帝國，二月，沙皇的詔書在梯弗里斯公布，而在同年三月，成功兼併喬治亞的保羅一世死於自己的宮廷政變之中。

保羅一世雖突然夭亡，但他兼併巴庫汗國和卡特爾－卡赫基亞王國之舉卻是把俄國對高加索的爭奪推進到了一個新的臺階之上：俄羅斯帝國在與英、法、土耳其和波斯的爭奪中取得了優勢，其軍力、政治控制力和影響力大幅度上升，從西起黑海東至裏海的大高加索山脈最南端的大片土地成了俄國的新邊疆。因而，保羅一世就把一份寶貴的遺產，或者說，最具野心的宏偉戰略計畫留給自己兒子亞歷山大一世。

這個羅曼諾夫王朝歷代君主夢寐以求的戰略計畫雖然宏偉，但它卻不是可以一蹴而就的，雖具野心，但卻是要耗盡以後帝王們的終身精力，甚至生命的。保羅一世兼併了巴庫和卡特爾－卡赫基亞，但這還不是喬治亞的全部。喬治亞有著更廣闊的土地，更多種的部族和民族構成，還有更複雜的信仰。就在這個一八〇一年，喬治亞就包括五大部分：卡特爾－卡赫基亞（首府在梯弗里斯），伊麥列基亞（首府在庫塔伊西），米格列爾和古里亞（位於黑海沿岸）和位於高山區的斯萬基亞。保羅只是兼併了最東邊的部分，還有其他地區仍不在俄國的「保護」之下。因此，兼併整個喬治亞就成了新沙皇亞歷山大一世追求的目的。

在保羅一世時，被任命為東喬治亞駐軍司令的卡爾．克諾林（Karl Knorring）將軍向亞歷山大一世呈交了進一步兼併整個喬治亞的方略。一八〇一年九月十二日，亞歷山大一世發布了自己的《俄國兼併喬治亞詔書》。這份詔書開宗明義的是「俄羅斯帝國對喬治亞王國及其最高政權的保護永遠是俄國君主承擔的捍衛職責」。詔書接著陳述了喬治亞人長期以來所遭受的外族入侵和內部紛爭之苦後說道：「你們在處於如此苦難的深淵中曾不止一次地呼籲俄國的保護……我登俄國皇位伊始，已經被兼併進俄國的喬治亞王國就歸我所有了，一八〇一年一月十八日的宣言已經向全民周知。」亞歷山大重申俄國進一步兼併喬治亞的理由是：在喬治亞若沒有俄國軍隊的存在和介入，那裡的流血衝突就會一直使與俄國人信仰一致的人們遭到滅絕。因此，這位剛登基的沙皇說：「於是，我們在想，看有無可能恢復當初對你們的保護並使你們處於安定和安全之中。」

亞歷山大特別強調：「我們此次重新激起的希望絕不是欺騙。不是為了擴展力量，不是為了私利，不是為了擴展疆土，更不是為了這世上最遼闊無邊的帝國，我們承擔接受治理喬治亞王國的重荷，這是我們共同的尊嚴，共同的榮譽，是人類呼籲我們的神聖職責，是在關注人們的祈禱，這祈禱渴望預防災難不幸，要能在喬治亞實施一種公正的，有個人和財產安全並能給每個人法律保障的國家管理。」

亞歷山大一世的保證是，在喬治亞王國不復存在的條件下，皇子們可以保留自己的封地，在這個從此成為俄羅斯帝國邊疆區的喬治亞，「每個人都將會有自己的優惠地位，都能自由信奉自己的信仰，私有財產都不受侵犯。」從這份詔書公布時起，被確認為是喬治亞一部分的南奧塞梯也一併被兼併進俄國。亞歷山大一世還任命卡爾．克諾林將軍為駐喬治亞的總司令，率大軍就地控制喬治亞的局勢。於是，兼併全部喬治亞，從喬治亞起，亞歷山大一世劍指高加索的行動就拉開了大幕。

34 征討高加索的喬治亞統帥

亞歷山大一世

亞歷山大一世的《兼併喬治亞詔書》是俄國沙皇收集土地的一個轉折性標誌。其一，對新土地的收集不再打著「庇護」、「保護」的旗號，而是明確宣布，帝國對新土地的態度就是「合併」、「兼併」，就是被收集土地的「絕對效忠」和「永遠臣屬」。其二，從收集土地的老辦法，如哥薩克的「探險」和「開拓」、富甲一方的商人和莊園主的支持與合力、談判桌上的較勁和爭鬥；轉為俄國軍隊直接的和血腥的干預、馬蹄與刺刀解決問題，而將軍們、統帥們則上升為收集土地舞臺上的重要工具和主角。

瓦列里安·祖博夫、卡爾·克諾林這兩位將軍所以能先後被沙皇委以「收集」東喬治亞的主要人物，就是因為他們主張採用強硬手段兼併東喬治亞，使其永遠臣屬沙皇。這些被稱之為「帝黨」的強硬派，在保羅一世與亞歷山大一世統治交替之際，將一種戰略觀點灌輸給了沙皇。這個觀點的主要內容是：大高加索山脈是俄羅斯帝國的天然邊界，守住了這條邊界，就守住了俄羅斯帝國遼闊無邊的土地；南高加索是擴大俄國亞速海、黑海沿岸土地的基地和出發點，占領了南高加索就能牢固占領亞速海和黑海並建立可攻可防的亞速海黑海戰線；南高加索的一系列小王國和汗國也是信奉東正教的，讓它們臣服於俄國，不僅能組合對抗伊斯蘭教和天主教國家侵犯的力量，且能在此基礎上建立起一個大一統的東正教帝國。

對於這種局勢，克諾林將軍做出了極為樂觀的判斷。一八〇一年六月，克諾林回聖彼得堡向亞歷山大一世報告：雖然東喬治亞上層人物中紛爭內訌仍然不止，但是總體上來說，這個王國已經完全臣屬俄羅斯帝國，接受俄國的保護，因為他們自己絕對沒有能力再來抵抗土耳其和波斯的進犯，也不可能有實力與俄國軍隊作戰。克諾林的報告極大地影響了亞歷山大一世身旁的兩個重要決策機構——為沙皇新政出謀畫策的、具有改革色彩的祕密委員會和實際為沙皇決策定計的強硬派、被稱為「帝黨」的常設委員會。這兩個委員會在喬治亞問題上原本是相向而立的，祕密委員會主張先進行國內的改革，反對對喬治亞的兼併，主張「保護」，而常設委員會卻是一直堅持，應立即兼併喬治亞，接下來是迅速向南高加索的其他地區進軍。克諾林的報告後，兩派在喬治亞問題上暫時取得了一致意見——立即兼併喬治亞。亞歷山大一世的《俄國兼併喬治亞詔書》就是在這樣的背景下產生的。

克諾林將軍進入喬治亞後，立即命令各地將當地居民集中於一地，在軍隊的包圍與監視下，勒令居民當眾宣誓效忠於俄國，不宣誓者則要受到嚴厲的懲處。在俄國刺刀保護下的東喬治亞表面一片寂靜，但深層動蕩不安，地火在運行。亞歷山大一世的兼併詔書廢除了東喬治亞的卡特爾－卡赫基亞王國，這個王國的子孫們不再有繼承王位的權力，這引起了卡赫基亞的部族首領們的嚴重不滿，他們認為俄國違反了《格奧爾基條約》。於是，一八〇一年七月，首領們在卡赫基亞的基里基城集會，向亞歷山大一世請願要求恢復自己的王國，還選出了自己的新的國王，這一明顯反對俄國的集會有數千人參加。要求恢復王國，就是反對俄國對喬治亞的兼併，這是亞歷山大一世絕不可能接受的。

克諾林動用部隊抓捕了一些「鬧事者」，將他們押解至梯弗里斯，強迫他們當眾宣誓效忠亞歷山大一世。這種鎮壓和高壓手段並沒有平息東喬治亞對俄國的不滿，局勢更為動蕩。此時，在喬治亞問題上，俄羅斯帝國面臨了更為複雜的局面：不僅東喬治亞王國的「遺老」和地方首領不滿於俄國破壞了《格奧爾基條約》，而且俄國對東喬治亞的兼併使其與土耳其和波斯的矛盾進一步激化。一個動蕩不安的東喬治亞不是俄國所需要的，克諾林管理東喬治亞的失敗就在於，他沒有能將兼併後的東喬治亞平定下來。一八〇二年九月，亞歷山大一世召回了克諾林，改派齊齊安諾夫（Pavel Tsitsianov）任東喬治亞駐軍的總司令。

亞歷山大一世給他的詔令是：「你要弄清楚這個邊區的真實情況，和理清那裡亂麻一團的事情，態度要好，要公正，但也要斷然行動，竭力取得不僅是喬治亞，而且還有與它毗鄰的汗國對政府的信任。」沙皇還在詔令中寫道：「我相信，您會深刻理解讓你去效力的事情的重要性，我對該地區規定的辦法你要理解並遵循，也要以您自己的理智去完成您的職責，公平和公正，就像我始終建議和尋求的那樣。」在這份詔令中所強調的是在處理喬治亞問題時要「好態度、公正、公平、理智」，這表明亞歷山大一世在收集喬治亞乃至南高加索土地上的對策與手段發生了變化。這個變化與征討巴庫汗國的俄軍統帥瓦列里安·祖博夫施加的影響密不可分。這個祖博夫是個堅定的「帝黨」，亞歷山大一世的《俄國兼併喬治亞詔書》就是這個祖博夫起草的。當他征討巴庫汗國時，他的手下沒有人能懂這個民族的語言，不瞭解他們的文化、習俗，萬事皆靠武力解決，所以他在喬治亞問題上對亞歷山大一世的獻策是：必須要有一個能懂喬治亞語言，瞭解喬治亞當地情況的「聰明人」來負責進一步兼併整個喬治亞的事情。

最後，亞歷山大一世把目光落在了齊齊安諾夫的身上。這個齊齊安諾夫系出喬治亞的一個叫「齊齊什維利」的望族。但他本人在俄國長大，接受的是這個帝國的教育和傳統。他是個俄國化了的喬治亞人，按照俄國帝王們俄化他族人的做法，其名字也俄國化了，由「齊齊什維利」改名為「齊齊安諾夫」。一個喬治亞的「齊齊」加上了俄國最通俗的「諾夫」，於是一個為俄羅斯帝國作戰、謀福利的俄國喬治亞人（或者喬治亞俄國人）成了一顆新星，在沙皇收集大高加索山脈以南土地的舞臺上冉冉上升。

齊齊安諾夫參加過對波蘭的三次瓜分的戰鬥，指揮鎮壓過波蘭的科斯秋什柯領導的起義；征討巴庫時是祖博夫的親密助手，先後成為巴庫、卡特爾-卡赫基亞的司令長官。有了這樣的經歷，有了祖博夫的信任與支持，更重要的是，他是個完全俄國化了的喬治亞將軍。在宮廷中，在帝王的面前，他曾經申述過對自己的故鄉喬治亞和高加索地區的總的看法：「在亞洲，所有的見解和談判都毫不足道，一切都取決於力量。而在高加索只有俄國能成為這樣的力量。」齊齊安諾夫所接受的是傳統的歐洲教育，而他的出生和身世又使他對喬治亞、高加索的傳統文化和行事方式瞭若指掌。所以，他對帝王的獻策是：治理喬治亞、高加索單靠「歐洲方式」不行，要「歐洲方式和亞洲手段並行」，用他的話來說，就是「要把東方文明架在刺刀尖上」。在齊齊安諾夫的文字和語言中，很少用「喬治亞人」這個詞，而是習慣於用「亞洲人」、「山地人」來代替。

所以，亞歷山大一世在一八〇二年九月任命齊齊安諾夫公爵為阿斯特拉罕總督和喬治亞總司令不是沒有緣故的，它顯示了這位沙皇對俄國力量在高加索決定一切、左右萬事前景的雄心大志。同年十二月初，齊齊安諾夫來到喬治亞，迅速採取了一系列喬治亞人可以接受的措施，取消或暫緩執行了一些他們不能接受的行動，用一種「親善」的面貌對待自喬治亞人以及其他居於此地的各族人。而實際上，他執行的依然是用軍隊、武力徵繳糧食、賦稅，剝奪當地居民財產的措施。與其他俄國司令官不同的是，他雖為喬治亞人，但對自己的同族人——喬治亞人卻是鄙視的，懷有極大的偏見與惡意的。喬治亞人對他的到來寄予極大的希望，給他上書，請求他不要像克諾林將軍那樣實施絕對的俄國化政策，到處殺人放火，別將他們自己的糧食剝奪乾淨。但是，令他的同族人沒有想到的是，齊齊安諾夫卻是發表了下述文告：「你們，這些不守信義的歹人，大概是認為，我是喬治亞人，所以你們才敢這樣寫。我是生在俄國，也長在俄國，我有一顆俄國心。你們等著吧，我會來的，那時，我燒的不會是你們的房子，而是燒你們，把你們孩子和女人的內臟挖出來。你們不交出糧食，就別想安身，但是我要以神的名義向你們保證，如果你們不繳納所需的糧食，你們也就不會有自己吃的糧食。這就是我向你們這些背叛者要說的最後的話。」

在克諾林治理時，東喬治亞鬧鼠疫。所以，齊齊安諾夫到梯弗里斯後首先要做的就是消滅鼠疫，這是亞歷山大一世要他急辦的事。如果亞歷山大一世只停留在鼠疫上，他就不是胸懷大志的俄國沙皇了。他在給齊齊安諾夫的諭令中還明確指示，要他迅速將喬治亞王室成員——那些有繼承王位權的王子們遷居到俄國本土來，以防發生權力的突然變故：「在您的最重要的職責中，您要立即盡力說服、堅決要求，最後採取強制措施，把所有不安分的王子們，特別是達利亞的王后送到俄國來。我認為，一旦發現他們在為其幸福而確立的秩序中不斷動搖，有所圖謀和動作時，要這樣做，這對馴服民眾是主要的措施。」

在馴服了東喬治亞的各個汗國之後，齊齊安諾夫向亞歷山大一世進言：亞塞拜然在俄國與土耳其及伊朗（波斯）的爭奪中，具有極為重要的戰略地位，應當迅速占領亞塞拜然的各個汗國。齊齊安諾夫立即採取了三大措施：一是，迅速、徹底地將卡特爾-卡赫基亞王國的王室成員遷移到俄國去，將這個王國內部（包括曾經屬於這個王國的各個汗國）不服從兼併、試圖復國的力量摧毀。二是，對與這個王國毗鄰的各汗國採取大軍包圍，各個擊破，先以「保護」之名，再達兼併之實的大規模軍事行動。在對達吉斯坦的一系列小汗國的征討中，齊齊安諾夫動用了三個連的步兵和數百名哥薩克騎兵，迫使這些小汗國「自願接受俄國的保護」。隨後就在這些地區建造軍事要塞，控制道路與河流。三是，逐步向西喬治亞進逼，也就是，在齊齊安諾夫的治理下，俄國軍隊開始向亞塞拜然地區的各個汗國挺進。

在齊齊安諾夫征討亞塞拜然的計畫中，甘賈、梅格列爾、伊梅列基亞三汗國是首當其衝的。齊齊安諾夫在給沙皇的呈文中說：「甘賈的戰略地位尤為重要。它是通往伊朗北部各省的鎖鑰之地。占領了甘賈，就可輕取伊朗。」此外，甘賈還有豐富的銅礦、鐵礦。一八〇三年十二月，齊齊安諾夫親率大軍將甘賈汗國的首府甘紮圍得水泄不通，他給甘賈的紮瓦德汗（Javad Khan Qajar）通牒，讓其臣服俄國並公開宣誓效忠，並威脅說，若不從命，則是「火與劍」的結局。齊齊安諾夫是個極為瞭解喬治亞情況的將軍，善於利用當地族人的力量。在攻打甘紮的圍城之役中，齊齊安諾夫利用了近千名的甘賈汗的反對者和亞塞拜然其他汗國的軍隊。結果是，甘紮城破，甘賈汗紮瓦德死，平民百姓也死傷無數，甘賈汗國被滅，被兼併為俄國的土地。齊齊安諾夫還是個極為瞭解帝王心意之人，他把甘紮改為名「伊莉莎白堡」，以表示對亞歷山大一世的虔誠、敬意：因為亞歷山大一世的皇后叫伊莉莎白。

在俄國大軍的威脅下，一八〇三年底，梅格列爾汗宣誓「自願臣服」俄國。齊齊安諾夫的下一個目標是伊梅列基亞汗國。它是西喬治亞的一個有實力的汗國，歷史上很長時間向土耳其納貢。但是，這個汗國所覬覦的是能成為西喬治亞的統治者，所以雖向土耳其稱臣，但暗中與土耳其的爭鬥卻不得不使它數度請求俄國的保護。在一七六九年的俄土戰爭中，俄軍曾攻一度占領了伊梅列基亞的重要軍事要塞。一七七四年的《庫楚克-凱納吉條約》規定，伊梅列基亞不再向土耳其納貢，但是俄國並沒有將占領的軍事要塞還給土耳其。因此，從那時起，伊梅列基亞就成了俄國和土耳其爭奪南高加索的前線陣地、雙方軍事力量不斷衝突的戰場。隨後，它又成了卡特爾-卡赫基亞王國的一部分。

在梅格列爾臣服俄國時，伊梅列基亞汗所羅門二世（Solomon II of Imereti）不願臣服俄國，曾試圖尋求土耳其和伊朗的保護。齊齊安諾夫迅疾率大軍進入伊梅列基亞，強迫所羅門二世簽訂接受俄國保護的條約。所羅門二世的回答是：「我可以臣服俄國，但是要遵循亞洲的習俗：『國王還得是國王』。」齊齊安諾夫重述了「火與劍」這樣的警告，所羅門二世無法抗拒這種刺刀下的「保護」，一八〇四年四月，他與齊齊安諾夫在艾拉茲浩里村[1]簽下了接受「保護」的條約——《艾拉茲浩里協議》（Convention of Elaznauri）。

在「臣服」於俄羅斯帝國的喬治亞的土地上，齊齊安諾夫實施了一系列「俄國化」政策：其一是，喬治亞東正教的俄國化。喬治亞和俄國都是信奉東正教的，東正教是國家政權的核心力量，是人民精神的不可動搖的支柱。俄國在收集土地的進程中，讓被收集土地上的居民在信仰上俄國化是首要之舉。在喬治亞，首先廢除了喬治亞東正教會的獨立教會的地位，改為由俄國的東正教最高會議任命的教區長來管理。所有的教區長都由俄國人擔任，而且他們從東正教最高會議領取薪俸。還嚴格規定，教堂的祈禱必須使用俄語。這就使喬治亞的東正教成為俄國東正教的附庸，居民的信仰也就轉到了俄國化的軌道上來了。

其二是，王國的前貴族和各級官員都失去了從前的尊貴地位，他們原先掌控的政治和經濟上的權利被剝奪。主持喬治亞各級政權機構的幾乎全部是莫斯科派來的人。政權機構中俄國人的大量集結，管理制度的絕對俄國化，讓梯弗里斯絕對服從莫斯科的大一統政策，所有這些使喬治亞的傳統、習俗、道德準則受到衝擊，它們逐漸偏移，直至面臨被徹底摧毀的境地。政權機構的俄

1 今喬治亞瓦哈尼。

國化體現了並且深化了羅曼諾夫王朝長期利用的「以夷制夷」的手段和葉卡捷琳娜二世的「狼牙狐尾」的狡黠運籌，而喬治亞俄國人齊齊安諾夫就成了「以夷制夷」、「狼牙狐尾」政策的勇往直前、毫不留情的執行者。

其三是，喬治亞的農民處境更為艱難。他們承擔了俄國所不斷附加的各種名目的賦稅。此外，還有不堪重負的勞役。喬治亞的農民和農業成為俄國農奴制的殖民地。最後一點是，齊齊安諾夫以軍事管制的辦法控制著喬治亞的一切事務，鎮壓和懲處成為日常的、普遍的現象。

在齊齊安諾夫的統領下，俄軍不斷蠶食西喬治亞的土地，甘賈、梅格列爾和伊梅列基亞的先後臣屬俄國，這大大觸及了伊朗在這一地區的利益。西喬治亞如同一團地火在悄悄地，但猛烈地運行，俄伊兩國都在為一場新的戰爭作準備。對於俄國來講，原先的「喬治亞軍路」已經不能適應對土耳其、伊朗爭奪的需要，修建於一條由梯弗里斯向西的新軍路是勢在必行。這條新軍路要經過喬治亞最長、最險峻的峽谷之一——阿拉赫峽谷，它的環境極其惡劣，峭壁懸崖，遍地溝壑。齊齊安諾夫一進駐喬治亞，就勒令當地的農民限時、快速修建這條新軍路。監工的俄國軍官隨意鞭笞勞役者，俄國士兵姦殺沿線的婦女，再加上饑寒交迫，新軍路上的不滿與騷動頻發。到一八〇四年五月，阿拉赫峽谷的農民終於忍無可忍，爆發了一場大規模的武裝起義。很快這場起義由阿拉赫峽谷擴展到了卡特爾的整個山區，被廢除的卡特爾-卡赫基亞王國的皇子繼承人們也參加進來，匯合成一股強大的反對俄國的戰事行動。到八月，喬治亞沿線的山民都捲進了反俄的起義，喬治亞軍路完全被起義者所控制。

這一武裝起義是齊齊安諾夫不可能接受的。在他看來，起義的山民是暴徒，試圖復國的卡特爾－卡赫基亞等汗的子孫們是背叛了臣服俄國的誓言。就在阿拉赫峽谷起義爆發和擴展的期間，齊齊安諾夫正在忙於對西喬治亞的新的軍事征討，他正率軍兵臨葉里溫城下。齊齊安諾夫一面上報亞歷山大一世，請求派軍隊從北高加索穿越一條最近的達利亞峽谷來鎮壓起義，而他自己則從葉里溫迅速撤軍，返回喬治亞阿拉赫峽谷，兩軍會合，一舉殲滅起義者。結果是，在齊齊安諾夫的統領下，俄軍在阿拉赫峽谷實施了極其殘酷的征討和殺伐，大量的喬治亞當地人被殺害，三百多名起義者被逮捕，喬治亞汗國的皇子們試圖逃亡伊朗，但先後都被俄軍抓獲。隨後，齊齊安諾夫下令將他們全部押送至俄國監禁起來。

面對喬治亞土地上第一次武裝起義的輝煌戰績，齊齊安諾夫十分得意。對他來說，他終身奉守的一個信條又一次變成現實：弱者必須順服於強者，而喬治亞是弱者，俄國則是強者。齊齊安諾夫胸懷大志，他在期待著，或遲或早，俄國總得要徹底地、全面地解決南高加索問題。齊齊安諾夫站在喬治亞的土地上，嚮往著這個俄國的偉大計畫能自己親手來實現……

35 齊齊安諾夫之死

亞歷山大一世

一八〇四年一月，齊齊安諾夫在剿滅了甘賈汗國和殺死了甘賈紮瓦德汗後，在聖彼得堡的沙皇宮廷裡聲名大振，亞歷山大一世給他頒發了「為攻占甘紮效力和英勇無畏紀念章」，同時晉升他為「步兵上將」。同年四月，在臣服了伊梅列基亞汗國，六月與波斯軍隊一戰大獲全勝後，亞歷山大一世又賞給他「聖亞歷山大・涅夫斯基勳章」，這是一個設置和頒發以來，就是為了獎賞和頒發給土地收集進程中的功勳卓著者的。

攻占甘紮城堡是齊齊安諾夫在征服南高加索軍事行動中的光輝之巔，且是他整個軍事生涯中的重要轉捩點。一是，因為甘紮的地理位置很重要，它位於亞塞拜然小高加索山脈的東北麓，與波斯接壤的邊界線上，是通達波斯、亞美尼亞的必經之路，自古以來就是歐亞商隊的集散地，經濟實力在這一地區很是強大。該地尤以手工業製品聞名，生產的紡織品，質地優良輕軟，在中亞和中東市場上被譽為「甘紮絲綢」。更重要的是，甘紮是一個設防的城市，有堅固的要塞，有禦敵的壕溝深壑。奪下了甘紮，俄國不僅有了可以抗拒波斯的要塞堡壘，而且擄獲了大量的武器裝備。占領了甘紮，齊齊安諾夫就有了東北禦敵波斯，南下征戰阿塞北疆南部各汗國的通道。

二是，甘紮之戰強化了齊齊安諾夫征服南高加索的一個基本戰略思想——俄國若要最終徹底占領整個南高加索和在那裡實行真正俄國化的治理，必須先征服眾多的汗國，再去面對波斯、土耳其的進犯與爭奪。而他的這一戰略在此之前並沒有得到亞歷山大一世的最終認可。面對甘紮的勝利，亞歷山大一世接受了齊齊安諾夫的判斷。齊齊安諾夫征服汗國策略的核心就是不僅要廢除汗，更要徹底動搖和剷除產生汗及其治理制度的汗國體制。對於齊齊安諾夫來說，南高加索汗國的臣服不能是暫時的、表面上的、動搖於俄國與波斯等國之間的那種間歇性臣服。這一點，自從他擔任高加索戰線督察員和駐喬治亞俄軍總司令以來，他就不斷向亞歷山大一世反覆陳述這種戰略思想。一八〇二年十二月，

甘紮阿斯凱蘭要塞遺址的景色。此要塞於一七五一年修建，一八〇四年俄波戰爭期間，俄羅斯的營地就在要塞附近。（iStock／IgorDymov）

他在給亞歷山大一世的呈文中這樣寫：「總的說來，汗們和山地首領們的臣服都是假裝的，因為這種臣服並沒有終絕他們的殘暴和劫掠商旅的行為。因此，少一些這樣的臣服，就會少一些對俄羅斯帝國尊嚴的褻瀆。」

齊齊安諾夫的這番進言有兩重意思：一是，他不得不承認俄羅斯帝國在南高加索的臣服政策是失敗的，被臣服的汗國對俄國的忠誠都是虛假的；二是，他在不讓俄國尊嚴受褻瀆的旗號下，進言沙皇要少些這樣的臣服。當然，齊齊安諾夫的這番話裡，還有另一重意思，那就是「殘暴和劫掠商旅的行為」就是汗國經年累月對俄國本土的「奔襲」。不剷除這種奔襲，俄國就不得安寧，也就別想與波斯、土耳其爭奪高加索，甚至黑海沿岸的土地。

齊齊安諾夫所需要的是「徹底的征服」，是將分而治之的汗國土地永遠歸屬於偉大的俄國，使之成為俄國永不可分離、不可退出的統一整體。而在這一點上，他與沙皇卻是完全一致的。因此，在「征服」這個概念上，無論是齊齊安諾夫，還是沙皇亞歷山大一世，都不意味著寬容、仁慈和手軟。尤其是身處兼併各汗國現場的高加索的土地上，齊齊安諾夫的鐵血手腕和毫不留情的言辭決定著那裡的一切、汗國人民的生死存亡。

甘紮之後，齊齊安諾夫加速了這種徹底的、永遠的征服南高加索的進程——消滅汗國，剷除「奔襲」的根源，將南高加索中部的這片土地與裏海連接起來，使裏海艦隊成為陸地上征服的可靠後盾。但這條征服之路並不平坦，甘紮的南邊是卡拉巴赫汗國，這個汗國與波斯接壤，是俄國與波斯爭奪南高加索的橋頭堡，而甘紮的東邊是幾個曾經虛假臣服過的汗國：曉金汗國、舒拉戈爾汗國、什爾萬汗國，這幾個汗國正位於通往裏海的重鎮巴庫的沿途。

齊齊安諾夫的新征程正是從卡拉巴赫汗國開始的，因為卡拉巴赫汗國以及與它接壤的曉金汗國和什爾萬汗國是在這一地區軍事力量最強的汗國，每個汗國都有堅固的碉堡和剽悍的馬隊，尤其是卡拉巴赫汗國，軍事力量更強，其要塞工事可駐紮一萬多名士兵。此外，征服了卡拉巴赫汗國，拿下了曉金汗國和什爾萬汗國，再下去就是巴庫，就可直通裏海了。而占有了巴庫，就切斷了波斯從裏海爭奪南高加索的任何企圖和可能的軍事行動。

一八〇五年，卡拉巴赫汗國易卜拉欣－哈里汗（Ibrahim Khalil Khan）已是八十高齡的統治者。此汗一生久經俄國和波斯間殘酷爭奪的磨煉，儘量保持中立，但不時巧妙地利用俄國與波斯的矛盾以自保。在多年的歷史變遷中，他也曾數度祈求俄國沙皇的保護，最後也以再度倒向波斯或是離開俄國保持中立而結束。齊齊安諾夫與俄國其他的高加索征服者不一樣之處，就是他諳熟高加索人們的習慣和處事方式：他們在強者的爭奪中往往左右搖擺，隨風而安。對於這種搖擺和隨風，需要剛柔兼施，刀槍與談判並用。所以，這次齊齊安諾夫選擇了「談判」——也就是以「親善」的「幫助」和恐嚇並舉的手段，迫使在波斯大軍進犯卡拉巴赫的時機，要易卜拉欣－哈里汗簽訂臣服俄國的和約。

但是，當齊齊安諾夫率軍向卡拉巴赫進發，要與易卜拉欣－哈里汗就「臣服俄國」進行談判時，消息傳到了德黑蘭。波斯統治者法特赫－阿里沙・卡扎爾（Fath-Ali Shah Qajar）擔心卡拉巴赫會落入俄國之手，馬上向易卜拉欣－哈里汗表示親近，應允予以幫助，同時發兵直抵卡拉巴赫邊境。但易卜拉欣-哈里汗沒有接受這種「親近」，而是舉兵抗擊，打敗波斯軍隊於邊境之地。

對易卜拉欣-哈里汗這種與波斯決絕的行動，齊齊安諾夫大喜，認為這是歸降卡拉巴赫的最佳時機，於是致信卡拉巴赫汗，讓其臣服俄國。易卜拉欣-哈里汗謝絕，聲稱他將永守中立，既不歸降俄國，也保證不與波斯為伍。齊齊安諾夫又數信催促，但都遭到易卜拉欣-哈里汗的斷然拒絕，這位汗還暗示他將得到波斯的幫助。齊齊安諾夫終於勃然大怒，本相畢露，給易卜拉欣-哈里汗發去了最後通牒式的信件：「您的來信沒有任何實質性的東西，倒是充滿了波斯式的詭辯，如果您堅持歸附於波斯的政策，那您將會付出自己的鮮血作代價，如同甘賈的紮瓦德汗那樣。我並不期待您的順從和臣屬，也從來沒有期待過，因為我所期望的是，您對波斯的忠誠也不過是隨風即逝的事。」

齊齊安諾夫對強力和權力的信奉這時再次表現了出來。他認為自己是強者，俄國是強者，而卡拉巴赫只不過是一個弱者，與俄羅斯帝國相比，易卜拉欣-哈里汗是一個微不足道的對手。齊齊安諾夫嘲笑易卜拉欣-哈里汗的狂妄自大，拒絕與俄國談判臣服之事，齊齊安諾夫嘲笑說：「世上可曾聽說過，有蒼蠅與雄鷹談判之事，強者本性註定是發令者，而弱者是生來就要聽命於強者的。」

齊齊安諾夫這個強者對弱者的需求，不僅是徹底的、永遠的臣服，而且要弱者永遠地向強者——俄國納貢，這就是強者齊齊安諾夫、亞歷山大一世對南高加索弱者的寬容與仁慈。一八〇三年，齊齊安諾夫在鎮壓了達吉斯坦的一些土著民族後，當地的汗申訴居民窮，交納不起俄國所需要的高額賦稅，齊齊安諾夫這樣回信：「我從你的來信中看出，你的全部保證實質上就是一個欺騙。你哭窮，可你並不窮，如果沒有絲綢，那就首期送來一萬一千銀盧布或者四千兩百三十切爾文金盧布和兩個銀盧布；在十一月一日前要準備好同樣的數額——到那時我就是你的父親，那時我就會證明，什麼叫溫柔的和仁慈的俄國治理。但是，看得出，你並沒有意識到，我對你們血流成河、房舍田地被毀是深表同情的，你等著吧，時刻一到，所有的達吉斯坦人都會被收拾掉，你就不害怕嗎，那你就準備凍死在山間的雪地裡吧。」

在這封信中，齊齊安諾夫還對這位弱者之汗發出了極其恐怖的警告，讓他不要寄希望於那些幫助他的達吉斯坦民眾：「下次你可別再欺騙我了，我會讓你從大地上消失，你將再也見不到自己的村落，我會按照你們的習俗，焚燒一切，儘管俄國人不習慣於焚燒，軍隊沒有占領的我要全部燒掉，那我就住在你的土地上再也不走了。我倒要看看，達吉斯坦人能否幫你把我趕走，他們是否有能力這麼做。你知道嗎，當我給你這個不知感恩的人寫這封信的時候，我熱血沸騰，就像鍋中的開水，所有的成員都狂怒得渾身戰慄——我不會派將軍率兵去你那裡，我會自己去，我要用你們的血淹沒您的土地，而這血色是殷紅的，即是你會像兔子那樣，跑進山谷裡去，我也會在那裡把你逮出來，你不會死於刀劍，而是死於酷寒。那些你留下過冬的達吉斯坦人將是這一切的見證者，但也同樣會死去；你把糧食帶進了山谷，你也把自己的死亡帶了進去。」

在這封信的最後，齊齊安諾夫稱：「我的偉大的君主已經下令我懲處你，如果你不納貢的話——他還下令告知：如果八月絲綢送不來的話。」

從上述信件裡，可以看出齊齊安諾夫征服南高加索的實質。一是，對各個汗國的所謂臣服都是血腥的，誠如他自己所言，都是「血流成河，房舍田地被毀的」。二是，征服的目的，或者說讓各汗國臣服俄國的目的，從軍事上講，就是永遠的占領，就是把這些汗國的土地作為與波斯、土耳其爭奪黑海沿岸土地的橋頭堡和根據地，而經濟上的目的就是劫掠這些土地上的財富、資源，而其中的絲綢和黃金是首當其衝必須繳納的。三是，始終把俄國看成是南高加索各汗國的拯救者、施恩者，把刀劍造成的鮮血之河和焚燒一切的荒涼說成是俄羅斯帝國對高加索人民的「救助、寬容和仁慈」。四是，誰不滿，誰反抗，誰不忠於「臣服」的諾言，就是死亡。但所有這一切，齊齊安諾夫都用了最冠冕堂皇的話來掩飾：「儘管俄國人不習慣於焚燒！」

齊齊安諾夫，以及他承命的俄國沙皇給南高加索各汗國提供的這種「拯救」處方，是個死方子。所以，他對所有反抗他的軍事行動，對俄國的臣服「三心二意」的汗國反覆的警告總是一樣的：「我要再說一遍，你們要記住，我不會刀劍出鞘，但是我要告訴你們，你們生長的土地，你們祖先的埋葬之地，你們的親屬教養你們的地方，你們再也回不去了，你們再也不會看見自己的房舍，那些曾是你們過安靜生活的藏身之地。」

而在甘紮戰役之後，齊齊安諾夫的警告又加上了，「莫學甘賈的紮瓦德汗！」卡拉巴赫的易卜拉欣－哈里汗所面對的也正是這種刀劍不出鞘，但危機四伏、殺機叢生的處境，最後他不得不選擇與俄國締結和約，表示臣服俄羅斯帝國。這個條約的全稱叫《丘列克恰伊斯克和約》（Treaty of Kurakchay），於一八〇五年五月十四日簽署，簽署者是代表亞歷山大一世的齊齊安諾夫和「舒沙和卡拉巴赫」的易卜拉欣-哈里汗，因為是在齊齊安諾夫的軍營所在地丘列克恰伊斯克村簽訂的，所以條約以地命名。這份冠以「和約」的條約實質上是一份對俄國單方有利的條約，歷來被史學家稱為「在錘子和鐵砧下」簽訂的和約。

這份十一個條款的和約最重要的條款就是第一條，這是易卜拉欣-哈里汗對俄國的保證：「我，舒沙和卡拉巴赫易卜拉欣汗，以我的、我的繼承人和後代兒孫的名義，莊嚴聲明，永不以任何附屬、任何封號的形式依附於波斯或其他任何強國並以此向普天下宣布，我不承認其他的君主專制凌駕我之上，除了至高無上的俄國皇帝以及俄國皇帝皇位的崇高繼承人和後代兒孫的最高政權，我承諾忠於該皇位，做它忠誠的奴隸，為此根據習俗，我以神聖的可蘭經宣誓。」

亞歷山大一世對易卜拉欣-哈里汗的保證是很簡單和籠統的：「皇帝以自己的和自己繼承人的名義真心實意地允諾，舒沙和卡拉巴赫易卜拉欣汗及其繼承人可放心，將受到平等對待，他們所得到的是對忠君順民的仁慈和可靠保護，將永不會失去。為此至高無上的皇帝保證，汗及其繼承人現有的全部領地將保持不變。」

接下來的條款從一系列方面揭示了沙皇這種仁慈和可靠保護的實質。其一，易卜拉欣-哈里汗的後代兒孫可以繼承汗位，但他們必須得到俄國皇帝的確認，而這種確認需經由駐喬治亞總司令來辦理，「新汗要莊嚴宣誓效忠於俄羅斯帝國並且承認俄羅斯帝國是自己及其繼承人的最高和唯一的政權。」而當今的汗在完成這種宣誓儀式時，必須有俄駐喬治亞總司令、齊齊安諾夫公爵在場主持。

其二，易卜拉欣汗保證：「我承諾，在沒有事先與喬治亞總司令協商的情況下，我不與周邊的領主來往，而當他們派來使節或者送來信函，最重要的是，我要將信函送交總司令並請他做出決定，其次，是要通報駐喬治亞總司令派在我身邊的人並與之商量。」

其三，沙皇在保證汗有自理自己領地的全權時，明確規定：「要在舒沙要塞駐紮五百名俄國軍隊並配置多門大炮，設尉官，在必須加強防衛時，駐喬治亞總司令有責任根據情況需要，擴大該部隊，以軍事手段保衛尊貴汗的領地，因為它是屬於俄羅斯帝國的。」

其四，易卜拉欣-哈里汗「要向位於梯弗里斯的俄國國庫每年繳納八千切爾文盧布，分兩期繳納，二月一日繳納一半，另一半在九月一日繳納」。俄國對卡拉巴赫臣服的賞賜是：一把珍貴的馬刀，一面有俄國國徽的旗子！

其五，將易卜拉欣汗的孫子扣押在梯弗里斯作為人質。條約的措辭是：「皇帝陛下出於特別的仁慈之心，恩賜現在處於梯弗里斯當忠誠人質的汗的孫子每天十枚俄國銀幣。」

這份條約表明，俄羅斯帝國對卡拉巴赫汗國的臣服，事實上就是一種軍事占領；汗國名義上擁有自理的權力，但一切都必須經過駐喬治亞總司令的批准；俄國軍隊駐紮在汗國的首府——舒沙城，控制著汗國的一切，且這支部隊駐喬治亞總司令齊齊安諾夫有權根據情況需要擴大並以戰爭手段保衛屬於俄羅斯帝國的這塊新土地。俄國軍隊駐紮舒沙城的重要性就是：該城不僅有十分堅固的要塞，而它離波斯邊境只有八十俄里，是俄國對波斯作戰的橋頭堡。這那裡是和約，這是約而不和，是一份強者強加於弱者的霸王條款。齊齊安諾夫一手操持的這份和約，其目的正如和約的第十條所寫：「本和約永久有效，自今至永遠不得作任何變動。」

對於俄羅斯帝國來講，卡拉巴赫汗國的臣服是件有極其重大戰略意義的事情。這時，無論在黑海，還是在裏海，俄國還都沒有自己的港口。齊齊安諾夫與彼得堡，與亞歷山大一世的聯繫只有一條唯一的路徑，沿著當年波將金公爵擴建的喬治亞軍路，還要穿越崇山峻嶺的大高加索山。快馬驛站還常常被風雪所阻。開闢港口和航道成了齊齊安諾夫征服高加索的重要使命。卡拉巴赫汗國的臣服使俄國在南高加索有了一個基地，這個基地一是為俄國進而占領整個亞塞拜然地區做好了準備，二是為俄國攻占巴庫，打通裏海之路展開了誘人的前景。齊齊安諾夫在簽署了《丘列克恰伊斯克和約》後，於五月二十二日給亞歷山大一世上書，陳述了這種征服的意義以及他下一步行動的目標：「卡拉巴赫按其地理位置——是亞塞拜然的大門，卡拉巴赫還把喬治亞和巴庫連接得更近了。」

為實現攻占巴庫的軍事行動，齊齊安諾夫以同樣的軟硬兼施的手段，迫使曉金汗國和什爾萬汗國也簽署了幾乎是同樣的臣服俄國的條約。但是，不久，易卜拉欣汗被俄軍殺死，傳出的訊息是：這位汗違背了忠於俄國的誓言，叛逃波斯，途中被擒獲。一八〇六年九月十日，亞歷山大一世批准易卜拉欣的兒子繼承汗位，他的批准詔書是這樣寫的：「您的父親易卜拉欣汗的死訊傳來，我遺憾地聽說了事情的經過。我現在得悉，您不僅一直忠於你們對我皇位所承擔的義務，而且您還對我，對我的軍隊盡心盡力，給予了許多的幫助，您的忠誠的閱歷值得獎賞，為此我批准您為舒沙和卡拉巴赫汗……」

在卡拉巴赫、曉金和什爾萬三汗國「臣服」俄國後，從一八〇三年開始的俄國波斯戰爭（亦稱「俄伊戰爭」）在卡拉巴赫首府舒沙地區又激烈地打響起來。波斯的目的是阻止俄國的進一步收集「屬於自己的土地」，而俄國的意圖也很明確，不僅不能放棄早已「屬於自己的土地」，而且覬覦於更多土地，尤其是出海港口的獲得。

但是，齊齊安諾夫不會停步在卡拉巴赫的土地上，他火熱的眼神一刻不停地盯住東方不遠處的巴庫：奪得了巴庫，俄羅斯帝國在裏海上就會有港口，會有通往黑海、君士坦丁堡的基地。一八〇五年十二月二十三日，齊齊安諾夫率一千六百人的軍事討伐隊出征巴庫，一個月後，俄軍到達了離巴庫兩公里的地方安營紮寨。齊齊安諾夫要巴庫胡笙古魯汗讓俄國軍隊駐紮巴庫，該國的收入歸俄國支配，把自己的長子當人質，無條件交出巴庫，臣服俄國。

胡笙古魯汗深知齊齊安諾夫征服南高加索軍事行動的實質，尤其是瞭解卡拉巴赫等三汗國「臣服俄國」的真實情況，擔心這樣的事情會在自己的汗國重演。於是，一面答應齊齊安諾夫準備臣服，盡力與齊齊安諾夫周旋，另一面與自己的手下——別伊（Ibrahim Bey）和軍隊司令，密商對策，當一切安排停當，胡笙古魯汗回覆齊齊安諾夫，同意接受臣服，交出巴庫成的鑰匙。雙方商定一八〇六年二月八日，在巴庫城門下舉行「臣服」儀式。

這一天，齊齊安諾夫全身盛裝，將亞歷山大一世賞賜的全部勳章和綬帶都當胸而掛，顯然一副亞歷山大一世特使的模樣。他歷來瞧不起弱者，蔑視「蒼蠅與雄鷹的談判」，從來沒有去想弱者可能會反抗，所以沒有帶武裝保衛人員，而是隻身與譯員埃里斯托夫（Elizbar Eristov）公爵以及一名隨從來到巴庫城下。但是，城門緊閉，毫無動靜，寂靜得令他不安起來。埃里斯托夫前去打探並威脅說：「這樣讓皇帝的特使等待是極不禮貌的！」

別伊和巴庫司令開門而出，手捧城門鑰匙以及迎客的麵包和鹽。但齊齊安諾夫拒不接受，說這是胡笙古魯汗該做的事。別伊回答：「胡笙古魯汗擔心生命的安全。」齊齊安諾夫當即說：「那就換個地方，在離城牆一百沙繩的地方有口井，讓你們的汗到那裡去！」齊齊安諾夫當即與埃里斯托夫去了那裡，不一會兒，胡笙古魯汗也走出城門來到井邊。他雙手恭敬地將巴庫城的鑰匙獻給齊齊安諾夫，接著熱情地與齊齊安諾夫擁抱，雙手抱得緊緊的。齊齊安諾夫掙紮著想擺脫這種反常的擁抱。但就在這時，別伊拔槍射擊齊齊安諾夫，齊齊安諾夫當即應聲倒下。而胡笙古魯汗的另一名隨從，以驚人的快速，飛奔而來，用利刃割下來齊齊安諾夫的腦袋，又迅疾策馬返回巴庫城裡。幾乎就在同時，從城裡飛來一騎，拔槍射死了埃里斯托夫。而作為勝利的標誌，齊齊安諾夫的頭顱被懸掛在巴庫城門上示眾多日。

這場謀殺極為迅速、準確，這顯然是胡笙古魯汗精心策畫和準備的。齊齊安諾夫，這位在南高加索正冉冉升起的俄國收集土地的新星就這樣在他意想不到的地方隕落了。關於齊齊安諾夫之死有多種版本，但是有兩點卻是不可變更的：一是，他死於自己的被征服者之手，這不是一般的兇殺，這是不願臣服俄國的高加索人的反抗和復仇；二是，他死於自己的「弱者要永遠聽命於強者」和「蒼蠅不與雄鷹談判」的征服者守則。但在裏海艦隊司令後來給亞歷山大一世的正式報告中，則強調了巴庫汗國的背叛和密謀，譴責他們對忠誠於俄國的承諾的無恥背叛。

不過，齊齊安諾夫之死畢竟是一個標誌，它既標誌著俄國對南高加索的爭奪絕不會止於他的暴亡，一切都正方興未艾，大高加索山下的廣漠土地是打大仗打長仗的好戰場，它同時又標誌著南高加索永遠不會屈服於征服，在歷史的漫漫長途中，「臣服俄國」和「反對臣服」總是一個雙面的命題。

在俄國民族愛國主義盛興的年代裡，齊齊安諾夫就被盛讚為是「征服高加索第一人」、「不朽的俄國人」，有人說：「高加索的動蕩不僅是由於波斯和鄂圖曼人的入侵，還在於其內部不斷的封建戰爭和內訌。只有高加索併入俄羅斯帝國，那裡才會有永久的和平。」也有人說：「在他治理高加索時，它才由一個黑洞變成為俄國收入的源泉。」還有人說：「什麼是俄國人？就是像齊齊安諾夫那樣熱愛俄國並為它效勞的人。」

這種俄國民族愛國主義的情懷感染、薰陶、培育了一代又一代的俄國人，就連「黃金時代」[1]的大家們也難免俗。普希金就寫詩歌頌過齊齊安諾夫和他在高加索的豐功偉績：

我感知那戰鬥是血腥的，
但我謳歌那個光榮的時刻，
我們的雙頭鷹
已騰飛在憤怒的高加索的上空。
在水汽彌漫的捷列克河上

首先是戰雷滾滾
接著俄國的戰鼓轟鳴。
在與荒蠻村莊的搏鬥中
熾烈的齊齊安諾夫挺身而起。

俄羅斯也沒有忘記俄國高加索政策的這位開山鼻祖。二〇一一年，俄羅斯青年出版社出版了齊齊安諾夫的傳記。二〇一六年，報刊發表了紀念齊齊安諾夫〈被陰謀殺害兩百一十週年〉的文章。

1 編注：十九世紀俄國現實主義文學的繁榮時期，被後世稱為俄國文學史的「黃金時代」。果戈里、托爾斯泰（Leo Tolstoy）、杜斯妥也夫斯基（Fyodor Dostoevsky）、契訶夫（Anton Chekhov）等作家都為此時代之代表人物。

36 在高加索戰線不能打盹！

亞歷山大一世

對於亞歷山大一世來講，齊齊安諾夫的暴亡是他從沒有想到過的：被征服者竟然敢於殺死征服者。齊齊安諾夫死後，隨同齊齊安諾夫一起征討巴庫汗國的裏海艦隊的指揮官紮瓦利申（Nikolai Zavalishin）馬上將自己的軍隊撤出，南高加索的俄國軍隊減少了很大的數量。隨之，那種靠「弱者必須服從強者」所造成的「強力」的恐懼之圍在崩塌，一度被俄國軍隊的武力所震懾和屈服的南高加索的形勢瞬間發生激變。在一些曾經宣誓臣服俄國的汗國中，出現了倒向波斯的密謀和行動，在什爾萬和曉金汗國甚至爆發了反俄的起義。波斯軍隊大舉進兵以卡拉巴赫為中心的地區，波斯軍隊的指揮官是波斯國王法特赫－阿里沙・卡扎爾的王子阿巴斯・米爾札（Abbas Mirza），俄國與波斯的戰爭再度熾烈起來。

這時，亞歷山大一世面臨兩個困局，一是俄國軍隊東去裏海之路受阻，二是來自西部的波斯軍隊的進犯再次加強。亞歷山大一世不得不緊急調兵遣將，最終選定了已經被他勒令「解甲歸田」的將軍格拉澤納普（Gregory Glazenap），來擔任高加索戰線的指揮官。沙皇選定他顯然是因為想要有一位能繼承齊齊安諾夫「強力」政策的、具有齊齊安諾夫那樣「鐵血手腕」的軍隊指揮官。

格拉澤納普遠不是庸俗之輩，更不是裝樣子的將軍。

在這次俄國波斯的戰爭中，格拉澤納普一直在齊齊安諾夫的麾下作戰。一八〇四年，齊齊安諾夫在俄軍所占領的高加索地區實施「俄國化治理」，其中的核心就是以俄國的司法行政管理體制來代替當地傳統，並且要以信奉東正教的俄國人擔任主要的司法官員。高加索大山北麓的卡巴爾達、切爾卡瑟和奧塞梯地區發生大規模騷亂，抗議齊齊安諾夫的「俄國化治理」，反對俄國人來管理司法。齊齊安諾夫嚴厲斥責，要他們絕對服從，領主們發誓說一定照辦，而實際上在當地山民的支持下，卻在醞釀更大的騷動。

齊齊安諾夫發出了可怕的威脅：「你們的誓言呢？你們多久沒有殲滅那些動搖不定者了？也許，你們在想，我與我的那些前任們是一樣的？也許你們還沒有聽說過我在這裡的所作所為，我征服了誰，讓哪些人成了納貢者，我以極少數的、所向無敵的俄國軍隊一舉攻克了甘紮碉堡，殺死了多少人，又俘虜了多少人？……我告訴你們，等著吧，我的規矩是刺刀、炮彈和讓你們血流成河；在流經你們土地的河流中，流淌的不是渾水，而是被你們族人的血染紅的水……」

為了讓卡巴爾達人（還有切爾卡瑟人、奧塞梯人）在血流成河中臣服，齊齊安諾夫撤銷了原高加索戰線司令官，調用格拉澤納普。在征服喬治亞西部一些汗國的進程中，格拉澤納普對於這一地區的情況以及山民的動態已經十分清楚，可以說在俄國軍隊的將領中，他是最為知曉齊齊安諾夫征服高加索政策精髓之人。在這方面他與齊齊安諾夫有過密切的書信往來，多次陳述過他對高加索及其山民的看法。他對高加索及其山民有一種本能的歧視，認為高加索就該是俄國治下的地區，就該俯首歸順，而山民是劣等的，只配做順民或奴僕，對他們只能施以強力。所以他說：「這些山民不懂得尊敬，沒有良心，也不值得憐憫。仁慈和大赦都不會產生任何好的結果：他們會把這看成是軟弱和膽怯的表現。」他崇尚武力，主張以戰爭手段解決問題，所以他不同意「和談」，簽署「和約」：「和約——這就是意味著退縮和無力。」

所以，齊齊安諾夫讓他去「平息」卡巴爾達的暴亂時，明確指示：「必須實施恐怖，而且不能受到損失。這是所向無敵的俄國軍隊的第一要務，是它的本分；而對那些不是尋求光榮而是獵物的貪婪掠奪者和野蠻的亞洲人來說，也是他們的應得。」一八〇四年五月，格拉澤納普開始了對卡巴爾達的第一次武裝討伐。在俄國軍隊大兵壓境的時候，卡巴爾達人做出回答，再次重申了對治理的「俄國化」和「東正教化」的抗議：「除了我們的宗教法官，我們不需要其他的宗教裁判，我們不需要其他的治理，不想從俄國皇帝那裡得到賞賜。」

格拉澤納普組織了以庫班哥薩克等北高加索土著居民為主的驍勇先遣隊，隨後以精良武器裝備、有馬隊和大炮的大軍挺進卡巴爾達的溪流、峽谷和山間小路。卡巴爾達人，還有車臣人、巴爾卡爾人竟然聚集過萬人之眾，在溪流、峽谷、山岩間對抗，用弓箭長矛對付俄軍的大炮和槍支。俄軍所到之處焚燒房舍、劫掠牲口、槍殺對抗者。卡巴爾達人最後兵敗，不得不向格拉澤納普投降，請求寬恕。卡巴爾達人同意接受「俄國化」的治理，承認格拉澤納普指定的「法官」，請求寬恕和接受他們對俄國皇帝的臣服，但他們在書信中請求延期一個月實施這種俄國式司法管理，理由是：「必須修復被焚燒掉的房舍，要將自己治下的民眾和牲畜弄回來，而現在由於恐懼俄國人的懲處藏匿在峽谷之中。」

在俄國軍隊槍炮的威脅下，卡巴爾達人的「請求寬恕和臣服」並不是真心誠意的。他們希望得到庫班河那一邊的庫班人的支持。格拉澤納普深諳羅斯古代大公的征服準則，「給順從者蜂蜜和格瓦斯，對不順從者施以火與劍」，於是，他再次組軍進剿，下達的命令便是「給不順從者施以火與劍」。一八〇四年六月，他又一次將卡巴爾達地區山民的反抗鎮壓了下去，亞歷山大一世的大喜，給他們頒發了一枚「二級聖弗拉基米爾勳章」。

對俄國來講，卡巴爾達位於高加索大山的北麓，背靠捷列克河與庫班河，南對以喬治亞為中心的東自裏海西至黑海的廣闊地區。這一地區的重要性，首先就在於它是當時俄國經由高加索大山與喬治亞聯繫的唯一通道，其次是它又與庫班地區組成了一個重要的防區，有著保衛俄國南疆和向南高加索擴展的戰略位置。對此不僅齊齊安諾夫，就是亞歷山大一世也十分清楚。所以，在格拉澤納普「平息」了卡巴爾達地區山民的反抗後，亞歷山大一世給格拉澤納普一封詔書，在對他的軍功給予嘉獎的同時，指令他下一步該怎麼辦。詔書中這樣寫：「我委以您特別重要的庇護之責，採取一切必要的手段，儘快打通高加索戰線與喬治亞的聯絡。如果以強力的軍事手段來徹底實施這些措施需要增加戰線的部隊，在此情況下您可以從哥薩克軍長官普拉托夫中將的團隊中調用歸您指揮，所需數量，由您酌定，我今日已經就此給他下達了詔令……」

於是，在一八〇四年十二月至一八〇五年三月間，格拉澤納普對卡巴爾達地區進行兩次大規模的武裝討伐行動。據俄國史書記載：一八〇四年十二月，開始了第一次懲罰性軍事討伐，「此次行動將所經過的地區破壞殆盡：山村不復存在，儲存的糧食被付之一炬，牲畜被搶走，諾蓋人的游牧之地又重新回到了庫班河的右岸。」在「火與劍」的壓力下，卡巴爾達地區的山民不得不再次屈服，表示歸順俄國。格拉澤納普見狀大喜，趕忙向亞歷山大一世報告：「我相信並且真誠地敢於保證，自黑海駐軍的土地，經庫班河直至大高加索山山脊的這條邊界將會在許多年內平安無事，而外庫班河地區的居民也會記住因其放肆無禮對他們所採取的報復措施，再不敢反覆無常和破壞自己故土的安樂生活，而在其後漫長的歲月中他們無法改變這種生活，鑑此，高加索的邊界將因寧靜而令人賞心悅目。」

但是，卡巴爾達地區的山民對俄國「火與劍」的屈服並沒有經歷「許多年」，就在一八〇四年至一八〇五年代初春，又爆發了規模很大的反俄起義。格拉澤納普聲稱的高加索邊界會在許多年內平安無事的預言無法實現，他在一八〇五年三月上旬開始了對卡巴爾達地區的第二次更為殘酷的懲罰性征剿。在俄國的一些歷史著作和資料報告中，對這次懲罰性武裝征剿的結果都有記載。一則記載是：「格拉澤納普駐紮在克孜-布魯納一帶，在三月中旬之前，每天，討伐隊都要焚燒敵方的山村，轟趕山民……在此期間，卡巴爾達人所遭受的人員和財產方面的損失迫使他們最後不得不表示臣服。主要的首領逃亡庫班，其他的領主和山民宣誓效忠並送交人質。」另一則記載是：「這次征剿的結果是，燒毀了八十個不願臣服的村莊。」

俄國征服卡巴爾達地區的這兩次大規模武裝征剿持續了一年之久，在此期間，除了格拉澤納普的「平息」起義的軍事行動外，卡巴爾達地區蔓延鼠疫，在此境遇下，山民們不得不臣服俄國。

但是，臣服卡巴爾達地區山民的首功應歸於格拉澤納普將軍的「火與劍」。為此，亞歷山大一世在一八〇五年八月特設了一枚金質獎章──「卡巴爾達戰鬥戰功卓著」獎章並配以「聖亞歷山大．涅夫斯基紅色綬帶」。皇帝還授予格拉澤納普一枚「一級安娜勳章」。由此，可見格拉澤納普的「火與劍」的功力是很強的，深得齊齊安諾夫的真傳。也可見亞歷山大一世任用格拉澤納普，來挽救齊齊安諾夫暴亡後喬治亞和卡拉巴赫地區動蕩不安的局勢，是事出有因的。

亞歷山大一世給他的詔令是：給被謀殺的齊齊安諾夫報仇，俄國大軍直搗巴庫。格拉澤納普受命後，就很快確定了重整南高加索這塊動蕩地區的戰爭計畫。在高加索戎馬生涯幾年，他對俄國在這一地區的地位深有瞭解：俄國駐軍不多，但面臨的進犯的波斯軍隊卻要多得多；卡拉巴赫等汗國雖然表示「臣服」，但總是在俄國與波斯間搖擺不定，「臣服」是不徹底的。因此他的戰爭計畫的核心就是兩條線，西，抗擊波斯的軍隊的向東推進；東，在穩定卡拉巴赫局勢的前提下，繼續向東、向裏海沿岸的汗國──傑爾賓特汗國、巴庫汗國和庫班汗國推進，讓這些汗國歸降俄國，以保證黑海的出海口和俄國本土與喬治亞以及整個南高加索戰線的一體化。

對於格拉澤納普來說，遵照亞歷山大一世的詔令，俄軍向東的目的是重新占領巴庫，為被謀殺的齊齊安諾夫報仇雪恨，將俄國的疆界擴展至裏海之濱。而傑爾賓特正橫亙在去巴庫的路上，因此格拉澤納普最關鍵的一著棋就是先要征服傑爾賓特汗國。傑爾賓特位於裏海和高加索大山山前區之間的一條狹長的谷地上，恰似聳立在高山和大海之間的一堵門戶。俄國史籍稱，傑爾賓特是俄國土地上最早出現的城市（早於俄羅斯帝國，甚至羅斯時期的城鎮）。因它雄踞於裏海和高加索大山之間，所以被稱為「裏海之門」，又因它難以逾越，而被稱為「鎖鑰之門」、「鐵門」。傑爾賓特又是東來西去的古「絲綢之路」的重鎮，商貿發達，在高加索地區雄踞一方。而對於俄國來講，傑爾賓特是由俄國本土經達吉斯坦，下至南高加索的戰略通道。誰占領了這一地區，誰就操縱了這條沿裏海之路。所以，傑爾賓特一直是俄國、波斯和土耳其爭奪的地方。在歷次的俄波戰爭中，傑爾賓特都是雙方軍隊鏖戰的戰場。

一八〇六年四月底，格拉澤納普自己統領三千大軍、兩百艘炮船征討傑爾賓特。他還利用亞歷山大一世賦予他的可以調動其他兵馬的特權，讓早已歸降俄國的達吉斯坦大莊園主塔爾科夫斯基（Shamkhal Tarkovsky）協助。格拉澤納普密謀策畫，制定了完整的征服計畫，採取了絕密的突然襲擊行動。六月下旬，俄軍壓境，傑爾賓特汗接到了格拉澤納普的通牒：要麼投降，要麼城毀。塔爾科夫斯基還派人潛入城中，散布俄國軍力強大，沙皇如何仁慈，傑爾賓特汗如何反覆無常，離間居民與汗的關係，鼓動「親俄」的人發動反對傑爾賓特汗的騷亂，歡迎俄軍進城，向亞歷山大一世臣服。一時間，傑爾賓特城陷於一片混亂之中，傑爾賓特汗倉皇逃出城去。親俄人士組織的使團表示願交城投降。

但格拉澤納普雖身經百戰，但卻也害怕齊齊安諾夫的慘劇會在他身上重演。他派六百名剽悍的哥薩克隊伍先行探聽虛實。二日後，他才驚魂未定地來到傑爾賓特城下，讓六百名哥薩克以及與自己隨行的部隊圍住使團，讓他們在「火與劍」下向亞歷山大一世宣誓稱臣，接受傑爾賓特人對他的禮敬和歡呼。一天後，格拉澤納普向亞歷山大一世呈送報告並附送了傑爾賓特城的鑰匙。

再一天後，格拉澤納普率領所有的俄國人做祈禱，高呼：「亞歷山大皇帝萬壽無疆！」又一天後，格拉澤納普下令全城的權貴、賢達人士集中於清真寺，向俄國皇帝宣誓效忠。

面對俯伏的傑爾賓特的「臣民」，格拉澤納普得意於自己的軍功，心感俄國強力之偉大，擺足了勝利者的排場，胸懷壯志，準備即將登上轉戰巴庫汗國和庫班汗國的征程。但是，儘管傑爾賓特被征服，而高加索戰線太長，俄軍兵力薄弱，聲動不能援西，卡拉巴赫、喬治亞以及整個南高加索的土地上，民眾反俄的騷動和起義四起，那些被齊齊安諾夫和格拉澤納普稱之為「貪婪的、未開化的亞洲人」的山民再度開始向俄國奔襲。甚至臣服於俄國的伊梅列基亞汗所羅門也公開反俄。格拉澤納普不僅鞭長莫及，而且更缺少那種統顧全域的魄力。亞歷山大一世不得不又一次換將。這次他起用了在葉卡捷琳娜二世和保羅期間兩次指揮過高加索戰線的將軍、也曾在齊齊安諾夫手下在高加索作過戰的古多維奇（Ivan Gudovich）。沙皇似乎也沒有忽略格拉澤納普。為了臣服傑爾賓特的功勞，亞歷山大一世獎賞給他一個嵌滿鑽石的鼻煙壺和三千盧布的養老金，讓其告老還鄉。

古多維奇早就與格拉澤納普意見不合，所以一就任高加索俄軍總指揮就撤去了格拉澤納普的高加索戰線司令官的職務，任命布林加科夫（Sergei Bulgakov）接替。布林加科夫也早在征戰喬治亞西部各汗國中戰功卓著，在高加索戰線上與古多維奇多年戎馬相隨，一向以顯示強力、征剿快捷在俄軍中聞名。古多維奇給他下達的命令是：迅速占領巴庫，為被謀殺的齊安諾夫報仇。布林加科夫迅疾向巴庫城進發，同時給巴庫汗下達戰表：「俄國皇帝仁慈寬容，趕快投降，否則我將把巴庫屠城一空！」巴庫汗棄城而去，一八〇六年十月初，俄軍占領巴庫城。布林加科夫找到了齊齊安諾夫的遺骸，將其遷葬於一座教堂之中。十一月，布林加科夫接著兵發庫班汗國。庫班汗逃進深山，庫班城被俄軍占領，該城被迫宣誓效忠俄國。

在格拉澤納普和布林加科夫兩位將領的「火與劍」行動下，傑爾賓特、巴庫和庫班地區又一次被俄軍占領，成了名義上的「宣誓效忠」於亞歷山大一世的新邊疆地區，但是在這個一八〇六年，仍不是這些汗國，這些地區，這裡的山民成為俄國的版圖、沙皇臣民的終極年分。波斯、土耳其對這些地區的爭奪遠未停止，何況俄波戰爭仍在進行並不斷升級，而在喬治亞西部的戰火尤為熾烈。

二十萬波斯軍隊在阿巴斯．米爾札的指揮下大軍東進，試圖奪回卡拉巴赫，甚至甘賈汗國的首府甘紮。就在格拉澤納普征討傑爾賓特的進程中，喬治亞西線的指揮官涅波里辛（Pyotr Nebolsin）在卡拉巴赫的邊界重創波斯軍隊，阿巴斯．米爾札不得不撤軍。隨即，曾經臣服的曉金汗國汗為了支持自己的親屬卡拉巴赫汗的反俄，他們合軍向喬治亞的俄軍發起進攻。正臥病在床的古多維奇總司令下令涅波里辛堅決、迅速鎮壓。涅波里辛在強攻下曉金的首府後，把「反叛」的汗國軍隊全部趕進了一個峽谷之中。曉金的軍隊面臨被全殲的危險，不得不投降，願意臣服。當曉金的代表進入梯弗里斯時，涅波里辛讓人在他們的脖子上懸掛馬刀：這既是對自己勝利的誇耀，也是對被俄軍強力征服的人們的羞辱。

一八〇六年，對俄國來說，畢竟是一個標誌性的年分：俄國既「臣服」了裏海邊上的傑爾賓特、巴庫和庫班，有了朝思暮想的港口要塞巴庫，掌控了進入俄國的「裏海之門」，又擊退了波斯幾十萬大軍的對喬治亞和卡拉巴赫的再爭奪。可以說，俄國在南高加索的征服行動有了重大的結果，儘管這種爭奪的結果是以「臣服」的形式定格的，而沒有以「兼併為俄國的版圖」彪炳史冊。不過，歲月悠長，亞歷山大一世的執政還遠未終結，而羅曼諾夫王朝還有幾代強悍的沙皇將要在自己的執政舞臺上立馬橫刀，如猛獸一樣追逐獵物，收集新土地。南北高加索的命運，高加索土地上的曠日持久的戰爭還沒有拉開大幕，好戲還在後頭。

而在一八〇六年，在整個歐洲，不僅俄國與強國波斯戰事連連，還有更大的軍事行動在歐洲本土蔓延，日盛一日。主宰歐洲命運、甚至俄國未來的法國以及它的皇帝拿破崙正對俄國虎視眈眈。這片土地上各強國的合縱連橫在不斷地發生變化，尤其是法國和俄國與他國的結盟或解約就成為爭奪勢力範圍和收集新土地的難以更改的推動力。

一八〇六年，當拿破崙表示要與俄國結盟，從波羅的海沿岸封鎖英國時，亞歷山大一世認為新的機遇來到了：那塊稱為「芬蘭」的土地應該從瑞典人的治下歸屬俄國了……

37 一定要在高加索站穩腳跟！

亞歷山大一世

對於亞歷山大一世來講，在對歐洲土地的收集中最大的敵手就是拿破崙。一八一二年六月，拿破崙不宣而戰，渡過涅曼河入侵俄國，這成了這兩位皇帝之間的終極之戰。從一八一二年六月十二日到十二月十六日，拿破崙以六十五萬大軍的陣勢浩蕩進入俄國，但最後只有一千六百人的殘兵敗將由涅曼河倉皇逃回國內，而拿破崙幾乎是隻身一人跑回巴黎。當一八一三年三月，俄軍攻下巴黎，報了莫斯科被圍被焚之仇後，亞歷山大一世騎著高頭白馬進入巴黎，儼然一身「歐洲霸主」的派頭。

為慶祝這場偉大的復仇之戰的勝利，在巴黎舉行了盛大的閱兵式，亞歷山大一世下令抽調近衛軍士官來演奏軍樂，為閱兵伴奏。行進間，這位皇帝突然聽到軍樂聲與部隊行進的步伐不協調，頓時大怒，立即下令將軍樂隊中的幾位軍官關進禁閉室。而這些被抽調來演奏的士官均來自參與圍攻巴黎之戰的一支驍勇部隊，它的指揮官叫葉爾莫洛夫（Aleksey Yermolov）。當葉爾莫洛夫接到皇帝的命令時，發牢騷說：「近衛軍士官到巴黎來不是為了這次閱兵，而是為了拯救祖國和歐洲。」

這個敢對皇帝發牢騷的葉爾莫洛夫後來成了亞歷山大一世征服南高加索的主將，而且正是這位將軍徹底改變並完善了俄羅斯帝國對南高加索的征討和治理的政策。不講述葉爾莫洛夫在南高加索的所作所為，亞歷山大一世收集土地的全貌就不可能清晰地再現，俄羅斯帝國的南高加索政策的實質也就不會得到充分的解析。

在一八一二年這場俄國人稱之為「偉大衛國戰爭」的進程中，多年來在沙皇收集土地之戰中橫刀立馬的將軍們都暫態轉身，昇華成了血戰沙場的保家衛國的民族英雄。葉爾莫洛夫是其中的佼佼者。他自保羅一世起就忠實執行沙皇的收集南疆土地的政策，並把眼光盯住了大高加索山以南的廣闊土地，並尋找各種關係，希望能讓皇帝派他去指揮這個遙遠的、但極具戰略意義的戰場。

一八一三年，葉爾莫洛夫終於等到了改變了他整個人生，同時也徹底改變了俄國對南高加索政策的機遇。

一八一三年的十月，一紙和約結束了打了多年的俄國波斯戰爭。在卡拉巴赫的小村莊古利斯坦簽署的這份和約的第三條這樣寫：「波斯君主為證明自己對全俄皇帝陛下的誠摯友好之情，特以我的以及我的波斯王位的高貴繼承人的名義，鄭重承認，卡拉巴赫和甘賈汗國、現在已經轉為省的伊莉莎白地區；還有舍金、什爾萬、傑爾賓特、庫班和塔雷什汗國及其如今已在俄羅斯帝國控制下的土地，此外，整個達吉斯坦，包括舒拉格爾省在內的喬治亞、伊梅列基亞、古里、明格列爾和阿布哈茲，同樣，在現確定的邊界之間的財產和土地，即與阿布哈茲相連接的高加索戰線和裏海之間的土地和民眾均為俄羅斯帝國所有。」

在這份被稱之為《古利斯坦和約》（Treaty of Gulistan）中，波斯巴赫承認給予俄羅斯帝國的土地事實上在亞歷山大一世執政的初年，已經先後被齊齊安諾夫和格拉納澤普等強硬派將軍歸降俄國了。但是，高加索地區，尤其是在南高加索的亞塞拜然的西部，是俄國與波斯（還有土耳其）爭奪得最激烈的地方。雙方不斷地打仗，不斷地互有進退，不斷地簽署各種和約，但這些和約又不斷地被撕毀，俄國勝了，一些汗國和地區就臣屬俄國了，而當波斯勝了，這些臣服俄國的汗國和地區又倒戈依附於波斯。從《格奧爾基條約》、《艾拉茲浩里協議》，到《丘列克恰伊斯克和約》無一不是這種反覆無常的政治和軍事較量的結果。而這種結果的最常態就是：名義上歸屬俄國的地區始終處於不斷的對抗和時刻伺機反叛的動蕩不安局勢之中。

在俄羅斯帝國君主和將軍們的眼中，高加索是個「被上帝詛咒的地方」、「給俄羅斯帝國帶來麻煩、災禍和戰爭之地」，因而，也就一直被當作「蠻夷之地」來加以征討，並不想最終背上這個「沉重的包袱」。只是到了葉卡捷琳娜二世時，隨著俄國疆土的逐漸南擴，高加索才被提到了一個新的地位——護衛俄國南疆之必須。在這種情況下，俄國對高加索地區的控制不斷加強：雖然各個汗國名義上存在，但汗的人選和繼承人的決定權操縱在沙皇的手中；在高加索實行俄國本土的治理方式，以驍勇善戰的將軍為高加索各地的地方督軍和最高行政長官，使他們成為名副其實的太上皇；汗國和各地區的收入不再以「納貢」，而是以稅收的形式進入國庫；最後是開始了俄國東正教對這些地區的歸化和信仰統一化的進程。而到了亞歷山大一世的父親保羅一世時，這位對先皇政策懷有叛逆情緒的沙皇突出一招，開始將高加索的汗國和土地兼併進俄羅斯帝國。

這種破天荒的政策轉變所引起的轟動可以說是很大的，其對未來的影響也是深遠的。直至後代許多年，還有俄國的著名史學家稱這位沙皇是「發了瘋的保羅」。所以，儘管如此，直至保羅一世的羅曼諾夫家族的高加索傳統政策是：以武力征剿、殘酷鎮壓為主，輔以收買、親善的手段，終至以和談、和約來暫時穩定那裡的局勢。此起彼伏的爭鬥和戰爭，周而復始的談判與和約，俄羅斯帝國就在高加索這個怪圈中越陷越深。

一八一二年給亞歷山大一世不僅帶來了勝利的桂冠，更重要的是帶來了百年難求的機遇。當他騎著高頭大馬凱旋式地進入了巴黎，昂首闊步藐視歐洲君主時，感覺到了作為霸主的力量、權威和俄羅斯帝國前景的無限可能。與拿破崙周旋多年的經驗使他認識到，要想作為歐洲的霸主，就必須有霸權和霸權地位。而這個霸權既是爭鬥和戰爭的絕對實力，更是國際舞臺上縱橫捭闔的巧妙周旋和強硬立場。有了這種霸權，才能有霸權地位，而一八一二年的俄國尚不具備這種霸權，戰勝拿破崙也只是給了亞歷山大一世一個美麗的幻影。

大國霸權除了政治資源、君主的才能資源外，還必須要有一系列更重要的資源，沒有了這些資源就不可能有持久的霸權，更談不上可以繼承的霸權地位。這些最重要的資源是：自然資源、人力資源、地理環境資源等。在一八一二年戰爭勝利之後，亞歷山大一世的霸權資本明顯增加了。芬蘭的兼併進俄國，不僅擴大了俄國北部的疆域，而且保證了波羅的海一線有更大的安全係數，而在南部，進軍南高加索的需求增大了：高加索所蘊藏的自然資源、人力資源和地理環境資源成了沙皇捍衛南疆、擴大土地收集、建成世代夢想的亞速海－黑海戰略線的必須、俄羅斯帝國政策的一個首選的、須臾不可推遲的目標。此時，出現了實現這一宏偉目標的重要條件——人信資源，這就是一八一二年戰爭的勝利所激起的新俄羅斯愛國主義：作為大民族的俄羅斯民族自豪感和民族意識，作為大國的俄羅斯民族拯救「落後民族」和解放「受壓迫和宰割」地區的救世主使命感。風起雲湧，一時間，這種新俄羅斯愛國主義成了亞歷山大一世及其親臣們決策高加索問題的重要依據。

一八一六年，亞歷山大一世決定派葉爾莫洛夫去高加索。關於這次任命，葉爾莫洛夫在一八一六年的呈文中這樣記載：「有人相告，我得知，我將被任命為喬治亞的長官。要過一個安靜生活的想法馬上就消失了，因為我一直在等待這個異常重要的任命，而在當時按照官職我不可能得到這份榮譽。來到彼得堡後，皇帝像往常一樣對我表示感謝，對我說，要是他沒有證實我自己願意去，他是拿不定主意讓我去喬治亞的，因為他不可能想到這次任命和我自己的願望是一致的。」

葉爾莫洛夫早就渴望到高加索去。他對高加索的看法異於一些曾經主管高加索的將軍，對他來說，高加索不是「被上帝詛咒的地方」，而是具有重要戰略意義的地緣政治基地。為了謀得高加索司令長官的地位，他曾多次上書陸軍大臣阿拉克切耶夫（Aleksey Arakcheyev）和亞歷山大一世的機要祕書等人陳述自己對高加索的看法，懇求他們在皇帝面前美言派他去高加索。葉爾莫洛夫關於治理高加索的進言概括起來就是：俄國不能再靠用封號、金錢來收買汗和部族首領，不能再用臣服、和約的手段來控制高加索了；高加索必須成為俄國不可分離的一部分，守住黑海的一個前哨陣地，要在那裡進行俄國化的治理（軍事的、文化的和信仰的）。

正是葉爾莫洛夫的立場決定了亞歷山大一世對他的任命。為此，亞歷山大一世親自接見了他，宣布了對他的這項任命，交代了他應該在高加索辦理的事情。葉爾莫洛夫寫道：「說了這番話後，皇帝向我講述了他對喬治亞的看法。而所有這一切會令處在我的位置上的許多人感到害怕。」但是，葉爾莫洛夫並沒有詳述亞歷山大的「看法」，只是提到：皇帝讓他兼任與波斯談判的大使，「這件我根本不熟悉的事讓我感到害怕」。

就在這次接見後，在一八一二年的初春，葉爾莫洛夫被任命為負責高加索和阿斯特拉罕各省以及喬治亞民事和邊防事務的總管，並且兼任喬治亞獨立軍團的司令官，同時還受命作為與波斯談判的使節。行前，亞歷山大一世囑咐他：「一定要在高加索站穩腳跟！」

到達高加索後，葉爾莫洛夫所做的第一件事就是對高加索防線（邊界駐軍及設防，了解沿線的汗國和各族居民情況）進行了一次全面的巡視。他得出的結論是：「即使是最為忠實的當地首領也是如此的不可信任，至於我在上面所提到的其他所有的人，對我們更是沒有什麼真心誠意可言。寧靜和某種程度的治理只是靠恐怖維持的，讓部隊駐守各處是必要的。守衛遼闊的邊界需要大量的軍隊，尤其是在遭遇不斷奔襲的高加索戰線。」葉爾莫洛夫還在這份報告中羅列了在高加索全面駐軍的困難：「為保衛國土需要排除一系列極其重大的障礙。山區的地形決定了道路的難以通行，河流湍急，一年中有段時間還不能通行。除了經由高加索的軍路外，其他所有的道路都無法通行，而且也從沒有對它們進行過任何的維護。」

在葉爾莫洛夫的眼中，臣服的高加索是徒有虛名的，俄國軍隊實際上並沒有能控制住這一廣闊的地區，沙皇的治理在一系列汗國和地區裡是被架空的。葉爾莫洛夫把這一切歸罪於前任高加索司令勒季謝夫（Nikolay Rtishchev），說他寬容誤事，無帝國治理意識，重用貪財瀆職之輩。葉爾莫洛夫寫道：「我的前任勒季謝夫將軍對汗過於的縱容姑息：汗非但對什麼請求都不會應允，而且會對請求者施以極其殘酷的刑罰，或者要他們繳納高額到破產的錢財，才能免於責罰。勒季謝夫身邊的人都在利用他的信任，如果傳聞可信，那甚至是他最親近的人也從汗那裡接受珍貴的饋贈和錢財。」葉爾莫洛夫還寫道：「但是，如果勒季謝夫將軍能關注最為重要的行動，那他至少可以不與公然的背叛者和兇犯來往，而他應該懂得，這種來往除了是對罪行的寬恕別無他解。」

葉爾莫洛夫名義上是譴責前任司令員的無能和誤國，但實際上是在點評俄羅斯帝國在高加索的政策嚴重失誤。按照他的實地考察，這種誤差表現為三：一是，沒有在高加索地區實行鐵腕手段，也就是說沒有將高加索徹底征服，兼併為俄國的領土，而是讓汗的政權繼續存在，容忍他們依然各自為政，相互傾軋、爭鬥，在和談、臣服、再和談、再臣服的怪圈中來回搖擺於俄國與波斯、土耳其之間。二是，沒有將俄國軍隊作為占領高加索的絕對力量、恆在力量，面對不變的汗國和各地方政權，俄軍只是一支起到鎮壓職能的「救火部隊」。發生叛變時，俄軍翻山涉水而來，叛變者再次宣誓效忠沙皇後，就又撤軍班師回朝。三是，沒有將宗教信仰的東正教化、文化道德的和社會結構的俄國化當成征服高加索的重要措施。四是，聖彼得堡對高加索沒有一個明確、完整的治理方案。

糾正這些誤差成了葉爾莫洛夫實現「一定要在高加索站穩腳跟」的出發點和歸宿。在葉爾莫洛夫提到議事日程上的所有的行動中，軍隊的部署、強力的使用、滅絕的手段是最為核心的東西。在他看來，高加索的俄軍有兩項須臾不可推卸的任務：一是，占領，永遠的占領；二是進攻，不停地進攻。他在呈文中這樣寫：「在我接手喬治亞兵團的指揮時，我第一眼就看出，這裡的土地太廣闊了，我不能不感到太缺部隊、留下的兵團太少了……在防禦戰中，遼闊的邊界需要相當大數量的軍隊。」

葉爾莫洛夫特別為此制定了一個「平息」高加索的計畫。這個計畫在俄文裡是使用了「умиротворение」這個詞。這是個十分微妙的詞，它既有「平息」，也有「鎮壓」的意思。對於葉爾莫洛夫來說，實際上就是以「平息」為手段，來達到鎮壓的目的。葉爾莫洛夫深知他的前幾任司令官對高加索居民的政策都是以剿殺和焚燒為基礎的，最後的結果是，高加索的居民——那些剽悍、不甘屈服，對高加索險峻的高山、深溝、湍急河流、峽谷、神祕的山中小道和藏身之處瞭若指掌，進出自如的山民——就從來沒有真正臣服過聖彼得堡的沙皇。在對高加索「山民」的看法上，在剿殺和焚燒的手段、看法和具體的實施上，這位新高加索的掌權者與所有的前任都無二樣。

在葉爾莫洛夫的眼中，高加索「山民」都是盜匪、劫掠者，是永遠給俄羅斯帝國及其居民帶來災禍和不幸的奔襲者、殺人犯，是不文明的野蠻人。葉爾莫洛夫的這段話是最能說明他對高加索「山民」及對他們進行治理的實質的：「在野蠻人的眼中，寬容是軟弱的標誌，而我出於仁愛之心，總是無情的嚴厲。一次死刑可以使數百俄國人免於死亡和數千穆斯林免於背叛。」在這段話裡，葉爾莫洛夫用「野蠻人」（азиаты）統稱了所有的高加索人、「山民」，而這個詞並不是這位將軍的首創，是齊齊安諾夫將軍所慣用的語言，也是羅曼諾夫王朝帝王們使用的正式語彙。在這裡，可見俄羅斯帝國高加索政策中歷史傳統是如何的悠久和頑強。

葉爾莫洛夫新政的根基依然是「死刑」（казнь）。他所繼承和引以為豪的是出於仁愛之心的「無情的嚴厲」，所以，他有個座右銘：「任何一次奔襲都不能不受懲罰。」只不過，葉爾莫洛夫更聰明，或者說更狡猾，他在外表上裝作是一個關心高加索民情和疾苦的新督軍。也就在一八一六年的那份呈報裡，他這樣數說他的前任：「我的前任長官有一可恥的行為，我很不滿，需要指出來。舍金汗國的居民，兩百多人吧，因不能忍受汗的兇殘的欺凌和壓榨，來到梯弗里斯。他們的申訴、眼淚和失望不僅沒有打動長官，反而被稱為是反對當局的暴亂分子，許多人遭到體罰，二十多人被當作陰謀策畫者流放西伯利亞。」

葉爾莫洛夫以「仁愛之心」，掩蓋他的「無情的嚴厲」。所以，「平息」就成了他征服和治理高加索的政策的閃亮標誌。在這份「平息高加索計畫」中，葉爾莫洛夫堅持了三個不變的原則：一是，戰爭解決一切問題，武力至上；二是，對「野蠻人」絕不妥協、談判，山民必須投降，效忠皇帝，否則斬盡殺絕；三是，摧毀高加索傳統的社會結構，代之以俄國的信仰、道德準則和生活方式；四是，構築碉堡、中心城市，建成以高加索戰線為主體的統一的防禦與進攻的戰區。

在這個「平息」計畫中，重建和強化高加索戰線，並隨之在高加索長期部署俄軍是核心。重建高加索戰線的下一步，是將此線作為向高加索山地各民族發起毀滅性進攻的基地和設防重地。而高加索戰線的重建是有階段的，先是構築要塞，再是組織進攻的基地，最後是發動毫不留情的進攻性軍事行動。這正如葉爾莫洛夫自己所寫的：「防禦唯一合適的手段是進攻性戰爭；為此，道路有兩條：一是經過埃爾濕地區，那裡有要塞；二是經過卡拉巴赫，那裡雖是山地，但卻是一條通往大不里士的最短的道路。但是，在有大量波斯人和土耳其人居住的情況下，未必能實施進攻性的軍事行動。」

從葉爾莫洛夫的設想來看，「平息」計畫不僅僅是要徹底征服高加索山民，而且，更重要的是要與波斯在高加索的爭奪上決一死戰。葉爾莫洛夫將此計畫呈報亞歷山大一世，充滿著歐洲霸主豪情壯志的沙皇馬上首肯了，再次叮囑出征的將軍「一定要在高加索站穩腳跟」。於是，葉爾莫洛夫迅疾從彼得堡動身前往高加索，高加索的歷史也即將被掀開新的一頁。

38 葉爾莫洛夫：「王國是鐵與血鑄造的。」

亞歷山大一世

一八一六年秋風乍起時，葉爾莫洛夫動身去高加索，目的地是喬治亞首府梯弗里斯。從莫斯科到梯弗里斯有兩千俄里之遙，途中要經過北高加索的首府格奧爾基耶夫斯克。葉爾莫洛夫來高加索有三個久存於腦海間的主觀之見：一是，哥薩克騎兵應是俄軍守邊的主力、核心力量，他尤其關注車臣捷列克河和庫班的哥薩克；二是，高加索軍路應成為守邊擴土的不可更改的戰線，他關注的是漫長兩千俄里上的八十個哥薩克村落和碉堡；三是，在他的眼中，在所有的高加索居民中，車臣人是最兇狠的奔襲者、掠奪者和善於以抓捕人質來與俄軍討價還價的民族，因之車臣地區是最動蕩不安的地區，所以就是他因首先解決的問題。

葉爾莫洛夫在一八一六年的呈文中寫道：「九月，我到達了高加索省的邊界。二十年前，我到過高加索戰線，那時我是炮兵上尉，年紀很輕，在上將祖博夫伯爵的統領下服役，那是一七九六年，這位伯爵指揮一個兵團與波斯人作戰。引起我注意的第一件事，是派來歡迎我的護衛隊，隊員是居住在戰線沿線的哥薩克人。戰線沿線的哥薩克人與其他的哥薩克不同，以特別的敏捷、會使用槍支和善禦馬匹著稱。相反，這次我看到的卻是一些極為年輕的人，還幾乎是些孩子，人員超過半數，他們從沒有在什麼地方打過仗。」

在葉爾莫洛夫看來，軍路沿線的哥薩克人已經難以完成守邊擴疆的重任；軍路地區應是阻擋高加索山民，尤其是車臣人向俄國邊疆地區奔襲的銅牆鐵壁。在葉爾莫洛夫到達格奧爾基耶夫斯克的那個時候，只有這條喬治亞軍路或斷或續地通往高加索。在這條軍路的兩側，是俄軍的兩個重要防區：軍路的東邊是車臣和達吉斯坦，西邊是庫班，這一地區一直延伸至上庫班，並進而通向外庫班。對於這時的俄羅斯帝國來講，保住喬治亞軍路東部的車臣和達吉斯坦的穩定是首當其衝的事情，因為北高加索是俄國南疆的最後一道防線。北高加索地區的動蕩、山民的反抗和暴亂是彼得堡政府最難於處理的棘手問題；失去了北高加索，喬治亞的軍路將被切斷，則帝國向南擴張便是不可能的。

站在高加索的土地上，葉爾莫洛夫面對的是車臣和達吉斯坦地區騷亂不止、喬治亞軍路嚴重受阻的現狀。久存於他腦海間的三個問題現在都集中到了車臣這個節點之上，而偏偏這時卻出現

皮亞季戈爾斯克的葉爾莫洛夫紀念碑。（iStock／AlexStepanov）

了一樁車臣人劫持俄軍官的事件——什維錯夫（Shevtsov）少校被車臣人劫持。多少年來，在俄國的征服進程中，高加索山民的反抗就從未停止過。由於力量的懸殊，山民的反抗往往是採取向俄國駐軍或是官吏採取突然襲擊的方式——在極短的時間裡進行奔襲、搶奪財物、抓捕人質。而在抓捕人質後，則把人質作為與當地駐軍和司令長官進行談判的籌碼。然後策馬飛馳，沿祕密小道，藏進大山之中。而俄政府的反應是：與車臣等山民進行談判，在贖金上討價還價，最後，付贖金，救回人質。

一八一六年二月初，什維錯夫少校度假，在從庫班去基茲利亞爾的路上被車臣人劫持。這條路偏離喬治亞軍路，屬於庫梅爾汗國的土地，但卻是車臣人頻繁出入的地盤。什維錯夫在十二人的護衛隊的保護下浩蕩前進，馬匹上還滿載「戰利品」。車臣人本就仇視俄軍官，現在一見這位目空一切的少校，就迅疾武裝劫持了他，隨後向俄方提出了高額贖金——裝滿十輛大車的銀幣。俄政府慌亂之下，一時竟不知如何處理這一突發事件。而在當地處理此事的仍是尚未卸任的勒季謝夫將軍手下的官員，他們按照老辦法，著手與車臣人談判，由於贖金上的討價還價，人質問題拖延時日，未能得到解決。

發生什維錯夫事件時，葉爾莫洛夫正在彼得堡準備動身去高加索。當他得知地方當局仍要以談判和支付贖金來解決問題時，他當即下令：立即停止談判，斷然拒絕向車臣人讓步、支付贖金。葉爾莫洛夫立即著手以前所未有的鐵腕手段來解決「什維錯夫事件」。他下令將什維錯夫被綁架地區的庫梅爾汗國的汗和領主們抓起來，關進要塞，責令他們去把什維錯夫解救出來，否則就將他們統統吊死。結果是，這些汗和領主終於想辦法將什維錯夫解救了出來。葉爾莫洛夫的這種強硬手段，是俄國當局從未使用過的，是一種以「反劫持，反綁架來對付劫持、綁架」的手段。葉爾莫洛夫的「反劫持，反綁架」是一種絕對的強力舉措，是以死亡的威脅為前提的，是建立在對高加索山民的「必死無疑」的「葉爾莫洛夫法律」基礎之上的。因之，葉爾莫洛夫的這種「反劫持，反綁架」行動也就翻開了俄國征服高加索的新的一頁。

在「什維錯夫事件」解決後，葉爾莫洛夫就把「抓捕人質」作為自己解決高加索問題的重要手段。在他的眼中，所謂的「野蠻人」就是喬治亞東部的山民，因此，葉爾莫洛夫的高加索行動計畫就是從鎮壓和清除這個東部地區的騷動和叛亂為始點的，其鐵血政策也就首先表現在這裡。他在巡視了卡拉巴赫和舍金汗國等地區後這樣說：「王國是鐵與血所締造的，這就像人類是在苦難中誕生的。在歐洲，不經戰鬥，我們寸步難行，而在亞洲，各個王國都必須聽從我們支配。」葉爾莫洛夫所說的「歐洲」，指的是與俄國爭奪土地的伊朗、土耳其以及他們所占領的喬治亞的西部，而「亞洲」則是指喬治亞東部直至裏海的土地。在這裡，葉爾莫洛夫所表達的是，在「歐洲」的爭奪上，俄國尚無足夠的力量來與伊朗、土耳其的擴張壓力對抗。用這位將軍的話來說，就是：「來自西方的壓力令人喘不過氣來。」所以必須從「亞洲」逐漸向「歐洲」推進。

但是，深入高加索虎穴的葉爾莫洛夫並不敢貿然行動，他說：「我不能立即開始採取平息措施。」一八一六年十一月下旬，他在赴任途中，不斷使用「抓捕人質」的手段來「平息」北高加索居民的反抗、暴亂。一八一六年秋末，他來到格奧爾基耶夫斯克附近時，正碰上那裡的卡巴爾達人騷亂。為了保證卡巴爾達地區喬治亞軍路的通暢，他先是將卡巴爾達地區的汗和領主強行召集而來，要他們保證在自己的領地裡不出現搶劫事件，否則將受到嚴厲懲處。他又下令將卡巴爾達汗的子孫及上層人士抓來作為人質，並嚴厲警告卡巴爾達人：不得在喬治亞軍路沿線搶劫，違者格殺勿論。但葉爾莫洛夫也明白，卡巴爾達的汗和領主們絕不會心悅誠服地聽他的，正如他自己所言：「他們所有人都做了很多保證，但是卻什麼事情也沒有做。」

葉爾莫洛夫還判定，喬治亞軍路碉堡上的頓河哥薩克駐軍，尤其是那些年輕的、沒有打過仗的哥薩克與卡巴爾達「搶劫者」交涉。於是，將他們逮捕，送上法庭。在整頓邊界防線駐軍的同時，葉爾莫洛夫大力擴建和新建工事和要塞。一八一八年，在車臣地區建立起了一個重要的要塞——格羅茲尼，然後沿孫紮河、捷列克河和庫班河大興防禦工事的建造，將喬治亞軍路逐漸改造成了俄國南疆的高加索防線，改變了他的一系列前任所未能改變的北高加索的現狀。而這條新防線也就成了預防、鎮壓北高加索各族人民反抗聖彼得堡統治的軍事通道。

葉爾莫洛夫自己對此是十分驕傲的。一八一七年二月末，他在給俄國陸軍大臣阿拉克切耶夫伯爵的信中這樣描述過：

> 儘管痛心，但我不得不向您伯爵大人，我的恩人，說老實話，我的一些前任因自己的軟弱，而縱容了當地人的不服從，使他們把叛亂當成神靈。他們行事並不總是名正言順，而且保護也是不能用正確和尊重來辯解的。為詭計多端的和卑鄙無恥的人所敞開的道路是邪門歪道。在這裡，

對政府的信任並沒有紮下深根，對當局也沒有應有的尊重。這就是叛變和暴動此起彼伏多次的原因。而其中暴動的罪魁禍首又極少得到懲處，或者懲處的只是些次要的罪犯。而某些人不僅得到寬恕，甚至還得到獎賞。

我的作風則完全不同。我不受控制，不聽支配，我只有法律的力量。但是，我發誓，我將全力以赴，不會看人們臉色，而人們也定將服從並且很快連氣也不敢喘一聲。

我想要的是，我的名字應讓人聞而喪膽，它能比鐐銬和堡壘更牢固地保衛我國的邊界，而我的話對於野蠻人來說就是法律，更確切些，就是違者必死無疑。在這裡，在野蠻人的眼裡，寬容就是軟弱的標誌，而我出於仁愛之心，總是無情的嚴厲。一次死刑可以使數百俄國人免於死亡和數千穆斯林免於背叛。

葉爾莫洛夫還這樣表示過：「在這裡，所有的人都有同樣的想法，即遍及各地的憤懣引發了暴動，這是很令人恐懼的事。類似的恐懼令司令官膽小如鼠，姑息養奸並措施不力。而我沒有此類的恐懼，我也敢於斷言，此前發生的事件將會變得罕見，或者，有可能完全不會再出現。」

葉爾莫洛夫在這些話中將自己「沒有恐懼」的心態和與眾不同的作風袒露得淋漓盡致。在高加索，他不會寬恕，不會軟弱無力，不會受制於他人。他的名字就是「讓人聞風喪膽」的武器，就是「無情的嚴厲」，就是「拯救俄國人的死刑」和「野蠻人必死無疑的法律」。

對於高加索來講，葉爾莫洛夫的「鐵血」手段與他的前任們的「臣服」與「庇護」政策並沒有實質性的差異，只不過葉爾莫洛夫更徹底、更兇殘。關於這一點，葉爾莫洛夫本人的陳述，俄國的史書以及高加索各汗國的史籍都有著幾乎同樣的記載，只不過俄國稱他的所作所為是「對高加索野蠻人的教化」、「對俄國疆土擴大的偉大貢獻」，而高加索人則稱之為是「葉爾莫洛夫的戰爭」，這場戰爭的圖景是：他們的村莊被焚燒一空，牲畜被殺光，財物遭洗劫，抵抗的男人們格殺勿論，婦女和孩子淪為人質和奴隸，而那些出於恐懼而投降的人則要被強迫宣誓效忠於皇帝並向國庫繳納賦稅。

但如果說葉爾莫洛夫就是這麼一個「鐵血將軍」的話，那就小看了這位高加索的新主人了。葉爾莫洛夫是深謀遠慮的，他的「平息計畫」，他的不擇手段的鎮壓目的就是要讓高加索的社會結構和生活方式完全和徹底的俄國化，就是要讓高加索人徹底地、無條件地臣服俄羅斯帝國，就是要永遠消除高加索土地上的汗國，就是要使大高加索山脈兩邊的土地永遠歸屬俄羅斯帝國。

在使高加索地區俄國化的進程中，葉爾莫洛夫最重要的措施有四：一是，取消汗國傳統的司法機構和審判規則，代之以俄國官員所操縱的「民事臨時法庭」，也就是說，從汗到上層權貴人士不再有生殺予奪的大權，俄國官員成了真正的統治者。二是，在進一步架空汗或者去汗而代之的大勢下，通過賞賜、封爵等手段，將汗國中的「親俄上層」轉變為俄國的貴族，並將他們的名字俄國化；通過這些俄國化的貴族再在施政和社會生活的各個方面加速推進俄國化的進程；三是，以嚴厲手段勒令表示臣服的山民向沙皇宣誓效忠，背叛者格殺勿論。而對於信奉伊斯蘭教的居民，葉爾莫洛夫也指令他們要按照俄國東正教居民的習俗向皇帝宣誓效忠，他甚至親自為這些居民撰寫了向亞歷山大一世效忠的誓詞。四是，為保證俄國化進程的順利實施，沿高加索防線修築了鎖鏈和蛛網般的碉樓和城堡，在通往大山深處的祕密小道口駐紮了重兵。

這四項措施都圍繞著一個節點，那就是「皇權和東正教」。在皇權鐵血政策下，實施高加索的東正教化，在東正教的「平息教化」中，保證俄國化了的土地和山民逐漸成為俄羅斯帝國不可分離的一部分。在這種以東正教為核心的俄國化征服中，葉爾莫洛夫把伊斯蘭教的影響視為必須剷除的「敵人」，並且認為這種影響的存在是政府的過錯。

關於這些情況，葉爾莫洛夫自己寫道：「政府准予伊斯蘭教的影響進入卡巴爾達，因此就有了一批對我們充滿仇恨的神職人員。這是土耳其政府蓄意把他們派到我們這裡來的……但是，長期以來並沒有什麼能夠撼動卡巴爾達人與俄國人的友好關係。在暴力手段成為必不可少的措施之前，司令長官對這種變化太無動於衷了。所以，先前願與我們友好的人們心灰意冷了，變成了心懷叵測和為非作歹的人。所以，我們所有的人都決意同心一力地來捍衛信仰和制度。

貪財好利的毛拉自己來審理案件，先前的法庭審判被取消了。王公和貴族失去了所有的影響，來自民眾的尊重喪失殆盡，我們也就沒有了任何派別的支援。顯貴家庭的年輕人加入了強搶和劫掠的行列，而在他們中間冒出了一批損害俄國人、向高加索戰線手無寸鐵的居民襲擊的傢伙。」

葉爾莫洛夫本人在講述自己在高加索的「治理」時，總是擺出一副「善人」的姿態，用的是「仁慈」、「愛心」之詞，把在高加索「整頓秩序」後的狀態描述成是一個升平的社會。關於葉爾莫洛夫的「仁慈之心」，俄羅斯的學者們常說：「對於俄國來說，高加索戰爭的順利進行正是由於他盡力所為，他使這片土地歌舞昇平，甚至像伊瑪目．沙米勒這樣的不妥協分裂分子最終也向葉爾莫洛夫投降了。葉爾莫洛夫主持了格羅茲尼要塞的建造，該要塞後來逐漸發展成了一個大城市。他還在高加索建成了一系列要塞，從格羅茲尼到葉卡捷琳娜達爾[1]，以及眾多的道路、橋梁和哥薩克村落。」

當然，所有這一切不是葉爾莫洛夫個人的決斷和所為。他的以「平息」為旗號的計畫是得到沙皇亞歷山大一世的首肯的，是在專制皇權的旗號下進行，而亞歷山大一世也是高舉人道、仁慈的旗幟。他在核准葉爾莫洛夫的計畫時，特別關照這位鐵血將軍：在整頓秩序時，首先要利用說服的措施，只有在極端的情況下才可以使用暴力，絕不能讓山民們找到藉口來指責俄國人讓高加索血流成河。亞歷山大一世的這些話反映了葉爾莫洛夫更為真實的一面。沙皇清楚高加索的暴力和血流成河的狀況，所以他才叮囑葉爾莫洛夫要小心行事。

很快就是一八一八年，葉爾莫洛夫即將掀開車臣地區「暴力和血流成河」的新一頁……

1 今克拉斯諾達爾。

39 葉爾莫洛夫：「目標，車臣！」

亞歷山大一世——尼古拉一世

一八一八年五月二十四日，葉爾莫洛夫率領六個連、隊的俄國士兵，五百名哥薩克和十六門大炮兵發孫紮河，開始實現他的「平息」計畫，征討車臣。他對這一地區情況極為熟悉，而且對高加索的山民，尤其是車臣人有著自己根深蒂固的看法，知道他們驍勇善戰，在山區小道中出入無常。而且在這以前的時間裡，車臣人對俄國軍隊四處出擊，俘虜了相當多的俄國士兵。所以他不敢貿然行動，而是先以「安撫」為名，以嚴厲懲處作為警告，要這一地區的山民自願且無條件歸順大俄羅斯帝國。

五月底，葉爾莫洛夫把車臣人村莊的頭人傳喚到自己的軍帳之內，對他們說：「俄國大軍已到，你們用不著害怕！只要你們不再對俄國人搶劫，你們就用不著害怕俄國軍隊，對你們的罪行既往不咎。」頭人們屏氣凝神地聽著，不敢吭聲。葉爾莫洛夫又說道：「你們可聽好了！你們要保證不能再搶劫和奔襲。為此你們應該把俄國俘虜交還給我們以表誠意。要是我的這些要求你們做不到，你們就是公開與我為敵，那災難必然降臨到你們頭上，這就是你們自找的。」

而事實上，葉爾莫洛夫在暗中調兵遣降，按照一八一七年以來慣用的辦法，築碉堡，建成了孫紮河防線，將車臣山民趕到孫紮河那一邊的平原地區去，切斷他們與大山的聯繫，進而消滅他們。對於葉爾莫洛夫來說，解決了最桀驁不馴的車臣山民，解決車臣及其周邊的「山民騷亂」是將高加索的土地收歸俄國所有的核心問題。而在通往孫紮河那邊的道路上，有一處山村居住著車臣的一個部落——卡切卡雷克人。他們勢力強大，不向俄軍低頭，於是成了葉爾莫洛夫的頭等麻煩之事。他寫道：「我要懲處無休止地進行奔襲的車臣人，尤其是叫作卡切卡雷克村的那些人，我要把他們從這塊土地上趕走。」他知道趕走這些車臣人是極不容易的，損失也會事慘重的，車臣人會誓死守護自己的女人和家園，但這位將軍矢志不渝：「強迫他們放棄女人的唯一辦法是要實施恐怖。」

一八一九年，葉爾莫洛夫開始實施這個「恐怖」計畫。夏初，葉爾莫洛夫又在從達吉斯坦進入車臣的交通要道上，修建了一座新的城堡——「弗涅紮普納雅」，這個城堡的建立，既切斷了車臣與達吉斯坦的聯繫，又阻隔了車臣通往捷列克河下游的通道。孫紮河兩岸的車臣和達吉斯坦的汗們意識到自己的危險處境，聯合數千山民，向葉爾莫洛夫的軍隊發起進攻。八月底，葉爾莫洛夫的戰術奏效了：山民們在平原上遭到了炮火的猛烈射擊，雖頑強衝擊，但遭到俄軍的無情鎮壓，結果是汗率領的部隊被打散。這次交鋒的慘烈情況，據葉爾莫洛夫自己報告：「但這次勝利是付出了極大的代價的：俄軍損失了三名軍官，一百二十七名下級士官被打死或打傷。」葉爾莫洛夫又親自率兵追擊山民，進入山區，下令將所到村莊付之一炬，將糧食焚燒乾淨。對此，葉爾莫洛夫高興地聲稱：「沿路沒有受到敵人的任何反抗！」

這次戰鬥後，葉爾莫洛夫下令繼續追剿車臣山民，他計畫的俄軍的下一個襲擊目標是捷列克河旁的達第－尤爾塔山村。一八一九年九月十五日，葉爾莫洛夫集中六個連的步兵，七百名哥薩克和四門大炮，去攻打這個村莊。他給這次軍事行動的指揮官下達了命令：「命瑟索耶夫（Vasily Sysoev）阿特曼將軍隱蔽接近該山村，讓山村居民自願到孫紮河那邊去；如遭拒絕——突擊占領該山村，一個也不饒恕！」葉爾莫洛夫在另一封信件中，也有過類似的記載：「我命令頓河軍的少將瑟索耶夫率領一支人數不多的軍隊，並將盡可能快地集中起來的所有哥薩克併入，去包圍位於捷列克河上的達第－尤爾塔，讓居民放棄所有的東西，而如若反抗，則武力懲處，誰也不饒。」

但俄軍的這次進攻遭到了車臣人的極其猛烈的反抗。對此，他有過詳盡的記載。在上述談到給瑟索耶夫的信件中，葉爾莫洛夫接著寫道：「車臣人不聽勸告，猛烈地抵抗。每一座房舍都有高高的圍牆，因此需要逐一突破。在我軍士兵突入房子時，許多居民都在士兵眼前殺死自己的女人，絕不讓士兵來占有她們。許多婦女都拿著匕首衝向士兵。俘獲的女人和孩子達一百四十人，士兵們見她們已經沒有任何防範能力，並且求饒，出於憐憫就饒了他們。」

在另一封信件裡，葉爾莫洛夫自己也承認，攻打達第－尤爾塔，這是一場生死較量的血流成河之戰：「每一座房舍都遭到了突襲，扁平的屋頂被摧毀殆盡……大部分炮兵就在不遠處，也就是在不足百步的地方，處於敵人的極其猛烈的攻擊之下。一旦在哪個房舍上出現了缺口，我們的士兵就會端著刺刀衝過去，隨即在那裡就會發生慘烈的肉搏戰，甚至，那些哥薩克也跳下馬進行射擊。這是我軍遭遇到敵人在現場不顧妻子、孩子和家產拼死血戰的首例：而車臣人卻是從來沒有如此的頑強激戰過。有幾個女人舉著匕首朝我軍士兵衝了過去，當即死在了刺刀之下。這場可怕的戰鬥持續了五個小時，在村子沒有被占領之前，所有保衛自己家園的人都當場死亡，只有十四人被俘，他們是為數不多的受傷者。還有少數女人和孩子在打敗後逃跑了，饒了他們了……然而，多一倍的人在被焚燒的村莊的大火中被殺死或被燒死。而他們的山村也真正地被摧毀殆盡。」

達第－尤爾塔的征剿之戰是葉爾莫洛夫「平息」車臣計畫的「恐怖之戰」，是試圖用先進的大炮等武器、哥薩克的騎兵部隊，充滿愛國主義情懷的指揮官，來快速征服高加索地區的首例。但戰爭也並不永遠寵愛勝利者，瑟索耶夫受傷，俄軍死傷兩百六十多人。葉爾莫洛夫也不得不哀歎：「迄今為止，我軍還沒有遭受過如此重大的損失。類似的情況在這一地區從未見過。」不過，即使如此，葉爾莫洛夫也是絕不會仁慈、寬恕、饒人的：「那些四處遊蕩的車臣人，那些衣衫襤褸的人讓俄國人流了血，血是要用血來還的。每死一個俄國人，就應該用十個人來抵命。當我們英勇的士兵去為倒下的人復仇時，這一措施對我來說是絕對必須的。」

還在葉爾莫洛夫接受亞歷山大皇帝任命時，他就向皇帝進言過「車臣，這是所有暴徒的巢穴」、「僅僅對俄國軍隊的恐怖就足以讓山民順從」。而在達第－尤爾塔的殘酷征剿後，葉爾莫洛夫更相信自己對車臣和車臣人的判斷了。在達第－尤爾塔之後，達吉斯坦、印古什、卡巴爾達和阿迪格等地區的許多山村被毀滅殆盡，在這些地區新建起了一個個碉堡，隨之俄國的戰線——高加索戰線的左翼，也就是收集了新土地後的軍事線逐漸由北高加索向南推進。一時間，這些地區「平息」了下來，葉爾莫洛夫得意地認為，他的「平息車臣」的計畫大功告成了。

然而，到一八二二年初，車臣地區再度動蕩不安起來，葉爾莫洛夫的武力治理遭遇到愈來愈頻繁的抵抗。這時，孫紮河一線的指揮官格列科夫（Nikolay Grekov）向葉爾莫洛夫報告：「從阿克薩伊村至奧薩山巔，到處都在發動，車臣人拋棄房子，開始跑到森林裡去……」葉爾莫洛夫大怒，一面急令格列科夫率軍討伐，一面向亞歷山大一世呈報，說車臣地區的新騷動與宗教勢力的滲透有密切關係，請求皇帝增強左翼的軍事力量。一八二五年三月初，亞歷山大一世派利薩涅維奇（Dmitry Lisanevich）將軍為左翼司令官，於是，格列科夫和利薩涅維奇聯手，開始了一場新的討伐之戰。

車臣暴動的力量幾乎是銳不可當，甚至攻下了格列科夫的據守的堡壘，俄軍不得不向格羅茲尼方向撤退。但車臣人分頭包圍追擊格列科夫和利薩涅維奇的部隊。在一個叫格爾澤里山村的地方，車臣人後退了。格列科夫和利薩涅維奇決定利用達第-尤爾塔的「恐怖」之術來震懾車臣人，他們召來了三百多名當地有聲望的人一個一個地要他們宣誓效忠俄國皇帝，臣服俄國軍隊，否則就處死。就在這場「恐怖威脅」行動中，格里科夫被車臣人用匕首刺死，利薩涅維奇遭致命重傷。

葉爾莫洛夫在梯弗里斯得知了這一消息，震怒不已，當即動身前往車臣地區。一八二五年八月初，他率領三百名哥薩克的隊伍去車臣，沿途又增加三百名哥薩克。從弗拉迪高加索到格羅茲尼，他沿路下令切斷水源，封鎖所有的山間小路，要讓車臣人凍死在平原地區。他給車臣人張貼了一份通告，其中寫道：「在這沿線的村莊中，若出現偷盜，必須將偷盜者交出來。若是偷盜者藏匿起來了，則要交出他的家人。若是，按照以往的習俗，居民們膽敢幫助罪犯的家人逃跑，那就要交出他的最親的親屬。如果不交出親屬，你們的村子就要被蕩平，家人就要被賣到山上去，人質就要被吊死。」

葉爾莫洛夫的軍隊很快攻下了阿克薩伊村，蕩為平地，並且在舊址上建起了一座碉堡。十一月，冬季了。葉爾莫洛夫開始了一場「冬季討伐」，清算車臣人。俄軍直至卡巴爾達，葉卡捷琳那格勒。在這次討伐行動中，葉爾莫洛夫下令吊死所有逃跑後被俘的車臣人和藏匿他們的居民。他發出了嚴厲的警告：「如果居民再接納和藏匿掠奪者，他們失去的可能就不僅是自己的房舍，連自己的性命也要搭上。」十一月二十日，有一千多的車臣人出捷列克河，與俄軍對抗，結果慘遭鎮壓。一八二六年一月，葉爾莫洛夫來到格羅茲尼。車臣人在這裡與葉爾莫洛夫的軍隊進行了一場生死之戰。最終的結局是，葉爾莫洛夫終於做到了將防線從捷列克河推進到孫紮河，將原先屬於車臣人的土地歸屬俄國所有，車臣地區一時間平息下來。

葉爾莫洛夫開始了在這一地區的俄式治理（統治）事宜。他這時是春風得意的，滿面笑容地對車臣人說：「安穩地過日子吧，不要去偷盜，搶劫和殺人了；種種莊稼，養養牲口，你們就會平安無事，發財和有好運氣。否則，任何的打架鬧事，任何的偷盜，搶劫和殺人，都將要用你們人質的腦袋來償還！」

在高加索站穩腳跟，這是亞歷山大一世在葉爾莫洛夫出征高加索時對他的叮囑，葉爾莫洛夫似乎做到了。葉爾莫洛夫的「平息」計畫，讓俄國朝野具有了更深遠的戰略眼光：沒有了車臣，就沒有了北高加索，南高加索就不會成為俄國的土地；沒有了整個高加索的歸順俄國，就不可能建立黑海的霸權，就不可能終結與波斯、土耳其的世代爭奪土地的戰爭；歸根結底，就沒有了俄國的南疆，俄羅斯帝國就會暴露在不設防的危險境地。

對俄國與波斯之間戰爭的考慮，一直是葉爾莫洛夫制定「平息」計畫的核心問題。他在一八二四年曾經因此給沙皇一封辭呈，裡面就寫過：「許多人都妒忌我，因為我得到了陛下的賞識，而在與波斯作戰的問題上，他們也以同樣的理由指責我；我深為遺憾，外交部的主事者不願接受我的看法：與波斯之戰不可避免。我不想接受這種非難，因此懇請陛下准予我辭去軍團指揮官之職，讓我留在喬治亞做一個行政管理人員。」亞歷山大一世當然沒有批准他的請求，因為皇帝陛下需要的是能穩住高加索的鐵腕將軍。對於這位帝皇來說，除了葉爾莫洛夫，別無他選。

車臣地區的被俄軍所控制，給了俄國朝野以極大的希望，葉爾莫洛夫的地位也越發穩固。沙皇欣喜不已，而葉爾莫洛夫的前程也燦爛似錦。但是，命運的作弄是誰也躲不開的，一八二五年，亞歷山大一世在巡視途中，謎一般的死亡，葉爾莫洛夫的靠山轟然倒塌。更具諷刺意味的是，一直與保羅一世的三子尼古拉交往甚密的葉爾莫洛夫，卻在關鍵時刻站錯了隊：在「十二月黨人」（The Decembrist）的風暴中，在亞歷山大一世的兩個兄弟（康斯坦丁和尼古拉）由誰來繼承皇位的這件事上，葉爾莫洛夫認定了康斯坦丁・帕夫洛維奇。一八二五年十二月二十四日，葉爾莫洛夫集合部隊，讓他們宣誓效忠新皇帝康斯坦丁・帕夫洛維奇。他的報告是：「部隊秩序井然地和安靜地向陛下宣誓效忠。」

在殘酷鎮壓「十二月黨人」的風暴中，新沙皇尼古拉一世莊嚴登場。他當然不會原諒葉爾莫洛夫的錯誤站隊，馬上派帕斯克維奇將軍前往高加索「協助葉爾莫洛夫」處理軍務。這預示著葉爾莫洛夫在高加索的風光日子即將結束。葉爾莫洛夫在得知新沙皇接受外交大臣涅索羅得（Karl Nesselrode）「與波斯不可能打仗」的看法後，也知趣地給尼古拉一世提交了一封呈文：「我深為遺憾，陛下在皇上（亞歷山大一世）永眠的時刻接受了涅索羅得的建議。突發的戰爭不會給我這個行政管理人員帶來恥辱，但是看到外交部大臣的無能，使我的名譽受損，作為該地區的執法者，心情是沉重的。」

從一八一八年實施「平息」計畫起，到一八二六年離開高加索司令長官和執政者的位置，葉爾莫洛夫在高加索度過了短短的八年時間，而真正在車臣的時間就更短。他在高加索開始了一場俄國人稱之為「高加索戰爭」的收集土地之戰。「高加索戰爭」遠沒有結束，車臣地區也遠沒有「平息」，真正歸屬俄羅斯帝國。這場高加索戰爭還要打幾十年，俄國的將軍們還要為此前仆後繼。尼古拉一世的帕斯克維奇，亞歷山大二世時的巴里亞京斯基（Aleksandr Baryatinsky）將軍，都將先後陸續登上這個壯闊的戰爭舞臺。只不過葉爾莫洛夫雖然還要活很久，但他卻是不能再戎裝登場了。

現在，俄羅斯的史學家對葉爾莫洛夫在高加索及車臣的評價，有兩個主要的流派。一說，是盛讚他在高加索的功績，由於他的戰功和治理，「車臣和高加索的其他地區於十九世紀併入了俄國。而在這些地區消滅了不斷向鄰近的土地和其他山民奔襲的劫掠部族……除了葉爾莫洛夫的

『平息』計畫，沒有其他的形式、手段，方式和方法可以取得久已期待的高加索的和平。」另一說是，「葉爾莫洛夫是個屠殺車臣人、高加索山民的劊子手，是個用殘暴的手段將原不屬於俄國的土地並進俄國版圖的將軍……他的兇殘令人不寒而慄，山民們甚至用他的名字來恐嚇哭叫的孩子：『葉爾莫洛夫來了！』」

儘管如此，但這兩類評價中卻有幾個共同點。一是，葉爾莫洛夫並沒有使車臣、高加索真正地平息下來，在其後的近四十年中車臣，高加索仍然動蕩不安；二是，在葉爾莫洛夫時期，車臣，高加索並不是俄國的土地，而是俄國要以戰爭手段來收集的土地；三是，俄國對車臣，高加索土地的收集是以鎮壓，戰爭為主要手段進行的，而葉爾莫洛夫的「武力和教化」的方式，即對暴民暴亂的鎮壓，廢除「汗」的統治改行俄國式的治理以及對當地居民習俗、準則、道德俄國化的三位一體戰略戰術，構成了俄國高加索政策的傳統和核心。

葉爾莫洛夫雖去，但斯人的「平息計畫」卻成了其後俄國高加索政策的出發點和歸屬。

芬蘭

40 這是我用我的軍隊征服的國家！

亞歷山大一世

今俄羅斯聯邦加里寧格勒州蘇維埃茨克城的涅曼河，是俄羅斯的這塊飛地與立陶宛的界河。河上是路易莎皇后大橋，涅曼河橋門的那一端是立陶宛的帕尼亞蒙，這一邊是蘇維埃茨克。

不過，在兩百一十二年前，這座邊界小城叫「蒂爾西特」，蘇維埃茨克是一九四六年後蘇聯給它起的新名稱。一八〇七年，拿破崙和亞歷山大一世在這裡的涅曼河中央搭棚會晤，簽訂了反對英國的結盟和約，因此小城蒂爾西特就因《蒂爾西特和約》而聞名於世。和約的簽訂不在俄國的蒂爾西特，不在帕尼亞蒙城，而在涅曼河的中央，這是亞歷山大一世做出的選擇。

俄國的史籍歷來都把這個和約看成是俄國外交的偉大勝利，說成是亞歷山大一世在聯英反法還是聯法反英中做出的睿智選擇。前文已提過《蒂爾西特和約》的主要內容，在這裡不再重述，而是強調這個和約給亞歷山大一世提供了收集新土地的一個難得機遇。

亞歷山大一世是在吃了敗仗之後，面對拿破崙提出的結盟需求的。到一八〇七年時，拿破崙在歐洲大陸上已經沒有了能與其爭鋒的敵手，他唯一擔憂的是英國。對他來說，一個基本的決策是：不滅掉英國就不能徹底稱霸歐洲，不與俄國結盟就無法完成對英國的全面包圍勢態。所以，作為勝利者的拿破崙不再把俄國看成是敵人，反而笑容滿面地要與亞歷山大結盟，這是存心不良，心懷他日徹底征服俄國的詭祕之計的。也許，亞歷山大一世及其左右群僚並不是不知道蹚這結盟渾水的後果，但敗戰之後，俄國的軍事實力大減，這在歐洲一線和高加索一線都表現得十分明顯。此外，亞歷山大一世執政以來，南方受波斯、土耳其的掣肘，西部則面對普魯士的爭奪。而拿破崙拋出的和約橄欖枝就有一條，他答應要讓普魯士在歐洲地圖上消失，並保證不再在高加索的爭奪中支援波斯、土耳其，同時暗示俄國可以在從北部海域封鎖英國的行動中得到芬蘭。

面對拿破崙的誘惑，尤其是俄國有機會可將芬蘭據為己有，亞歷山大一世暗喜。因此，決定廢除一八〇七年前與普魯士、英國和瑞典的結盟，轉而與法國結成反對英國、普魯士和瑞典的聯盟。這位始終沒有忘卻收集新土地的沙皇，為一個將芬蘭兼併於俄國版圖的五彩前景躊躇滿志，而這個前景是他祖先們所孜孜追求而不得的。然而，亞歷山大一世畢竟是俄國一代雄主，並不甘心於事事聽從拿破崙安排的和約談判。他向拿破崙提出了兩個條件：一是，和談的地點不能在法國及其僕從國家，必須在一個中立地區。當然，也不要在俄國，亞歷山大強調這一點，顯然是為了俄羅斯帝國的面子；二是，法國不可覬覦俄國的領土。拿破崙很爽快，立馬同意。於是，一八〇七年六月二十五日（七月七日），兩位皇帝在這涅曼河上和談並簽下了《蒂爾西特和約》。

據有關這次和談的史籍記載，亞歷山大一世一開始談判，就向拿破崙表態：「英國是我們兩國的共同敵人。」拿破崙的回答是：「既然皇帝如是說，那我們簽訂和約就沒有任何問題了。」對於亞歷山大一世擔心的普魯士的問題，拿破崙也回答得乾脆：「普魯士是個由卑鄙的君主領導的卑鄙民族，他屬下的是一支卑鄙的軍隊。他永遠都是在背叛所有的人，因此不應再存在下去。」

總之，《蒂爾西特和約》把俄羅斯帝國駕上了法國的戰車，而俄國正式承認了法國對歐洲領土的占領：法國對「華沙大公國」的控制和對希臘伊奧尼亞群島擁有「主權」。而俄國得到的是華沙大公國和俄羅斯帝國之間的一小塊土地——比亞韋斯托克。

根據《蒂爾西特和約》，俄國必須採取措施不讓英國艦船在俄國的港口停靠。而在英國和俄國之間的海路很長：從斯堪地納維亞去俄國要經過波斯尼亞灣，再沿芬蘭灣，才能到達聖彼得堡和芬蘭灣沿岸的各個港口。但此時的芬蘭灣是被英國的盟友瑞典所控制的，芬蘭灣北岸的港口——赫爾辛福斯和圖爾庫是瑞典的。俄國與瑞典為爭奪芬蘭灣已經打了幾個世紀的仗，在漫長的「北方戰爭」後，只有芬蘭灣東北端，也即聖彼得堡大門口的維堡被俄國占有，而芬蘭的其他土地仍歸瑞典所有。

在一八〇七年以前，俄國並沒有將芬蘭看成是須臾必奪的土地：一是，因為維堡以北的土地氣候寒冷，又未經開發；二是，自彼得一世之後的歷代俄國君主都忙於在黑海邊上爭奪新土地，目光所向是黑海的優良港口和海那一邊的廣闊開拓前景；三是，瑞典從不肯將此地，將這片可以通達四方的波羅的海的海域讓給俄國。所以，延續了幾個世紀俄瑞之間的「波羅的海之爭」總是以不斷的、或大或小的戰爭和武裝衝突呈現在世界舞臺上的。而現在，亞歷山大一世靠著法國的撐腰，決定要徹底地解決這「波羅的海之爭」。

但是，亞歷山大一世在採取行動之前仍然有些猶豫，擔心拿破崙的反覆。一八〇八年二月二日，拿破崙給亞歷山大一世致函，給這位俄國皇帝打了一針「定神針」：「請竭力擴大和增強您的軍隊。您將得到我的全力支援，我將盡己所能提供這種援助。對俄國我沒有任何的妒忌之感；相反，我願她光榮，安康，擴展。您陛下是否樂意聽聽一個溫情地和真誠地忠於您的人的勸告。您必須使瑞典人遠離您的首都；您應該將自己的邊界擴展到盡可能遠的地方去。我準備在這方面竭盡全力幫助您。」這位法國皇帝還用了美妙的言辭來說服亞歷山大一世：「彼得堡離瑞典邊界太近了；聖彼得堡的美女們再也不應該從自己的家中聽瑞典大炮的轟鳴了。」

亞歷山大一世踏實了，馬上祕密地開始了一場對瑞典的不宣而戰的戰爭。一八〇八年二月二十一日，亞歷山大一世向瑞典宣戰。布克斯格夫登（Friedrich Wilhelm von Buxhoeveden）統領的大軍迅疾進入芬蘭的領土，一週後，占領了芬蘭的戰略港口赫爾辛福斯，又一週後攻下了芬蘭當時的首府阿波[1]。一八〇八年四月二十一日，攻占了芬蘭最堅固的要塞「蘇米堡」。蘇米是芬蘭語，即芬蘭堡，是赫爾辛福斯為防範俄國的入侵專門修建的一座海上要塞。

俄軍戰鬥的神速和勝利令亞歷山大一世十分高興。三月十八日，他向歐洲各國發表了下述宣言：「至高無上的皇帝向歐洲所有大國宣告，至今名義上為瑞屬、俄國軍隊雖歷經多次戰鬥未能占領的那部分芬蘭，現在已是被俄國軍隊所征服的地區並將永遠兼併於俄羅斯帝國。」皇帝的這份宣言顯然是一種試探：摸摸法國以外的歐洲國家對俄國征服芬蘭的反應。歐洲國家沒有表現出

1 赫爾辛福斯為瑞典文發音，赫爾辛基為芬蘭文發音；阿波為今圖爾庫。

強烈的反應，亞歷山大一世趕緊行動，一面讓陸軍大臣阿拉克切耶夫發布文告，向國人宣示，又一次俄瑞戰爭在進行中，另一方面於一八〇八年三月二十日（四月二日）發布詔令，宣布兼併芬蘭成功。這一詔令名稱為《亞歷山大一世皇帝關於征服瑞屬芬蘭並將其永遠兼併進俄國的詔令》。該詔令全文如下：

在先前公布的共同聲明中，一系列公正的理由已經廣為人知，正是它們促使我與瑞典決裂並讓我的軍隊進入瑞屬芬蘭。我的祖國的安全需要我採取這些措施。

瑞典國王明顯偏向於那個大國了。他與該國的新盟約對我是不懷好意的，並且對我派駐斯德哥爾摩的使節的行為也是無法容忍和難以置信的，所作所為嚴重侮辱了我的帝國，也違背了文明國家中所虔誠遵守的一切準則，把軍事預防措施變成了必不可少的決裂並使戰爭不可避免。

我至高無上的皇帝遵守宗教訓誡，拯救了我國的事業。我的軍隊以他們常有的英勇氣概克服艱難險阻，戰勝了他們所面臨的所有困難，給自己在至今被認為無法通過的地區開闢出一條道路，到處遭遇敵人並英勇地擊斃了他們，攻克並占領了幾乎全部瑞屬芬蘭。

這是我用我的軍隊征服的國家。我將從現在直至永遠將其兼併於俄羅斯帝國，有鑑於此，我已下令要其居民宣誓效忠於皇帝，臣服於我。

在向我的忠誠的臣民宣布這一兼併時，我保證，他們會和我有一樣的感激之情和對至高無上皇位的感恩之意，他們會為此虔誠地祈禱，願他的無所不在的力量能讓他的英勇無畏的軍隊繼續創建功勳，願為我的軍隊祝福並為我的軍隊的勝利桂冠加冕，讓敵人試圖用來破壞我國的貧窮遠離我的國界。

亞歷山大一世，一八〇八年三月二十日於聖彼得堡
外交大臣尼古拉・魯緬采夫（Nikolay Rumyantsev）副簽

亞歷山大一世的這份詔令是十分值得關注的。一是，他把自己為征服芬蘭而進行的不宣而戰的戰爭的責任推給了瑞典，說瑞典對俄國皇帝的態度無法容忍和難以置信，是瑞典首先將軍事預防措施變成了戰爭。二是，亞歷山大一世以誇耀的口氣表示，是他派所向無敵的俄國軍隊占領了幾乎全部芬蘭，是一場明確無誤的征服。所以，這位皇帝宣稱：「芬蘭，這是我用我的軍隊征服的國家。」三是，這位皇帝向世界宣稱，他將要永遠兼併芬蘭，使芬蘭永遠臣服、效忠於俄國。

事實上，這份詔令真是俄國皇帝的實話實說。

首先，亞歷山大一世明確宣示，這次對芬蘭之戰是要用俄軍占領和征服這個國家，把它永遠兼併為俄羅斯帝國的土地。在戰略上，這種收集新土地的方式與高加索戰場上的較量有了明顯的差別。在南高加索，從早先的波將金公爵，自葉卡捷琳娜二世起，羅曼諾夫王朝的帝王們對那些汗國的基本決策是：讓這些汗國宣誓效忠臣服俄國，成為俄國的僕從、附庸。但當地的汗們仍然可以保留自己的汗位，對汗國內的事務仍有一定的處置權，甚至還在某種程度上允許汗的子孫們

有繼承權。這似乎有種「招安」的形式，但也只是形式而已。隨著齊齊安諾夫在南高加索的征服，他的強悍與兇殘實際上已經在逐漸將這種「招安」推向全面的兼併之路。再隨著他對亞歷山大一世施加的影響的加深，這位沙皇君側的「鷹派」將軍在奪地進程中勢力的不斷增強和集團勢力的迅速膨脹，「永遠的兼併」就成了亞歷山大一世的不能它選的決策。

其次，亞歷山大一世「永遠兼併」芬蘭的手段是戰爭，就是動用盡可能多的俄國軍隊去征服芬蘭。但這時亞歷山大一世可用的軍隊不多，他仍然把大量的軍隊駐守在西部邊界上，以防拿破崙的突然變卦，這是因為他雖與拿破崙有約，但這位沙皇壓根兒還是對拿破崙心懷敵意的。俄國司令長官布克斯格夫登統領的軍隊雖只有兩萬四千人，但這時芬蘭全部的軍隊人數也只有一萬九千人，而且駐守各地。所以，兩萬四千人的俄軍面對的是一個幾乎沒有設防的芬蘭，這兩萬四千人的俄軍在瞬間撲進芬蘭，對芬蘭不能不說是滅頂之災。

亞歷山大一世雖然可用的兵力不多，但是卻調用了俄軍中最有征服經驗、最主張征服新土地的將軍和統帥。他先後動用了兩名指揮官：布克斯格夫登和鮑格丹·克諾林（Bogdan Knorring）；多名將軍：巴克萊－德－托利（Michael Andreas Barclay de Tolly）、巴格拉季昂（Pyotr Bagration），舒瓦洛夫（Pavel Shuvalov）和卡緬斯基（Nikolay Kamensky）等。這些統帥和將軍都是在歷次的俄瑞、俄波以及高加索的戰場上戰馬馳騁、揮刀廝殺過多年的驍勇軍官。亞歷山大一世甚至將自己的「御林軍」——貼身的哥薩克騎兵團派上了芬蘭戰場，兵團由哥薩克將領奧爾洛夫－傑尼索夫（Vasily Orlov-Denisov）統領。此外，還有一點是，在一八〇八年一月剛剛出任陸軍大臣和炮兵總監的強硬派人物阿拉克切耶夫參與了亞歷山大一世征服芬蘭計畫的密謀，負責統籌此戰軍務，保證俄軍的武器彈藥輜重的供應。

其三，這次對芬蘭的征服，俄軍不僅在數量上壓倒了瑞典軍隊，且密謀策畫、精心設局，表面上是在波斯尼亞海灣一線作戰，實際上布置機動部隊，直下赫爾辛福斯。亞歷山大一世的征服並不止於芬蘭，他要讓俄軍打到波羅的海那一岸瑞典的土地上去。在取得占領幾乎整個的芬蘭之後，司令員布克斯格夫登上書亞歷山大一世，建議和談。但皇帝馬上就否決了，立馬撤掉了布克斯格夫登的職務，換上了鮑格丹．克諾林。俄軍征服芬蘭和占領波羅的海那一岸瑞典土地的戰術進展神速，是由兩方面的因素成全的。一是，時值隆重，在沼澤地上行軍幾乎是不可能的事。但亞歷山大一世嚴令快速推進，這也正是皇帝撤掉布克斯格夫登的理由。他下令阿拉克切耶夫去芬蘭監軍。但鮑格丹．克諾林也猶豫不決。阿拉克切耶夫發出了狠話：「皇帝派我來不是要和談，而是要和平！」二是，在前線打頭陣的軍官，如奧爾洛夫－傑尼索夫和卡緬斯基都是刀下不留人的驍勇將軍。奧爾洛夫－傑尼索夫的哥薩克士兵兇猛快捷，沿途留下的是被焚燒的村莊、劫掠的殘跡、屍體和絞架。而卡緬斯基在陣前對士兵的鼓動詞是：「讓芬蘭人看看，什麼叫俄國人！」

在這次俄瑞戰爭中，俄軍每到一處必要做的兩件事是：讓居民宣誓效忠亞歷山大一世皇帝，永遠臣服於俄羅斯帝國；二是，投降的芬蘭士兵，必須放下武器，背叛效忠誓言者，格殺勿論。當然，亞歷山大一世也令屬下對芬蘭和瑞典軍官做了一些親善、拉攏的工作。一八〇八年三月，包括卡緬斯基和奧爾洛夫－傑尼索夫率領下的俄軍將「蘇米堡」團團圍住。蘇米堡是赫爾辛基的海上門戶，是為了對抗俄國的入侵而專門修建的。其時，蘇米堡的指揮官是海軍中將，兼瑞典海岸艦隊司令的克朗斯泰特（Carl Cronstedt），守軍有七千五百人，架設的大炮有兩百門，庫存的彈藥、武器、輜重充足，俄軍久攻不下。於是，俄軍進行了大量的動搖蘇米堡軍心的工作，尤其是在亞歷山大一世的親自干預下，對克朗斯泰特祕密勸降，承諾將對其進行人身和財產的庇護和保證。結局是，克朗斯泰特獻城投降。他本人迅疾被保護到了聖彼得堡。瑞典政府因其叛國，判處他死刑。但他在亞歷山大一世的保護下，身處彼得堡，瑞典的刀鋒莫及。亞歷山大一世履行了自己的承諾，給了克朗斯泰特數額極大的養老金，以及他被瑞典政府沒收的莊園和財產的賠償金。

概言之，這次征服芬蘭之戰是俄國征服史上一次從未有過的戰爭。它的特殊性，一是，它是在亞歷山大一世親自密謀、參與並始終對戰事的進程進行干預下的戰爭；二是它是調用了當時俄國最優秀的軍官擔任各路指揮官的戰爭，是動用了包括亞歷山大一世哥薩克衛隊在內的剽悍軍團的戰爭；三是，它是由陸軍大臣親自至戰場監軍的戰爭。面對這樣的戰爭所取得的輝煌戰果，面對從波羅的海這邊的維堡到那邊的蘇米堡的深藍色海域，亞歷山大一世對芬蘭的征服不會止於戰事的勝利，他在策畫著一個被征服的芬蘭怎麼才能「從現在直至永遠」成為俄國土地的方案。這次俄瑞之戰是俄國與瑞典為爭奪波羅的海沿岸的土地的第十一次戰爭（從莫斯科公國一四七九至一四八二年的第一次俄瑞戰爭算起），前十次，他的祖先們都未能征服整個芬蘭，而他做到了。他面對克朗斯泰特獻城的壯觀場面，想到的應是以什麼樣的條約來讓瑞典認輸呢？

41 俄國人將留在芬蘭，永遠不走了！

亞歷山大一世

俄軍進入芬蘭之後，到處宣讀亞歷山大一世三月二十日的詔令，以武力向芬蘭居民顯示：俄國軍隊會長期駐紮下去，俄國人將留在芬蘭永遠不走了。俄軍士兵不是驍勇的哥薩克，就是不通文墨的農奴，他們驅趕芬蘭居民去向亞歷山大一世效忠時，不是揮刀疾馳就是聲嘶力竭地高呼：「去，快去向『沙皇老爹』磕頭！表忠心！不許反抗！不從者，沒收你的家產，殺你的人頭！」

在被俄軍占領的芬蘭土地上，瞬間效忠聲四起，但是又很快消沉下去。亞歷山大一世第十一次俄瑞戰爭的目的就是要盡可能多地占領芬蘭的土地，並且盡可能地占領波羅的海那一岸的瑞典土地。但是，瑞典國王古斯塔夫四世（Gustav IV Adolf）對自己的連襟亞歷山大一世[1]的不宣而戰很不服氣，重整旗鼓，向已經「效忠」俄國皇帝的自己的士兵呼籲：「我國王還在，戰爭還沒有結束，為保衛我和瑞典而戰吧！」

這一切發生在蘇米堡被克朗斯泰特獻給俄國之後。一八〇八年五月六日，古斯塔夫四世發表

1 兩人的皇后是來自巴登家族的親姊妹，均為卡爾·路德維希（Charles Louis, Hereditary Prince of Baden）之女。

文告，號召瑞典臣民起來反抗俄國武裝干涉者。文告中這樣寫：「我完全能夠理解，蘇米堡要塞突然落入敵手，所有善於思考的人們中間必然會驚慌和不安。但是，你們，瑞典的忠貞臣民和居民，不該在遭遇挫折時失去拯救祖國的勇氣和信心……但願這令人厭惡的變故能讓你們變得更為勇敢，能增強你們的憂患意識，它應該是一種新的力量和活力，能激發你們去戰鬥，支持我們的軍隊，團結一致地去擊破敵人口蜜腹劍的陰謀以及試圖實現這一陰謀的所有人。所有這一切對我們都是促進和幫助，將有利於我們來拯救和保衛我們可愛的祖國，也是對我們分分秒秒都在竭力實現這些崇高目標的支援。」

從古斯塔夫四世的這份文告起，從斯德哥爾摩派往各地的使節，開始了一場聲勢浩大的反俄宣傳戰：芬蘭臣屬瑞典國王比臣屬俄羅斯帝國要好，瑞典是個自由國度，俄國是個專制國家；芬蘭的農民不能歸屬俄國，否則將淪為俄國農奴制下沒有人身自由的農奴，會因此被迫改信異教東正教；士兵不能放下抗俄的槍支，否則生命會不保。

於是，在芬蘭土地上和瑞典的一些地區，俄軍開始遭遇並逐漸陷入芬蘭居民的游擊戰之中。芬蘭人信奉的路德派新教的牧師、蘇米堡放下武器的官兵和各地的農民成了激烈反抗俄軍侵占的主力。在最早出現抗俄游擊戰的奧蘭群島上，領導人就是士兵和牧師。在遍布芬蘭北部、東北部和以蘇米堡為中心地區的游擊戰爭中，芬蘭人和瑞典士兵對俄國軍隊的報復如熊熊之火般的猛烈。駐守奧蘭群島的一位俄國軍官描述過芬蘭人的進攻：「敵人一夥接著一夥，他們都是武裝的造反人員，按其表現出的習俗和行為來看，無異於海盜。」

芬蘭人破壞俄軍的供應站和運輸車隊，殲滅輜重，殺死俄國士兵，甚至把馬匹都活活地宰殺。埋伏在森林、曠野的游擊隊員，焚燒橋梁，破壞道路，阻擋俄軍的前進。房舍裡的居民從窗口，從隱蔽點向俄軍射擊，他們對占領者俄軍的報復是多樣的。俄軍在進攻時將農民殺死、吊在路旁的絞刑架上，而現在游擊隊員以其之道治俄軍，到處都有被活活燒死的哥薩克的屍體，被殺死的俄軍士兵被懸掛在路旁的絞架上……

在世界各地的反侵占和侵占的反覆較量中，反侵占者的野蠻、殘酷、血腥與侵占者的野蠻、殘酷、血腥幾乎是成正比的。所謂「以牙還牙」、「以其人之道還治其人」是也。在芬蘭出現的反對俄國侵占的行動中，瑞典士兵、神職人員和芬蘭普通農民的抗俄游擊戰就再現了這種「平等的來往」。芬蘭游擊戰士對那些最兇殘的俄國入侵者的報復也是最兇殘的，亞歷山大一世的衛隊，那支以哥薩克人為主、哥薩克將軍奧爾洛夫－傑尼索夫統領的軍隊中就有七十名哥薩克被芬蘭人殺死。據一名此戰的目擊者後來記敘：「我看到了一個坑，在坑中的一大堆木炭下找到了我們不幸的哥薩克人的屍骨。據說是村民們將傷者和死人一起扔進火裡的。從一些屍骨上，可以明顯看出，他們在遭到襲擊時曾竭力自衛過，但暴動者的力量太強大了，他們最後被捉，被斧子砍成了碎塊。我們還找到了沒有頭的我們士兵的屍體，他們直立著，土埋到了胸口。我們的士兵遭遇背叛，被殺死，屍體被懸掛在大路旁的樹木上。一場人民戰爭在如火如荼地展開。制服暴動者已是不可能了。」

俄國的史書大量描述了俄軍占領芬蘭土地後的「仁慈」和「寬容」，強調即使俄軍有「野蠻、殘酷、血腥」的行為，也是被背信棄義的芬蘭士兵和農民逼出來的。不過，並不是所有的實情都被掩埋掉了，有些史籍還是透露出了俄軍「祕密入侵」的實質。不過語言還是俄國式的，有書這樣寫：「駛向軍隊的車輛遭到了襲擊，並且大部分都被搶劫一空：森林裡到處都是荷槍實彈的人們，他們四處作戰，並在農村裡尋找藏匿之處，傳令兵紛紛被擒，部隊訊息不通，互不知所在的位置。」「部隊進攻的時候，瓦紮城的許多居民從窗戶裡向我們的軍隊射擊。」

芬蘭游擊隊面對是武裝到牙齒的俄國軍隊，而他們的武器則非常簡單，甚至原始。但是，重要的是，芬蘭抵抗俄國的入侵是一場人民戰爭，芬蘭的農民、部隊的士兵和中下級軍官、神職人員都參與其中。這場人民戰爭又與古斯塔夫四世動員起來的瑞典軍隊的反攻結合在了一起，從城市的周邊地區、深入到俄軍後方，展開得聲勢浩大。

事實上，亞歷山大一世征服芬蘭的戰爭是與芬蘭人的抗俄游擊戰爭同時展開的。而瑞典軍隊與芬蘭人的游擊戰的結合曾經給予古斯塔夫四世以極大的希望，他甚至組建了一支三千人的隊伍，要在赫爾辛福斯北部的「紐蘭堡」[2]登陸，以便從背後襲擊俄軍。這位國王則坐在自己的輪船上觀戰。當他在望遠鏡中看到自己的五百六十多名士兵紛紛倒斃於俄軍的炮火之下時，一臉絕望的神色，不禁哀歎：「現在的瑞典人真不如祖先那樣能戰鬥了。七百年來，芬蘭都是我們的。而現在完蛋了，這仗打輸了。」

古斯塔夫四世的復仇之戰輸了，芬蘭人的捍衛自己家園的游擊戰輸了。在這一場場的反覆較量中，俄軍殘酷地鎮壓了瑞典的士兵和芬蘭的農民，俄軍卡緬斯基將軍的那句名言，「讓芬蘭看看，什麼叫俄國人。」在戰鬥中起了極大的作用，被各地的俄軍官兵運用得淋漓盡致。瑞典士兵被殺死，屍體懸掛在高架上，脖子上還掛著一塊牌子，上塗「叛徒」、「暴民」的字樣。就連俄國的史學家也不否認，在羅曼諾夫王朝的征服史上，芬蘭之戰是一場甚為殘酷的戰爭。侵芬司令官費布克斯格夫登也在一八〇八年九月的一封信中描述了這場戰爭的殘酷場面：「我在去瓦紮城的沿途，在許多地方都看到了可怕的戰爭場景。一些暴動的農民被吊死，另一些人被槍殺，而更大量的其他人則躲進了森林，留下一片房舍的廢墟。還經常碰見被焚燒一空的村莊和被馬踩踏殆盡的田野，尤其是在瑞典軍隊和我軍交戰過的地方，所有這一切絕大部分都是居民的暴動所造成的，他們的暴動是瑞典當局鼓動起來的，是因為它採取嚴厲措施而激化起來的。」

游擊戰的「暴民們」紛紛南下，向卡累利阿地區湧去，試圖與那裡的「暴民」匯合。而這個卡累利阿位於芬蘭的東南，隔海與俄國的阿爾罕格爾斯克省接壤。亞歷山大一世早就被芬蘭的游擊戰規模之大所震驚，也被這場戰爭破壞他的征服芬蘭的仁慈和寬容而惱怒不已。當游擊的芬蘭人試圖湧進卡累利阿時，這位沙皇感到了憂慮和恐懼，迅疾給阿爾罕格爾斯克省督軍下達了最高指令：「立即採取措施防止進入卡累利阿的暴民匪徒的奔襲，這些人有可能闖入阿爾罕格爾斯克省的邊界。」

芬蘭土地上的游擊戰持續了半年左右的時間。但在這半年中，亞歷山大一世一開始在以阿拉

2 當時最大的軍事碉堡，即現在的烏西馬阿。

克切耶夫為首的「鷹派」軍人集團的強力呼籲和支持下，試圖以武力——「我的軍隊」來征服並對芬蘭進行治理。這也是他的先輩們留給他的「征服高加索」和「征服西伯利亞和東方」的政治遺產。所以，在一八〇八年最初幾個月發表的詔令、宣言中，他全力於武裝的征剿，強調要芬蘭人的臣服與效忠，沒有提起過如何對「芬蘭居民」的治理問題。一八〇八年六月五日，面對芬蘭人的抗俄游擊戰爭，亞歷山大一世開始改變決策，頒發了一份專門針對「芬蘭居民」的詔令。

這份詔令中重申芬蘭已經被「我的軍隊所征服」，「新被兼併的芬蘭居民從此時起就永遠接受了這一安排。這是個重要的組合，是上蒼的意志和定數，再沒有什麼能使他們分離出去了」：

> 芬蘭的居民們！願所有這些實情永不磨滅地鐫刻於你們之心。數量眾多的民族現在都在我的庇護之下，我一視同仁，他們的命運於我都一樣的珍貴，你們從加入我的帝國時起，就享有了與他們平等一致的權利。
>
> 除了你們國家所固有，我也必須要保留的規章外，為你們的活動敞開了勤勞的新天地。在俄國強大的盾牌下，你們的農業、貿易、手工業，人民財富和福利的一切來源都將獲得新的活力和擴展。
>
> 我將很快弄清你們的全部需求並且會加快向你們伸出援助之手。
>
> 一旦有敵人敢於來攪亂你們的安寧，我的軍隊就將捍衛你們的疆界，使你們免受任何的覬覦並且將擊退敵人的一切進犯企圖。

忠誠，統一和信守不渝是我為這一切所需要並期待的唯一回報。

芬蘭的居民們！要是我們的敵人萬一在你們中間散布謠言和欺騙，願你們視聽不被混淆，不被利用。

你們國家的命運已經不可挽回地註定了。瑞典將恢復對你們的統治的一切宣告都是枉費心機的，是全力要傷害你們的謊言。居民們若對此類的暗示有任何信服並附和，這將會給他們帶來不可避免的死亡和毀滅。

我已得悉，你們的一些同胞現在還在瑞典軍隊中服役，與你們這些自己人作戰。迄今我都在耐心地等待他們的悔悟和順從。他們止步不前已經太長時間了，我的等待已到了極限，但是我仍在為被他們棄下的無人照管的家屬的命運擔心。我依然準備把他們作為我忠誠的順民接受下來，並且從我的記憶中永遠消除掉他們的迷路，條件是他們必須在我的這份詔令頒布日起的六週內趕快回歸。願他們從現在起不再為他國政府工作。願他們回到自己祖國的內地來，但是要立即在指定的期限內回歸。此期一過，就沒有後悔的餘地了。

忠誠的芬蘭居民們！你們對俄國的忠誠應該堅定不移和不可動搖的。我保持你們統一的承諾是不容置疑的，並且我會始終以我的帝王之仁慈眷顧你們。

在這份由亞歷山大一世親筆簽署、外交大臣魯緬采夫副簽的詔令中，沒有涉及征服者的俄國將如何來治理芬蘭。亞歷山大一世要求芬蘭居民「對俄國的忠誠應該堅定不移和不可動搖」，為此也只說了一句：「我保持你們統一的承諾是不容置疑的。」至於「保持你們的統一」的這個「統一」是什麼具體的意思，以及怎樣治理才能保持這種「統一」，亞歷山大一世卻沒有再宣示下去。不過，這份詔令顯然是這位沙皇在治理芬蘭問題上的一個轉折：由全部寄希望於「我的軍隊的征服」，到寄希望於借芬蘭居民對俄國的堅定不移和不可動搖的忠誠來柔性治理。

這種轉折的基礎是此詔令下達之前的四、五月份：蘇米堡的陷落，幾乎整個芬蘭被亞歷山大一世的「我的軍隊所征服」。沙皇左右兩派大臣對於如何治理芬蘭問題的爭論逐漸激烈。軍派大臣對沙皇的鼓動是：要想將芬蘭「從現在直至永遠兼併於俄羅斯帝國」，就必須將芬蘭變為俄國的一個省，實行俄國國內的君主專制政體，而改革派大臣則認為要想真正讓芬蘭成為俄國永遠的領土，就不能在這個久居瑞典管轄之下的地方實行君主專制，必須給其某種形式上的自主和和政治上的「立憲民主」。簡言之，雙方爭論的焦點，是讓芬蘭成為俄國君主專制下的一個省，還是讓它擁有一個空頭的國家名號，實行君主專制下的立憲民主，也就是說，芬蘭應成為俄國的一個省，而不是一個國家。

改革派代表是斯佩蘭斯基（Mikhail Speransky）和斯普林波爾藤（Georg Sprengtporten）。斯普林波爾藤在一八〇八年十一月就被亞歷山大一世任命芬蘭督軍，但在戰爭進行中，他一直沒有去芬蘭任職，而是留在沙皇近旁，對芬蘭未來的政治體制出謀畫策。斯普林波爾藤原本是芬蘭人，受的是標準的法國教育，崇尚的是法國的文化和民主自由，服役於瑞典軍隊。但他一直是個親俄派，主張芬蘭遠瑞典親俄國。從十八世紀最後的二十年起，他就專注於制定將芬蘭歸屬於俄國的各種方案，深得保羅一世和葉卡捷琳娜二世的賞識。後因「親俄叛國罪」，被瑞典皇家法庭判處死刑。效勞俄國後，將自己的名字改成了俄國式的「馬克西莫維奇」。在被亞歷山大一世任職芬蘭督軍後的，他滯留在彼得堡，與斯佩蘭斯基協作、磋商，專門從事制定將芬蘭變為「芬蘭大公國」的計畫。

而這時，一直是亞歷山大一世改革重臣的斯佩蘭斯基的地位更為顯要、權力更大、所進行的改革力度更猛。斯佩蘭斯基是位崇尚法國政體的人。這一點他與斯普林波爾藤極為相似。他對君主立憲情有獨鍾，主張並實施「三權分立」的政體。斯佩蘭斯基改革的核心，就是要使俄國君主專制政權更具「君主立憲」的色彩。斯佩蘭斯基向沙皇進言：「芬蘭應該是個國家，而不應是個省。」斯佩蘭斯基的意思是：芬蘭七百年來居於瑞典的保護之下，現在芬蘭被俄國征服了，臣屬俄國是芬蘭的最佳選擇，但應該讓芬蘭人看到，俄國的征服和保護比瑞典的保護要好得多。不能讓芬蘭人看到去了一個皇帝，又來了一個皇帝。俄國皇帝要比瑞典國王開明，俄國的政治制度要比瑞典的民主。俄羅斯帝國要把芬蘭看成是一個國家，看成是俄國與瑞典之間的一個地緣政治上的緩衝地帶。

總之，斯佩蘭斯基和斯普林波爾藤的方案是：召開芬蘭人的議會，建立俄國君主專制下的「芬蘭大公國」。

軍派大臣的代表是阿拉克切耶夫和布克斯格夫登。兩人所主張的是，既然芬蘭是沙皇的軍隊征服的，被征服的芬蘭必須是俄國統治下的一個省，政治體制的一切都得遵循俄羅斯帝國的方式，也就是，一切都必須「俄國化」。但是，在短短的一年中，俄軍為征服芬蘭，攻占波羅的海那一岸的瑞典土地，更換俄軍的總司令（布克斯格夫登、鮑格丹．克諾林、卡緬斯基和巴克萊－德－托利），所付出的代價是相當大的。事實上，俄羅斯帝國這時並沒有多少力量來從事征服後的芬蘭治理了。此外，鷹派大臣此時並不能完全控制俄軍情緒和意向，一些中級軍官中反對芬蘭之戰的情緒強烈，其中包括後來成為著名「十二月黨人」的沃爾孔斯基（Sergei Volkonsky）。他們認為，征服芬蘭之戰是一場不義的戰爭。

斯佩蘭斯基對於芬蘭政體的選擇最終讓亞歷山大一世動了心，隨著對芬蘭之戰的最終結局，這位正沉浸在改革舊朝積弊之雄心壯志中的沙皇已經看出，「我的軍隊」可以占領芬蘭的土地，卻不能持久、永久地征服芬蘭的人心。用一種君主專制下的較為寬容的政治體制來治理芬蘭——建立一個君主專制政體下的「芬蘭大公國」，也許是更好的選擇。

占領芬蘭，這是亞歷山大一世與拿破崙有密約的，但是，兩位皇帝並沒有談到占領後的芬蘭併入俄國領土的事。因此，協同與拿破崙的關係，這時就成了亞歷山大一世擔心的問題。外交大臣尼古拉．魯緬采夫也是建立「芬蘭大公國」的積極擁護者，一八〇八年九月，他陪同亞歷山大一世前往法軍占領下的埃爾福特就此問題進行會晤。埃爾福特會晤拖拖拉拉進行了半個月之久，掌控了大半個歐洲的拿破崙並不是真心實意地與亞歷山大一世商談「芬蘭大公國」的問題，而是借此機會大擺法國勝利者的威風，盡顯自己的尊嚴、榮華和難以明說的擴張野心。拿破崙邀請了幾乎歐洲所有的君王、權貴以及文化名人赴會，大有一種「萬邦來朝」的場面。被邀請者都給拿破崙帶來了珍貴的禮物，拿破崙也給這些「朝拜者」分送了禮物。亞歷山大一世送給拿破崙的是三件最昂貴的紫貂皮大氅——最具諷刺意味的是，此後，拿破崙一直身披俄國紫貂大氅，將近四年後，他越過涅曼河進軍俄國時披著，大敗退回法國時也披著。而拿破崙送給亞歷山大一世的卻是一個梳妝盒！豪華的飲宴、極盡聲色的演出和娛樂成了埃爾福特會晤的主題。拿破崙和亞歷山大一世都提防著對方，相互都看不順眼，但表面上擁抱接吻。對於拿破崙的傲慢態度，這位俄國沙皇私下說：「瞧他那樣子！看誰笑到最後吧！誰笑到最後，誰才是真正的強者！」

在魯緬采夫的努力下，兩位皇帝還是在埃爾福特會議上簽署了協定。根據這份協定，拿破崙承認了俄國對芬蘭的權益，但是卻留下了一個尾巴：拿破崙提出俄國對芬蘭的兼併，除法國外，必須同時得到英國的承認。在法俄結盟反對英國的大局勢下，這是根本實行不了的事。不過，埃爾福特會晤還是讓俄國有了在芬蘭建立一個在君主專制下的較為寬鬆和民主政治制度的機會，也讓亞歷山大一世喘了口氣，使他能排除掉一些大臣的羈絆，因為這些人一直在指責他簽訂《蒂爾西特和約》是對法國的投降，試圖推翻他，也減輕了鷹派軍人集團繼續以「我的軍隊征服芬蘭」對他施壓的處境。

與此同時，阿拉克切耶夫和布克斯格夫登這樣的鷹派大臣深知俄國軍力的有限，也不得不接受亞歷山大一世最終的「仁慈」選擇。但他們並沒有完全放棄「讓芬蘭成為俄國的一個省」的想法，而是試圖變換手法，讓未來的「芬蘭大公國」事實上處於君主專制的皇權控制之下。於是，他們策畫了一個芬蘭的軍人和上層人士組成的代表團晉見亞歷山大一世。這個代表團給亞歷山大一世帶來了兩份「禮物」：一是，他們同意召開包括各階層人士的議會，來建立「芬蘭大公國」；二是，他們擁戴亞歷山大一世為「芬蘭大公」，統領「芬蘭大公國」。

一八〇八年十二月二十五日，亞歷山大一世接見了這個代表團，接受了「芬蘭大公」的封號，同時向他們宣示。從此芬蘭的事務將由他這個俄羅斯帝國皇帝、芬蘭大公親自處理，各部大臣不得插手。

於是，在斯佩蘭斯基、斯普林波爾藤和魯緬采夫的全力張羅下，亞歷山大一世建立「芬蘭大公國」大戲的帷幕轟轟烈烈地拉了開來。

42「芬蘭大公國」和「芬蘭大公」

亞歷山大一世

就在俄國軍隊大肆入侵芬蘭及瑞典領土的時候，亞歷山大一世和親臣們也在加快成立「芬蘭大公國」進程。俄國軍隊的大兵壓境和沙皇的「政治安撫」組成了一曲新的、雙管齊下的收集土地交響曲。

早在一八〇八年二月份，當俄瑞戰爭最終結果尚未明朗時，亞歷山大一世就在斯普林波爾藤和斯佩蘭斯基的參與下，策畫芬蘭未來的政治制度。作為芬蘭督軍的斯普林波爾藤一直堅持，必須召開由芬蘭四個階層代表組成的「議會」。這個議會所要達到的目的是，「能讓人民傾訴思想和需求，能有手段使芬蘭人的社會意識得到改善與協調一致」。斯普林波爾藤的這種主張顯然與他所接受的法國教育和文化有深刻的關係，也與他的先人輔助古斯塔夫三世實施瑞典《一七七二年憲法》相淵源。而斯佩蘭斯基也支持這一想法，因為他力促亞歷山大一世進行改革的主要目的就是削弱君主專權，或者說使君主專制能具有一些法國式的民主、自由的色彩。此外，斯佩蘭斯基也是瑞典《一七七二年憲法》的推崇者。於是，在俄羅斯帝國君主專制的政體下，成立一個非君主獨裁的權力實體，或是有「憲政」色彩的政治制度，就成了未來「芬蘭大公國」的藍圖。

最後，斯佩蘭斯基為亞歷山大一世起草了一份建立「芬蘭大公國」詔書，並定於三月十六（俄曆二十八日）日在芬蘭的波爾戈城[1]召開議會，宣布「芬蘭大公國」的成立。亞歷山大一世宣布，他將親自參加並主持這一議會。三月十五日，亞歷山大提前一天來到了波爾戈。為了顯示俄羅斯帝國征服者的力量和權勢，斯普林波爾藤和斯佩蘭斯基安排了一場空前盛大的入城式：波爾戈城外高聳起一座凱旋門，上面大書：「亞歷山大一世用他的軍隊占領芬蘭，而用仁慈征服人心。」而斯普林波爾藤以及「社會各界人士」齊集城門之下歡迎，而城門上也有巨幅大字——「亞歷山大一世——芬蘭的文明、法律的捍衛者」。

亞歷山大一世騎著高頭大馬，以征服者的姿態，昂然進入了波爾戈城。這場入場式所顯示的俄國沙皇絕對專權的儀式並沒有就此結束，波爾戈議會等待的是更具俄國沙皇專制特徵的「君主秀」。議會在波爾戈城一個古老的路德新教教堂裡舉行。這是一種精心的安排，它所要表明的是：亞歷山大一世是確實尊重芬蘭人的信仰的。與此同時，亞歷山大也強烈表現出了另一種政治姿態。他下令隨從將他的俄國皇帝寶座從莫斯科運來，放在了教堂中央聖壇上，為的是告誡芬蘭的議員們：雖然讓你們有了「芬蘭大公國」的稱號，但可別忘了，雄踞於這公國座位上的仍是他這位俄羅斯帝國的君主。

這一天的上午十時，開始了俄國史家贊之為「俄羅斯帝國賜予芬蘭國家性」的莊嚴儀式。亞歷山大一世的隨從加加林（Pavel Gagarin）公爵在〈芬蘭十三天〉一文中詳細描述了這個儀式：「在教堂裡的上帝聖壇上，放著皇帝的寶座。寶座的後方，高懸著一大幅紅色天鵝絨，上面是金銀線繡成的帝國國徽。在所有人都在教堂裡落座後，瑞典牧師雅洛柳斯（Magnus Alopaeus）開始了『冗長的』布道。布道者闡述了忠誠和順從的意義，要求大家真心歸順和保持平靜，要愛祖國和法律自由，這將給我們以及我們的後代兒孫帶來普遍的和特殊的利益，並將持之永恆。布道結束後，高唱讚美詩：『願主保佑你』。此時此刻，街道上禮炮齊鳴。」

隨後，這次芬蘭議會挪到附近的一所中學裡去繼續進行。亞歷山大一世宣讀了斯佩蘭斯基寫就的《俄國皇帝詔書》。詔令曰：

奉天承運，我榮登芬蘭大公國公位之際，我誠願再次肯定並確認該公國的宗教、基本法、權利和特情，尤其是它的每一現狀，而所有居住於此的臣民，毫無例外，都可按照施行至今的憲法對此一切予以利用，我承諾保證它們的權力和效力不受破壞；本詔令由我親自簽署並核准。

接著，這位沙皇對議會發表了下述講話：

讓我來治理善良的和正直的人民是皇權神授。我願見到這人民的代表聚集在我的周圍。我願見到你們，給你們一個新的證明。你們國家的福利是我關注之事。我承諾保存你們的憲法、你們

1 今波羅沃。

的基本法、你們的議會。我來到這裡就是要再次確認我的這一承諾。這次議會將是一個標誌，是一個你們開啟政治實體的時代；而這種政治實體的目的，就是要使你們與新事物秩序更牢固地聯繫在一起，增添戰爭的榮光所帶給我的權益，慈愛和關懷使我有了一系列的準則，而這些權益比它們卻要更為珍貴、更為合理。我要讓大家瞭解我關於這次議會的指令。對祖國之愛，是我更為關心的事，而對秩序之愛以及對前景的和諧之求則是出自於你們內心的判斷，是上蒼為了啟迪你們的事業對你們的賜福。

亞歷山大一世在回答芬蘭主教和一位農民代表的問題時，指出了他的「關於議會的指令」：一是關於在芬蘭駐紮俄國軍隊的問題，二是關於稅收問題，三是關於貨幣的問題，四是關於政府機構的問題。這四個問題也就是「芬蘭大公國」的基本架構。接著，舉行了議會代表向俄國皇帝宣誓效忠的莊嚴儀式。

縱觀亞歷山大一世的上述詔令和講話，其核心內容也就是兩點：一是，他要在芬蘭建成一個新的「政治實體」，一個在形式上不同於俄國內部的君主專制那樣的政治制度。也就是說，這位沙皇試圖換另一種方法來治理新征服的土地。用他自己的話來說，就是「我承諾保存你們的憲法，你們的根本法律，你們的議會」，「我承諾保證它們的權力和效力不受破壞」。二是，他也講述得很清楚，建立這種新的政治實體，是為了將芬蘭更牢固地綁在俄羅斯帝國的戰車上，用他自己的話來說就是：讓芬蘭從屬於俄國的紐結更牢固，能給俄國帶來更大的榮光與權益。

上述詔令和講話都是由芬蘭督軍斯普林波爾藤現場翻譯的。亞歷山大一世並沒有用俄語，而是講法語來宣讀詔令是另有深意的。一方面，羅曼諾夫王朝的帝王們從葉卡捷琳娜二世起，在沙皇宮廷裡就盛行「法國熱」，講法語，行法國禮儀，追逐法國風尚，成為皇家時尚，並影響深及貴族階層。另一方面，亞歷山大是想向芬蘭人表示：我不講俄語，你們芬蘭人也可不講俄語，也可不用按照俄國的一切來行事，但是，普天之下，莫非俄土。他只不過是想用這種親善之舉來籠絡芬蘭的人心。

但是，亞歷山大一世的入城式和議會講演並不像一系列俄國史籍所渲染的那樣扣動芬蘭人的心弦，心悅誠服地接受這個新實體，使他們仰望俄國皇帝的尊嚴而俯伏不已。儘管加加林公爵在自己的上述文章中對此大加渲染，但是，從他的文字中仍然不難看出，當地的芬蘭人，那街上歡迎的人群，那站在教堂裡的芬蘭四個階層的代表對亞歷山大一世的詔令以及演講中的許諾，反應都不是那麼熱烈，表情也不是那麼的心悅誠服。加加林在描述「凱旋門」下歡迎的人群時，也記錄了另一種真實的景象：「人群並不多。在兩百五十多名貴族人士中到場的約五十人左右。其他的人，那些有遠見的，小心謹慎的或者循規蹈矩的人沒有來。而在這五十人中，約有十人，即那些『叛徒』，盟友『陰謀家』。宗教界的代表總共八人。商界派出了十九名代表，而農民有三十人。」這位公爵在描寫教堂裡人們的表情時是這樣寫的：「我覺得站在這裡的人都不怎麼感到激動，沒有特別的高興或是悲傷的感情。」

隨後，在議會上講話的四個階層的代表也沒有理會沙皇的指令，去談什麼軍隊、稅收、貨幣和政府機構的問題，而是各自申訴了自己的需求，貴族代表要求保留自己的特權，農民和宗教界代表要求信仰和使用瑞典語的自由，把議會變成了向俄國沙皇的請願場所。而亞歷山大一世本人卻從會場上開溜了，當晚參加了盛大的飲宴和美女如雲的華麗舞會，第二天就由一名隨從跟隨，到赫爾辛福斯等地遊山玩水了。直到議會閉幕，他才返回。

三月二十三日（俄曆四月四日），他以「亞歷山大一世皇帝、全俄君主、芬蘭大公」等的頭銜，又在芬蘭的各教堂頒發了一份「重要」的文告。其中說：

> 我在遵循並按照這個國家古老的習俗行事，我聽到了各階層人士，特別是農民階層代表的宣誓效忠。他們是在為自己，為群居的家園之地，也是為全體芬蘭居民現在所祈求的權利的。這種宣誓效忠是自願的，是沒有任何強制的，是毫無例外的。可以完全相信，這個善良的和正直的人民將會永遠效忠於我和我的繼承人，牢不可破的忠貞將是他永遠與眾不同的地方。在上蒼的幫助下，我一定會繼續向芬蘭人民證明，我對他們的是父親般關懷，而這種關懷所帶來幸福和順遂將是綿長不絕的。

就在波爾戈召開芬蘭議會的這個三月，俄國大軍發動了一場入侵瑞典領土的「冬季大戰」。一八〇九年三月初，俄國軍隊占領了奧蘭群島，準備向瑞典沿岸發起進攻。三月十三日，在俄國兩位著名統帥——巴格拉季昂和巴克萊-德-托利的指揮下，俄軍強行從冰封的波斯尼亞灣上，攻進斯德哥爾摩。目睹了自己軍隊慘敗的瑞典國王古斯塔夫四世躲到了王宮內苑，一心想躲過因戰敗隨之而來的一切責難與可能的不幸。但是，他的帝王生涯終於到了盡頭，曾經忠於和反對他的大臣再也不能容忍他了，聯合起來發動了一場他沒有想到的宮廷政變。他在自己從小就熟悉的皇宮中的密室暗道中東躲西藏，最後還是被政變者逮住，不得不宣布讓位給兒子，自己當攝政王。政變者和亞歷山大一世都不接受這樣的結果。於是，古斯塔夫四世，這個致死也不願意與自己的連襟俄國皇帝亞歷山大一世講和的瑞典國王，不得不棄位而走，流亡國外。最終，他六十一歲的叔叔被推上了瑞典的皇位，是為卡爾十三世（Carl XIII）。

卡爾十三世面對暴風般的俄軍挺進以及瑞典因這場戰爭而疲弱不堪的狀態，只能選擇與俄國和談。亞歷山大一世正沉浸於征服的得意忘形之中，不僅不同意和談，而且加速了對瑞典本土的進攻，試圖一鼓作氣也將世仇瑞典征服。

一八〇九年八月二十日，俄國的驍勇指揮官卡緬斯基將軍率領的五千人的軍隊向斯德哥爾摩挺進。瑞典近七千人的軍隊繞道到卡緬斯基後方的一座叫拉坦的小城，試圖在那裡切斷俄軍的退路。但是，卡緬斯基迅速集中全部兵力，包圍了拉坦，要瑞軍投降。瑞軍拒絕了，並發動進攻。最後是俄軍獲勝：瑞軍有兩千士兵被殲，兩千多人被俘。這是俄瑞戰爭，也是俄芬戰爭的最後一戰。此時，勝利者亞歷山大一世才最後同意在維堡區的小城「弗雷德里克港」進行和談。他對和談代表、外交大臣魯緬采夫的指令是：瑞典必須參加對英國的封鎖；芬蘭併入俄國。

一八〇九年九月五日（十七日），俄國與瑞典簽訂《弗雷德里克港和約》（Treaty of

Fredrikshamn）。這一和約的核心內容為二：一是，包括奧蘭群島在內的芬蘭全部土地永久地併入俄國；二是，確認了芬蘭大公國的成立，將俄國在十八世紀多次俄瑞戰爭中奪得的卡累利阿地峽和拉多加湖周邊地區，包括維堡和凱克斯霍姆[2]在內畫歸芬蘭大公國。由此，自聖彼得堡至芬蘭的邊界只有三十俄里之遙。

至此，俄羅斯帝國收集新土地的政策取得了重大的成果和新的突破。成果是隨著芬蘭的被兼併，瑞典喪失了百分之四十的陸上國土，永遠喪失了與俄羅斯帝國爭奪土地和海疆的能力。而突破是，對亞歷山大一世來講，他把祖先以擴大海域來拓展疆土的決策推進到了一個新的臺階。彼得一世以來的帝王們都是從西北的波羅的海和南部的黑海上推進、收集新土地的。而在波羅的海上，俄國的海上推進仍然進進退退在聖彼得堡前面的那塊海域上，而兼併芬蘭則使俄國在西北和北部的海上擴展大大加強了。在西北，俄國的力量越過了波斯尼亞灣，進入了北海、通往大西洋的通道，而在北部，則將巴倫支海、白海和喀拉海連成一片，開啟了向北冰洋擴展的遼闊通道。從黑海、波羅的海，再至白海、北冰洋，俄羅斯帝國作為海上強國的雛形開始顯現。

《弗雷德里克港和約》還將紙上的芬蘭大公國最終變成了現實，開創了俄羅斯帝國沒有的先例：在君主專制下建立一個多少具有憲政色彩的政治體制。這個自治的大公國的特色是：俄國駐軍，但軍隊保持「屯墾軍制」；貨幣採用俄國的盧布；芬蘭的稅收不納入俄國國庫，留作自用；大公國建立「議會」，具體的管理機構為由十三人組成的「政務委員會」。

芬蘭大公國名義上可以保留自己的憲法、法律，人民可以遵循傳統的習俗。但是，實際上一切都處於「偉大俄羅斯帝國的保護之下」，也就是說，一切權力都由亞歷山大一世掌控。他有權召開還是不召開議會。他可以宣布新法律的付諸實施，還是取消某些法律。他可以重新審視或變動芬蘭各階層人士的特權。政務委員會的人選由他確定，總管大公國事務的芬蘭督軍由他指定。大公國的預算由他拍板。他發布詔令：實行大赦，晉升貴族，賞賜封號。所以，芬蘭大公國這個新的政治實體名義上是自治的，但實際上仍是皇帝專權下的一個「省」。離開了亞歷山大一世的核准，什麼國政、外交大事都辦不了。就芬蘭大公國議會而言，除了波爾戈這次會議，在亞歷山大一世執政期間再也沒有召開過。芬蘭的一切事務都由芬蘭督軍與亞歷山大一世聯繫，由沙皇說了算。通過督軍來掌控芬蘭大公國是沙皇不可動搖的決策。所以，在《弗雷德里克港和約》簽署後，亞歷山大一世就撤掉了斯普林波爾藤的督軍之職，改由侵芬戰爭的最後一任總司令巴克萊-德-托利擔任。為了對芬蘭大公國的控制，亞歷山大一世還將首都從原來位於瀕臨波斯尼亞灣上的圖爾庫遷到了波羅的海沿岸、靠近聖彼得堡的赫爾辛基。

將斯普林波爾藤解職是重要的一步。它表明亞歷山大一世所需要的「芬蘭大公國」並不是真正的如斯佩蘭斯基所渴求的那種「憲政」政體。斯普林波爾藤的先人是瑞典國王古斯塔夫三世的寵臣，著名的瑞典《一七七二年憲法》的策畫和支持者。而斯佩蘭斯基也是想按照這個《一七七二年憲法》來組建芬蘭大公國的，他在為亞歷山大一世籌畫具體的方案時，就不時進言。而在波爾

2　今普里奧焦爾斯克。

戈議會召開前，他更直率進言，應該在議會上通過以《一七七二年憲法》為藍本的相關法律文件。但被亞歷山大一世拒絕了。亞歷山大一世雖然年輕，但也深知，如果按照《一七七二年憲法》來組建芬蘭大公國，他帝國的專制皇權就會有真正喪失的危險。這也就是亞歷山大一世在詔令和在波爾戈議會上的講話中只籠統地提組建「自治大公國」，而不詳述具體方案的原因。這也是亞歷山大一世和斯佩蘭斯基在「改革」上的重大分歧，在某種程度上也是這對君臣最後分手的肇始。

簡單地說，對於亞歷山大一世、俄羅斯帝國來說，給芬蘭大公國的地位與其說是出於政治上的考量，不如說是收集新土地、擴大疆域的世代決策的迫切需求，是面臨法國的爭奪和進逼不得不採取的緩衝之策。這時，俄國與法國兩雄在歐洲的爭霸才是亞歷山大一世要成立芬蘭大公國的催化劑。

對於「芬蘭大公國」，俄國史書絕大多數給予的都是讚頌，理由有二。一是，俄羅斯帝國給了芬蘭人一個國家，而在這之前芬蘭是從屬於瑞典的，是俄國的亞歷山大皇帝將他們從瑞典的壓迫下解放了出來。換言之，俄羅斯帝國君主專制給予了「芬蘭大公國」以真正的「國家性」。二是，俄羅斯帝國讓這個享有自治權的大公國存在了一百多年的時間，這決定了芬蘭的自由和繁榮。芬蘭人應該感謝「芬蘭大公國」的建立和存在。

芬蘭大公國是俄羅斯帝國採用新法收集新土地的明證。所以，歷來的俄國史書都說亞歷山大一世將芬蘭永遠兼併進俄國是惠及後代的大好事，《弗雷德里克港和約》是證明俄國在俄芬戰爭中沒有任何損失的「最和」和約。一系列俄國史家都曾十分明確地說過：羅曼諾夫王朝的帝王們一生所追求的就是收集土地，擴展疆土。對俄國來講，對芬蘭的征服尤為重要，因為與芬蘭畫國界的話，這邊界離聖彼得堡就太近了。這條危險的邊界時刻令沙皇們心驚膽戰。也許，當年參加過俄芬戰爭的一個軍官寫過的一句話是耐人尋味的：「沒有芬蘭的俄國是不完整的，好像是沒有建起一道圍牆的國家。」

亞歷山大一世期望芬蘭大公國是永恆的，但是，這個大公國後來的命運卻遠不如帝王之意。在未來又四代沙皇的統治下，芬蘭雖處俄國皇權之下，但卻從沒有真正臣服過俄國。芬蘭在一九一七年脫俄自立，後來在蘇聯時期又歷經滄桑，這是後話了。這正如俄羅斯的一位史學家百感交集而寫的：「被永遠兼併進俄國的芬蘭卻永遠也沒有成為俄國真正的領土！」寫得真好。好一聲歎息。

是的，一聲俄國式的歎息！

最後幾位沙皇的領土
守護與擴張

43 尼古拉一世和帕斯克維奇的戰爭

尼古拉一世

亞歷山大一世是位雄主。他將俄國收集土地的進程推進到了一個全新的階段，極大地增強了俄國在高加索的勢力。他收集到了一系列的新土地，而這些土地使俄羅斯帝國的疆域大大擴大，而這個疆域的基本格局一直保留至今。因此，可以說，亞歷山大一世執政時期是俄國收集新土地的重要時期，是一個向歐洲霸權和地緣擴張勝利進軍的關鍵時刻。

但雄主也有失誤時，這個失誤一是：在他進入巴黎大門的同時，他自己帝國的大門也隨之被打開。他的精英軍官成了迅速接受法國民主、自由，歐洲文化、文明的一代新人。而聚集了他們力量的「十二月黨人」的起義就葬送了他的未竟偉業，為俄羅斯帝國敲起了不和諧之音。另一個失誤是，他沒有解決好他的兩個弟弟繼承皇位的問題，導致了兄弟的相爭，俄國政局的動蕩。「十二月黨人」的起義和對「十二月黨人」的鎮壓成了一股合力，激起了俄國風雲激蕩的新政局。

新一代君主尼古拉一世在殘酷鎮壓「十二月黨人」的風暴中莊嚴登場。但在收集土地的傳統國策中，風向標並沒有轉換，而尼古拉一世只不過把收集之風，擴張之舉更深入地推向了南方，推向了政局極不穩定的高加索。他為此與高加索的各邦各國繼續竭盡全力進行已經曠日持久的高加索戰爭。在高加索的土地上，俄國與波斯、土耳其的戰火再起。

尼古拉一世不再信任葉爾莫洛夫，認為他沒有能力繼續解決高加索問題。但是，他的財政大臣坎克林（Georg Ludwig Cancrin）卻是認同葉爾莫洛夫的高加索政策的，向尼古拉一世進言：「雖然葉爾莫洛夫從來也不能被想像成是一個總督人選，但是他深為理解邊疆區的需要和許多事情，他在高加索所做的一切是非常好的，不能毀掉他所做的一切，只是需要加以補充。」尼古拉雖是默認了大臣的進言，但是，他實際上信任的人是帕斯克維奇將軍。從爭奪皇位到登基為沙皇，帕斯克維奇一直伴隨在尼古拉的身邊，在鎮壓了「十二月黨

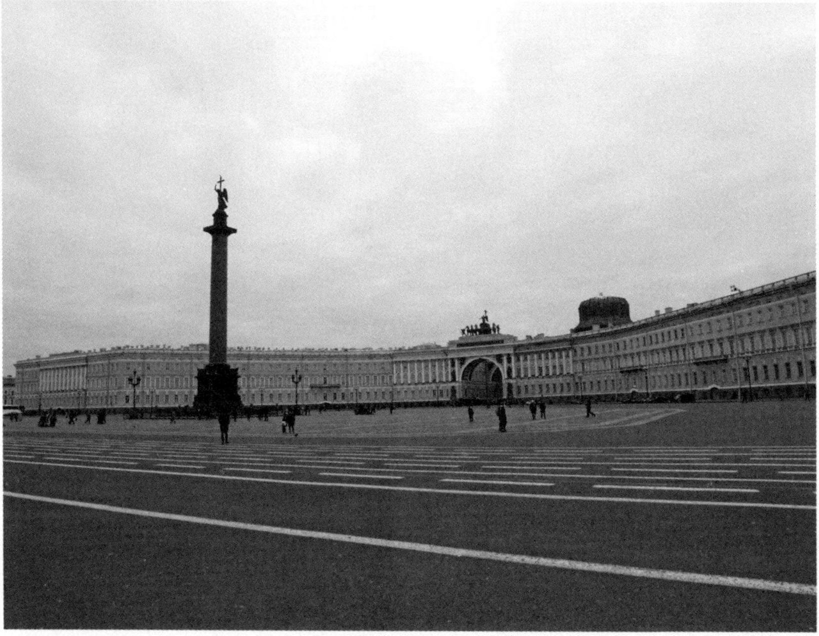

一八二五年，十二月黨人在冬宮廣場武裝集結四千官兵呼籲立憲，但因未進宮對尼古拉一世兵諫，隨遭鎮壓。（John Slava Pei）

人」起義後，他任命帕斯克維奇為高加索駐軍的司令官，統領高加索的一切軍務，並且讓他參與了對十二月黨人的審訊。帕斯克維奇是個高傲、剛愎自用的人，有一套管理軍隊的做法，對於葉爾莫洛夫在高加索的所作所為不屑一顧，說他獨斷專橫，剋扣軍餉，軍隊士氣不振，導致了高加索的政局不穩。

新沙皇尼古拉一世的決策是在高加索繼續向西，奪取更多波斯、鄂圖曼帝國所占領的土地，並向小亞細亞挺進，奪取君士坦丁堡，最終向巴爾幹推進，也就是說要將亞歷山大一世時期已經開始的高加索戰爭打下去。因此，作為尼古拉最信任的將軍帕斯克維奇（因為他在當時的俄軍高級將領中，是唯一一個沒有同情和與十二月黨人有來往的將軍）就肩負著一場新的俄波之戰（一八二六至一八二八年）和俄土之戰（一八二八至一八二九年）的重任。

在上一次的俄波戰爭中（一八〇四至一八一三年），伊朗因戰敗不得不將高加索的一大片土地（達吉斯坦，喬治亞的幾個汗國，阿布哈茲以及亞塞拜然土地上的多個汗國）割讓給俄國。而這時尼古拉一世初登皇位，局勢動蕩，人心浮動，伊朗有了借機奪回這些土地的決策，此外，高加索大山沿線，俄軍駐兵大量減少，被鎮壓並不得不臣服俄國的汗國又騷動，起義此起彼伏。一八二六年八月二十二日（俄曆，下同）是尼古拉一世加冕典禮的日子，也就是這一天，尼古拉任命帕斯克維奇為高加索獨立兵團的司令，名義上仍屬葉爾莫洛夫領導。

這一年，帕斯克維奇四十五歲，正是人生的大好年華。九月，伊朗的阿巴斯·米爾札率領數萬大軍一直挺進到俄軍重鎮——伊莉莎白堡的城下，雄心勃勃地要奪回失去的土地。在作戰計畫上，帕斯克維奇立即與葉爾莫洛夫發生嚴重衝突。尼古拉一世派參謀總長季別奇來到高加索進行干預，隨之雙方衝突加劇。結果是，新沙皇撤掉了葉爾莫洛夫，把高加索軍隊的全部指揮權交給了帕斯克維奇。尼古拉一世對帕斯克維奇的囑咐是：「一勞永逸地征服各族山民，徹底消滅一切不臣服者。」一八二七年十一月二十五日，尼古拉一世頒發詔令，勒令葉爾莫洛夫退休。詔令上寫的是：「因家庭原因，令其保留軍銜和全額薪俸退休。」

在伊莉莎白堡城下，帕斯克維奇以數千俄軍打敗了數萬伊朗軍隊，阿巴斯·米爾札退回伊朗。帕斯克維奇乘勝奪取了葉里溫，這是尼古拉一世的先皇們曾兩次欲奪取而不得的重鎮。接著，帕斯克維奇揮師德黑蘭。俄羅斯帝國西擴疆土的雄心和行動，讓阿巴斯·米爾札感到害怕，不得不要求停戰。

一八二八年二月二十二日，俄國和波斯（伊朗）在離伊朗大不里士五十公里的土庫曼恰伊簽署了和約。帕斯克維奇親自參加了談判和簽約，陪同他的是新沙皇的宮廷侍衛官奧布列茲科夫（Alexander Obreskov）和俄國著名文學家格里博耶多夫（Alexander Griboyedov），格里博耶多夫還負責了和約的起草工作；波斯的代表是阿巴斯·米爾札。和約的主要內容如下：一是，承認一八一三年俄國根據《古利斯坦條約》所取得的土地不變；二是，將葉里溫和納希切萬汗國（亞美尼亞東部）割讓給俄國；三是，伊朗不得阻礙亞美尼亞居民向俄國境內遷移；四是，俄國有權在裏海駐紮海軍艦隊；五是，伊朗向俄國賠款兩千萬銀盧布。除了和約外，俄波還簽署了通商條約，根據這一條約，俄國商人有權在伊朗全境自由通商。

這份《土庫曼恰伊和約》（Treaty of Turkmenchay）是尼古拉一世執政後的第一份和約，一份收集到新土地的和約。這份和約的簽署和東亞美尼亞土地的兼併進俄國，既是帕斯克維奇將軍的軍功，同時也表明俄羅斯帝國在繼承葉爾莫洛夫高加索政策所取得的重大成果。這一條約極大地增強了俄國在南高加索的地位，在打擊伊朗的同時，削弱了大英帝國在伊朗的勢力。更為重要的是，俄國商人在伊朗全境的自由活動和俄國艦隊在裏海的巡行所表明的是，俄國更大的雄心壯志是：爭奪從裏海至黑海的戰略防線。

伊莉莎白堡之戰的勝利既保住了上次俄伊戰爭中俄國獲得的土地，又奪得了俄國覬覦已久的葉里溫。這是尼古拉一世登基後，俄國爭奪高加索土地的獲勝的第一次戰爭。沙皇大喜，因為此戰的勝利不僅保住了父輩收集到的土地，而且鞏固了他初登的皇位。於是，他賞賜帕斯克維奇一把嵌滿鑽石的長劍和百萬盧布獎金。尼古拉一世還封他為「伯爵」，自此帕斯克維奇有了一個光輝的頭銜──「葉里溫伯爵」。帕斯克維奇因奪得了沙皇祖先夢寐以求的葉里溫等亞美尼亞西部的土地而官運亨通。人們盛讚他是個天才，但是他的諳熟官場事務的父親卻不以為然地說：「天才，什麼天才，走運，走運罷了！」

在南高加索，在亞美尼亞、亞塞拜然、喬治亞這一帶地區，俄國還有個世代爭奪土地和霸權的對手與宿敵──鄂圖曼帝國。尼古拉一世雖然碰到一系列內部的麻煩，江山尚不穩固，專制權威尚未能建立起來，但對於爭奪這一地區的土地並沒有放鬆，而且在奪得了葉里溫等地之後，他對南高加索、巴爾幹土地的覬覦就更強烈了，甚至期望有一天能攻占君士坦丁堡，組成一個以俄國為首的統一的斯拉夫大帝國。這種收集土地的指向，在伊朗之後，首當其衝的敵人就是鄂圖曼帝國。而鄂圖曼帝國也在虎視眈眈地注視著俄軍的進展，對俄國艦隊封閉了博斯普魯斯海峽。正在支持希臘人「爭取獨立」的尼古拉一世，判定土耳其此舉阻礙了俄國軍隊向西擴張的進程，於一八二八年四月，向土耳其宣戰。土耳其蘇丹也立即做出反應：加強多瑙河一線的防衛，並將首都遷到亞德里亞堡[1]。一八二八年四月，尼古拉任命帕斯克維奇為這次俄土戰爭的司令官，進軍小亞細亞，更大的目標是巴爾幹。於是，開始了一場打了兩年的俄土戰爭（一八二八至一八二九年）。

帕斯克維奇就像他父親所說的，習慣走「命運」路線，他選擇一八二八年六月二十五日尼古拉一世生日那天，發動了向戰略城堡卡爾斯的進攻，而這座城堡是土耳其所占領的，傳說是「固若金湯」。帕斯克維奇向卡爾斯發動了全線進攻，最終攻下了這座城堡。但卡爾斯迎接俄軍的是爆發的鼠疫。大概又是「命運」幫了這位將軍的忙，雖然俄軍死傷無數，但最後控制住了鼠疫。他的軍隊繼續向西挺進，奪得一系列城堡。最後以十二個小時的殘酷戰鬥、俄軍死亡五百多人的代價奪得了阿哈爾季赫城堡。阿哈爾季赫是土耳其的重鎮，從這裡可以直通土耳其的重要省會埃爾祖魯姆。俄羅斯帝國有了這一重鎮，就掌握了通往鄂圖曼帝國小亞細亞各省最後通往巴爾幹各地的鎖鑰。最後，俄軍於一八二九年七月占領了埃爾祖魯姆。

1 今土耳其埃迪爾內。

對這一輝煌勝利，尼古拉一世當然非常欣喜，將一枚「一級聖喬治軍功勳章」頒給了帕斯克維奇。俄國朝野上下頓時熱血沸騰，呼籲沙皇「趁熱打鐵」，深入小亞細亞的心臟，一舉將瑟瓦斯占為己有。但是，當帕斯克維奇揮師時德黑蘭時，鄂圖曼帝國蘇丹默哈穆德二世要求和談。一八二九年九月二日雙方簽署了《亞德里亞堡和約》（Treaty of Adrianople）。根據這一條約，土耳其將黑海東岸全部土地畫給俄羅斯帝國；正式承認伊梅列基亞、卡特爾－卡赫基亞王國，古里亞和明格列爾，葉里溫和納希切萬汗國畫給俄國；土耳其還承諾不阻礙俄國和外國商船經過博斯普魯斯和達達尼爾海峽；臣屬俄國的人也有權在鄂圖曼帝國全境經商；土耳其還要向俄國支付巨額賠款。除此之外，土耳其還同意塞爾維亞以及摩爾達維亞和瓦拉幾亞王國的自治和希臘的獨立。全部條款中只有一條對鄂圖曼帝國是有利的，即俄國將在這次俄土戰爭中占領的地方還給土耳其，但是同時強調，多瑙河三角洲及其附近的島嶼不給。

這是一份可稱得上是對俄羅斯帝國絕對有利的和約，是尼古拉一世登基以來，短短的三年中所取得的「收集土地」的重大成就。其中，土耳其正式承認喬治亞、亞美尼亞西部的一些汗國的土地歸屬俄國，這使俄羅斯帝國在南高加索站穩了腳跟，並且俄國的軍事力量也在多瑙河三角洲更強大了。因為收集了這些土地，俄國南疆的安全就有了海上和陸地的雙重保證，帝國向更遠的巴爾幹收集土地就是議事日程上的事了。而從亞歷山大一世時期開時的高加索戰爭就將持續地打下去了，這輛勝利的戰車已經停不下來了。

但是，對於尼古拉一世來講，收集土地、擴展帝國霸權的高加索戰爭是離不開帕斯克維奇的。

這次俄土戰爭結束後，帕斯克維奇多次組織隊伍，對北高加索地區「不安分」的山民和村莊進行討伐，大肆燒毀山民的村莊，抓捕人質，穩定該地區的局勢，以保證帝國在大山那邊的南高加索土地上平安無事。帕斯克維奇的信條是，高加索山民的一切問題都得在戰場上解決。因為健康原因，他於一八三〇年底辭去了高加索的職務。

然而，俄羅斯帝國的天下是不穩定的，除了高加索，還有「波蘭王國」。尼古拉一世登上王位後，承繼亞歷山大一世的傳統，兼任「波蘭國王」，並派其兄康斯坦丁任波蘭總督和軍隊總司令，對這個從沒有真正臣服過的波蘭進行監管。尼古拉一世對波蘭君主專制統治的不斷強化，促成了波蘭反對俄國和沙皇形勢的高漲。一八三〇年深秋，隨著歉收和物價的飛漲以及尼古拉一世詔令在波蘭徵兵去鎮壓法國和西班牙的革命，波蘭局勢極端惡化。十一月底，波蘭華沙爆發了反俄起義，起義者攻占了康斯坦丁所住的貝爾凡達爾宮。這位大公在起義者「殺死暴君」的激昂呼聲中落荒而逃。這一起義不僅是對尼古拉一世權威的蔑視，也打斷了尼古拉一世的向多瑙河和巴爾幹的進軍謀畫。他沒有想到，波蘭，這個俄國控制下的臣屬之國會起義來反對自己，對抗俄羅斯帝國的君主專制。

一八三一年六月，回顧亞歷山大一世重組大軍，啟用以及退休的帕斯克維奇去波蘭當俄軍的總司令，負責鎮壓這次起義。帕斯克維奇率領十二萬大軍，挺進波蘭。波蘭起義者只有六萬之眾，兵力懸殊，節節敗退。最後，八月下旬，在帕斯克維奇的猛烈炮火和士兵的廝殺聲中，華沙城陷落，華沙起義失敗。攻進華沙後，帕斯克維奇又指揮俄軍對波蘭各地進行了三個月的清剿。八月二十六日，帕斯克維奇在向尼古拉一世的報告中寫道：「現在，華沙臣服於您的腳下。」因為這次鎮壓，一八三三年，尼古拉一世封帕斯克維奇為俄國駐波蘭王國的總督，賞「特級華沙伯爵」的封號。

從此之後，帕斯克維奇在波蘭進行了二十五年的治理：沒收起義者的財產，關閉當地的大學，取消自治，解散議會，按俄國制度將波蘭的領土畫分為省，實行戒嚴，取消波蘭貨幣，改用盧布……當然，帕斯克維奇如同所有諳熟統治之術的鐵腕人物一樣，深知娛樂之舉可轉移人們對實現的視線，消磨人們的鬥爭意志，於是，就在波蘭大興戲劇、餐飲、娛樂之事。所有這一切措施令波蘭處於高壓之下。波蘭人稱帕斯克維奇統治波蘭的時期為「帕斯克維奇之夜」。

但對於尼古拉一世來講，更為重要的是，帕斯克維奇對波蘭起義的無情鎮壓是為俄羅斯帝國繼續高加索戰爭，爭奪小亞細亞和巴爾幹，穩定了後方，蕩平了戰爭之路。一八三三年，俄國和土耳其簽署了宣言兩國「和平與友好」的《洪基爾－斯凱萊西條約》（Treaty of Hünkâr İskelesi，又稱《互助條約》）。根據這一條約，土耳其保證除了俄國艦隊，不許其他外國船隻通過博斯普魯斯和達達尼爾海峽。而俄國艦隊可以自由航行於這一海峽表明，俄羅斯帝國在對這一線的領土擴張達到了一個輝煌的頂點。但這個「頂點」並不受其他西方國家歡迎，尤其是英國，英國與俄國的矛盾神話。一八四〇年，英、俄、法、普魯士搞了個「集體保障」土耳其的《倫敦協定》（Convention of London），一八四一年又搞了一個關於博斯普魯斯和達達尼爾海峽的協定。根據這一協定，土耳其封鎖博斯普魯士和達達尼爾海峽，不准所有外國船隻艦隊。這就是俄國在《洪基爾－斯凱萊西條約》中所享有這一海峽的特權被取消了。於是，俄羅斯出海峽，進大洋的擴張被遏制住了，一度膨脹的帝國被阻擋在了黑海的出海口。

然而，尼古拉一世不會在收集土地的行動上止步。一八四八年，整個哈薩克被兼併進了俄國，帝國的疆界推進到了中亞。哈薩克是優質棉花的最大產地，英國也染指這裡。俄國對哈薩克的兼併和俄軍向土耳其的推進，促使俄英間、歐洲各國間的矛盾加深，土耳其成為各國爭奪的目標。

與此同時，尼古拉一世忙於國內治理。由於他在一個十分特殊的環境下上臺執政，總有一種對自己是否能真正掌控專制權力的擔心，總是感到江山不穩。鎮壓「十二月黨人起義」給他的教訓是：時刻警惕和預防可能發生的社會動亂，保持專制政權的穩定是第一要務。所以，他首開俄國的監控制度，設置了祕密員警監控機構——第三廳，對社會輿論和民情實行極其嚴格的監控，並開創了一種俄羅斯帝國特有的政治流放制度。而在外交政策上，全力保持俄國對波蘭和多瑙河三角洲地區的掌控是極為重要的事。然而，波蘭的起義畢竟打亂了尼古拉一世的預想，而在一八四八年歐洲各地爆發了反對君主政體的革命，面對洶湧的革命洪流，尼古拉一世坐臥難安，派兵西出去協助鎮壓這場革命。

一八四八年三月，匈牙利爆發革命，皇帝法蘭茲·約瑟夫（Franz Josef I）請求尼古拉一世組成討伐隊來鎮壓起義，尼古拉一世當即任命帕斯克維奇為討伐隊司令。六月初，帕斯克維奇率四個軍團進入匈牙利邊境，到八月初，在不到兩個月的時間裡，迫使起義者投降。這場對匈牙利起義者的討伐保住了俄國在多瑙河三角洲的陣地。這時，尼古拉一世認為，俄國的宿敵鄂圖曼帝國已經沒有過去強大，英法兩國矛盾重重，摩擦不斷，而奧地利則有可能保持中立，是收回被土耳其占領的土地和奪走的權益的時候了。一八五三年三月中旬，他向土耳其提出，要保護土耳其境內的基督教居民。土耳其蘇丹當即拒絕。於是，尼古拉一世決定以戰爭解決問題。他派大軍占領了多瑙河地區的莫爾達瓦和瓦拉幾亞王國。奧地利的反應是：要俄軍退出多瑙河地區，否則兵戎相見。帕斯克維奇對奧地利和土耳其聯合起來反對俄國的前景感到不安：俄國不僅保不住多瑙河地區，還會失去波蘭和立陶宛。

一八五四年春，尼古拉一世任命帕斯克維奇為多瑙河軍司令官，負責攻占多瑙河沿岸的一些重要的城堡，四月初，攻下了土耳其最重要的城堡——西里斯特利亞。但此戰之後，帕斯克維奇因傷退出了對前線軍隊的指揮，面對土耳其、英、法、奧的聯合進逼，聖彼得堡不得不從摩爾達維亞和瓦拉幾亞撤退。而英、法、土耳其和義大利的聯合艦隊則動手爭奪克里米亞，開始了一場稱為「克里米亞戰爭」之戰。一八五四年九月三日，英法聯軍登陸克里米亞半島，並進而圍困了軍港塞瓦斯托波爾。俄軍準備反擊，指揮官是俄軍最著名的統帥，三位海軍上將——納希莫夫（Pavel Nakhimov）、科爾尼洛夫（Vladimir Kornilov）和伊斯托明（Vladimir Istomin）。十月五日，聯軍戰艦開始猛烈炮擊塞瓦斯托波爾。也就在這天的炮擊中，科爾尼洛夫和伊斯托明陣亡。

此後，俄軍開始了極為艱難的塞瓦斯托波爾保衛戰。尼古拉一世對塞瓦斯托波爾保衛戰的連連失利大為不滿，不斷調兵遣將，斥責前線指揮官不力。尼古拉一世又把注意力轉向了帕斯克維奇，而帕斯克維奇正處理高加索的沙米勒起義，無暇南顧，沒有派軍隊去支援塞瓦斯托波爾。

一八五五年八月四日，聯軍戰艦對塞瓦斯托波爾開始了一場更為猛烈的炮擊，英法艦隊發起進攻，城中的主要堡壘——馬拉霍夫山崗失手。隨即，俄軍從各處的堡壘敗退，塞瓦斯托爾失守。

從具體的戰爭行動上說，俄軍敗於軍事裝備的落後，人員和後勤的補充不足，財力的短缺。這一切反映了俄國工業的大大落後於英法等歐洲國家，經濟發展遠遠滯後於先進的歐洲。而從羅曼諾夫王朝傳統收集土地的決策來說，塞瓦斯托波爾的失守，將尼古拉一世與土耳其、伊朗爭奪小亞細亞、巴爾幹的進程推進了死胡同，俄國對黑海沿岸的控制大大削弱，高加索的局勢再度動蕩。尼古拉一世的長兄亞歷山大一世費盡心機開始的高加索戰爭沒能以收集到更多的土地而結束，相反，這場曠日持久的戰爭還要打下去。

尼古拉一世等待的是高加索戰爭的全面、徹底勝利，是克里米亞戰爭的全面、徹底勝利，是收集到更多土地和權益的勝利。但是，克里米亞戰爭難如人願，高加索戰爭更未能使這大山兩邊的土地徹底兼併進俄國、這裡的山民從沒有真正臣服過俄羅斯帝國，而是一代又一代地對抗聖彼得堡。從三〇年代起，北高加索的各族山民就在沙米勒的領導下進行反對沙皇俄國的鬥爭。在尼古拉執政的時期內，沙米勒領導的鬥爭使俄國再度失去了對西達吉斯坦、車臣以及一系列北高加索地區的控制。尼古拉一世收集土地的戰績是歷代俄國沙皇中最差的一位。他想西進奪取君士坦丁堡、再進巴爾幹，結果敗北，失去了摩爾達維亞和瓦拉幾亞；他想讓自己的艦隊毫無阻礙地出黑海，過博斯普魯斯和達達尼爾海峽，結果被打回，海峽對俄國封閉，俄國退回到了黑海的南岸；他想讓高加索大山兩邊的土地徹底兼併進俄國，但沙米勒領導的反俄起義此起彼伏，讓他的「高加索之夢」始終未圓。

晚年，尼古拉一世對保住克里米亞和保住黑海沿岸這兩件事，給予了特別的關注。他曾經在給帕斯克維奇的一封信中談到了這一點：「保住克里米亞和保住黑海沿岸，如果將這兩件事做一比較的話，它們不僅對歐洲，而且對亞洲的影響，特別是對我們外高加索地區的影響，都要重要得多。但是，我也並不認為，為了保住我們在南方所奪得的，就可以不經戰鬥地放棄波蘭。」這些話表明了這位沙皇對羅曼諾夫王朝傳統收集土地政策的忠實繼承和堅持不懈。

終其一生，尼古拉一世以鐵腕手段和嚴厲的監控措施，保證了社會和經濟的發展，使俄羅斯帝國的實力有了相當程度的增長。但是，在土地收集上，他卻是個失敗的君主，最多也只不過是個守成者。他在位三十年，俄羅斯帝國的疆土沒有什麼擴展，在某些地區，某些方向上甚至受到了來自土耳其、波斯、英法等國家的擠壓。羅曼諾夫王朝的帝王們歷來有一種「羅斯－俄羅斯的愛國情懷」，驕傲於自己與周邊歐洲國家爭奪土地中的豐功偉績，自詡是「常勝將軍」，所以他們總是把手執長矛的聖喬治常勝將軍形象，當成國徽、城徽和族徽中的主要標誌物。而塞瓦斯托波爾的失守，英法義土奧聯軍的勝利，給予尼古拉一世致命的重擊。這位一生尚武的帝王、一位崇尚暴力和強權的帝王，一個夢寐以求要將所有斯拉夫民族都統一在他的大旗下、建成一個大俄羅斯帝國的帝王終於鬱鬱而亡。他滿含悲哀、無限感慨地對繼承人亞歷山大二世囑咐：「為俄國效勞吧！我本想把最困難、最沉重的擔子擔起來，把一個和平的、一切安排就緒的、幸福的王國留給你，但上帝卻作了另一種安排。」一八五五年二月十八日，尼古拉溘然長逝（有人說他恥於塞瓦斯托波爾的失守和克里米亞戰爭的失敗而服毒自殺）。死前，他分別給莫斯科、基輔和華沙發去了如下電文：「皇帝正在死去，並向所有的人道永別。」

帕斯克維奇在經受了高加索戰爭遠未結束，克里米亞戰爭遭到慘敗，寵幸自己的君主尼古拉一世的暴亡的多重打擊後，於一八五六年一月二十日也抑鬱離世。於是，俄羅斯帝國的收集土地的歷史篇頁又翻開了新的一頁……

44「解放者」和「劊子手」

亞歷山大二世

尼古拉一世試圖利用殘酷的監控和鎮壓手段來牢固地建立君主專制政權，開創了「朕即天下」、「唯吾言為國法」的政治制度。但事與願違，最終的結果是他因自己夢想的破滅而死亡，更重要的是，俄羅斯帝國因他處於了前所未有的被英、法、土、奧擠壓的狀態之下，自亞歷山大一世戰勝拿破崙後建立的歐洲霸主地位不復存在，法國重新成為歐洲一霸。這就是他留給亞歷山大二世的遺產——一個需要突破四面被圍、收集新土地，擴大俄國疆界的政治遺產。

而這種政治遺產正以一種特殊的形式橫亙在這位新沙皇的面前，一是克里米亞戰爭，另一是高加索戰爭。亞歷山大二世首當其衝的是要儘快結束克里米亞戰爭。這場戰爭已經成為這個帝國的沉重負擔，俄國在歐洲的霸權地位已經喪失。因此，重振帝國的雄風和威力成為亞歷山大二世的無二選擇。

亞歷山大二世是個與他父皇不同的君主，深知自己接受的確是個「一切沒有安排就緒的帝國」，於是從內政和外交方面實行大刀闊斧的改革，其主要方向就是對內以某種寬鬆的政策替代員警治理，以減輕農奴的負擔為主線實施自己的一系列改革，而在外交方面，也在某種程度上改弦易轍，放棄對所有歐洲國家的對抗，實行與法國接近的政策，儘快結束克里米亞戰爭。於是，就有了被後人詬病的《巴黎條約》（Treaty of Paris）。

《巴黎條約》的主要內容是：一是，停止軍事行動，各國軍隊撤出克里米亞，相互交換俘虜，同意今後共同努力，協商解決可能出現的衝突；俄國將在戰爭中占領的所有土地歸還土耳其，盟國同意將所占領的黑海沿岸的城市和港口歸還俄國；二是，各國尊重土耳其的所有權益；居住在巴爾幹半島的基督教居民仍然歸君士坦丁堡治理；基督教各國自治，土耳其當局要保障這些公國的自治權；俄國無權干涉摩爾達維亞、瓦拉幾亞和塞爾維亞的事務；黑海成為中立地區，只准商隊通行，禁止艦隊駛過；禁止在黑海的各港口設置武器庫；各國商船都可通行多瑙河；俄國將比薩拉比亞的部分土地讓給摩爾達維亞公國。

所有這一切表明的是：俄國在克里米亞戰爭中慘敗，失去了先前奪得的一系列土地。對俄羅斯帝國更為致命的是，帝國艦隊遭到了重創，再也無法出航黑海之口，由此，南疆的防衛能力大大減弱。但是，《巴黎條約》畢竟開始改變俄國的艱難處境，使俄國有了重新奪回黑海權益的機遇。而這一切與他的外交大臣戈爾恰科夫（Alexander Gorchakov）有密切的關係。

戈爾恰科夫力勸亞歷山大二世，俄國經濟、軍事力量不足，國際舞臺上的威信極度低落，因此不應捲入紛繁複雜的歐洲的衝突，而要養精蓄銳，先解決最為迫切的內政問題，等待重新崛起的時機。而同時，俄國朝野，尤其是那些滿懷以俄國利益為首位的帝國愛國主義情懷的人們卻在激烈的指責，皇帝和大臣無所作為。戈爾恰科夫不為所動，回答了一句話：「人們在指責俄國自我孤立，一言不發。他們說，俄國在生氣。俄國沒有生氣。俄國在凝神靜思。」最後的這句話是這位外交大臣新的外交決策——靜觀國際舞臺上的變化，潛心研究對策，擇機再起。所以，在其後的二十六年的外交大臣生涯中，「俄國沒有生氣。俄國在凝神靜思」，就成了他的座右銘，成了俄國在歐洲舞臺上的典型守則。

在克里米亞戰爭結束之後，俄國得到了喘息的機會，於是，解決曠日持久的高加索戰爭就成了亞歷山大二世極為緊迫的事情。從一八一七年開始到一八五六年，高加索戰爭已經打了近四十年之久，俄羅斯帝國已經被它拖得精疲力竭，下定了決心要「一勞永逸地征服各族山民，徹底消滅一切不臣服者」的尼古拉一世也因這場戰爭心力交瘁。但是，在這場戰爭的核心地區——車臣依然處於反抗俄國統治的風暴之中，沙米勒領導的鬥爭二十年來此起彼伏，俄軍疲於奔命，車臣和整個高加索地區暴動四起。亞歷山大二世上臺後，一八五六年八月，任命巴里亞津斯基為高加索總督和高加索俄軍的總司令。

巴里亞津斯基對沙皇的任命非常感激，說：「我定將為國效勞，不辜負陛下對我的浩蕩聖恩，賜福和榮譽。」他向亞歷山大二世建議，要勝利地結束高加索戰爭：一是，要改變傳統的治理高加索的辦法，要改變山民為仇敵的鎮壓方式，要用瞭解山民的軍官來治理高加索；二是，要往高加索派駐大量的軍隊，保證充足的錢糧、武器彈藥和後勤供應。巴里亞津斯基所要的數額，經過計算，要占俄國軍費的三分之一。陸軍部和財政部首先反對，而亞歷山大二世也猶豫不決。但外交大臣戈爾恰科夫卻認為，必須這樣做，若高加索戰爭再不結束，俄羅斯帝國會面臨更大的厄運。

最終亞歷山大二世接受了巴里亞津斯基的建議。

巴里亞津斯基啟用了一批哥薩克軍官，在他的軍帳中組成了一批被稱之為「高加索人」的軍官班子。這些軍官瞭解車臣、高加索地區的生活風習、道德準則、山川地形，深諳與山民打交道的策略，注重收買民心，並且以「親近」、「寬容」較為「仁慈」的手段，來平息車臣地區的暴亂。在軍事上，這位新司令用強大的軍隊對車臣形成難以突破的包圍之勢。而在高加索山民與土耳其、伊朗和英法等的聯繫方面，則採取了使其不能實行的「隔絕」措施。

經過三年的準備後，一八五八年夏末，巴里亞津斯基對沙米勒活動的車臣地區展開了大規模的軍事行動。沙米勒兵敗，撤退到自己的根據地達吉斯坦境內的高山堡壘古尼布。一八五九年八月二十五日，俄軍包圍了古尼布堡壘，沙米勒決定投降，而他手下的一員戰將拜桑古爾・別諾耶夫斯基（Baysangur of Benoy）拒不降俄。結果，沙米勒被俄軍俘虜，拜桑古爾繼續與俄軍作戰，直到一八六一年被俄軍捕獲後處死。古尼布一戰，沙米勒的歸順俄國，車臣地區歸屬俄羅斯帝國，高加索戰爭結束。巴里亞津斯基在沙米勒投降後，給亞歷山大二世發去了一份電報：「古尼布攻下。沙米勒被俘並正押解往聖彼得堡。」一八六一年夏天，亞歷山大二世在皇村接見了沙米勒。據俄國的史籍記載：「沙米勒向亞歷山大二世表示祝賀，說皇帝將俄國人從奴隸狀態下解放了出來。」隨後沙米勒和兒子都加入了俄國籍，沙皇贈他世襲貴族榮譽與地位。

高加索戰爭的結束減輕了俄羅斯帝國的背負了多年的極其沉重的負擔，但是，帝國的麻煩遠遠沒有解除。俄國面臨的危機還不僅僅是《巴黎條約》的失地喪權，帝國傳統的臣屬之地，緊靠波羅的海和聖彼得堡的「後院」——波蘭，在時隔三十年後，於一八六三年一月下旬，再度爆發了反俄起義，起義者要求俄國歸還占領的土地，恢復一七七二年的「波蘭共和國」的東部邊界。這次起義的規模要大得多，除了波蘭王國本土，席捲了立陶宛，白俄羅斯和烏克蘭右岸地區。法國和英國政府支持起義者，要俄國答應起義者的要求。

對於俄國來說，這次波蘭起義的嚴重性還在於，它與俄國革命民主主義者的革命策略和行動是聯繫在一起的。這些起義者與俄國的革命者，如赫爾岑（Alexander Herzen）、奧加廖夫（Nikolay Ogarev）和巴枯寧（Mikhail Bakunin）等聯繫、策畫在波蘭和俄國中部地區同時發動起義，已經不是一年的事。所以，波蘭起義一爆發，赫爾岑和巴枯寧就聲明支持波蘭的起義。赫爾岑說：「我們與波蘭在一起，因為我們為俄國而鬥爭。我們站在波蘭人方面，因為我們是俄國人。我們要求波蘭獨立，因為我們要求俄國的自由。我們和波蘭人在一起，因為同一條鎖鏈將我們二者連在一起。」

亞歷山大二世當然不會接受這種起義的脅迫，他知道在克里米亞戰爭使俄國國力衰微之際，波蘭這個「後院」絕不可以出事，波蘭一出事，俄羅斯帝國本土必將動蕩瓦解，而失去波蘭，就將波及俄國在歐洲的所有臣屬土地，俄羅斯帝國會因此而解體。亞歷山大二世命陸軍上將穆拉維約夫（Mikhail Muravyov）統領大兵進剿，結果，一八六四年五月，波蘭起義被鎮壓下去。對於起義者，穆拉維約夫採取了極其殘酷的懲罰措施：一百二十八人被處死，一萬兩千五百人被流放各地；尚有涉嫌起義的暴亂者兩千人被處以絞刑。俄國大軍還在波蘭、立陶宛和白俄羅斯實施了大規模的宗教、社會生活各方面的俄國化措施。更為重要的是，沙皇取消了波蘭的王國稱號，將波蘭畫分為十個省，改稱為「維斯瓦邊疆區」。因此等豐功偉績，在波蘭起義被鎮壓後的第二年，一八六五年，穆拉維約夫被亞歷山大二世封為「維斯瓦伯爵」，而波蘭人則給他起了個綽號——「絞刑劊子手」，而亞歷山大二世也就開始有了「劊子手」的綽號。

波蘭起義的被鎮壓，俄國這一「後院」的穩定，解開了俄羅斯帝國重新爭奪歐洲權益和土地的手腳，戈爾恰科夫開始了一場新的外交戰。波蘭起義被鎮壓後，英法奧給俄國照會，要求俄國對起義者實行大赦，恢復一八一五年波蘭憲法，把權力交給獨立自主的波蘭當局。戈爾恰科夫在回電中答覆：「叛亂者既不能要求大赦，也不能要求自治，更不能要求廣泛的選舉代表的制度。甚至波蘭王國的無條件的獨立對於他們來說也不過是個臺階，它是為了達到進一步的目的——對有極其大量的俄國人的省的統治權，將波蘭的邊界擴大至兩個海。」戈爾恰科夫嚴厲譴責了英法對波蘭內部事務的干涉，聲稱「波蘭問題的重議只能由當年瓜分波蘭的三國——俄國，普魯士和奧地利來解決」。這句話揭示了戈爾恰科夫的對歐洲列強的新方針：俄國將捨棄英法，與普魯士修好。

在這一連串事件的進程中，《巴黎條約》始終如幽靈一樣纏繞著亞歷山大二世和外交大臣戈爾恰科夫。對他們來說，黑海成為中立區就等於掐住了俄國艦隊的脖子，俄國的南疆暴露於沒有防備的狀態之下。《巴黎條約》是俄國的恥辱柱，無論是亞歷山大二世，還是戈爾恰科夫都在待機報復。而在巴黎會議後，戈爾恰科夫一直在各種場合尋求廢除黑海中立區，俄國收回因此條約喪失的土地，艦隊能重新西出博斯普魯斯和達達尼爾海峽的機遇。為此，戈爾恰科夫開始了轉變俄國外交政策方向的努力，尋找機會打擊《巴黎條約》的主要推手法國。這個機會終於在一八七〇年到來，戈爾恰科夫認為，這是一個改變《巴黎條約》的絕佳機遇。

這一年，法國和普魯士為爭奪歐洲霸權地位爆發了戰爭，動因是西班牙的王位繼承問題。這時，普魯士掌握重權的是後來人們稱為「鐵血宰相」的俾斯麥（Otto von Bismarck）。俾斯麥認為尋求俄國作為盟友，是打擊法國的有效措施，於是極力向聖彼得堡示意，願普俄結成反對法國的盟友。戈爾恰科夫要俾斯麥答應，此戰勝利後，普魯士必須以廢除《巴黎條約》中有關黑海中立的條文。俾斯麥承諾，他將支持俄國的利益要求。亞歷山大二世並不看好與普魯士的結盟，但在戈爾恰科夫的反覆進言下，同意在普法戰爭中保持中立。

在戈爾恰科夫的主持下，俄國採取了對普法戰爭不干涉的方針，但在實際上，俄國積極支持普魯士的軍事行動，為其軍隊提供各種方便，結果使普魯士大敗法國。普魯士的勝利不僅大大削弱了法國的力量和影響，而且使俄國有了俾斯麥這樣一位鐵血盟友。一個強大的德國出現了，德國皇帝致信亞歷山大二世，對俄國的支持表示感謝。而戈爾恰科夫也就乘機照會歐洲各強國，說現在局勢發生變化，《巴黎條約》中有關黑海中立的條款必須刪除，呼籲召開一次國際會議來解決這一問題。簽署《巴黎條約》的各國都同意去掉這一款，也就是廢除黑海中立的條款，准予俄國在黑海上擁有艦隊。

一八七一年的一月，這樣的國際會議——倫敦會議舉行。三月一日簽署的《倫敦協議書》

（Treaty of London）規定：取消對俄國，土耳其和黑海沿岸各國在黑海上的所有限制，俄國和土耳其可以在黑海上擁有不限量的艦船；俄國軍艦禁止通過海峽的條文不變，但是准予土耳其的友好國家的軍艦通過海峽。《倫敦協議書》使俄國得以在黑海上重建海軍艦隊。這不僅是戈爾恰科夫個人的勝利，更是俄羅斯帝國的一次能夠有重新出黑海，爭霸小亞細亞和巴爾幹土地的機遇，但也埋下了俄國和土耳其再度爭奪黑海的伏線。

一八七六年十二月三十一日至一八七八年十二月三十一日的俄土戰爭將這種爭奪變成了現實，巴爾幹成了主戰場。

這時，巴爾幹地區處於土耳其帝國的掌控之下，包括保加利亞、馬其頓、波士尼亞、赫塞哥維納、阿爾巴尼亞、埃皮爾、菲薩利亞、塞爾維亞和羅馬尼亞處於土耳其蘇丹的保護之下。黑山是名義上的獨立，只有希臘是獨立的國家。巴爾幹地區具有極其重要的戰略意義，它扼守於黑海和亞得里亞海之間，南下可通地中海，東去可達印度洋和遠東，所以歷來是俄奧英法爭奪的地區。而巴爾幹在鄂圖曼土耳其的統治下長達五百年之久，這種情況導致俄國與土耳其之間頻頻發生爭奪這一地區的鬥爭和戰爭，奪取巴爾幹是亞歷山大二世的先祖們，尤其是亞歷山大一世和尼古拉一世的未竟願望。還有一點是，巴爾幹地區被俄國認為是斯拉夫人的聚居地，多數居民信奉基督教（東正教）。所以，歷來的俄土戰爭，俄國總把鄂圖曼帝國對巴爾幹基督教居民的壓迫作為旗號，說那裡的人們在土耳其的政治制度、封建剝削和伊斯蘭教會的排斥下，過著水深火熱的生活。俄羅斯帝國朝野有一種共同的認識：俄國解放巴爾幹是巴爾幹各國真正的獨立自由之路，是巴爾幹人民生活的幸福之路。因此，解放巴爾幹的基督居民，將巴爾幹地區從土耳其的壓榨下解放出來，歸屬俄羅斯帝國，就成了俄羅斯帝國的偉大解放使命。

事實上，巴爾幹各地居民反對土耳其壓迫的鬥爭從來沒有停止過，但一系列鬥爭都被土耳其政府鎮壓了下去。這些鬥爭的領導人是為了爭取自身的解放，國家的真正獨立，而不是希望鬥爭勝利後，再依附於俄羅斯帝國。這是巴爾幹人民和俄羅斯帝國巴爾幹「解放」政策的實質性差別。亞歷山大二世執政後，通過一系列手段對巴爾幹人民的鬥爭進行了干預，其中包括增強親俄領導人的勢力。所有這一切就造成了巴爾幹地區的局勢極為複雜、緊張，時刻有爆發新戰爭的危險。

一八七五年，巴爾幹地區饑荒，暴動此起彼伏。赫塞哥維納和波士尼亞的起義者宣布：「不自由，就死亡，我們要戰鬥到最後一個人。」而俄羅斯此時也在「拯救東正教斯拉夫兄弟」的旗號下，支持這些鬥爭。土耳其和俄國處於一觸即發的戰爭前線。一八七六年四月，亞歷山大二世向土耳其宣戰，派出了十八萬五千名大軍，後來俄國征戰巴爾幹的兵力增加到了五十萬。俄軍對多瑙河發起了強攻，突破了這條天然防線。隨後，俄軍揮師爭奪希普卡，這是一條通往君士坦丁堡的最短道路。奪取了希普卡，俄軍就能沿著去君士坦丁堡的道路，進軍巴爾幹。希普卡是土耳其位於希普卡山口的一座險峻碉堡。俄軍奪得了希普卡後，遭到了土耳其軍隊的圍困，不得不困守希普卡碉堡長達數月之久。希普卡一戰後，俄軍占領了土耳其的主要堡壘錫斯托夫，最後攻克了普列夫納。土耳其戰敗投降。

一八七八年二月十九日，簽署了《聖斯泰法諾條約》（Treaty of San Stefano），俄羅斯帝國成了這次戰爭的最大的贏家。土耳其向俄國交付十四億一千萬盧布的戰爭賠款，部分賠款用土地來償還。因此，土耳其將巴圖米、卡爾斯、阿爾達甘、巴雅澤特及比薩拉比亞南部的兩個區割讓給俄國。此外，巴爾幹的各國雖然都重新畫分了各自的政治地圖，有了不同程度的自治或獨立，但是對俄羅斯帝國的依附又大大增強了。而俄羅斯帝國的皇帝亞歷山大二世則被稱為「解放者」。

由於這場「解放巴爾幹」之戰，經過君士坦丁堡，通往巴爾幹的道路為俄羅斯帝國敞開了。但是，《聖斯泰法諾條約》並沒有徹底解決巴爾幹問題，「解放者」亞歷山大二世在巴爾幹所碰到的麻煩也沒有全部解決。在其後俄土、俄國與歐洲各強國的爭霸中，巴爾幹的「戰爭火藥桶」的危險性卻在與日俱增。

在六、七〇年代的這場歐洲大爭奪中，俄國因克里米亞戰爭、高加索戰爭和鎮壓波蘭起義，經濟遭受重創，國力下降。為了保住這些成果，俄國需要新的盟友和新的治國方針。早在一八五三年，東西伯利亞總督穆拉維約夫－阿穆爾斯基（Nikolay Muravyov-Amursky）就向亞歷山大二世進言：俄國的重要出路是向東方、西伯利亞和遠東地區發展，需要在太平洋尋找盟友，以保證俄國東方邊界對安全和收集新土地的需要。事實上，一八五八年至一八六四年之間，俄國與清政府簽訂了《璦琿條約》、《中俄北京條約》，將外貝加爾湖地區、烏蘇里斯克邊疆區、哈巴羅夫斯克邊疆區以及滿洲里的一部分據為己有，中國不僅喪失了一百五十萬平方公里的土地，也喪失了日本海出海口。隨之，俄國海軍在這一地區建成一座重要的城市——符拉迪沃斯托克（占領東方，即海參崴）。戈爾恰科夫認為美國和日本是俄國應該爭取的盟友，提出了「用土地換安全」和「用土地換土地」的決策。

一八六三年，也就是波蘭起義的那一年，戈爾恰科夫向亞歷山大二進言，應該向美國派艦隊，支持美國南北戰爭中的北方，這樣既可向歐洲國家表明，俄國有充分的信心保持住在歐洲的地位，也能爭取到美國對俄國的支持。這樣做可能冒極大的風險，但是亞歷山大二世決定實施這項冒險的行動——將兩支海軍艦隊派往大西洋和太平洋，支持美國南北戰爭中的北方。這一協定最後導致了俄國將阿拉斯加賣給給美國，目的有三：一是，遏制英國對阿拉斯加的覬覦，挑起美國與英國的矛盾，以保證俄國在這一地區的安全；二是，俄國經濟不振，外債纏身，亞歷山大急需擺脫財政的窘境；三是，尋求太平洋沿岸邊境安全的保證。

但是，美國人起初並不識貨，不太情願接受下這個「爛攤子」：因為，這時在阿拉斯加，只有兩千五百名俄國人，而愛斯基摩人和印第安人卻有六萬之眾。俄國人大都集中在俄國在阿拉斯加的第一個居民點——「光榮屬於俄國」。俄國人和因紐特人、印第安人的矛盾深重，這令美國躊躇不前。俄國人不得不求美國買下，俄國的駐美使節甚至向美國官員行賄十四萬四千美元。不過，交易最後成功，一八六七年三月三十日，美國以七百二十九萬美元買下了阿拉斯加。其後，美國在阿拉斯加發現了幾十處金礦礦藏，在短短的三十年中，開採出的黃金總值達兩億美元，超出了買價的二十八倍。不過，亞歷山大二世也不吃虧，在阿拉斯加出售後，俄國在遠東、太平洋地區少了一個對手，東北部的邊界得到了更好的保護。而在八年後，一八七五年，亞歷山大二世又與日本簽約，以土地換土地的辦法，用千島群島換得了薩哈林島（即庫頁島）。

一八六五年，亞歷山大二世開始了征服中亞的軍事行動。這是，帝國政府認為南疆地區的三個汗國——布哈爾埃米爾、浩罕汗國和希瓦（花剌子模）汗國成了俄國進軍中亞的主要障礙，是這些「野蠻的亞洲人奔襲俄國南疆」的主要源頭。切爾尼亞耶夫（Mikhail Chernyaev）奉命率領大軍征討塔什干，首當其衝的就是要除去這三個汗國。切爾尼亞耶夫的大軍先後攻克了奇姆肯特和塔什干，隨後征剿並征服了布哈爾埃米爾、科坎和希瓦汗國。切爾尼亞耶夫因作戰兇猛、無情，有了「塔什干雄獅」的綽號。塔什干地區成了俄國的領土，改名為「土爾克斯坦州」，切爾尼亞耶夫被任命為該州總督。俄國奪得塔什干，南下通往印度的道路就敞開在了俄

十九世紀征服的希瓦汗國今日面貌。（John Slava Pei）

國的面前。

一八七七至一八七九年間，俄國軍隊三次征剿土庫曼的阿哈爾帖克，都被帖克人打敗。一八八一年一月，亞歷山大二世組織新的討伐隊，任命斯克別列夫（Mikhail Skobelev）為司令官，重戰帖金。斯克別列夫騎著高頭白馬在城下指揮，以重炮轟城和挖地道炸開城牆缺口的手段攻陷了帖金人的堡壘。帖金、土庫曼不得不表示臣服俄國。對帖金的征服成了亞歷山大二世收集中亞土地的最後一戰。

從一八五五年三月到一八八一年三月在位的二十六年中，亞歷山大二世全方位地收集新土地，向中亞、外高加索、黑海沿岸和遠東擴張，兼併了許多的新土地，將俄羅斯帝國收集土地的進程推進到了一個前所未有的高峰，對羅曼諾夫王朝和這個帝國來說，亞歷山大二世的戰功輝煌，業績非凡。俄國疆土，西從波羅的海、東至太平洋，北起北冰洋，南達黑海，洋洋一個龐大的帝國定格下來了。在亞歷山大二世之後，雖然還有兩代沙皇，但俄羅斯帝國的疆土再也沒有發生什麼重大的變化，可以說俄羅斯帝國延續了上千年的土地收集進程在一九一四年前基本上定格在了亞歷山大二世的戰功和業績上了。

直到一九一四年，俄羅斯帝國從東到西的長度是一〇七三二．三公里，從北至南的距離是四六七五．九公里；全部國界的長度是六九二四五公里，其中陸地疆界為一九九四一．五公里，海岸線為四九三六〇．四公里。這樣一個龐大的帝國是上千年來，古羅斯，莫斯科公國，羅曼諾夫王朝，歷代帝王的野心、辛勞和結局。

在本書前幾章，曾經描述過在大諾夫哥羅德樹立的「俄國千年紀念碑」。這座碑正是亞歷山大二世為紀念自己的祖先收集土地而建立的。亞歷山大二世沒有在這座紀念碑上自己讚頌自己，但是他的兒子亞歷山大三世做了這件事。那就是在序裡提到的，亞歷山大二世被民意黨人刺殺後，亞歷山大三世為他修建了一座「喋血教堂」。

45「喋血教堂」和〈海外來客〉

亞歷山大二世

亞歷山大二世擁有「解放者」和「劊子手」的雙重名聲，既遭到了民主主義者的質疑，也被激進主義者視為滔天大罪，不止一次地缺席審判他死刑。一八八一年三月一日（俄曆），民意黨人的最後一次死刑判決終於成為現實，一顆手榴彈讓亞歷山大二世受致命之傷，他當晚死於冬宮的御榻之上，留下一灘鮮血，在冬宮旁的格里博耶多夫運河邊的石子路上，留下了一個因他四方收集土地而進入全盛時期的俄國。

現在，當年亞歷山大二世遇刺的地方，格里博耶多夫運河仍在陽光下熠熠發光，那沿河的路通向一座教堂——「喋血教堂」。這教堂是他的兒子、繼任者亞歷山大三世為紀念父親不幸亡故而建造的皇家教堂，在俄羅斯帝國時期從不向世俗人等開放。這座教堂的外觀雄偉，酷似莫斯科紅場上「聖瓦西里大教堂」的建築風格，多姿炫目的教堂蔥頭形頂直插雲天，它們上面的十字架碩大無比，這一切似乎都在顯示羅曼諾夫皇朝君權神授的莊嚴和不可抗拒。教堂內部的裝飾更是極其輝煌，四壁布滿了各種採用了當時極為盛行的馬賽克鑲嵌工藝聖像畫，置身其中猶如進入了一座藝術殿堂。但這座教堂內部卻是空曠的，空曠得令人感到窒息，除了大廳一角的「聖地」，別無他物，憑空有一種令人捉摸不定的神祕氣氛。這塊「聖地」就是當年運河旁的一方石子路面。俄羅斯人的說法是，這路面就是當年亞歷山大二世遇刺倒下時的地方，那個灑滿了沙皇鮮血的地方。

兒子反叛老子，用自己的新政來推翻父親的舊規，這幾乎是羅曼諾夫王朝沙皇更迭時的常態，是沙俄帝國歷史中不可或缺的進程。亞歷山大三世對父親的一系列政策都有異議，那種潛在的對抗暗流一直在私下運行。但他對父親收集土地的政治遺訓卻是奉若聖明的，這也是他建造這座喋血教堂的本意：「喋血」者，不幸倒於血泊之中，但死者的血不能白流，不會白流。為不幸死去的君主建造教堂，這是莫斯科公國、俄羅

亞歷山大二世遇襲處。（John Slava Pei）

斯帝國的傳統：君權神授的君主專制不可動搖，對反對者的謀殺誓必清算復仇！於是，聖彼得堡的這座「喋血教堂」就成了羅曼諾夫王朝的一座豐碑，一座繼承祖先收集土地政策的風向標。

亞歷山大二世所建造的「俄國千年紀念碑」本身也正是這樣一座豐碑，一個風向標。「俄國千年紀念碑」所要宣示的是，繼承先輩的傳統，子孫要永不忘「收集土地」和收集更多的土地。此外，與收集土地相連的是，在這個帝國亙古不變的傳統中，對祖先淵源的確認和尊重，紅線一般貫穿於千年的歷史之中。「俄國千年紀念碑」上，金球正中位置鐫刻的就是開國先祖瓦良格人留里克，亞歷山大二世如此行事並不是無緣無故的。事實表明，這位沙皇本人，他之前的十四位羅曼諾夫沙皇，以及更早的莫斯科公國的統治者們，都不僅沒有否定過瓦良格的傳統，而且為這個傳統感到驕傲和自豪。千年來，大公、沙皇的家族中沒有一個當權者說過、寫過背叛瓦良格傳統的話語和文字。對此有某種異議的倒是俄國的知識精英，那位被俄羅斯人奉為全能全知學者的羅蒙諾索夫顯然是個佼佼者。他一反傳統，把瓦良格人說成是「來自斯堪地納維亞」，而不是來自「諾曼」。但他畢竟還是沒有否認羅斯的祖先是瓦良格人，沒有對瓦良格人於八六二年立國提出任何異議。在那個時代以及隨後很長的歷史時期中，像羅蒙諾索夫這樣堅決抨擊「諾曼」論的學者是鮮見的。十九世紀上半葉，卡拉姆津在其《俄羅斯國家史》中，就把國家的源頭追溯到了瓦良格、波羅的海那一岸的「諾曼」，把羅斯、莫斯科公國、俄羅斯帝國連成了一個千年的帝國。於是，卡拉姆津被封為俄國史的鼻祖。沙皇、貴族、文化精英都驚歎：「卡拉姆津給了俄國人一個千年的祖國！」詩人普希金說：「卡拉姆津找到了古羅斯，這就像哥倫布發現了美洲。」

「找到了古羅斯」、「俄國人有了千年的祖國」，對於帝國的統治者說，這就是他們所需要的豐碑，而亞歷山大二世把這紙上的豐碑用青銅和巨石屹立在了這個帝國的源頭之處。這個千年的歷史不僅是帝王的業績，也是知識精英們的辛勞創造。所以，儘管身兼解放者和劊子手的名聲，但亞歷山大二世對俄國的知識精英還是相對寬容的。對他們之中的爭議、是非，他並沒有從專制獨裁者——沙皇的角度來加以評判和裁決。他不像他的先人，不像亞歷山大一世在執政的後十年中重用阿拉克切耶夫，讓他來限制和取消，曾經給予人民自由和個性解放的許諾，而這一切是他收集了歐洲的一系列土地、騎著高頭白馬、進入巴黎城之後帶回俄國的。他更不像尼古拉一世的狡黠和陰謀，肆意地、殘暴地鎮壓對沙皇專制表示異議的「十二月黨人」。正是這個尼古拉一世在一八二六年強化了俄國對知識精英的思想和作品的監控，公布了一部極為嚴格、並且規定由祕密員警——「第三廳」來負責執行監控的新的出版法。該法令規定的第三廳職責是：監視、檢查和懲辦傳播革命思想的「國事犯」。而為執行此職，在第三廳下成立了憲兵團。普希金曾向「第三廳」廳長本肯朵夫（Alexander von Benckendorff）抱怨過自己的作品被監控審查，本肯朵夫的回答是：「您的作品誰也不會看；對於它們沒有任何的審查，皇帝本人是您作品的第一位評判者和檢查者。」

亞歷山大二世與這兩位先人有所不同，至少他在「俄國千年紀念碑」上還是為羅斯、俄國的知識精英——「啟蒙者」、「作家和藝術家」留了一席之地，認可了他們在俄國千年歷史中的存在和作用。碑最下層的四組浮雕，自上而下是啟蒙者、國務活動家、軍事家和英雄，以及作家和藝術家。在啟蒙者這組浮雕上共有三十一人，列於首位的是兩位俄國文字創造者西里爾與美多德（Cyril and Methodius），隨後是首先接受東正教的奧爾加大公（Olga of Kiev）和弗拉基米爾大公。其他的啟蒙者絕大部分是東正教的都主教和大牧首，以及涅斯托爾（Nestor the Chronicler）等修士編年史作者。可見，亞歷山大二世所肯定的啟蒙，對俄羅斯人、對俄國無可替代的啟蒙，就是東正教。此外，主張宗教改革者和反對改革者都同列於這方碑石之內。他們所以能在這巨大的青銅上擁有一席之地，正是他們以及他們的文字和編年史最早講述了關於留里克的到來以及他們對聶伯河沿岸土地的收集。在這組人物中，還有位拉季舍夫（Alexander Radishchev），他的一部反映俄國農奴制悲慘現狀的《聖彼得堡至莫斯科遊記》（Journey from St. Petersburg to Moscow）曾名震窩瓦河上下，亞歷山大二世能發表「解放農奴」的宣言，也許有他這篇遊記的某種影響……

在作家和藝術家的浮雕群上，雕刻了十六位。有在「斯堪地納維亞」和「諾曼」兩種論述上相向而立的羅蒙諾索夫和卡拉姆津，有歌頌沙皇，甚至是沙皇御前詩人的傑爾查文和茹可夫斯基（Vasily Zhukovsky），也有諷刺沙皇專制政體的馮維辛（Denis Fonvizin）、果戈里、格里博耶多夫，在俄國社會中苦悶彷徨的萊蒙托夫（Mikhail Lermontov）、普希金，還有寓言作家克雷洛夫（Ivan Krylov）、作曲家格林卡（Mikhail Glinka）、戲劇家沃爾科夫（Fyodor Volkov）……一方紀念碑，一部俄國千年文化史、知識精英史！一部亞歷山大二世首肯的俄國千年文化史、知識精英史！「俄國千年紀念碑」似乎在影影綽綽中表達了對俄國歷史和歷史人物的某種寬容。這些啟蒙者、作家和藝術家，彷彿依然生活在他們的時代，年年歲歲相擁而立，歲歲年年永恆不動！

羅曼諾夫王朝的末代沙皇尼古拉二世，秉承了在這方青銅紀念碑上所銘刻的傳國希望、收集土地的政治訓誡。也許，在俄國被視為國寶的一幅油畫〈海外來客〉（Guests from Overseas）能為尼古拉二世作證。這幅畫畫的是瓦良格人來到波羅的海東岸的土地，畫的前景，也就是畫的核心位置上，是在蔚藍的海面上，鼓滿風帆的瓦良格人的大型單桅「維京」帆船正緩緩駛來。船上的留里克大公們極目遠望，對這陌生的、色彩斑斕的土地感到激動、驚喜。畫的上部是一抹遙遠的地平線，這遠處正是這瓦良格人的帆船隊駛來的方向，波羅的海西岸的斯堪地納維亞。畫的作者是俄國考古學家洛里奇（Nicholas Roerich），在艱辛的考古發掘工作中，他深信羅斯的立國之君是瓦良格人。從開始作畫，畫的就是他自己深信不疑的瓦良格人，包括他們的帆船，他們的盾牌。而他的第一組是關於瓦良格人－斯拉夫人的油畫〈使者〉（The Messenger），這幅畫是被贊助和成就了俄國「巡迴展覽畫派」的收藏家特列季亞科夫（Pavel Tretyakov）發現和收藏的，他所以能在巴黎開始畫〈海外來客〉也要歸功於特列季雅科夫和列賓（Ilya Repin）這樣的巡迴派畫家的大力支持。但他畢竟屬於「學院派」，在收集土地和沙皇的傳國遺訓上，與表達社會沉重現實的巡迴派有相當的差距。

對於俄羅斯人來講，如果說「俄國千年紀念碑」是一座人工紀念碑的話，這〈海外來客〉就是一座非人工的紀念碑。這兩座紀念碑雖然時隔有年，但傳達的是同一個聲音：羅斯人的祖先源於來自波羅的海那一岸的瓦良格人，俄羅斯帝國開國於留里克的來訪。對於尼古拉二世來講，「俄國千年紀念碑」的聲音他沒有忘，而〈海

洛里奇・〈海外來客〉

外來客〉傳出的先祖的聲音令他欣喜有加。當這幅畫一九〇二年在皇家藝術學院的展覽會上展出時，他當即把它拿走，懸掛在自己沙皇村的宮殿之中。

當然，更能為尼古拉二世這種祖先情結作證的是他自己的話。一八九五年一月十七日（俄曆），尼古拉二世在聖彼得堡冬宮的尼古拉大廳對地方貴族代表會議的代表們發表了講話，闡述了他繼承皇位後有關國政的決策，也就是相當於今日俄羅斯的國情諮文吧。尼古拉二世說：「我知道，最近在一些地方貴族代表會議上可以聽到這樣的聲音，某些人沉湎於讓地方貴族會議代表參與國家內部事務管理之無益於事的夢想。現在要讓這些人知道，我要把全部力量貢獻給人民的福祉，我還將堅定地不移地捍衛君主專制的種種緣起，就像我所不能忘懷的先皇。」

尼古拉二世的這番豪言壯語沒有能實現，繼續收集土地、加強君主專制的夢想也最終化為泡影。三百零四年的羅曼諾夫王朝在他手中灰飛煙滅，東方失地，西部毀於戰火，南方小民族的抗爭風起雲湧。他宣布「退位」於俄國資產革命的洪流之中，死無葬身之地於蘇維埃政權的時代。他珍藏的那幅〈海外來客〉也從沙皇村移走，陳列在以特列季亞科夫名字命名的著名畫廊中。

洛里奇．〈使者〉

十月革命後

46 青銅的俄國在閃光！

時至今日，「俄國千年紀念碑」依然巍峨，聳立在沃爾霍夫河邊，似乎要永遠展示那曾經存在過的光榮與輝煌。不過，這種千年的巍峨已經經歷了一場毀滅又重建的艱難過程，那青銅已經不都是千年前的青銅，那些神聖的雕像也熬過了被封殺、被粉碎、被揚棄和被盜走的生死劫難！

一九一七年十一月七日，在俄國開始了一個新時期。布爾什維克堅信，與俄國歷史上的任何政權都不相同，蘇維埃政權就是要砸碎舊世界的一切，在廢墟上建設一個新政權、新國家、新文化、新文明。在一張白紙上一筆繪出色彩斑斕、耀人眼目、蕩滌心靈的曠世之作。他們絕對相信，這是前無古人的壯舉，開天闢地的新事業。在十月革命後不到半年的時間，即一九一八年四月十二日，人民委員會（蘇維埃政權對於自己的權力機構也另立新義，不叫內閣，不叫總統，不叫部長，改稱委員會、主席和人民委員）就頒布了一份切斷舊世界、創建新文明的法令——《共和國紀念碑法》（法令的全稱是《拆除為紀念沙皇及其奴僕而建立的紀念碑，以及制訂俄國社會主義革命紀念碑的方案法》）。這份法令的核心內容就是「拆除為紀念沙皇及其奴僕所建立的、沒有歷史和藝術價值的紀念碑」，「建立應該標誌俄國社會主義革命偉大時代的紀念碑」，「以反映革命的勞動俄國的新刻石、浮雕、街道名稱以及城徽紋章等替換掉舊的」。這份法令還作了硬性規定，要在一九一八年「五一勞動節」前「把那些最醜陋的偶像」拆除掉。

這份法令清晰地體現了布爾什維克的一個核心意識形態——對於無產階級政權來說，有兩大生死之敵，一是沙皇的君主專制，二是其賴以生存的東正教，絕不能讓它們繼續存在和發揮影響。於是，推倒沙皇的雕像，殺死羅曼諾夫家族的子孫，查抄沒收東正教會的財寶、流放羅斯千年啟蒙者——東正教的修士神甫，就成了一股摧毀一切的革命洪流。從聖彼得堡、莫斯科，遠到烏克蘭的南疆城市，歷代沙皇的紀念碑紛紛被推倒，雕像被拆卸，被挖坑深埋或被沉入窩瓦河和聶伯河，青銅被送去融化。也許更具諷刺意味的是，在俄國的土地上，那些與俄國歷史進程密切不可分的沙皇：葉卡捷琳娜二世、亞歷山大一世、尼古拉一世、亞歷山大二世、尼古拉二世和亞歷山大三世的雕像則是首當其衝，而遍布俄國各地、數量也最多的亞歷山大二世紀念碑更是厄運難逃。

蘇維埃政權期望在不到一個月的時間內，以革命的強力完成這種推倒並建立起革命的勞動俄國所需要的新雕像、新紀念碑。然而，布爾什維克卻忽略了一個基本的常識：這種推倒和拆除，是需要有充足的物質力量，和足夠的人心支持的。需要機械，需要運輸工具，需要搭建拆除架的各種材料，尤其是需要吃飽了飯能幹活的勞動力，那些最普通、最基層的人，而在國運剛變，政權初建，極其艱難的「戰時共產主義」歲月，卻幾乎是一無所有。更為危險的是，蘇維埃俄國正處於「西班牙流感」傳染的高峰期，再加上霍亂、斑疹傷寒的流行，大面積農耕地荒蕪，饑荒席捲全國，餓殍遍地，人心浮動，社會動蕩不安。所以，在拆除進程中，所有的雕像幾乎都是在赤衛隊監視下，靠人力粗繩拉倒的。一九一八年「五一節」那天，偉大領袖列寧就親自參加了克里姆林宮中拆除「十字架紀念碑」的人海之戰。

俄國也有句俗話：舊的不去，新的不來。在推倒了「沙皇及其奴僕」的紀念碑後，蘇維埃政權沒有錢財來為革命的勞動俄國樹立新的青銅紀念碑，只能用泥土、砂石、水泥匆匆在被推倒紀念碑的基座上堆起、壘砌起一些新時代的標誌：領袖像、革命戰士像。不幸的是，在那個高唱凱歌的「戰時共產主義」歲月中，連泥土、砂石都難以供應，更不用說是水泥了。於是，以巨幅紅布來裝飾各種建築物就成了一九一八年「五一節」的盛況：莫斯科紅場上的建築物纏上紅布，赭紅色的宮牆，高聳的塔尖，遠遠看去，蔚為壯觀。到十月革命一週年時，聖彼得堡冬宮前的亞歷山大石柱被那些未來派的藝術家們用兩萬公尺紅布裹了起來，這就更充分地顯示出了布爾什維克的核心意識形態。

「俄國千年紀念碑」也無法逃脫這革命洪流的衝擊。在沙皇及其奴僕紀念碑被紛紛推倒的時刻，代表了官方意識形態的莫斯科報紙，對這座紀念碑的攻擊日盛一日，稱它是「無論藝術上還是政治上都是一座讓人受辱的」紀念碑。儘管「俄國千年紀念碑」上都是沙皇及其奴僕，但媒體輿論卻集中攻擊了它的宗教性。這正如同整個「推倒」運動的主流：揮舞紅旗、高舉「鐮刀和錘子」的革命者，並不是反對俄羅斯帝國的一切，他們所反對的僅僅是「沙皇及其奴僕」的獨裁專制和東正教，而不是「沙皇及其奴僕」的千年開疆拓域、收集土地的政策、偉業和留給蘇維埃政權的龐大帝國。「俄國千年紀念碑」有了一個新的名稱——「千年君主專制壓迫紀念碑」。

也許，正是這一新名稱讓「俄國千年紀念碑」倖存了下來。也許，還有一個更重要的現實需求，讓這座紀念碑面免受拆除和融化之災。蘇維埃俄國伊始確實一無所有，無論是繼續革命還是開展建設都急需錢財，又逢天公不作美，饑荒遍地，瘟疫流行，人民委員會不得不頒發了《沒收教會珍寶法令》。在實施這樣的法令時，列寧做出的說明是：「恰恰是在現在，只是現在，當饑荒地區在人吃人的時候，當道路上橫躺著成百上千的屍體時，我們可以（因此也必須！）以最瘋狂的和最無情的精力來剝奪教會的珍寶，並要不在任何阻力面前停頓下來……我們無論如何也需要以最堅決和最快速的手段來剝奪教會的珍寶，以此我們就可以為我們自己建立起以數億金盧布計的儲備基金（應當記住，一些修道院和教堂有著巨額的財富）……」於是，在反對東正教成為蕩滌舊社會污泥濁水的主流進程中，查抄教堂和教會的財寶則成了這場革命運動的主旋律。

大諾夫哥羅德教堂眾多，建築宏偉。它們所擁有的珍寶之多，在俄羅斯帝國所有城市的教堂中，是數一數二的，因為大諾夫哥羅德歷來商貿發達，且皇族和貴族雲集，他們對教堂的禮敬和捐贈是從不吝惜的。在一九一八年短短的幾個月中，蘇維埃政權的查抄工作隊，就從大諾夫哥羅德的教堂和教會裡，沒收了十幾噸金銀財寶。在糧荒遍地、瘟疫猖獗、戰亂不止的戰時共產主義年分，這被剝奪的教會財寶最終保住了這「俄國千年紀念碑」，使重量達六十五．六噸的青銅紀念碑免遭被融化的厄運。但是，「俄國千年紀念碑」卻成為「革命禁地」，老百姓不得入內，甚至在其周圍駐足停留都在查禁之列。當局用膠合板將它圍得嚴嚴實實，並且掛上了各種各樣寫滿革命口號的橫幅。

一九一八年三月，當蘇維埃俄國的首都遷往莫斯科後，莫斯科也逐漸淡薄了對「俄國千年紀念碑」的關注。大諾夫哥羅德克里姆林宮中的這方禁地也不再那麼森嚴了，這青銅紀念碑下也允許普通人來來往往了，只是到了革命的節日，當紅旗飄舞，凱歌高唱時，才又將它遮蓋起來，免得碑頂那政教合一的形象以及那些大公、沙皇、統帥不可一世的身影，破壞了神聖的革命氣氛。一九二五年，在列寧的新經濟政策發生深刻變化，面臨重大轉折時，莫斯科的執政者重新牽掛起了這方紀念碑，下令將其拆除。這次，大諾夫哥羅德人似乎是頂住了來自首都的壓力，沒有照辦。他們在紀念碑四周建了一道木板牆，還搭了一處檯子，用作慶祝革命活動時的講臺和高懸革命標語的地方。「俄國千年紀念碑」被徹底隱藏起來了，並且一直安全地隱身至衛國戰爭（一九四一至一九四五年間）的開始。而此後，在二十世紀二、三〇年代，無產階級專政的領導人也把注意力更多地轉到了「收集土地」這件大事上來，他們反對沙皇的君主專制，但並沒有影響領袖個人專權制的建立和發展；他們對沙皇及其奴僕無比仇恨，但這並沒有讓他們放棄來自祖先，開疆闢域的土地收集國策。所不同的是，「自願加入」成為收集新土地的主要決策，開疆闢域上的意識形態兼併，成為蘇聯歷史進程中的一根紅線。也許，波羅的海三國的「自願加入蘇聯」，成了新時期土地收集最明顯、最突出的風向標。

當希特勒的軍隊突破蘇聯的西部邊界，直逼大諾夫哥羅德時，「俄國千年紀念碑」的真正厄運就來到了。一位率兵圍困列寧格勒（一九二四年為紀念列寧而命名）的德國將軍下令拆除這座紀念碑，將其統統運回德國去，送給自己的朋友裝點莊園。這是一九四三年底和一九四四年初的事，碑四圍的青銅欄杆、青銅燈飾以及許多零部件都被裝箱用火車運回了德國，碑上的人物雕像也被拆得七零八落，而就在這時，蘇聯軍隊開始了大規模的反攻，大諾夫哥羅德重回俄國。

在這場生死較量中，蘇聯領導人對沙皇及其奴僕的態度，也隨之發生了徹底的變化。與沙皇及其奴僕們密切關聯的一系列重大歷史事件：北方戰爭、俄土戰爭、一八一二年的衛國戰爭、對波蘭的瓜分、對烏克蘭、克里米亞和高加索的爭奪等，都得到了讚揚和肯定。一九一七年十月後，一度以世界革命為核心的愛國主義——「蘇維埃愛國主義」替換掉了「誰持劍來犯，必在劍下亡」的俄國傳統的愛國主義（實際上，是一種「愛故土」、「愛家鄉」的情操），而面臨希特勒軍隊的突襲，這種傳統的愛國主義，被重新濃墨重彩地提了出來。而與傳統愛國主義密不可分的「沙皇及其奴僕們」則重新被送上了神聖的殿堂，讓他們的頭頂出現了不可褻瀆的光環。一九三八年中，史達林曾指示要拍攝有關俄國傳統愛國主義的影片。他指的是俄國歷史上抗擊外敵的俄國統帥和將領，名單包括了從蒙古人占領時期直至羅曼諾夫王朝的「沙皇及其奴僕們」：亞歷山大·涅夫斯基（涅瓦王），德米特里·頓斯科伊（頓河王），彼得一世（彼得大帝），葉卡捷琳娜二世（凱薩琳大帝），甚至都沒有忘掉莫斯科公國中最殘酷的沙皇伊凡四世（恐怖伊凡）。在史達林直接指示和關注下拍出了影片《恐怖伊凡》，史達林親自審查了這部影片，說出了在戰前他根本不可能說出的評價：「沙皇伊凡是一個偉大的、英明的統治者。恐怖伊凡的英明之處就在於，他始終站在民族的立場，不允許外國人進入自己的國家，從而防止了外來影響向國內滲透。」

他甚至說出了令聽者咋舌的話：「恐怖伊凡採取了一個令人稱道的措施是，他第一個實行對外貿易壟斷。實行這種制度，恐怖伊凡是第一個，列寧是第二個。」史達林對彼得一世、葉卡捷琳娜二世、亞歷山大一世和尼古拉一世的批評重點，也不再是他們奉行的君主專制和東正教，而是他們「對外國人過分縱容，國門開得過大，聽任外來影響向國內滲透」。

亞歷山大一世時代的基督救世主主教座堂。蘇聯時代被炸毀且改建為公共游泳池。一九九一年蘇聯解體後，教堂得以重建，並在二〇〇〇年竣工。（John Slava Pei）

庫圖佐夫、蘇沃洛夫等為俄國收集了廣闊土地的統帥們不再是沙皇的奴僕，而重新成了英雄、俄國人民必須效法的楷模。於是，史達林的那句名言「讓我們偉大先輩的英勇形象鼓舞你們去戰鬥吧」，通過文字和電波傳遍了蘇聯衛國戰爭的所有戰壕，鼓舞了戰士們在喝了一百克伏特加酒後去進行生與死的戰鬥。「誰持劍來犯，必在劍下亡」和「讓我們偉大先輩的英勇形象鼓舞你們去戰鬥吧」就組成了一種新意識形態的——蘇維埃愛國主義。這種蘇維埃愛國主義的核心就是：自古以來的俄國土地、歷代「沙皇及其奴僕們」所收集的土地，不能讓給任何來犯者：失去的必定要奪回，未得的必定要收集。一九三五年三月十九日《真理報》的一篇評論〈蘇維埃愛國主義〉中說得很清楚：「蘇維埃愛國主義保衛我們的邊界不受卑鄙的、註定要滅亡的敵人的侵犯，而這些敵人正在威脅我們的和平生活、我們的強大和我們的榮譽。」而這種強大和榮譽也就是評論所宣布的：「蘇聯——這是人類的生命之源。」

於是，大諾夫哥羅德一被蘇軍收回，重建「俄國千年紀念碑」就成了當務之急。大諾夫哥羅德人將被拆散、德國人沒有來得及運走的雕像零件重新組裝起來，重鑄已經不復存在的青銅欄杆和燈飾等。這種恢復重建從一九四四年一月下旬開始，十一月二日舉行了這座紀念碑的第二次落成盛大典禮。一位詩人為此寫了一首詩，詩的結尾是這麼吟誦的：

不，俄羅斯不是任何人的戰利品，
不會去當戰俘受辱，
青銅的羅斯仍在閃光，
這紀念碑將在此萬世屹立。
德米特里．頓斯科伊的劍在鞘，
白鴿坐落在刀柄之上。

對大諾夫哥羅德人來說，這座舊青銅和新青銅組成的「俄國千年紀念碑」是對存在過的「為制會」——市民大會和祖先自由民主傳統的思念和紀念，而對蘇聯執政者來說，它是蘇維埃愛國主義的新標誌、新象徵、是對開疆闢域、收集土地的愛國傳統的刻石和繼承。蘇聯當局在戰後曾多次為失去的青銅部件與德方交涉，但似乎那些被德國運走的青銅卻是從人間蒸發了一樣，無影無蹤，就像柯尼斯堡那座在大火中，消失得沒有一絲蹤跡的輝煌琥珀宮！普丁總統對這種追回，卻是堅持不懈，在他的努力下，雖然紀念碑的青銅仍無下落，但他畢竟讓德國人還回了「俄國千年紀念碑」對面的聖索菲亞大教堂頂上的「公雞」風信標。

俄國需要的僅僅是這隻公雞嗎？「俄國千年紀念碑」所需要的僅僅是恢復和重現於藍天之下的過去嗎？收集土地的擴疆偉業所需要的僅僅是重現和展示昔日的輝煌嗎？聖索菲亞大教堂的金色屋頂在陽光下閃爍著耀眼的光芒，而那「公雞」依然高傲地引頸直向藍色的蒼穹……它們都沒有回答，也不會回答！

後記

本書實際上不能算是一本嚴肅的史書。原因有三：其一，本書內容雖然涉及了俄國土地收集的全過程，但並不是這一進程中的所有事件都被寫進了書中，有相當多部分我並沒有寫，比如說世人所熟知的「沙俄侵華史」；其二，史書總是以編年、記事為基礎主線，這本書雖然也是以時間為順序，但它的跳躍性很強，常常跨度很大，而記事的敘述也不是典型的「學術語言」；其三，史書是就史論史的，而本書卻貫穿著一根歷史與現在、往事與當下相交織這個線。

本書是從二〇一八年新年剛過開始寫，二〇一九年十二月底結束，整整兩年，並在二〇二〇年初修改定稿。原本並不是了為了寫書，而是讀書時隨手寫的筆記。讀書記筆記是我的習慣：為了不忘卻，未來某個時候可以用得著，不用費盡辛苦尋覓，能隨手翻來。筆記下的大都是我感興趣的，我不甚清楚，甚至完全不清楚的，與我正在思考的問題有關的文字、資料，及寫下了這些文字、資料的學者們的深邃思想和睿智分析。我數十年來研究蘇聯、俄國和俄羅斯的著作和文章有數百萬字之多，它們都是從這些筆記中脫胎而出的。

幾十年來，我對蘇聯的認識與蘇聯史的研究，常常是與對蘇聯解體後俄羅斯現實的認識與考察交織在一起的。我常把蘇聯歷史與俄羅斯現狀當成同一個研究對象，在我已經出版的二十多本著作裡就有這樣一條很明顯的線。這是源於我自己的一個想法，即我試圖從當今俄羅斯的發展道路去尋覓蘇聯曾經走過的道路。但到了二十一世紀第一個十年的時候，我發現僅僅把蘇聯和俄羅斯聯邦當成同一個研究對象，已經遠遠不能去認識和理解蘇聯的發展道路了。研究這個國家，不僅需要往前看，也需要向後看。向前看，是看俄羅斯當今的現實，往後看，是看這個國家的過往。尤其是當一種新思潮——俄羅斯在向蘇聯回歸——深刻影響到對蘇聯史和俄羅斯現狀的認識與研究時，我對這種「既向前看，又向後看」的想法就更強烈了。而我「向後看」的對象就是俄羅斯帝國、莫斯科公國和古羅斯，也就是說，要研究俄羅斯國家發展的全過程，要把這個全過程當成一個總的研究對象。所以我常說，論述現實問題的人要向後看看，研究歷史的人要向前看看。

也許，在某種程度上，本書就是我向前看、向後看的一個結果。近兩年來，俄國的土地收集（從古羅斯至俄羅斯帝國）一直是我閱讀的一個主題。蘇聯、俄羅斯的史學著作裡，「土地收集」這個稱號出現的頻率很高，它們的史學家們都盛讚歷代的君主、沙皇土地收集的豐功偉績，並常常以土地收集的多少來評價一代君主或沙皇的功過得失。遺憾的是，俄羅斯有關這一問題的研究和著述僅僅是圍繞兩個命題展開的，一是俄羅斯國家的外交政策，二是俄羅斯國家的內部殖民或內地墾殖，並沒有一部從「帝國膨脹」角度研討的專著。而在中國，雖有卷軼浩繁的沙俄侵華史，卻無有一本闡述俄羅斯帝國土地膨脹的專史，甚至論述這方面的文章也少見。

本書的寫法是：一，只講述了我能夠尋覓和理解到的俄國土地收集真相，略加自己的認識。

沒有傳統「以史帶論」，「以論帶史」，也沒有「論史結合」的高度。在我看來，對歷史的認識和研究，最重要、最基本的就是：追尋歷史的真相，恢復過往歲月的真正面貌。但已經消失於蒼穹的歷史，它的真實面貌是不可能完全復原，即使是部分復原都難以做到。也許，過往現實從它成為歷史時起，就不能再現於人世。這既是歷史本身不願再現，也有禁錮歷史不讓其再現之因，當然，也不乏史家用自己發掘的「歷史真理」掩蓋了歷史本來面目。歷史研究不是追尋和創造「真理」，而是要揭示和復原「真相」；歷史無真理與謬誤之別，只有真相與偽造之實。

二，歷史是由人和事件組成的。在歷史的壯闊舞臺上，人和事件不可分離。事件展現的是人的思維、活動和結果，而人則是事件的運籌帷幄者，或是勝利者、失敗者。歷史的舞臺不斷轉換，舞臺的大幕頻繁更迭，事件跌宕起伏，滾滾如風雷，瀟瀟似雲煙，人物也就陸續粉墨登場，或暢飲美酒，登堂入室，或煢煢孑立，向隅而泣。沒有人物和事件，就沒有歷史。只有空論、闊論、泛論的「歷史」，不僅索然無味，且更易導致對歷史真相的誤讀、誤解、誤論。本書強調兩個方面，一是帝王的決策及對決策實施者的影響，二是帝王決策的具體實施者：哥薩克、將軍、統帥與謀士們的言語和行動。當然，對那些公、頭領和汗們，也給了他們一些鮮活之氣。

三，書中每篇文章都有著「以歷史事實為主線」，輔以「向前看」和「向後看」的歷史或現實參照物這樣的結構。這種文體不是傳統的經院體，但它使本書具有了較為濃厚的「文」的氣息和色彩。多年前，我在《重返莫斯科》一書序言中曾經寫過：我喜歡文采和色彩。多年來一貫如是，在這本書中也是走的舊路。中國有個古老的傳統：文史是不分家的。而現在學科分得太細，各自的門檻又愈來愈高。不過，我還是欣賞和崇尚文史相結合的文風。

所以，我說這本書尚不能算是一本真正的「史」。為了這部真正的「史」，我的修養還不夠，我還需要讀更多的書。而為了讀這本具有濃厚「文」氣的「史」書，需要有對這個國家歷史的基本的瞭解，否則，這書中的「跨度」和「跳躍」會讓某些讀者感到為難。

這本書始自騰訊的文史專欄「一塊石頭」。連載結束後，我對原文進行修訂，為了讓讀者能夠順利過「跨度」和「跳躍」關卡，我在各篇轉折間加了一些必要事實，以便閱讀。

最後想說的是，對一個國家歷史的認識與理解需要一個全過程，需要一個自古至今的全方位、多視角，對俄羅斯這個國家的認識尤其是如此。對我來說，俄羅斯國家的歷史是個統一的研究對象，古羅斯、莫斯科公國、蘇聯、俄羅斯聯邦是一個統一的整體。腳踏當今，「向前看」，「往後看」，文史並行，成就我自己對這個國家的全面的、全方位的認識與理解，乃我棄之不捨之願。對蘇聯史的研究，對俄羅斯這個國家歷史的研究乃是科學，來不得半點虛構的「事實」與「論述」。多年前，我曾在《學習時報》上發表過一篇文章，題目就叫〈讓蘇聯史回歸科學〉，我現在仍然要說：「讓蘇聯史、俄羅斯國家史回歸科學！」

聞一

於北京南橫陋室

二〇二〇年五月三十日